法学教育研究

Legal Education Research

2019 第二十四卷 杨宗科 主编

法律出版社
LAW PRESS·CHINA

本书各篇文章中的观点均属作者个人观点，不代表主办单位或其他机构、个人的观点。

法学教育研究（第24卷）

特稿

理论探讨

比较研究

教育法制

Contents

· Comparative Study ·

特　稿

编者按：

2018年9月7日，全国人大常务委员会公布了十三届全国人大常务委员会立法规划。“学前教育法”被列入“第一类立法项目”。为了推进立法，2018年9月28日，由教育部政策法规司主办，西北政法大学教育立法基地承办的“学前教育立法论坛”在西北政法大学隆重召开。教育部政策法规司、教育部基础教育司、全国人大常委会教科文卫委员会、陕西省教育厅、西安市教育局的相关领导同志，全国12家教育立法基地和20余所大学的专家学者，以及陕西省内的幼儿园园长代表共100余人，同聚古城西安，围绕学前教育立法核心议题进行了深入交流。本书从与会论文中遴选出若干篇优秀论文和一篇会议综述，按照文章主题进行了编排以飨读者。期望这些讨论对学前教育立法工作有所裨益，也盼望“学前教育法”早日颁布。

学前教育立法工作需要解决的主要问题

——在学前教育立法论坛上的讲话

王大泉*

摘　要：学前教育处于发展的关键时期，需要立法明确改革方向。十三届全国人民代表大会把制定“学前教育法”作为立法项目。在此背景下，召开“学前教育立法论坛”研讨会，是深入贯彻落实全国教育大会精神的具体举措。启动学前教育立法工作，是教育界的期盼，也是社会各界共同的心声。起草学前教育法要遵循我国学前教育发展的历史，立足解决现实问题，要从教育学、法学、公共政策学等多维度、多视角全面考虑法律内容，有针对性地解决核心问题。

关键词：学前教育法　立法　内容

全国教育大会刚刚闭幕，全国教育系统上下正在深入学习贯彻习近平总书记在会议上的重要讲话精神。陈宝生部长提出教育跨入了新时代，开启新征程，要转时态、转语态、转状态、转心态，全面适应教育发展新要求。在此背景下，我们召开“学前教育

---

* 王大泉，教育部政策法规司副司长。

立法论坛”研讨会,是深入贯彻落实大会精神的一个具体举措和实践。在党中央刚刚批复的十三届全国人民代表大会立法规划中,把学前教育立法作为一类项目,这对我们而言是一个巨大的鼓舞。学前教育现在处于发展的关键时期,也是一个需要立法明确下一步改革发展方向的时期,这个时候启动教育立法,是教育界的期盼,也是社会各界共同的心声。

一、召开“学前教育立法论坛”的重要意义

首先,召开“学前教育立法论坛”,标志着学前教育立法进入新阶段。教育部作为“学前教育法”起草的牵头单位,要尽快拿出一个切实可行的“学前教育法(草案)”,报国务院审议之后提交全国人大审议。今天我们要启动法律草案的起草工作,所以今天的会议是一个标志性的启动会议。

其次,“学前教育立法论坛”也是凝聚各方力量对学前教育立法进行综合研讨的会议。现在立法讲究科学立法、民主立法、依法立法,这次会议会聚了来自各个方面的专家,我们齐聚各方面的力量,加快梳理学前教育立法所涉及各方面的法律问题,齐心协力为立法提供更坚实的基础。

最后,理论界和实践界共同聚在一起展开讨论,能够在学前教育立法的重要原则、基本方向上达成共识,能够在要解决的突出问题上形成一定的共识,能够对解决学前教育突出问题的策略上,找到新的方法、新的路径。通过这样一个集理论与实践两方面专家共同研讨的机会,切实为学前教育立法打下坚实的基础。

二、“学前教育立法论坛”达成的基本共识

“学前教育立法论坛”会议体现了思考深入、高端多元的特点。来自学界和实务界的知名专家和领导,从各自研究的领域和视角对学前教育立法提出建议、关心学前教育立法,这是第一次。也对完成立法任务非常

有帮助，有助于写好法律草案。

多视角、多学科的研究观点，非常符合立法研究的特点。本次会议的发言人，有宪法学、教育学等各个学科的专家，提出了有关儿童权利保障、立法框架等问题；也有非常有代表性的一线幼儿园的园长或管理者提出了具体问题，折射出了目前制度存在的问题。有的观点聚焦宏观问题，有的聚焦微观问题，这些建议对法律草案的起草有很大的作用。此次会议达成了以下共识：

（一）对立法宗旨达成共识

专家一致认为“学前教育法”要以保护儿童权利为核心，以权利保障为中心。既要考虑规范管理，又要保障儿童权益，使学前教育阶段儿童权益的保护上升到国家意志的高度，这是“学前教育法”的立法定位。

（二）学前教育的范畴问题

多数专家认为“学前教育法”应当规范0～6岁儿童的教育问题。其中0～3岁幼儿的养育问题建立在家长或监护人与托幼机构之间的一种委托监护关系之上，其核心是民事法律关系，而3～6岁儿童的学前教育属于教育法律的调整范围，教育机构与家长受教育法律关系调整。国家和政府管理的重心在不同的法律关系中的定位不同。对0～3岁的儿童应提供教育支持和服务，对3～6岁的儿童政府主要承担监管职责。

（三）学前教育的属性问题

这次会议形成了一个共识，就是学前教育是具有公共性的教育。但是与会专家都不建议将学前教育纳入义务教育。因为义务教育有强制性、标准统一性，会伤害学前教育的多元性，干预家庭和社会的教育权。学前教育的公共属性在2015年《教育法》修正中得以体现：第一，国家制定学前教育标准。学前教育如果包括0～6岁的话，将涉及一系列的标准问题。第二，要加快普及学前教育，构建覆盖城乡，特别是农村的学前教育公共服务体系。把学前教育定位为公共服务，要建立一个公共服务体系。第三，各级人民政府应当采取措施，为适龄儿童接受学前教育提供条件和支持，明确学前教育中政府的责任。但与义务教育不同，应当建立一个政府、家庭、社会共同分担的机制。

(四)立法要解决的突出问题

第一,入园难的问题。现在入园率已接近80%,很多地方达到90%以上。因此,入园难的核心是入园不公平的问题,或者选择优质幼儿园机会不公平的问题。第二,入园贵的问题。因为公共服务提供不足,老百姓不得不选择高价民办幼儿园,幼儿园入园的负担超出了普通家庭的承受能力。第三,入园不安全的问题,就是政府监督和管理的责任的问题。第四,教师队伍的问题。教师队伍存在人员不稳定、质量不高的问题。

(五)学前教育立法的原则

这次会议还达成了比较高的共识,认为学前教育立法的原则应当包括公益性、普惠性,应当强调道德、身体、素质、劳动等方面全面培养等。

三、起草"学前教育法"应当注意的问题

在全国人大立法工作会议上,栗战书委员长指出立法是长期的工作,做立法工作要有"功成不必在我,但功成必定有我"的精神,久久为功,持续发力。因此,起草一部法律并非易事,需要多维度、多视角全面考虑学期教育法律的内容。

(一)要有教育视角

学前教育从教育学角度讲非常重要。在教育大会上习近平总书记说学前教育是国民教育的开端。多位诺贝尔获得者也说幼儿园教育是最重要的教育阶段,因为在幼儿园学习了规则、养成了习惯,为今后的成功奠定了基础。2009年在《国家中长期教育改革和发展规划纲要(2010~2020年)》起草时,世界银行给我们提出了两个建议,其中之一就是建议我们要大力发展学前教育。世界银行的专家做了测算,认为向学前教育投资的效益最高,学前教育能够有效改善和提升整个社会的人口素质。由此可见,学前教育在整个国民教育中居于重要的地位,教育立法不能忽视学前教育阶段。

(二)要有法学和公共政策的视角

财税法、行政法学者都曾建议,要更加关注幼儿园的公平公正和由此

涉及的社会公平问题。今天,全国范围内幼儿园的实际入园率已达到79.4%,这说明学前教育在我国获得了大发展。但我们看到学前教育所面临的问题,不完全是一个教育问题,它面临着发展不平衡、不充分的矛盾。现在面临的问题不仅仅是发展问题,而是发展后的公平公正问题。解决这个问题就需要法学的介入。经过前期在各地的调研,我们发现公办幼儿园质量高、收费低,民办幼儿园收费高、质量又相对比较差。公众进行选择的时候,愿意选择公办幼儿园,但公办幼儿园的入园需求又无法满足需要,这就产生了入园难的问题。我们需要从保护受教育权的角度,探讨政府合理配置资源的机制与措施。

(三)要有历史的视角

新中国成立后,我国学前教育的发展经历了从家庭养育到单位福利,再到公共服务这几个阶段。学前教育发展处于单位福利阶段的时候,公平公正问题并不十分突出,但是现在变成公共服务,就必须考虑一个新的制度架构。从法律角度来讲,就是要设计一种保证公平公正分配公共服务资源的制度。

(四)要有现实的视角

近年来,学前教育入园难、入园贵的问题突出,幼儿园虐童事件的发生触碰了整个社会的道德底线,全社会都关心入园安全的问题,还有幼儿教师队伍不稳定、经费投入不足等问题,这些问题是我们立法的时候需要考虑的现实问题。要充分总结多年来学前教育发展的规律,把一些看得准的规律纳入法律规范当中。

立法要贯彻以人民为中心的理念。“学前教育法”要立好,就要解决给谁实惠,给什么样的实惠的问题。还有法律和政策的区别,法律措施怎么落实的问题。立法要以人民为中心,立法要得到社会认可,解决老百姓关切的问题。如果法律出台以后,政府公共服务的负担更加清晰了,老百姓上幼儿园的困难少了,幼儿园发展多元化了,幼儿园的教师有更好的收入和地位了,那立法工作就成功了。

四、开展学前教育立法工作需要研究的问题

问题导向是立法最重要的依据。立法不可能完美无缺,它要解决理想与现实、当下与未来以及不同地区之间的发展不平衡等问题。立法最大的难度是面对这些问题或存在不同诉求的冲突时,采取什么样的策略和解决路径。应当说,学前教育现在面临的核心问题是“人”和“钱”的问题。今天,很多专家提出了解决问题的建议,但这些建议还需有进一步深化的过程。要给立法机关提出建议,应该有大量的实证和理论研究为基础。我们可以初步探讨一些解决问题的路径和办法。

(一)关于教师的问题

学前教育要发展,一定要把优秀的人才吸引到教师队伍中来,能够稳定人才。在市场体制下,社会待遇和经济待遇共同决定着人才的流动问题。解决教师队伍不稳定的问题有很多途径,最直接的办法就是将幼儿园教师纳入事业编制。但现在公办幼儿园大约有 2/3 的老师没有编制,而 60% 以上的幼儿园是民办幼儿园,民办幼儿园教师普遍没有编制。这样大的缺口,能否满足?如何平衡不同教师群体的利益?能否通过立法解决?现在幼儿园教师职务是并在中小学教师序列里的,但幼儿园教师有其独特性,能否通过立法,把幼儿园老师作为一个单独的教师序列?提高幼儿园教师的地位,能否进一步承认其专业性?解决这些问题,我们可否打开思路,如建立幼儿园教师职业等级制度,进行公办民办一体化建设。例如,无论是民办幼儿园教师或公办幼儿园教师,无论他们是编内还是编外,他们都是履行教书育人专业职务的人员,用《教师法》来统一规范的教师,其待遇应当一致。入编是一种解决办法,但不入编也能用其他的机制解决。例如,利用政府购买服务的方式,保证教师的待遇。此外,幼儿园的工作者还包括保育员,保育员的权利义务怎么规定?“学前教育法”是否可以规定一个资格。因此,对于这些问题,需要我们拿出对策来,将对策写到法律中去,成为稳定的制度。

(二)关于资金的问题

“钱”的问题也是一个核心问题,政府怎么负担?核心问题是需要政府制定一个分担机制,包括中央政府、地方政府怎么分担的问题,包括政府和老百姓怎么分担的问题,还有公办民办,特别是非营利性的民办幼儿园(普惠性),怎么得到政府财政有效支持的问题。比如,能否参照高等教育改革的思路,按生均事业经费来拨款?即确定一个学前教育生均事业经费的标准和承担比例,经济条件好的地方政府可以多分担一些,经济条件差的地方政府可以少分担一些,或者中央政府向地方政府分担。现在的投入体制能否解决公共财政支持为主的方式?这需要有制度性研究,需要进行测算,这些问题需要财税方面的专家帮我们分析研究。

(三)有关学前教育立法需要研究的其他问题

关于幼儿园与家庭社区的关系问题。在韩国,幼儿园的家庭委员会发挥着重要的作用,很多事情都是家庭委员会和幼儿园商议决定,不需要政府过多地干预。例如,关于幼儿园的收费问题,家庭委员会认可备案就可以。我们能否建立一种幼儿园和社区、家庭的良性互动机制,幼儿园也实行家长参与的民主管理体制。

学前教育立法还有许多需要研究的问题。例如,幼儿园的发展是一个标准好,还是多元和多形态地发展好?还是多样化、小而美更好?幼儿园的课程是否需要严格要求,是否鼓励幼儿园开发自主的课程?再如,幼儿园的管理体制和监管机制问题,怎么才能够使政府的责任得到有效分担?还有办园体制的问题,能否给小规模办园一个出路,如何规范学前班、托儿所?还有公办幼儿园怎么定义?什么样的幼儿园是公办幼儿园?原来传统的幼儿园是政府出钱建的,政府聘老师,政府给老师所有的事业编制,这是一个典型的公办学校。我们不仅有公办幼儿园,还有公办属性的幼儿园,怎么定义公办幼儿园,能否把公办幼儿园的概念再扩展一些?还有怎么激发社会共同办园的活力,如何调动企事业单位的积极性?怎样解决幼儿园教师待遇、地位的问题?怎么让幼儿园老师成为专业化的、高水平的队伍等问题。对学前教育立法,我们是带有使命感和责任感的,希望按照全国人大立法规划要求争取尽快提交一个草案,也希望更多专家能够提供具有实证基础、数据支撑、理论分析的研究成果，各界共同推动学前教育立法工作取得成绩。

The Major Problems that Need to be Solved in the Legislation of Preschool Education—Speech at the Forum on Legislation of Preschool Education

Wang Daquan

Abstract: Preschool education is at a critical stage of development and it requires legislation to clarify the direction of its reform. The 13th National People's Congress has made the preschool education law a legislative project. Under this background, the convening of the Forum on Preschool Education Legislation is a concrete measure to thoroughly implement the spirit of the National Education Conference. It is the expectation of the education sector to start the pre-school education legislation. It is also the common aspiration of all walks of life. The drafting of the preschool education law should follow the history of the development of preschool education in our country, and based on solving the real problems, we should comprehensively consider the legal content from the multi-dimensional and multi-perspective aspects of education, law, public policy, and solve the core problems in a targeted manner.

Key Words: law on preschool education　legislation　content

在西北政法大学学前教育立法论坛上的致辞

姜　瑾*

摘　要:在“三期学前教育行动计划”的指导下,我国学前教育发展速度加快,成效明显。但由于基础薄弱,学前教育始终是教育体系中的薄弱环节,普惠性资源依然不足。学前教育改革发展的体制机制“瓶颈”问题严重制约了学前教育事业的科学发展。研究制定“学前教育法”是推进改革深入发展的重要动力。立法既要坚持问题导向,着力解决当前面临的主要矛盾,也要坚持公益普惠的基本方向,健全可持续发展的体制机制;既要总结和强化我国的特色和经验,也要借鉴和吸收有益的国际经验。把普及学前教育作为促进人力资源开发、减少贫困代际传递以及维护社会和谐稳定的重要国家战略,切实保障适龄幼儿,特别是弱势群体接受学前教育的权利。

关键词:学前教育　成绩　发展　立法

2018年教师节,党中央国务院刚刚召开了全国教育大会,习近平总书记做了重要讲话,站在党和国家事业发展全局的战略高度,深刻总结了党的十八

---

* 姜瑾,教育部基础教育司副司长。

大以来我国教育事业发展取得的经验和成就,科学分析了教育工作面临的新形势、新任务,全面地回答了推进我国教育现代化的一系列理论和实践的重大课题,为加快推进教育现代化、建设教育强国、办好人民满意的教育指明了前进方向。

“学前教育法”是教育规划纲要规定的重要立法项目,教育部高度重视,早在2012年就成立了学前教育立法工作领导小组,并委托相关研究机构开展了前期研究和草案的起草工作。前不久,全国人大常委会召开了立法工作会议,公布了党中央批准的未来的五年立法计划,学前教育法被列入五年立法规划第一类项目,就是条件比较成熟,任期内拟提请审议的立法项目,这标志着学前教育立法进程又向前推进了关键的一步。随着学前教育事业的快速发展,我国学前教育规模、在园儿童、教师数量已居世界之首,加快学前教育立法,依法保障学前教育事业健康可持续发展,已经成为整个教育战线和全社会的共同期待。

党中央国务院高度重视学前教育,党的十七大、十八大、十九大都对学前教育进行了专门部署。2017年11月,习近平总书记专门就学前教育作出重要批示。为落实党中央、国务院的部署,回应广大人民群众的关切,2010年教育规划纲要确定了到2020年基本普及学前教育的目标,这是我们国家在基本普及九年义务教育之后,为了提高教育的整体普及水平而提出的又一新的普及目标,开启了学前教育改革发展的新征程。国务院下发了《关于当前发展学前教育的若干意见》,明确了坚持公益普惠,构建覆盖城乡、布局合理的学前教育公共服务体系的基本方向,从扩大资源、加大投入、加强教师队伍建设、强化规范监管等方面提出了一系列强有力的政策措施。各地按照国务院的部署,连续实施了三期学前教育行动计划,国家实施了学前教育重大项目,中央财政连续投入1132亿元,支持中西部农村地区改扩建幼儿园,扶持城市学前教育发展的薄弱环节。通过各级政府和教育部门近8年的努力,我国学前教育发展驶入快车道,取得明显成效,资源迅速扩大,普及水平大幅提升,投入力度明显加大,教师队伍持续壮大,保教质量逐步提升。到2017年,全国共有幼儿园25.5万所,在园幼儿达到4600万人,全国学前3年毛入园率达到79.6%，和规划纲要颁布前的2009年比，毛入园率提高近29个百分点，平均每年提高3.6个百分点，人民群众关心的"入园难"问题得到一定缓解，为推进教育公平、解放生产力、构建和谐社会作出了积极贡献。北京、上海、江苏、浙江等省市出台了相关学前教育立法，地方学前教育立法取得突破性进展。

由于基础薄弱、历史欠账太多，学前教育始终是教育体系的薄弱环节，虽近年取得了快速发展但普惠性资源依然不足，入园难问题有所缓解但体制机制还不健全。随着事业规模的不断扩大，一些制约学前教育改革发展的体制机制"瓶颈"问题不断积累，学前教育投入保障机制和成本分担机制不健全，教师队伍建设滞后，监管体系不完善，严重制约了学前教育事业的科学发展和规范发展。造成这些问题的原因是多方面的，既有已有的政策措施落实不到位的原因，如城镇小区配建幼儿园的规划、建设、移交等落实不到位的问题，一些省市区公办幼儿园的生均公用经费和生均拨款标准迟迟没有出台的问题，幼儿园教师工资待遇、社会保障和专业发展等方面的权益保障问题等；也有一些体制机制问题没有得到根本破解的原因，如公办园教师编制问题，成为牵一发而动全身、制约学前教育发展的最大"瓶颈"问题，直接影响到政府的责任落实、普惠性资源的配置和教师合法权益保障等问题。但是归根结底，最根本的原因还是对学前教育的性质定位认识不到位，各级政府和有关部门责任不清晰，使政府在学前教育规划、投入、师资队伍建设、监管和推进公平等方面的责任还存在不同程度的缺位。为了研究解决这些问题，中共中央、国务院出台了《关于学前教育深化改革规范发展的若干意见》，对新时代学前教育作了进一步的系统谋划，出台了一系列重要举措，着力解决当前反映突出的入园难、入园贵和监管弱问题。

当前我国社会进入新时代，学前教育处在新的历史方位。随着经济社会的发展，人民群众接受学前教育的刚性需求将更加强进，特别是全面二孩政策实施以及城镇化进程加快，供需矛盾将更加突出，今后一段时期，学前教育仍将处于爬坡过坎、负重前行的关键阶段。我们深知，在全面依法治国的大背景下，要从根本上解决学前教育改革发展中面临的问题，特别是政府责任的落实、体制机制保障、违法违规办园行为的惩治等问题，必须尽快出台"学前教育法"，依法保障学前教育事业健康可持续发展才是治本之策。

"学前教育法"是一部新法，研究制定"学前教育法"，既要立足当前，坚持问题导向，着力解决当前面临的主要矛盾和问题，也要着眼长远，具有一定的前瞻性，坚持学前教育公益普惠的基本方向，健全保障学前教育可持续发展的体制机制；既要注重总结和强化长期以来我国学前教育事业发展的特色和经验，把长期以来形成好的政策措施和经验以法律的形式固化下来，也要借鉴和吸收有益的国际经验，把普及学前教育作为促进人力资源开发、减少贫困代际传递以及维护社会和谐稳定的重要国家战略，切实保障适龄幼儿，特别是弱势群体接受学前教育的权利。

可以说，国家对学前教育改革发展的顶层设计、加快推进学前教育普及的目标措施、学前教育行动计划的持续推进和重大工程项目的实施以及近年来各地在推进学前教育改革发展方面的实践探索和取得的经验，为学前教育立法提供了重要的政策基础和实践基础。召开学前教育立法论坛对教育战线来讲是一件具有重要意义的大事，是贯彻落实全国教育大会精神，推进依法治教，加快推进学前教育立法的具体行动，希望能够在各界共同支持下，早日出台"学前教育法"。

Speech at the Forum on Legislation of Preschool Education in Northwest University of Political Science and Law

Jiang Jin

Abstract: Under the guidance of the "three preschool education action plans", the development of preschool education in China has accelerated and the results have been remarkable. However, due to the weak foundation, preschool education has always been a weak link in the education system, and inclusive resources are still insufficient. The bottleneck of the institutional mechanism of preschool education reform and development has seriously restricted the scientific development of preschool education. Studying and formulating preschool education law is an important driving force for promoting the in-depth development of reform. The legislation must adhere to the problem orientation, focus on solving the main contradictions currently facing, and adhere to the basic direction of public welfare and comprehensive institutional mechanisms for sustainable development; it is necessary to summarize and strengthen China's characteristics and experience, and to learn from and absorb benefits international experience. The popularization of pre-school education is an important national strategy to promote the development of human resources, reduce the intergenerational transmission of poverty, and maintain social harmony and stability, and effectively guarantee the right of school-age children, especially vulnerable groups, to receive preschool education.

Key Words: preschool education　achievement　development　legislation

理论探讨

关于学前教育立法的几点思考*

杨宗科**

摘　要："学前教育法"已经列入十三届全国人大常务委员会的立法规划。在全面依法治国、推进科学立法的背景下，学前教育法的制定面临立法依据、立法条件、立法的价值导向、立法对于中华优秀传统文化传承发展、立法主体范围等事关立法质量的一系列问题。只有在这些基本问题上形成广泛的共识，使社会共识形成制度化的规范，"学前教育法"才可能为学前教育的"善治"提供"良法"基础。

关键词：学前教育立法　立法依据　立法条件　立法价值　立法主体　文化传承

2010年《国家中长期教育改革和发展规划纲要（2010～2020年）》提出要加快推进学前教育立法工作。党的十九大报告明确要求"办好学前教育"。2018年9月7日正式公布的十三届全国人大常务委

* 基金项目：国家社科基金重大研究专项项目"中华优秀传统文化传承发展的立法对策研究"（批准号18VHJ0090）的阶段性成果。在此感谢管华教授、刘璞副教授对于本文写作给予的帮助。

** 杨宗科，西北政法大学教授，博士生导师，西北政法大学教育立法基地主任。研究方向：法治理论、立法理论、法统理论、法学教育、公安法学。

员会立法规划,[①]"学前教育法"被列入"第一类项目",即"条件比较成熟、任期内拟提交审议法律草案"。应该说,作为学前教育阶段的基本法的"学前教育法"的制定,开始进入正式的立法过程之中。本文从立法学角度,就制定该法律涉及的几个基本问题谈一些认识。

一、制定"学前教育法"的立法依据

2018 年 9 月 7 日,全国人大常委会公布了十三届全国人大常委会立法规划。立法规划中第一类项目第 30 个名目就是制定"学前教育法",法律草案的提出机关为国务院。在此之前国务院已经出台过《关于当前发展学前教育的若干意见》等一系列政策性文件。此次国务院向全国人大提请制定专门的"学前教育法",说明行政法规、政策性文件等规范性规则已经无法满足规范学前教育发展的现状。需要一部效力层级更高的"法律"来规范学前教育领域。

我国现行《立法法》于 2000 年 3 月 15 日由九届全国人大三次会议通过,2000 年 7 月 1 日起施行,并于 2015 年 3 月 15 日通过修改案。《立法法》是国家立法制度和科学立法、民主立法、依法立法的最主要依据。其中对于立法权限的划分、立法程序、法律解释等问题有明确的规定。在立法相关法律法规层级中仅次于宪法。在立法学理论中,立法程序可以被概括为前立法程序、立法准备程序、法律起草审议程序、法律表决公布程序和法律完善程序。立法草案的提出、审议、公布等程序都在《立法法》中有明确的规定。所以,关于学前教育法的立法依据问题主要集中在立法规划是否能够作为合法性依据这个问题上。如果立法规划不能提供足够的支撑效力,那么就需要说明推动这部立法付诸于起草表决直至通过公布的正当性依据。这里将首先讨论其合法性依据效力问题。

---

① 《十三届全国人大常委会立法规划》,载中华人民共和国全国人民代表大会网:http://www.npc.gov.cn/npc/xinwen/2018-09/10/content_2061041.htm,最后访问日期:2018 年 11 月 17 日。

（一）“学前教育法”的合宪性依据

合法性依据的第一个层级就是合宪性依据，任何人大级别立法都必须具有严格的宪法依据。《立法法》第3条明确规定，“立法应当遵循宪法的基本原则”，党中央在立法工作上首先强调立法必须符合宪法精神：“建设中国特色社会主义法治体系，必须坚持立法先行，发挥立法的引领和推动作用，抓住提高立法质量这个关键。要恪守以民为本、立法为民理念，贯彻社会主义核心价值观，使每一项立法都符合宪法精神、反映人民意志、得到人民拥护。要把公正、公平、公开原则贯穿立法全过程，完善立法体制机制，坚持立改废释并举，增强法律法规的及时性、系统性、针对性、有效性。”②所以需要首先明确我国《宪法》对于教育领域的原则规定。

根据我国《宪法》第19条第2款之规定：“国家举办各种学校，普及初等义务教育，发展中等教育、职业教育和高等教育，并且发展学前教育。”我国已于1998年通过《高等教育法》；于1986年通过《义务教育法》（2015年通过修正案）；于1996年通过《职业教育法》。从本条宪法条文的结构上分析，虽然在语言顺序上有先后之分，但是在语词的使用上并没有重要性的区别。学前教育与职业教育、高等教育是相并列的概念，在全国人大及其常务委员会立法实践中目前还没有关于学前教育的专门的立法。所以，在立法的合宪性依据上，制定“学前教育法”符合宪法规范及其所确定的基本原则。

（二）学前教育立法规划的性质

《立法法》第52条第1款规定：“全国人民代表大会常务委员会通过立法规划、年度立法计划等形式，加强对立法工作的统筹安排……”自1991年七届全国人大常务委员会编订第一个立法规划开始，建立了全国人大及其常务委员会的立法规划制度。此后的每一届人大常务委员会均是在其任期届始年编制立法规划，并报中共中央同意后印发。其编制的基本目的在于避免立法的盲目性、随意性和滞后性，将立法资源予以统一分配、优化。在立法规划制定后有充足的时间和资源进行调研和论证，保

---

② 中共中央《关于全面推进依法治国若干重大问题的决定》（2014年10月23日）。

证立法的民主性,促进公民在立法中的有序参与,有力凝聚立法的共识性基础。

在立法过程中,立法规划属于立法准备阶段,立法准备阶段还包括立法预测、立法项目论证等多个内容。其中立法预测与立法论证是从社会信息搜集、理论建设与研究角度出发到立法过程中。立法规划作为重要的指引性文件,是否具有法律效力?从现实的角度观察,我国制定的立法规划,并没有被全部完成。因此,我们需要进一步阐明立法规划的性质。

在我国立法学学界,对于立法规划性质问题没有定论,主要有三种不同认识:第一种理论侧重于从法律效力的解释,即立法规划是一种"准法"或者称为"半法"性质的文件。[③] 其本身具备有限度的规范性法律文件的效力。第二种观点将其看作一种国家权力的计划行为,认为其是将立法工作步骤化的重要措施,以保证立法权实施的有序性和目的性。[④] 第三种观点从立法学理论出发,认为立法规划只是立法准备阶段的一个程序。[⑤] 这三种观点存在两个层面的疑问。其一,法律的规范性效力要求人们必须按照法律的规定行动,如果违背这种规范性效力则必须对此种行为进行纠正和处理。在现实中,如果立法规划具备规范性效力,那么在计划没有被完全实现的情况下,立法机关应该如何面对由于违反规范性法律文件,所应当承担的责任?[⑥] 其二,如果将立法规划视为国家权力的计划行为或者立法准备的一个环节,就必须对立法规划进行程序性规定,严格其工作的整个流程。2015 年《立法法》修改时,新增加了关于立法规划和立法计划的内容,作为第 52 条。完善了我国的立法规划制度,但是《立法法》并没有立法规划的制定程序,同时,参考国民经济与社会发展规划,规划具有指导性,不具有严格的约束性,立法规划并不是对实际的一种规划,而是一种具备预测性质的指引性规范。

所以,立法规划并不是制定"学前教育法"的明确和可靠的合法性依

---

③ 参见周旺生:《立法学》(第 2 版),法律出版社 2009 年版,第 422 页。

④ 参见吴大英等:《比较立法制度》,群众出版社 1992 年版,第 783 页。

⑤ 参见乔晓阳主编:《立法法讲话》,中国民主法制出版社 2000 年版,第 100 页及以下。

⑥ 参见刘松山:《立法规划之淡化与反思》,载《政治与法律》2014 年第 12 期。

据。我国立法规划中列入第一类的立法项目毫无疑问是社会所急迫需要的规范性法律文件,但是能否进入法律起草阶段和正式审议程序还取决于后述问题,即立法的基本条件。

二、"学前教育法"的立法条件

按照立法学的基本理论和共识认知,进行"学前教育法"的立法,要具备主观条件和客观条件两个基础性要件。其中主观条件主要包括以下两个条件:第一,政策条件。立法要有相关的政策依据,要明确党的政策和国家政策的指导方向。第二,理论条件。即支撑学前教育法律制度设立的教育理论、思想观点、价值导向、概念范畴比较成熟,而且形成广泛共识。

(一)学前教育立法的主观条件

1. 政策条件。"要正确处理党的政策和国家法律的关系。我们党的政策和国家法律都是人民根本意志的反映,在本质上是一致的。"⑦中共中央对教育立法特别是学前教育立法的政策指导是明确而清晰的。2017年,中共中央办公厅、国务院办公厅印发《关于深化教育体制机制改革的意见》明确指出:"要创新学前教育普惠健康发展的体制机制。强调要鼓励多种形式办园,有效推进解决入园难、入园贵问题。理顺学前教育管理体制和办园体制,建立健全国务院领导、省市统筹、以县为主的学前教育管理体制。省市两级政府要加强统筹,加大对贫困地区的支持力度。落实县级政府主体责任,充分发挥乡镇政府的作用。以县域为单位制定幼儿园总体布局规划,新建、改扩建一批普惠性幼儿园。鼓励社会力量举办幼儿园,支持民办幼儿园提供面向大众、收费合理、质量合格的普惠性服务。要加强科学保教,坚决纠正'小学化'倾向。遵循幼儿身心发展规律,坚持以游戏为基本活动,合理安排幼儿生活作息。加强幼儿园质量监管,

---

⑦ 习近平:《在中央政法工作会议上的讲话》,载人民网:http://cpc.people.com.cn/n/2014/01/09/c64094-24065903.html,最后访问日期:2018年10月20日。

规范办园行为。”学前教育政策已经对管理体制、推进措施的细化方向有了清楚的指导。

党的十八大以来,以习近平同志为核心的党中央坚持和发展中国特色社会主义,提出“四个全面”战略布局,十八届四中全会通过的中共中央《关于全面推进依法治国若干重大问题的决定》中,在完善中国特色社会主义法律体系这一部分强调重点领域立法时,涉及要完善与教育、民生等一系列相关的制度,“加快保障和改善民生、推进社会治理体制创新法律制度建设。依法加强和规范公共服务,完善教育、就业、收入分配、社会保障、医疗卫生、食品安全、扶贫、慈善、社会救助和妇女儿童、老年人、残疾人合法权益保护等方面的法律法规”。这非常明确地表明了党对“学前教育法”立法工作的重视。

在中国共产党的十九大报告中,明确地指明了教育、民生领域政策的方向:“增进民生福祉是发展的根本目的。必须多谋民生之利、多解民生之忧,在发展中补齐民生短板,促进社会公平正义,在幼有所育、学有所教、劳有所得……不断促进人的全面发展、全体人民共同富裕。”其中特别提到要办好学前教育、特殊教育和其他教育:“推动城乡一体化发展,高度重视农村义务教育,办好学前教育。”⑧努力让人民群众能够接受公平的学前教育资源。

从上面的政策中可以看出,关于学前教育政策条件、目标导向已经越来越成熟。党和国家对于学前教育问题的关注程度和支持力度在不断加大。对于学前教育的政策方针也逐渐明确。所以学前教育立法的政策条件是符合立法需求的。

2. 理论条件。理论条件是指学前教育立法当中所应当形成的基本概念与定义、基本判断、基本规范以及所应当设定的权利义务等方面的问题,形成广泛共识。主要包括以下内容:

(1)学前教育的定义。广义的学前教育是指所有对学龄前儿童身心

---

⑧ 习近平:《决胜全面建成小康社会　夺取新时代中国特色社会主义伟大胜利——在中国共产党第十九次全国代表大会上的报告》,载新华网:http://www.xinhuanet.com/2017-10/c-1121867529.htm,最后访问日期:2018年10月20日。

发展产生影响的活动,来自学校、家庭和社会各个方面。狭义的学前教育仅指托儿所、幼儿园等专门的学前教育机构面向学龄前儿童(一般3~6岁)所实施的学前教育。应当区分的是,学前教育与我国的义务教育不同。国家并没有强制上述年龄段的孩童按照国家的法律规定进行系统化、标准化的学前教育。《教育法》第18条明确规定,我国学前教育是教育体系的第一个阶段。但是法律表述为“加快普及学前教育”,可以说明现阶段学前教育状况与义务教育的发展状况并不一致。所以,有学者将其定义为一种“以公益性为根本属性的准公共产品”⑨是较为恰当的。

(2)“学前教育法”所涉及的法律部门及主体。学前教育法律关系应该与民法、《未成年人保护法》等所保护的儿童人身权领域予以区分。民法和《未成年人保护法》中涉及的法律关系主要是未成年人的家庭保护和社会保护,以及家庭、社会组织对其的监护。而“学前教育法”所涉及的应该主要侧重于教育制度的普及,保育机构、培育机构的职责义务,国家对于学前教育的管理体系规范,儿童在这些机构中应该得到的保护、监护和教育权利等方面。其中涉及的法律主体应当包括国家行政机关、社会机构、学前教育机构、家庭和儿童等。

(3)“学前教育法”中规范的特点。学前教育立法侧重点应该从国家和社会的角度出发,对国家、社会相关机构的职责予以明确,对学前教育机构、教师进行规范和管理。各个主体的权利义务关系应当与民法、行政法等法律部门保持法律体系的一致性。同时要保证法律规范的细致化和可执行性。作为学前教育法律法规中的基础性法律规范,其应当具有明确的指导性,对我国学前教育领域的各个方面都应该予以涉及。同时,要明确划分上述有关法律主体的职责、权力和权利义务。

(二)学前教育立法的客观条件

经过前两期学前教育3年行动计划,2016年,我国学前3年毛入园率达到77.4%,“入园难”“入园贵”问题得到初步缓解。但是,总体来讲,学前教育仍是《教育法》规定的四阶段教育中最薄弱的环节,仍处于爬坡过

---

⑨ 庞丽娟、韩小雨:《中国学前教育立法:思考与进程》,载《北京师范大学学报》(社会科学版)2010年第5期。

坎的关键时期,宪法要求“发展学前教育”的长效保障机制尚未确立。比如,在总体上政府投入不足且严重不均。民办园甚至一部分公办园得不到政府投入,靠保教费维持园所开支。2016年,学前教育在总教育经费中占比仅7.2%,不仅远低于义务教育,而且其中70%拨给了公办示范园,城乡非示范公办园所得经费低于30%。数量上占主体的民办园不仅得不到财政拨款,还要缴纳营业税和企业所得税。再如,大量不达标的幼儿园广泛存在。2016年在园儿童(包括附设班)4413.86万人,其中就读于民办园的儿童2437.66万人;全国共有幼儿园23.98万所,其中民办幼儿园达15.42万所。民办幼儿园成为提供学前教育的主力军。相当一部分地方政府将幼儿园当作“包袱”。而近一段时间以来,民办学前教育机构出现的各种殴打、虐待儿童,教学教育方法与家庭教育的相悖,家长与教师、机构的冲突等问题显得愈发突出。

从上述的情况中可以看出学前教育立法所面临的客观情形,以及需要通过立法来创造的客观条件。这其中体现的社会关系可以分为三个层级:第一,国家层面的投入与指导;第二,社会、学校领域的规范与措施;第三,家庭或者小型社群的教育理念变革。在这三点上的规范方法与手段各有侧重,应该在学前教育立法当中予以明确和细化。

首先,在宏观管理和指导体制上,要保证政府的投入,明确政府的监管职责。在学前教育财政投入体系中确定学前教育财政的专门款项,可以比照参考国内义务教育经费比例。明确不同等级的民办园、公办园应占经费份额、生均拨款比例等具体量化标准。农村地区对乡村教师提供生活补助,对农村贫困幼儿适用国家贫困学生补助制度和精准扶贫政策。严格学前教育市场的监管,设立行政许可,规范幼儿园准入制度。扶助弱势园,平衡市场主体,发挥资本在学前教育市场催化民办园发展的积极作用。具体而言,政府需要配备专门的学前教育市场监管机构和监管人员,引导市场良性发展。

其次,在社会、学校领域,政府应统筹审查幼儿园教职工编制,结合现实情况尽量增加编制数量,对于不能或者不适合增加编制的幼儿园,可以考虑实行人事代理制,实行同工同酬,为幼儿园教职工提供基本的社会保障和工资待遇，以此改善非在编教师待遇差的现状，增强教师队伍的稳定性。规范幼儿园教师的法律身份与地位、权利与义务、工资待遇、医疗与养老等社会保障、聘任与考核要求、职称和培训等。[⑩] 达到国家职业资格标准的认定为幼儿园教师，不符合国家标准的，认定为保育员，从保育员到幼儿园教师之间可以设置过渡期，允许相关人员通过培训达到幼儿园教师的职业层次。对于农村幼儿园的教师培训要尤其重视，注意对培训制度实施的监督等。

最后，在家庭领域和小型社群中，向家长宣传正确科学的育儿观念。要求家长能够接受运用先进育儿理念，尊重儿童生长发育规律。增强家长权利义务观念。将家长应该享有的权利和应履行的义务规定在“学前教育法”中，赋予家长实际参与权、监督权和决策权。学前教育机构要创新、细化家校沟通的方式，增强家长和幼儿的交流。学校可以招募家长志愿者，让家长参与到园内管理建设中。

可以说，“学前教育法”立法的客观条件目前还不够具备，体制机制问题还比较混乱，还没有形成符合建设现代化强国和中华民族伟大复兴需求的学前教育管理格局。

三、“学前教育法”的立法价值导向

制定“学前教育法”的一个重大前提条件就是，确立学前教育立法的基本价值追求和导向。这就需要确立学前教育立法所依据的价值根基。一方面，从国家立法的目的角度出发，学前教育立法所依据的价值必须能够说明，这部立法可以更好地促进社会、公民的良性发展，更好地为群众服务，可以保护每个个体的权利和发展自由。另一方面，从国家行政管理权力的角度出发，基础价值必须能够为国家的科学化、合理化管理工作提供价值支撑。基于这两个方面考虑，学前教育立法的基本价值导向应该

---

⑩ 参见袁秋红：《我国民办学前教育十年发展态势、存在问题及政策建议》，载《教育科学》2017 年第 1 期。

坚持两个原则:公益性、普惠性原则和公平性原则。在教育学等理论研究领域中,这两个价值原则已经形成了普遍认可。而在实践中应该扩大和促进这两个基础性原则的社会共识。

(一)公益性与普惠性原则

确保公益性、普惠性是学前教育立法应当遵循的宗旨。教育本身作为一种共同利益,不应将某些人或者某一类人排除在外。确保每一个儿童共享国家和社会发展所创造的成果是符合社会正义公平原则的。教育的公益性是指教育所提供的产品或服务只能由人们共同占有和享用。这种利益的主体是全人类。学前教育是一项关系全社会的公共服务工程,具有公益性、公平性和非营利性等特征。普惠性则是公平性、公益性在教育上的延伸,其目的是使广大人民群众享有平等受教育的机会,特别是为弱势群体提供教育手段,使其有可能改变原有的社会地位,进而促进社会公平。

“普惠”,顾名思义即普遍惠及,意味着普遍性、非歧视性和非互惠性。普遍性说明了给予优惠政策的对象是大众的、全民的而不单指部分的个体或群体;非歧视性体现了实质平等,不分种族、地域、性别等因素,一律平等对待;非互惠性是指提供者给予被提供者一定的物质支持,而无须被提供者对此进行偿还,是一种单向性的给予和被给予关系。[11] 普惠性原则的核心是高包容性、非竞争性和非排他性。2010 年颁布的国务院《关于当前发展学前教育的若干意见》提出了“积极扶持民办幼儿园特别是面向大众、收费较低的普惠性民办幼儿园发展”,正是学前教育普惠性要求的体现。虽然近年来我国学前教育事业发展十分迅速,但发展能力仍比较有限,依然存在结构性不足等问题,农村地区幼儿园总量需求大,发达地区优质幼儿园需求量大。中西部欠发达地区、偏远山区教育资源极度匮乏,家庭收入无法支撑适龄儿童入园。发达地区入园条件设定的户籍等条件限制了外来务工子女入园和进入优质园的可能性,面临“入园贵”“入园难”的问题。在发展普惠性幼儿园的价值原则和政策指引下,各地

---

[11] 参见秦旭芳、王默:《普惠性幼儿园的内涵、衡量标准及其政策建议》,载《学前教育研究》2012 年第 7 期。

对发展学前教育积累了一些可贵经验，如杭州市结合实际情况和学前教育工作经验，构筑出富有地方特色的成本分担与生均补助政策体系，落实政府经费投入责任，对经费来源、管理和使用等方面都作出了具体规定，同时也着力解决弱势群体入学、民办园发展等突出问题。[12] 宁波市也在政策和实践上进行了积极探索，出台普惠性支持政策；增加财政性经费投入；建立"公益普惠"的公共服务体系，优化城乡一体的均衡发展资源布局。[13] 另外，普惠不等同于低价，普惠和优质两者缺一不可，而且首先是办学质量有保证，才能真正体现出学前教育普惠性的价值。

（二）公平性原则

从宏观来说，普惠性可以是公平价值的一个重要方面，但是将两者并列在一起时，则有不同的侧重。依据《国家中长期教育改革和发展规划纲要（2010～2020年）》，其中把促进公平作为国家基本教育政策。教育公平是社会公平的重要基础。教育公平的关键是机会公平，基本要求是保障公民依法享有受教育的权利，重点是促进义务教育均衡发展和扶持困难群体，根本措施是合理配置教育资源，向农村地区、边远贫困地区和民族地区倾斜，加快缩小教育差距。教育公平的主要责任在政府，全社会要共同促进教育公平。[14]

学前教育立法的公平性，则体现为学前教育的机会公平，保障公民平等地接受学前教育的机会，是"教育平权"的重要体现。学前教育的公平性原则要求我们不仅要追求形式意义的公平，还要追求实质意义上的公平。依据罗尔斯的正义理论中的差别原则，保障最不利益者的最大利益，是符合当代社会正义理念的。所以，要促进学前教育均衡发展，尤其是需要扶持困难群众的子女接受学前教育，学前教育资源配置方面同样需要

---

[12] 参见吕苹、付欣悦：《学前教育普惠性视角下财政投入模式——以浙江省杭州市为例》，载《早期教育》（教科研版）2013年第11期。

[13] 参见沈海驯、余海军：《发达城市推进学前教育普惠优质发展的路径探析——以宁波市为例》，载《中国教育学刊》2018年第7期。

[14] 教育部：《国家中长期教育改革和发展规划纲要（2010～2020年）》，载教育部网：http://old.moe.gov.cn/publicfiles/business/htmlfiles/moe/info_list/201407/xxgk_171904.html，最后访问日期：2018年11月7日。

向农村、边远贫困地区和民族地区倾斜，以追求实质意义的平等，即保障这些“最不利益者”的最大利益。

坚持学前教育立法的公平性原则，需要处理好几个结构性问题。第一，公立与私立教育结构问题。这其中反映的是市场化与公共化、福利化之间的内在张力关系。学前教育立法应当规定以政府为主体，多主体共同建设和参与的模式。第二，学前教育立法所要保障的区域结构公平问题，即我国各地区的经济、社会发展状况不同，立法侧重也应有所不同。如东部发达、富庶的地区可以在政府主导的前提下，更多地促进推动市场化的建设；而中西部的落后地区学前教育则需要更多地由政府来主导发展并承担责任。第三，城乡结构的公平性。农村的学前教育需要在立法时重点保障。这其中包括城乡区域结构公平性保障问题，以及城市当中不同学区之间划分的公平性问题。第四，学前教育本身内在结构的公平性，如学前教育的师资结构。立法内容应当明确在年轻师资的培育方面，尤其是在对“最不利益”地区的师资培养和投入方面加大倾斜力度；在民族结构方面，少数民族师资同样需要重点关注。总之，保障学前教育立法的公平性价值需要重点突出解决这些具有结构性、普遍性的公平问题。在我国的教育领域内，促进公平、普惠等价值的实现过程必然无法离开国家这一最重要主体的参与。但是只有透过立法行为的表象，发掘立法过程的本质，才能更好地促进基础价值的实现。

四、“学前教育法”的文化传承与创新

确定学前教育立法的基本价值追求和导向，需要具有战略思维和文化传承与创新意识。一方面，要从中华优秀传统文化的“宝库”中，汲取丰富营养；另一方面，要与时俱进，面向未来。对于优秀传统文化进行创造性转化，也要借鉴国外的有益经验。

文化是民族的血脉，是人民的精神家园。在5000多年文明发展中孕育的中华优秀传统文化，积淀着中华民族最深沉的精神追求，代表着中华

民族独特的精神标识，是中华民族生生不息、发展壮大的丰厚滋养，是中国特色社会主义植根的文化沃土，是当代中国发展的突出优势，对延续和发展中华文明、促进人类文明进步，发挥着重要作用。中共中央办公厅、国务院办公厅于2017年1月印发的《关于实施中华优秀传统文化传承发展工程的意见》（中办发〔2017〕5号）把中华优秀传统文化的主要内容概括为三个方面：一是核心思想理念。中华民族和中国人民在修齐治平、尊时守位、知常达变、开物成务、建功立业过程中培育和形成的基本思想理念，如革故鼎新、与时俱进的思想，脚踏实地、实事求是的思想，惠民利民、安民富民的思想，道法自然、天人合一的思想等，可以为人们认识和改造世界提供有益启迪，可以为治国理政提供有益借鉴。传承发展中华优秀传统文化，就要大力弘扬讲仁爱、重民本、守诚信、崇正义、尚和合、求大同等核心思想理念。二是中华传统美德。中华优秀传统文化蕴含着丰富的道德理念和规范，如天下兴亡、匹夫有责的担当意识，精忠报国、振兴中华的爱国情怀，崇德向善、见贤思齐的社会风尚，孝悌忠信、礼义廉耻的荣辱观念，体现着评判是非曲直的价值标准，潜移默化地影响着中国人的行为方式。传承发展中华优秀传统文化，就要大力弘扬自强不息、敬业乐群、扶危济困、见义勇为、孝老爱亲等中华传统美德。三是中华人文精神。中华优秀传统文化积淀着多样、珍贵的精神财富，如求同存异、和而不同的处世方法，文以载道、以文化人的教化思想，形神兼备、情景交融的美学追求，俭约自守、中和泰和的生活理念等，是中国人民思想观念、风俗习惯、生活方式、情感样式的集中表达，滋养了独特丰富的文学艺术、科学技术、人文学术，至今仍然具有深刻影响。传承发展中华优秀传统文化，就要大力弘扬有利于促进社会和谐、鼓励人们向上向善的思想文化内容。

中国优秀传统文化在学前教育方面的基本经验首先就是重视幼儿教育。《周易》中就有“物生必蒙”的思想。同时注重对于儿童的伦理道德教育和品德养成。《三字经》里“人之初、性本善”的观念告诉人们，儿童的本性是善良的，良好的品行要从小教育和养成。“蒙养以正”“惟以成德为事”。“读书”“习礼”“歌诗”“考德”是古代幼儿教育的主要方式。相反，当今的学前教育许多地方已经演变成以知识教育为主的小学化教育,严重违背了儿童成长发育规律。

中共中央办公厅、国务院办公厅《关于实施中华优秀传统文化传承发展工程的意见》要求,传承发展中华优秀传统文化的重大举措之一就是把中国优秀传统文化贯穿国民教育始终。围绕立德树人根本任务,遵循学生认知规律和教育教学规律,按照一体化、分学段、有序推进的原则,把中华优秀传统文化全方位融入思想道德教育、文化知识教育、艺术体育教育、社会实践教育各环节,贯穿于启蒙教育、基础教育、职业教育、高等教育、继续教育各领域。以幼儿园、小学、中学教材为重点,构建中华文化课程和教材体系。编写中华文化幼儿读物,开展“少年传承中华传统美德”系列教育活动,创作系列绘本、童谣、儿歌、动画等。同时,中共中央办公厅、国务院办公厅《关于实施中华优秀传统文化传承发展工程的意见》还明确要求加强文化法治环境建设,对中华优秀传统文化传承发展有关工作作出制度性安排。在教育、科技、卫生、体育、城乡建设、互联网、交通、旅游、语言文字等领域相关法律法规的制定修订中,增加中华优秀传统文化传承发展内容。因此,“学前教育法”的内容之中,应当体现对于中华优秀传统文化传承与发展应当从幼儿做起的责任意识,应当以中华优秀传统文化滋润幼儿健康成长。

五、“学前教育法”的立法主体

人民代表大会制度是我国的根本政治制度,是体现国家一切权力属于人民的民主政治原则的制度。在我国,全国人大及其常务委员会行使国家立法权,是我国立法体制中具有最完整、权威的立法权的国家机关。“学前教育法”作为我国教育领域基本法律的《教育法》的实施法,作为学前教育的基本法,全国人大常务委员会是最为合法适当的立法权主体。同时,“学前教育法”的制定,应当有更为广泛的参与权主体。

法律文本是作为行使立法权的主体的“作品”出现在人们的视野中,如果期望法律在实效方面达到更佳的程度,法律文本就必须体现社会的广泛参与性和共识性。"学前教育法"的立法质量如何,很大程度取决于行使立法决策权和立法参与权的各种立法主体的立法能力如何。我国立法制度是社会主义民主政治的体现,立法问题不能简单地归结为法律规范的制定过程,而是我国人民群众当家做主行使国家权力的体现。我国立法制度所要求的科学立法、民主立法、依法立法原则,要求全国人大及其常务委员会的立法必须有普通人民群众的立法参与,而且要在社会立法参与权和立法主体的立法职权之间形成良性机制。只有在这种情况下,立法价值的选择才是正确和符合社会发展方向的。同时也可以把立法价值选择这样一个目标性问题转变成为一个程序性问题。在学前教育立法方面,这一点就显得尤为重要。

立法主体通过立法过程中的立法行为满足社会的立法需求。在立法过程中,立法决策机构采用讨论、协商、辩论和票决等方式产出了法律这个实践性规范。立法过程造就了立法本身。立法学认为,狭义的立法过程仅仅是指立法决策机构制定法律的过程,其中的核心步骤是投票表决。而广义的立法过程还包括以协商方式在内的前立法程序。⑮ 这种包含关系来源于对狭义立法过程的回溯。⑯ 立法法理学将立法过程,以及前立法程序作为研究立法的关键。如果将立法视为"属于不同类别的政治学家所集中研究的政治学的范围",⑰在某种程度上是正确的。但是以此作为将立法隔离在法学研究外却是有失公允的。因为带有政治或道德色彩的,关涉价值研究的讨论广泛存在于法学研究中。同时,不能因为立法不能达到价值无涉的"中立"标准,就完全将其抛弃。在一定程度上,对于前立法程序的关注,源于对制定法评判标准的一种补充和解释。⑱ 由于立法文本的明晰性要求,所以必须对立法程序开始时的状态予以明确。温特

---

⑮ See Luc Wintgens, *Legisprudence: A New Theoretical Approach to Legislation*, Hart Publishing, 2002, p. 3.

⑯ See Luc Wintgens, *Legisprudence: A New Theoretical Approach to Legislation*, Hart Publishing, 2002, pp. 3 - 5.

⑰ Luc Wintgens, "Legisprudence as a New Theory of Legislation", *Ratio Juris*, 2006(1), p. 1.

⑱ See Julius Cohen, "Legisprudence: Problems and Agenda", Hofstra Law Review, Vol. 11, Iss. 4 [1983], Art. 3, pp. 1170 - 1171.

根斯的时间性原则[19]认为立法不可能毕其功于一役,解决所出现的所有问题。所以,立法是在一种持续不断的过程中进行。在具体的立法过程中,前立法程序就包含了对现实情况的调研、立法所规制内容的听证与咨询。这个过程简单地说是一种寻找立法素材的过程。立法机构的人员或者代表,并不能知晓所有的信息和社会问题。所以,前立法程序不仅仅是一个协商的过程,同时也是立法程序开始的起点。

制定"学前教育法"可以参考上述的立法法理学理论。做到多样化、多元化、多方面的主体参与,特别是专家学者的参与。从事教育学、管理学、健康学、心理学、法学的多个学科专家参与探讨学前教育立法问题;民办幼儿园和公办幼儿园也应该作为社会主体充分参与。这样的社会参与符合我国强调的民主立法、科学立法、依法立法原则。其中民主立法的核心就是公众参与,没有公众参与就不可能存在民主立法。

社会各界对"学前教育法"的价值导向、基本原则等问题要形成共识,必须充分发挥各种媒介的信息传导功能,将有序、科学、客观的意见予以传播和讨论。通过科学化、民主化立法过程的法律,必然会对行政执法、司法产生良性的影响。法律对社会中的每一个个体都具有约束力,同时与每个人都密切相关。法治化的社会必然是一个能够将公民个人发展与社会发展协调起来的社会。立法制度的意义就在于将一个专门化的决策程序过程纳入公共商谈中,制定尊重个人需求同时又促进社会整体发展的法律。立法的专业化当然有着不可或缺的重要性,因为立法是一个专业的制度形成过程。专业的政治、法律知识、体系化的逻辑方法并不是每个人都能够掌握的。但是立法可以在实质层面上接受一般个体的诉求核心。[20] 得到越多数人的认可,在可能性上越容易产生实效,也可以减少立法的失败。立法过程也是一种具有教育性质的过程。在学前教育领域,虽然已有地方经验累积及相关政策出台,但是依然需要国家立法的认可

⑲ See Luc Wintgens, "Legisprudence as a New Theory of Legislation", *Ratio Juris*, 2006 (1), pp. 13 – 15.

⑳ 参见许章润:《从政策博弈到立法博弈——关于当代中国立法民主化进程的省察》,载《政治与法律》2008年第3期。

及完善。同时,我国还存在诸如学前教育的职责不清导致各级政府部门对学前教育资源管理职责不清、[21]政府财政性学前教育经费投入不足等问题。通过制定"学前教育法"的过程,通过多元主体的广泛参与,通过理性讨论和论证,通过社会权力的推动,来有序推进这些问题的解决。

党的十八大以来,在全面依法治国战略布局引领下,在科学立法新理念的指导下,完善中国特色社会主义法律体系、建设中国特色社会主义法治体系正在稳步推进。"学前教育法"的制定,需要我们处理好、解决好事关学前教育立法质量的若干重要问题,以促进一个承担"良法善治"功能的好的"学前教育法"早日颁布。

On Some Fundamental Issues on the Legislation of Preschool Education

Yang Zongke

Abstract: The Law on Preschool Education is one of the first projects in the legislative plan announced by the 13th National People's Congress. The Central Committee of the Communist Party of China and relevant national departments pay close attention to the development and reform of preschool education. Under the guiding ideology of comprehensively advancing the rule of law, the discussion and drafting of the legislation of the people's congress in the preschool education field is particularly important. In the theoretical circles of education and sociology, the issue of preschool education has formed a certain consensus, but social consensus and choice must form institutionalized norms. Based on China's current legislative system and procedures, the legislation of preschool education faces legislative issues,

[21] 参见袁秋红:《普惠性学前教育政策的瓶颈与方向》,载《教育评论》2018年第5期。

legislative conditions, and basic values in the context of legislation. Only by confronting these basic levels of dilemma can we better promote relevant legislation.

Key Words: legislation of preschool education legislative value legislative grounds legislative conditions

论我国“学前教育法”的立法精神、内容和技术

张新民*

摘　要：“学前教育法”是为国家未来和民族希望所立之法，应该充满社会关爱、促进社会公平正义、充分保障幼儿学前受教育权；除一般立法内容“学前教育法”应特别规定幼儿学前受教育权的形态和内容，学前教育主管部门和相关部门的职责权限，学前教育教育机构的保教义务和责任，学前教育监督检查制度；“学前教育法”应定位为教育法的特别法，主要适用于调整机构学前教育行为，学前教育全国性立法要为地方性立法预留适当空间，并处理好与其他相关法律的衔接协调。

关键词：权利保障法　学前教育权　义务责任　衔接协调

“学前教育法”是为国家未来和民族希望所立之法，所有发达国家都有完善的学前教育立法体系和成熟有效的运行机制。建立完备的学前教育法律制度体系是全社会的共同责任和义务。要制定一部面

---

* 张新民，西南大学法学院教授，博士生导师。研究方向：社会法、教育法治。

向未来的“学前教育法”需要解决好立法精神、立法内容和立法技术三个层面的问题。

一、“学前教育法”的精神塑造

(一)“学前教育法”应是一部充满社会关爱的法

习近平总书记说:“少年儿童是祖国的未来,是中华民族的希望。”“为了中华民族的今天和明天,我们要教育引导广大少年儿童树立远大志向、培育美好心灵,让少年儿童成长得更好。”①学前教育既是国家有组织、有计划的教育实践活动,也是整个社会最关注、最自觉、最愿意的关爱学龄前儿童的全民性活动。帮助学龄前儿童健康快乐全面发展,呵护他们走好人生的第一步,已成为中华民族的共同价值认同,并完全融入了华夏文化的血脉之中。“学前教育法”应通过立法将这些饱含希望的关爱之情转化为具有可操作性的权利义务关系和责任关系,把社会对学龄前儿童的爱从一种情感表达升华为一种理性给予,让“学前教育法”冷峻的外表下处处流淌着温暖的爱的血液。

(二)“学前教育法”应是一部体现和促进公平正义的法

“正义是社会制度的首要价值。”②教育是促进社会公平的根本途径和手段,正因为如此,教育公平也是社会公平的基础,是社会正义在教育活动中的价值体现,关乎国家民族的昌盛和人民群众的福祉。而学前教育是基础教育的基础,是人生教育的起步和开端,担负着确定儿童未来发展“基调”的重任,“公平的学前教育机会不仅在促进幼儿语言、智力、情感及社会性发展等方面具有不可补偿的作用,也是有效打破贫困代际循

---

① 习近平:《从小积极培育和践行社会主义核心价值观——在北京市海淀区民族小学主持召开座谈会时的讲话》,载《人民日报》2014年5月31日,第2版。

② 宋占美、牛楠楠、张婷婷:《我国高校学前教育专业资源配置优化研究——基于空间正义理论的视角》,载《黑龙江高教研究》2018年第4期。转引自沈慧芳:《论制度安排的正义》,载《伦理学研究》2004年第6期。

环,缩小社会差距,提高人力资源投资效益的重要手段"。[③] 学前教育公平确保的是起步公平和底线正义,"让儿童入学是一个社会最基本、最小限度的公平",[④]因为"一切都在6岁之前决定了"。[⑤] 幼儿时期培养良好的反应倾向、思维偏好和行为习惯所产生的效益,远远超过后来改变习惯所要支付的成本。"学前教育法"应用国家意识的形式对这种初始公平和底线正义进行确认并以国家强制力保证其实现。

1.免费、公益、普惠是"学前教育法"公平正义精神的具体体现和基本标志。"一国之学前教育的普及和健全与否,对强化义务教育质量、提升国民整体素养乃至促进社会健康与健全发展,都具有举足重轻的积极作用。"[⑥]欧洲国家大约80%的幼儿就读于公办幼儿园,此外,大多数欧洲国家还花巨资资助私立幼儿园。[⑦] 国家应将普惠性学前教育纳入基本公共服务,制度性地提高财政性学前教育经费占财政性教育经费的比例,逐步实现免费学前教育。

2.公平合理分配公共资源实现学前教育的空间正义。从全国范围看,我国学前教育存在城乡间、区域间、地域间、公办民办学校间优质学前教育专业资源和办学资源配置不均衡的问题。国家应在空间上统筹规划和科学配置学前教育资源,并通过远程教育系统和信息化手段,努力实现学前教育优质资源共享。

3.确保处境不利幼儿平等的学前受教育权。学前教育资源向落后地区和弱势群体倾斜,是国家通过教育干预手段切断贫困代际传递,缩小贫富差距,实现社会公正的根本性举措。中央和地方政府应该在学前教育规划布局、财政支持、师资培养、物质条件上向边远、农村、少数民族地区

---

③ 刘利民:《整体推进重点突破加快学前教育改革发展》,载《中国教育报》2013年12月13日,第1版。

④ 周桂勋等:《学前教育事业发展的公平之维——罗尔斯正义论的视角》,载《陕西学前师范学院学报》2018年第2期。

⑤ [法]弗朗索瓦兹·多尔多:《儿童的利益——学会尊重孩子》,王文新译,上海社会科学院出版社2012年版,第77页。

⑥ 吴遵民等:《我国学前教育立法的若干思考》,载《复旦教育论坛》2018年第1期。

⑦ 余强:《欧洲39国学前教育的发展现状和趋势》,载《学前教育研究》2009年第10期。

和孤残儿童、贫困儿童、留守儿童等弱势儿童群体进行合理倾斜。

(三)"学前教育法"应是一部幼儿学前受教育权保障法

法律作为实现社会控制的一种手段,不仅仅是维护社会秩序的统治工具,也是促进社会发展和人的价值实现的理性工具,因此,"立法的首要问题,决不是法律规范的制定,而是价值取向的选择"。[⑧] 为了便于研究,依据效力位阶、立法目的、调整对象、价值本位为标准在理论上可对法律进行相应的分类,以显示各自的类型和主体功能价值。按照一定的标准本文将我国的教育法分为教育基本法、教育组织法、教育权利法、教育管理法等。立法价值取向,直接规定和影响着相关法律功能目标的实现。本文主张,我国"学前教育法"应定位为权利法或权利保障法,要以幼儿学前受教育权的确认和保障为基本价值取向。权利是特定利益与法律上的力的结合,[⑨]不管是从道义上还是从国家民族的未来发展上每个幼儿都有平等接受学前教育的正当诉求,但如果不能把这种利益诉求转变成权利,那么这种利益诉求将是不安定的。为了体现党和政府对幼儿学前受教育权的高度重视和尊重,为了强化国家和全社会对幼儿全面协调成长的义务和责任,为了真正实现教育的起点公平维护社会的底线正义,权利及其保障应成为"学前教育法"的"底色"和"基线"。

二、"学前教育法"立法内容的重点关切

根据学前教育的基本需求和教育立法的一般规律,学前教育立法应包括立法目的和依据,适用范围,基本原则,管理体制;学龄前儿童的受教育权;学前教育机构的设立、审批、登记、变更和终止;学前教育机构的教师和其他教育工作者;保育教育内容和形式的基本要求;学前教育经费的投入和条件保障;学前教育监督检查;法律责任等基本内容。在此基础

---

⑧ 吴占英、伊士国:《我国立法的价值取向初探》,载《甘肃政法学院学报》2009年第3期。

⑨ 参见王勇:《简论权利法观念的弘扬》,载《国家行政学院学报》2001年第1期。

上，基于学前教育的特殊性，在设计“学前教育法”的具体内容时，应对以下事项给予重点关切。

（一）学龄前儿童学前受教育权的形态及内容

法律规范是法的基本单元，而权利义务是法律规范构造的核心要素和逻辑展开的基点。从实际效果看，幼儿学前教育利益的保障关键看相关主体的义务能否履行和履行的程度，而义务是与一定的权利相对应的，是为保障权利实现而设置的。因此，在立法技术上，要确保维护每个幼儿接受公平的学前教育的义务在相关主体之间得到具体确认和合理分配，必须首先确定幼儿学前受教育权的形态及其权能。《世界人权宣言》（Universal Declaration of Human Rights）明确规定，受教育权是一项基本人权，[10]《儿童权利公约》（Convention on the Rights of the Child）规定，缔约国确认儿童都有受教育的权利，[11]我国《宪法》[12]《教育

[10] 《世界人权宣言》第26条规定：“（一）人人都有受教育的权利，教育应当免费，至少在初级和基本阶段应如此。初级教育应属义务性质。技术和职业教育应普遍设立。高等教育应根据成绩而对一切人平等开放。（二）教育的目的在于充分发展人的个性并加强对人权和基本自由的尊重。教育应促进各国、各种族或各宗教集团间的了解、容忍和友谊，并应促进联合国维护和平的各项活动。（三）父母对其子女所应受的教育的种类，有优先选择的权利。”

[11] 《儿童权利公约》第28条第1款规定，缔约国确认儿童有受教育的权利，为在机会均等的基础上逐步实现此项权利，缔约国尤应：(a)实现全面的免费义务小学教育；(b)鼓励发展不同形式的中学教育、包括普通和职业教育，使所有儿童均能享有和接受这种教育，并采取适当措施，诸如实行免费教育和对有需要的人提供津贴；(c)根据能力以一切适当方式使所有人均有受高等教育的机会；(d)使所有儿童均能得到教育和职业方面的资料和指导；(e)采取措施鼓励学生按时出勤和降低辍学率。

[12] 《宪法》第19条规定，国家发展社会主义的教育事业，提高全国人民的科学文化水平。国家举办各种学校，普及初等义务教育，发展中等教育、职业教育和高等教育，并且发展学前教育。国家发展各种教育设施，扫除文盲，对工人、农民、国家工作人员和其他劳动者进行政治、文化、科学、技术、业务的教育，鼓励自学成才。国家鼓励集体经济组织、国家企业事业组织和其他社会力量依照法律规定举办各种教育事业。国家推广全国通用的普通话。第46条规定，中华人民共和国公民有受教育的权利和义务。国家培养青年、少年、儿童在品德、智力、体质等方面全面发展。

法》⑬规定,中华人民共和国的所有公民有受教育的权利和义务,《义务教育法》《职业教育法》《高等教育法》等则分别对相应年龄群体的受教育权进行了具体规定。因此,未来制定的"学前教育法"应明确规定,每个义务教育前儿童有资格接受国家提供的学前教育并享有以下学前受教育权。

1. 免费学前教育权,即学龄前儿童有接受免费学前教育的权利。免费是实现公平学前教育的标志和根本保障,是儿童学前受教育权的首要内容。向学龄前儿童提供免费学前教育是发达国家的一般做法和共同经验,也是世界基础教育发展的基本趋势。《美国2000年教育目标法》将发展学前教育列在国家教育目标的首位,明确规定所有美国儿童都要有良好的学前准备。党的十九大报告明确提出,"优先发展教育事业""办好学前教育""努力让每个孩子都能享有公平而有质量的教育",各级政府应扩宽财政性学前教育经费来源渠道,加大政府对学前教育的财政资助力度,建立学前教育资助制度,逐步实现免费学前教育。

2. 全面学前教育权,即学龄前儿童有得到全面协调发展教育的权利。学前教育机构应提供条件满足学龄前儿童的感知、体验、探索需求,通过有计划地开展保教活动全面培养儿童良好的生活习惯、学习兴趣、体育爱好和绘画乐趣,使学龄前儿童在德、智、体、美、劳方面得到综合发展。

3. 平等学前教育权,即学龄前儿童有得到平等关注和重视的权利。学前教育机构、教师和其他教育工作者应当平等对待接受学前教育的每一位儿童,充分尊重学龄前儿童的人格尊严,严禁歧视和有差别对待学龄前儿童。

4. 安全学前教育权,即学龄前儿童享有生命健康得到充分保护的权利。学龄前儿童的健康安全应得到充分保障,其生活、教育场所和各类用

⑬ 《教育法》第9条规定,中华人民共和国公民有受教育的权利和义务。公民不分民族、种族、性别、职业、财产状况、宗教信仰等,依法享有平等的受教育机会。第17条规定,国家实行学前教育、初等教育、中等教育、高等教育的学校教育制度。国家建立科学的学制系统。学制系统内的学校和其他教育机构的设置、教育形式、修业年限、招生对象、培养目标等,由国务院或者由国务院授权教育行政部门规定。第18条规定,国家制定学前教育标准,加快普及学前教育,构建覆盖城乡,特别是农村的学前教育公共服务体系。各级人民政府应当采取措施,为适龄儿童接受学前教育提供条件和支持。

品,应当符合国家相关的安全质量标准。学前教育机构应建立健全门卫、房屋、设备、消防、交通、食品、药物、儿童接送交接、活动开展和儿童就寝值守等安全防护和检查制度。国家医疗卫生机构应向学龄前儿童提供科学、系统、安全、优先的卫生保健、预防接种和疾病防控服务。严禁任何侵犯学龄前儿童合法权益的行为发生。

5. 人文学前教育权,即学龄前儿童有天性得到尊重和自然发展的权利。“‘人生百年,立于幼学’,启蒙教育中的教育目标、内容和方法问题,是建构有中国底蕴、具中国特色的启蒙教育体系的关键问题。”⑭学前教育的提供者应遵循学龄前儿童身心发展规律和生活学习特点,尊重学龄前儿童的天性和发展的个体差异,以生活化和游戏化为基本活动形式,科学安排保教活动内容,促进每个学龄前儿童愉快、自由、健康地成长和发展。

(二)适用范围和调整对象

理论上,学前教育有广义和狭义之分。广义的学前教育是指所有对学龄前儿童身心发展产生影响的活动,来自学校、家庭和社会各个方面。狭义的学前教育仅指托儿所、幼儿园等专门的学前教育机构所实施的学前教育。对于是按广义的学前教育还是按狭义的学前教育来进行立法,学术界有不同主张。本文更倾向于按狭义的学前教育来进行立法。

1. 其他相关法律已对家庭的学前教育义务进行了基本规定。尽管学龄前儿童的具体保护教育活动涉及家庭、学前教育机构、特定情况下相关组织机构和个人(如承担孤儿监护义务的福利机构和寄养人),但关于监护人、家庭成员、社会对学龄前儿童的保护教育义务已在我国《民法总则》第二章“自然人”中第二节“监护”、《未成年人保护法》第二章“家庭保护”和第四章“社会保护”中进行了同位阶的立法规定,“学前教育法”没有必要再进行重复规定,而应该将重点放到对学前教育机构的调整规范上。

2. 更有助于确保学前教育立法的科学性和效益。对学龄前儿童的家

---

⑭ 霍力岩、胡恒波:《构建有中国底蕴的启蒙教育体系》,载《光明日报》2017 年 11 月 9 日,第 2 版。

庭教育属于传统的“家教”范畴，而在社会规范的分工上，“家教”更多地归为伦理道德规范调整的领域。在儒家思想长达数千年的影响下，家的价值不仅已成为整个中华民族乃至整个东方国家的道德共识和心理依托，也承担着相应的社会职能。虽然随着生产社会化和专业化程度的不断提升，家庭的社会职能呈现出向社会不断转移的趋势，但一些基于血缘和亲情而难以为社会力量替代的职能和作用仍然并将永远作为家的规定性因素而被留存。对学龄前儿童进行家教不仅是父母及其他家庭成员与学龄前儿童的主要情感交流方式和亲情纽带，而且已成为一种共同价值认同，并实现了道德归化。不管法律有没有规定，绝大部分家庭都会自觉地履行对未成年家庭成员的保护和教育义务。

3. 机构教育是现代学前教育的基础和主导力量。学前教育的根本目的是遵循儿童身心发展特点和规律，科学保育教育，促进儿童身心和谐健康发展，主要涉及身体健康锻炼、情感意识培养、个性发展引导、生活习惯养成、规则意识启蒙、生活常识传授等。尽管上述保育教育任务的完成需要家庭、学前教育机构和社会共同努力，但在整个学前教育体系中，学前教育机构无疑应居于主导地位。一方面，现代社会的学前教育应该主要是一种组织化、专业化的教育实践活动，而不主要是基于家庭传统亲情互动经验的简单家教活动，需要其实施者具有足够的专业和组织能力。学前教育机构的保育教育活动是在先进的学前教育理论指导下，通过制订完整合理的培养方案和具体教学计划而有组织开展的专业化学前教育活动，对整个学前教育目标的实现和质量保证起到关键和决定性作用。另一方面，学前教育机构不仅组织实施自身的保育教育活动，还可以对家庭和社会对学龄前儿童的教育提出建议，并通过与家长的沟通交流和参与相关社会活动对学龄前儿童家庭教育和社会教育的开展进行专业性指导和帮助，从而对整个学前教育发挥主导性作用和影响。

因此，无论是从立法的科学性看还是从实际操作的可行性看，“学前教育法”都应突出学前教育机构在整个学前教育活动中的主导地位和主体作用，对于家庭和社会对学龄前儿童的教育只在“学前教育法”的总则中作倡导性和一般性规定就行了。即使将家庭的学前教育责任义务纳入立法调整,也不要放到“学前教育法”中,而是制定专门的“家庭教育法”,对整个未成年人的家庭教育进行集中统一规定,免得既冲淡了“学前教育法”的主题,也无济于事。

(三)学前教育管理体制

学前教育事业涉及教育、财政、民政、文化、人社、公安、食药监、卫生健康、消防等方方面面,单靠哪一个部门都无法解决学前教育发展面临的问题,需要各相关部门分工协作。“学前教育法”应对各级政府以及同级政府学前教育主管部门和相关部门的职责权限和履行职责的程序进行规定,从而建立与学前教育地位、性质、职能、任务相匹配的管理体制。纵向上,中央政府更多的是要加大对贫困地区和薄弱环节的支持力度,省级和设区的市级政府主要负责本行政区域内学前教育发展的统筹规划,县级政府承担学前教育的主体责任,乡镇级政府则负责学前教育的具体组织实施。横向上,要建立健全政府分管负责人牵头、教育部门主管、相关部门在自己的职能范围内积极配合的学前教育管理体制机制。进一步强化教育主管部门的职责,把学前教育管理职能从目前的基础教育管理机构中分离出来,设立专门的学前教育管理机构,并明确具体的职责范围,尤其是应明确学前教育机构的审批权由教育主管部门行使。

(四)学前教育机构的特殊义务和责任

1.学龄前儿童在学前教育机构期间的监护责任由学前教育机构承担。我国《民法总则》第20条规定,不满8周岁的未成年人为无民事行为能力人,由其法定代理人代理实施民事法律行为。无民事行为能力,是指不具有以自己的行为取得民事权利和负担民事义务的资格,不能产生法律关系发生、变更、消灭的效果。学龄前儿童不仅被法律确认为无行为能力,而且事实上学龄前儿童的身体状况和辨识能力也是一生中最脆弱的,对于这一特殊性,“学前教育法”须给予特别关切。根据《民法总则》的规定,学前教育机构并不是学龄前儿童的法定监护人,但为了强化学前教育机构的责任意识,充分保护接受学前教育儿童的权益,“学前教育法”应明确规定学前教育机构是本机构学龄前儿童接受教育期间的临时监护人,必须全面履行监护人的义务和责任。

2. 学龄前儿童在接受保教期间受到的损害适用无过错责任原则。根据我国《侵权责任法》的规定,接受学前教育的儿童在学前教育机构学习、生活期间受到人身损害时适用的归责原则是过错推定原则,在受到学前教育机构以外的人员人身损害时,学前教育机构只承担补充责任。本文认为,《侵权责任法》[15]将接受学前教育的儿童与其他在校学习的学生放在一起来规定受到人身损害时的归责原则,忽略了接受学前教育儿童属于完全无民事行为能力人的事实和特殊性,不利于充分保护接受学前教育儿童的人身权益。将责任配置给最能控制损害结果发生的人是法律责任分配的基本理念,接受学前教育的儿童完全没有行为能力,他们对损害结果没有任何辨识和控制能力,而学前教育机构对接受本机构保育教育的儿童承担着监护责任,基于其已通过行政审批的从事学前教育所必须的人、财、物条件及符合法律政策规定的规章制度,法律完全可以推定学前教育机构对于可能发生在本机构的儿童人身损害已具备完全足够的辨识和管控能力。因此,为了最大限度地强化学前教育机构对接受学前教育儿童的监护责任,最大限度地保护学前教育儿童的权益,"学前教育法"应将控制学前教育儿童人身损害的责任直接赋予学前教育机构,对学前教育机构适用无过错责任原则。

(五)学前教育监督检查

学前教育法律政策的规定和要求能否在教育机构得到完全充分的遵守和落实,取决于教育机构的自觉努力,也有赖于来自外部的监督检查。在整个学前教育活动过程中,学前教育机构始终处于完全主动和控制状态,而作为无行为能力人学龄前儿童在学前教育活动过程中则完全处于弱势和被动服从状态,对于潜在风险和整个保育活动没有任何辨识能力,对于学前教育机构没有任何监督能力。因此,如果学前教育机构及其教

---

⑮ 《侵权责任法》第38条规定,无民事行为能力人在幼儿园、学校或者其他教育机构学习、生活期间受到人身损害的,幼儿园、学校或者其他教育机构应当承担责任,但能够证明尽到教育、管理职责的,不承担责任。第40条规定,无民事行为能力人或者限制民事行为能力人在幼儿园、学校或者其他教育机构学习、生活期间,受到幼儿园、学校或者其他教育机构以外的人员人身损害的,由侵权人承担侵权责任;幼儿园、学校或者其他教育机构未尽到管理职责的,承担相应的补充责任。

职工违反国家法律政策规定和学前教育管理规程的要求，将很难从内部得到发现和纠正。因此，“学前教育法”必须设置专门的学前教育监督检查制度，明确规定学前教育主管部门、学龄前儿童法定监护人、有关群团组织和新闻媒体在学前教育监督检查上所享有的职权、程序、途径和方式。

三、“学前教育法”立法的技术运用

（一）“学前教育法”的法律地位

“学前教育法”的法律地位是指“学前教育法”在我国整个法律体系中所处的位置。法律体系，则是指由一国现行的全部法律规范按照不同的法律部门分类组合而形成的一个呈体系化的有机联系的统一整体。我国的法律体系是以我国《宪法》为统帅和根本依据，由部门齐全、结构严谨、内部协调、体例科学、调整有效的法律及其配套法规所构成的统一整体，由宪法及宪法相关法、民商法、行政法、经济法、社会法、刑法、诉讼与非诉讼程序法七个法律部门组成，在位阶上分为法律、行政法规、地方性法规三个层次。对于学前教育在国民教育体系中的定位，我国《宪法》总纲和《教育法》都做了明确规定，即学前教育是我国社会主义教育体系的重要组成部分，是教育的基本阶段。作为专门调整学前教育关系的法律“学前教育法”当然是我国法律体系的有机组成部分并属于教育法体系，对此应无争议。只不过对于教育法究竟应归为哪个法律部门学界有不同的主张。主流观点认为应归为行政法，也有主张归为社会法的，因为教育法的公共利益性与社会法的价值本位具有同质性。抛开整个教育法类群的法律部门归属之争，仅就教育法体系内部关系看，“学前教育法”应属于《教育法》的特别法，是依据《宪法》和《教育法》有关学前教育的基本规定而制定的专门调整规范学前教育的法律，在教育法律体系中具有与《义务教育法》《职业教育法》《高等教育法》《民办教育促进法》等法律相同的位阶，相互之间只存在横向的衔接协调关系，不存在纵向的统属依据关系。

(二)合理处理学前教育国家立法与地方立法的关系

1. 高度重视并充分吸纳学前教育地方立法的成果。早在2004年,全国人大教科文卫委员会、中央编办、教育部等部门就组织相关人员先后到山东、江苏、江西、河北等地进行了学前教育立法调研。2009年学前教育立法正式纳入《全国教育事业"十一五"发展规划》和教育部"十一五"立法计划。2018年9月7日公布的十三届全国人大常委会立法规划,"学前教育法"被纳入立法规划的一类立法项目,⑯计划在十三届全国人大常委会任期内提请审议。在这个过程中,北京、上海、云南、江苏、吉林、安徽、天津、辽宁、浙江等省市先后出台了学前教育地方性法规。这些地方性法规为国家制定"学前教育法"提供了丰富的立法素材和实证经验,应认真梳理并充分吸纳。

2. "学前教育法"要为地方性学前教育立法预留合理空间。尽管改革开放以来我国包括学前教育在内的整个教育事业取得了举世瞩目的历史性成就,成为世界上名副其实的教育大国,但我国学前教育发展仍然存在不平衡,城市与农村之间、发达地区与欠发达地区之间存在明显的差异性,而农民工、少数民族等因素使学前教育的发展呈现出更大的复杂性。因此,国家在制定"学前教育法"时一定要为地方立法预留合理空间,以使各地方能够在不违背国家法律法规基本规定的前提下,制定适合本地区经济社会情况的学前教育地方性法规。"学前教育法"不仅应明确规定各省市自治区可以依法制定学前教育地方性法规,还可以规定设区的市在不同宪法、法律、行政法规和本省、自治区的地方性法规相抵触的前提下,依法制定适用于本市的学前教育地方性法规,报本省、自治区人民代表大会常务委员会批准后施行。⑰ 这样不仅可以优化和完善学前教育法律体

---

⑯ 一类立法项目,是指条件比较成熟、本届任期内拟提请审议的法律草案。十三届全国人大常委会任期拟完成的一类立法项目共69件,"学前教育法"是仅有的教育方面的法律。参见《十三届全国人大常委会立法规划》,载全国人大网:http://www.npc.gov.cn/npc/xinwen/2018-09/10/content_2061041.htm,最后访问日期:2018年10月16日。

⑰ 《宪法》第100条第2款规定,设区的市的人民代表大会和它们的常务委员会,在不同宪法、法律、行政法规和本省、自治区的地方性法规相抵触的前提下,可以依照法律规定制定地方性法规,报本省、自治区人民代表大会常务委员会批准后施行。

系,而且可以大大提高“学前教育法”的针对性和实用性。

(三)处理好与相关法律法规的衔接协调

“学前教育法”制定与实施过程中应主要处理好与以下法律的关系:

1. 与相关民事法律之间的衔接协调。主要包括与《民法总则》中关于无民事行为能力和监护等相关规定的衔接协调,与《婚姻法》中关于父母子女关系规定的衔接协调,与《侵权责任法》中关于无民事行为能力人在幼儿园、学校或者其他教育机构学习、生活期间受到人身损害责任规定的衔接协调。⑱

2. 与其他教育法律之间的衔接协调。主要包括与《民办教育促进法》及其实施条例中有关民办学前教育的规定的衔接协调,与《义务教育法》中关于义务教育年龄规定的衔接协调等。

3. 与有关权利保障法的衔接协调。主要是与《未成年人保护法》中关于未成年人权利及其保护规定的衔接协调,该法不仅规定了包括受教育权在内的未成年人三个方面的权利,⑲还具体规定了家庭、学校、社会、司法保护未成年人的义务和责任,不少规定与“学前教育法”有关联。

4. 与有关社会保障法的衔接协调。主要是与《社会救助暂行办法》中关于教育救助规定的衔接协调,该办法第六章对教育救助进行了专门集中规定,这涉及困境儿童接受学前教育的救助问题,“学前教育法”需要与其衔接并进行必要补充。⑳

---

⑱ 根据《侵权责任法》第38~40条的规定,关于无民事行为能力人在幼儿园、学校或者其他教育机构学习、生活期间受到人身损害时对学前教育机构适用过错推定归责原则和补充责任原则,不仅整个规定过于简单而且没有充分考虑学龄前儿童权益保护的特殊要求,学前教育机构的责任明显偏轻,学前教育法应予以补充和完善。

⑲ 《未成年人保护法》第3条规定,未成年人享有生存权、发展权、受保护权、参与权等权利,国家根据未成年人身心发展特点给予特殊、优先保护,保障未成年人的合法权益不受侵犯;未成年人享有受教育权,国家、社会、学校和家庭尊重和保障未成年人的受教育权;未成年人不分性别、民族、种族、家庭财产状况、宗教信仰等,依法平等地享有权利。

⑳ 根据《社会救助暂行办法》第33条第1款的规定,国家只对在义务教育阶段就学的最低生活保障家庭成员、特困供养人员,给予教育救助,救助对象不包括接受学前教育的儿童。

On the Spirit, Content and Techniques of the Law on Preschool Education

Zhang Xinmin

Abstract: The Law on Preschool Education is a law for the future of the country and the hope of the nation. It should be drafted with social care, promote social fairness and justice, and it fully protect the preschool education rights. In addition to the general legislative content, the author believes that the Law on Preschool Education should specifically stipulate the form and content of preschool education rights, the duties and responsibilities of the preschool education departments and relevant departments, the preservation obligations and responsibilities of preschool education institutions, and supervision and inspection system of preschool education. The law on preschool education should be positioned as a special law on education, which is mainly applicable to the adjustment of pre-school education behavior. National legislation for preschool education should reserve appropriate space for local legislation and handle coordination with other relevant laws.

Key Words: law of right safeguard rights to preschool education duty and responsibility coordination

学前教育立法体例的思考

——基于地方学前教育立法体例的统计分析

杜志红*

摘　要：学前教育立法体例是指学前教育法律规范的组织形式。国家学前教育立法体例具有节约地方立法资源、总结学前教育基本规律和支撑地方进一步立法的功能，而学前教育立法体例决定于需要解决的主要现实问题和现有的法律资源。各地学前教育立法特别是新近完成的立法，其体例所呈现的规律对于国家立法具有借鉴意义。国家学前教育立法体例应注重回应学前教育设施规划建设、流动人口子女入园难、保育教育活动的监督和学前教育均等化等突出问题。与此对应，采取九章制的立法体例，使学前教育基础设施规划建设、学前教育机构工作人员单独成章，并且注意法律名称、工作对象等相关概念的统一。

关键词：学前教育　地方法律规范　立法统计分析

近年来，"入园难""入园贵"问题突出，幼儿园

---

* 杜志红，法学博士，教育立法研究基地（教育部政策法规司与西南大学共建）研究员，西南大学法学院讲师。研究方向：学前教育立法、婚姻家庭继承法。

管理不规范甚至出现了虐童事件,社会上希望国家通过学前教育立法来保证学前教育资源供给、规范学前教育机构活动的呼声日益高涨。目前,“学前教育法”已经作为“条件比较成熟、任期内拟提请审议的法律草案”纳入十三届全国人大常委会立法规划。① 在这样的背景下,重视和研究地方学前教育立法成果特别是其立法体例,从中汲取有益因素,从而加快完善国家“学前教育法(草案)”是一个不错的选择。笔者不揣浅薄,通过对学前教育立法体例的基本问题和地方学前教育立法体例现状进行梳理分析,提出国家学前教育立法体例的建议,以求教于各位专家学者。

一、学前教育立法体例的几个基本问题

立法体例是关于某一特定领域事务的法律规范的组织形式。立法体例既可以表现在一部单行法内部,也可以反映在几部单行法之间,甚至可用于概括一个国家法律的整体结构。下面我们对学前教育立法体例的内涵、功能及决定因素进行简要分析。

(一)学前教育立法体例的内涵

学前教育立法体例可以从两个维度来观察,站在学前教育立法已经成功制定的角度来看,其表现为一种结果意义上的学前教育法律规范组织形式,即学前教育法律规范按照内在逻辑、重要性等有序地排列,使其能够理解容易、适用方便,进而充分发挥其作用。从另一个维度来看,为了达到这个目标,在学前教育立法过程中需要优先关注立法体例问题,即分析学前教育立法体例的构成要素、功能和对它的决定因素,进而通过学前教育立法体例理论的应用促进立法草案不断完善。

当前,立法机关将“学前教育法”定位为一部单行法,则学前教育立法体例的构成要素主要体现为学前教育单行法规范的概念体系和章、节组

---

① 《十三届全国人大常委会立法规划》,载中国人大网:http://www.npc.gov.cn/npc/xinwen/2018-09/10/content_2061041.htm,最后访问日期:2018年9月20日。

织形式。具体包括外在组织形式即各章节内容的先后顺序、条文数量多少,内在组织形式即各章节内容的重要性、逻辑上的前后承接关系和相关概念的体系化。相对而言,学前教育法律规范的内在组织形式具有更加重要的意义,而外在组织形式也反映出内在组织形式。一般而言,涉及学前教育立法所要解决的主要问题的法律规范条文数量比较多,对整个法律具有统领作用的法律规范,如立法目的、概念界定、管理体制和法律原则放在单行法的最前面即第一章总则中。

概言之,学前教育立法体例是指学前教育法律规范中的概念体系,以及为了解决学前教育面临的主要矛盾而生的具体章节内容的有无、重要性、条文数量和先后顺序等组织形式。

(二)学前教育立法体例的功能

立法体例的功能是指在立法和实施过程中,借助于立法体例预期可以达到的功效。学前教育立法体例的功能也可以分为内部功能和外部功能,内部功能旨在使学前教育单行法的内部逻辑协调,具备法律的基本品性;外部功能侧重于对所要解决的主要现实法律问题进行积极、充分的回应,即重要问题的法律规范数量足够、内容周到,并且以专门的章节加以恰当地组织。对于与其他法律进行衔接的内容,同样进行了条文数量和内容的恰当安排。立法体例的内部功能是立法机关的基本能力范畴,属于一般性立法问题,下面重点对学前教育立法体例的外部功能加以分析。我们认为学前教育立法体例设置需要考虑两个方面的功能:一是对主要现实问题的回应功能;二是对地方立法的服务功能。第一方面与学前教育立法体例的决定因素是一体两面,我们在下一部分一并分析,下面首先分析第二方面。

国家学前教育立法过程,是精准把握学前教育面临的主要问题,发现和遵循学前教育基本规律的过程。通过国家学前教育立法调查研究和论证,建立科学、统一的法律规范概念体系,搭建学前教育法律规范的基本章节结构,使全国各地拥有相对成熟的基本立法框架,从而减少省、市一级围绕立法基本问题进行调研和论证的成本。因此,国家学前教育立法体例具有总结学前教育基本规律、节约地方学前教育立法成本的功能。

国家学前教育立法体例解决的是法律规范的概念体系和制度框架性问题,与该部法律最终的条文细致与粗疏问题没有直接联系。由于东中西部经济发展水平存在较大的差异,从而在学前教育标准及政府投入能力上必然产生差异。这就要求国家学前教育立法不能规定得过于细致,如中央政府如果不能在学前教育财政经费上实行包干,就应该给各地根据自己的实际情况制定具体政策留下足够的空间。因此,国家学前教育立法体例提供的概念体系和制度框架应强调对于地方差异性规定的支撑功能。

(三)学前教育立法体例的决定因素

国家学前教育立法体例对于主要现实问题的回应功能,从反面来看就是学前教育主要现实问题对于立法体例的决定作用。总体上来看,学前教育立法体例受两个主要因素决定:一是现实社会因素即学前教育领域的突出问题,二是现实法律因素即现有法律体系为之提供的法律规范基础。下面分别进行简要分析。

学前教育立法体例根本上决定于立法所要解决的主要社会现实问题。“目前学前教育仍是整个教育体系的短板,发展不平衡不充分问题十分突出”,②“入园难”“入园贵”和幼儿园管理不规范问题影响到千家万户的生活,成为阻碍社会和谐和实现全面小康的突出问题。这就形成了国家通过立法解决这些问题的社会动力。学前教育主要现实问题的类型和特点决定了学前教育立法的内容详略及相应的章节布局,如学前教育的设施欠缺、收费较高、师资短缺、运行混乱等问题就决定了学前教育立法要注重设施建设规划、投入保障、师资培养和运行监管法律规范,相应的这些法律规范就可能被设计成相应的法律规范章节,从而表征为学前教育立法体例。

与学前教育相关的其他法律规范如《宪法》《教育法》《民办教育促进法》等,为学前教育立法提供法律规范概念体系和法律原则、管理体制等

② 《中共中央 国务院关于学前教育深化改革规范发展的若干意见》(2018 年 11 月 7 日),载中国政府网:http://www.gov.cn/xinwen/2018-11/15/content_5340776.htm,最后访问日期:2018 年 11 月 17 日。

相关法律制度，是决定学前教育立法体例的另一个重要因素。因为学前教育立法只能是作为我国法律体系和教育立法的新增部分，对于已有的教育法概念、原则和基本制度必须加以有效衔接，如学前教育教师的教师身份和地位、学前教育的监管体制、鼓励民间兴办学前教育的制度措施。对于学前教育领域主要现实问题中的专门性问题，如幼儿教育的特殊要求、幼儿保育、原有住宅建设规划中欠缺学前教育设施、学前教育政府投入不足等问题，由于现有法律规范欠缺因而需要制定新的规范加以解决。这些问题就是学前教育立法的重点，表现在学前教育立法体例上就是一些新的法律概念和章节名称。

综上所述，学前教育立法体例是指学前教育法律规范的组织形式，包含相关法律概念的统一性。学前教育立法体例具有对于地方学前立法的服务功能和对于学前教育领域主要现实问题的回应功能，后者反过来也从根本上决定了学前教育立法体例。而现有的其他相关法律规范也支撑和制约着学前教育立法的概念体系和章节设置等。

二、地方学前教育立法体例分析

地方学前教育法规和政府规章凝聚了地方人大和政府对于学前教育立法的调查研究成果和对解决当地学前教育现实问题的综合性、制度化抉择，是当前准备国家学前教育法律草案的重要参考资源。从国家学前教育立法草案准备的工作顺序来看，梳理和分析地方学前教育的立法体例是非常必要的。

（一）地方学前教育立法体例的可借鉴性

近年，各地加强了学前教育立法，我们在“北大法宝”数据平台上以“学前”及“幼儿”为标题关键词进行搜索，发现截至2018年12月31日关于学前教育的省级地方性法规有8篇，均名为“××××学前教育条例”；

省级地方政府规章有 8 篇,名为“××××实施《幼儿园管理条例》办法”;③设区的市地方性法规有 8 篇,名为“××××学前教育条例”或者“××××学前教育促进条例”,④设区的市政府规章 7 篇,名为“××××学前教育管理规定”。在没有地方性法规、地方政府规章的地方,学前教育管理问题并非无法可依。1989 年 8 月 20 日国务院批准的《幼儿园管理条例》提供了最基本的法律规范,国务院《关于当前发展学前教育的若干意见》(国发〔2010〕41 号)为解决“入园难”也提出了一些指导意见。除此以外,一些设区的市人大还分别制定了专门涉及规划用地的法规,一般名为“××××规划建设/用地保护条例”,目前共有 11 篇,而涉及财政、税收、师资力量等方面地方性政策的专门文件近 1000 份。最近两年制定的省级地方性法规主要有 3 个,分别是 2016 年的《天津市学前教育条例》、2017 年的《辽宁省学前教育条例》和《浙江省学前教育条例》,其体例和法律规范均有值得研究和借鉴之处。

总体而言,新近制定或者修订的地方性法规、规章,都更加重视学前教育机构的规划建设问题,对最近几年暴露的学前教育突出问题均有所回应。地方学前教育立法概览如表 1 所示。

---

③ 《幼儿园管理条例》于 1989 年 8 月 20 日由国务院批准,1990 年 2 月 1 日起施行,属于行政法规,省级地方政府以“实施办法”的形式制定了相应的政府规章。2014 年 4 月 1 日起施行的《山东省学前教育规定》(山东省人民政府令第 272 号)虽然没有表述为“实施办法”,但仍然属于省级地方政府规章。

④ 《合肥市学前教育管理条例》被 2018 年 6 月 1 日合肥市人民代表大会常务委员会《关于废止和修改部分地方性法规的决定》废止,因为已经有 2014 年 6 月 1 日起施行的《安徽省学前教育条例》这个较新的上位法。《广州市幼儿教育管理规定》名为规定,实际是 1996 年 12 月 3 日广东省第八届人民代表大会常务委员会第二十五次会议批准的地方性法规。

表1　地方学前教育立法概览⑤

	规范名称	发布时间	实施时间	字数（字）	条数（条）	是否修改	修改时间
地方性法规	广州市幼儿教育管理规定	1996年12月31日	1997年2月5日	3599	34	是	2015年12月23日
	鞍山市幼儿教育管理条例	2000年2月21日	2000年3月1日	4142	31	是	2010年6月22日
	北京市学前教育条例	2001年6月22日	2001年9月1日	3208	30	是	2016年11月25日
	太原市学前教育管理条例	2004年9月25日	2004年11月1日	3471	42	是	2016年4月6日
	徐州市学前教育管理条例	2006年12月1日	2007年3月1日	4118	30	否	—
	杭州市学前教育促进条例	2011年12月27日	2012年2月1日	7584	56	否	—
	淮南市学前教育管理条例	2011年12月28日	2012年2月1日	4181	42	否	—
	江苏省学前教育条例	2012年1月12日	2012年3月1日	7277	60	否	—
	宁波市学前教育促进条例	2012年4月9日	2012年7月1日	5808	50	否	—
	云南省学前教育条例	2012年11月29日	2013年3月1日	7012	52	否	—
	青岛市学前教育条例	2013年6月2日	2013年6月2日	5629	60	否	—
	安徽省学前教育条例	2014年4月1日	2014年6月1日	6343	61	否	—
	吉林省学前教育条例	2014年9月25日	2014年12月1日	6059	61	否	—
	沈阳市学前教育条例	2014年12月12日	2015年1月1日	4484	38	否	—
	天津市学前教育条例	2016年5月27日	2016年9月1日	4061	46	否	—
	辽宁省学前教育条例	2017年1月10日	2017年9月1日	5914	50	否	—
	浙江省学前教育条例	2017年5月26日	2017年9月1日	7910	58	否	—

⑤　以地方性法规和规章发布的时间先后顺序进行排列。

续表

	规范名称	发布时间	实施时间	字数（字）	条数（条）	是否修改	修改时间
地方政府规章	内蒙古自治区幼儿园管理条例实施办法	1990年11月10日	1990年11月10日	1162	17	是	2010年11月26日
	长春市幼儿园管理办法	1991年8月11日	1991年8月11日	3363	42	否	—
	上海市幼儿园管理办法	1992年9月26日	1992年11月1日	3628	47	是	2010年12月20日
	宁夏回族自治区实施《幼儿园管理条例》办法	1993年4月22日	1993年4月22日	2376	26	是	2011年11月1日
	福建省实施《幼儿园管理条例》办法	1993年11月9日	1994年1月1日	2809	33	否	—
	陕西省实施《幼儿园管理条例》办法	1995年2月6日	1995年2月6日	2161	24	是	2014年3月18日
	大连市学前教育机构管理规定	2003年12月26日	2004年2月1日	2490	28	是	2018年9月1日
	南京市学前教育管理办法	2005年9月7日	2005年11月1日	3141	35	是	2010年12月1日
	深圳市学前教育管理暂行办法	2008年12月29日	2009年2月1日	5529	50	否	—
	沈阳市学前教育管理规定	2009年12月31日	2010年2月1日	2702	24	否	—
	福州市学前教育管理办法	2010年4月2日	2010年6月1日	3934	34	否	—
	成都市幼儿园管理办法	2014年1月21日	2014年3月1日	4470	39	否	—
	山东省学前教育规定	2014年1月30日	2014年4月1日	6410	57	否	—
	武汉市学前教育管理办法	2014年7月11日	2014年9月1日	4223	38	是	2017年10月28日

通过对上述学前教育地方性立法的简要梳理，我们发现学前教育的地方性法规和规章的分布严重不平衡。大部分集中在北京、上海、广州、深圳和东部沿海发达省市，这部分大约占 2/3。⑥ 这表明各地对学前教育的关注程度与地方经济社会的发展水平有极大的关系。当然，这必然会引发一个思考，即是加快推进国家学前教育立法好，还是由国家出台一个指导性意见促进各地完善地方性法规、规章，待学前教育发展水平基本稳定之后再制定国家学前教育立法更好。在这样的背景下，从地方学前教育立法资源中分析和提炼国家学前教育立法体例，不仅具有现实可行性而且还有一定紧迫性，因为有助于反过来推动各地立法更加协调和科学，并为制定国家学前教育法打下良好基础。

（二）地方学前教育立法体例的现状梳理

下面是 2012 ~ 2018 年出台或修改的地方性法规或政府规章（见表 2）。

表 2　各省市《学前教育条例/规定》的体例

省市 章节	江苏省 2012 年 1 月	云南省 2012 年 11 月	山东省 2014 年 1 月	安徽省 2014 年 4 月	吉林省 2014 年 9 月	天津市 2016 年 9 月	北京市⑦ 2016 年 11 月	辽宁省 2017 年 1 月	浙江省 2017 年 5 月
第一章	总则 （9 条）	总则 （6 条）	总则 （9 条）	总则 （7 条）	总则 （7 条）	总则 （7 条）	总则 （7 条）	总则 （6 条）	总则 （8 条）
第二章	保育教育(9 条)	职责（7 条)	设置与管理（11 条)	幼儿园的设立（9 条)	发展与保障（10 条)	规划与建设（5 条)	学前教育责任（4 条)	规划建设（5 条)	幼儿园规划与建设（7 条)
第三章	教育机构(9 条)	机构设立与管理(8 条)	教职工队伍与经费保障（12 条)	保育和教育（12 条)	职责（11 条)	保育与教育（9 条)	学前教育机构和从业人员（6 条)	办学管理（11 条)	幼儿园设立(7 条)

---

⑥ 更详细的地区分布统计可参见陈亮：《我国学前教育地方立法的现实困境及其改进方向》，载《陕西师范大学学报》（哲学社会科学版）2017 年第 6 期。

⑦ 《北京市学前教育条例》由北京市第十一届人民代表大会常务委员会第二十七次会议于 2001 年 6 月 22 日通过，自 2001 年 9 月 1 日起施行。2016 年 11 月 25 日，北京市第十四届人民代表大会常务委员会第三十一次会议对该条例的第 16 条进行了修改，表 2 中统计的即为修改时间。

续表

省市 章节	江苏省 2012年 1月	云南省 2012年 11月	山东省 2014年 1月	安徽省 2014年 4月	吉林省 2014年 9月	天津市 2016年 9月	北京市 2016年 11月	辽宁省 2017年 1月	浙江省 2017年 5月
第四章	保育教育人员(9条)	保育与教育(7条)	园务管理与保育教育(16条)	幼儿园工作人员(11条)	学前教育机构的设立、变更与终止(5条)	保育教育人员(5条)	学前教育保障(7条)	保育教育(9条)	幼儿园工作人员(7条)
第五章	保障监督(13条)	保障措施(15条)	法律责任(6条)	保障(9条)	保育与教育(6条)	保障与监督(12条)	法律责任(4条)	保障促进(10条)	保育与教育(9条)
第六章	法律责任(6条)	法律责任(7条)	附则(3条)	法律责任(10条)	管理与监督(10条)	法律责任(7条)	附则(2条)	法律责任(6条)	保障与扶持(7条)
第七章	附则(5条)	附则(2条)	—	附则(3条)	法律责任(9条)	附则(1条)	—	附则(3条)	监督管理(7条)
第八章	—	—	—	—	附则(3条)	—	—	—	法律责任(4条)
第九章	—	—	—	—	—	—	—	—	附则(2条)

从表2可以看出,各省的章节数量有多有少,但均包含了总则、法律责任和附则三章。

关于地方性法规或规章的名称,各省份均以“学前教育条例”或“学前教育规定”命名。

关于学前教育的对象,大多数省份规定学前教育的对象应为3周岁以上的学龄前儿童,但吉林、安徽、江苏、山东省规定应在3周岁以上6周岁以下。我们认为,不应作此年龄限制。应当考虑到,1周岁以上3周岁以下的幼儿托育问题实质上与学前教育无本质差别。不能在学前教育立法之后,又产生幼儿托育制度欠缺的问题。因为根据中国的国情,大多数年轻的父母们不可能一方辞职在家抚育幼儿。还有一些个别的幼儿,虽然6周岁以上,但是其智力发育稍有欠缺或者其他条件不允许,仍可以在幼儿园延长1年时间。学前教育应将小学以前的幼儿保育(含托育)、教育均囊括其中。

关于学前教育机构或者幼儿园的定义,虽然都有,但是各省份的章节表述有所不同,有的称为"幼儿园"、有的称为"学前教育机构",或者直接是"教育机构",综合来看应该将其名称统一为"学前教育机构",因为教育机构的范围明显过大,而幼儿园这个名称包容性又不够。

关于学前教育设施的规划建设与学前教育机构的设置是否分别成章,在各省立法中有所不同,在《浙江省学前教育条例》中分为了"幼儿园规划与建设""幼儿园设立"两章,在"幼儿园规划与建设"章中明确了幼儿园规划布局的具体要求,从而更加突显了学前教育设施规划建设的重要地位。

关于学前教育机构的工作人员或者师资队伍,有6个省份单独列一章规定,其他省份则将其编入其他的章节中。关于学前教育机构中的工作人员的称谓,有的称"保育教育人员",有的称"教职工",有的称"学前教育从业人员",有的称"幼儿园工作人员"。我们认为,由于幼儿的认知能力、控制能力和自我保护意识非常薄弱,学前教育机构中的工作人员处于绝对的控制性地位,人员的基本素质非常重要,必须对其聘用、管理加以高度重视,因此,未来立法时应将其单列一章加以规定。关于具体内容,首先,根据前面关于机构称谓的定义,我们认为将其工作人员统称为"学前教育机构工作人员"较为妥当。其次,根据学前教育机构工作人员的现状,我们至少可将其分为学前教育机构负责人、学前教育教师、保育人员和其他工作人员四类,学前教育机构的主要负责人应当具有学前教育教师身份。最后,针对各类工作岗位的差别,我们认为应当对四类学前教育机构工作人员提出基本的共同要求,然后再细化各自具体的职责。初步认为,对学前教育机构主要负责人和其他主要管理人员、教师应当有统一的资格要求,对保育人员和其他服务人员应当进行心理测评和一定的社会调查。

关于"保育与教育",只有《北京市学前教育条例》没有单独以章的形式规定,而《山东省学前教育规定》是将“园务管理与保育教育”合并设立为一章,其不仅涉及“保育和教育”活动的具体内容,而且将园长负责制、安全保障、饮食卫生、家校联系等与保教相关的园务工作一并进行了详细规定,更加全面而且具有可操作性。

关于对学前教育的保障和监督,除山东省没有以章的形式专门进行规定外,其他省市均有涉及。比较而言,吉林省和浙江省将学前教育保障、监督分为两章进行规定,虽然条文总数上没有明显的增多,但在结构上更加细化,内容上更加具体,实际上更便于操作。

总体上看,省级学前教育立法包括总则、学前教育机构规划建设和设置、工作人员、保育和教育、政府保障与监督、法律责任和附则几个板块。但是,各个地方立法在各章的名称以及各章内容涉及事项的范围上,并不完全一致。上述各省市的学前教育立法反映了本地的实际情况,对促进学前教育健康发展起到了积极作用。但在我国人口流动频繁、财政扶持力度加大、社会各方面关注度高涨的情况下,有必要通过制定统一的国家学前教育立法,将上述章节的名称及基本概念作标准化设置。这不仅便于今后各省市制定地方具体规则时遵循,也有利于保障国内学前教育的待遇相对公平合理。

(三)地方立法体例对学前教育主要现实问题的回应情况

新近的地方学前教育立法体例已经对学前教育面临的主要问题进行了回应,如根据居民区现状和发展趋势同步规划建设学前教育设施、加强政府服务职责切实解决流动人口子女入园难、多措并举对保育教育活动进行监督以及注重学前教育的差异化以实现学前教育均等化等。

1.学前教育设施规划建设问题。近几年的学前教育地方立法越来越多地关注学前教育设施的规划和建设问题,尤其值得注意的是《浙江省学前教育条例》的相关规定。该规定第9条对学前教育用地规划拟定部门、应当考虑的因素、拟定程序、征求社会意见等进行了明确规定,并特别指出“控制性详细规划、乡规划、村庄规划应当落实幼儿园布局专项规划的有关内容”“每个乡(镇)应当至少设置一所公办幼儿园”。第10条明确提出,新建、改建和扩建居民住宅区应当“同步设计、同步建设、同步验收、同步交付使用”幼儿园。第 11 条进一步在规划和土地出让环节明确学前教育用地及设施建设的责任，使学前教育用地成为公共道路一样的国有土地出让、建设必要组成部分。第 12 条规定学前教育设施的安全环保等各方面要求。第 13 条规定学前教育基础设施建设单位的移交责任和政府对其的使用方式，明确“可以通过公开招标方式委托举办提供普惠性学前教育服务的民办幼儿园”。第 14 条规定：“已建成的居民住宅区未按规定配套建设幼儿园的，县（市、区）人民政府应当在国家和省规定的期限内，采取置换、购置、改造、租赁等方式予以解决。”第 15 条规定征收幼儿园房屋的，县（市、区）人民政府应当制定幼儿园调整、重建方案。浙江省关于幼儿园规划建设的规定能极大程度上解决学前教育基础设施不足的问题，从而解决入园难。但全国各地经济发展水平不同，国家在对学前教育立法时不应对基础设施建设统一设定过高的标准。综合来看，鉴于学前教育设施规划对保障适龄儿童入园的重要性，在国家学前教育立法体例上，学前教育设施规划建设应当作为专门一章，明确规划建设的基本要求。

2. 流动人口子女入园难问题。解决流动人口子女入园难问题，应当在立法上更新观念，将政府公共服务的责任普惠于包括居住半年以上的所谓“流动人口”在内的居民。例如，《浙江省学前教育条例》第 42 条规定：“各级人民政府应当落实流动人口服务管理的有关规定，采取措施，为符合条件的流动人口子女提供学前教育服务。”我们认为，在学前教育立法中，应当进一步更新公办幼儿园或者普惠幼儿园的运行经费资助标准，在幼儿园的承载能力范围内，按实际入园幼儿数量（包括流动人口的适龄子女）核拨运行经费。在外来人口聚集的居住区，当地政府应当按照常住人口设立普惠性流动幼儿园或者临时幼儿园，同样按实际入园幼儿数量核拨运行经费，在工业园区建设时考虑到学前教育基础设施建设问题。通过使政府拨付的生均幼儿学前教育经费“随人走”的机制，保证流动人口子女平等入园权利，从根本上解决流动人口子女入园难的问题。

3. 保育教育活动监督问题。按照幼儿的身心发展规律开展保育教育,是保证学前教育质量的关键,而进行必要的外部监督是保证保育教育质量的重要条件。关于保育教育活动的监督,至少应该从以下几个层面开展:第一,明确学前教育机构场所、配套设施和设备的具体标准。《云南省学前教育条例》对于幼儿园场所、配套设施的具体规定,以及浙江省关于民办幼儿园和公办幼儿园的不同设立程序的规定可供我们参考,即在规划建设和管理制度里面应当考虑到外部监督问题。第二,对学前教育机构开展年检和动态监督相结合的监督机制。辽宁省、江苏省的学前教育条例规定了年检和动态监督制度,山东省和安徽省规定了年检制度。我们认为应当将年检和动态监督有机结合,形成对学前教育机构全年覆盖的综合监督机制。⑧ 第三,建立家长监督的有效机制。各地教育主管部门和其他相关管理机构应畅通监督渠道,通过设立专线或者指定专门的科室负责处理学前教育机构中出现的侵害儿童权益的事件,建立限期反馈和处理机制,做到举报一起处理一起,形成足够威慑。这些设想在国家学前教育立法体例上应当成为专门一章,并且可以设立“保育规范”“教育规范”“园务管理”等专门小节。

4. 学前教育均等化问题。在学前教育均等化问题上各省市的地方立法基本能够达成一致,即坚持公益性和普惠性,坚持政府主导、社会参与、公办民办并举的原则。亮点是发展学前教育事业的差异性,《北京市学前教育条例》对于不同地区学前教育事业作出了不同的制度安排。扶持远郊经济不发达地区发展学前教育事业,在少数民族聚居地区,扶持和发展适合少数民族特点和需要的学前教育事业。对于残疾儿童的学前教育也作出了特殊规定,残疾儿童的学前教育应当从婴幼儿开始,与康复、训练结合进行。在农村学前教育方面,江苏省、山东省注重教育均衡,单独规定一个条文强调缩小城乡学前教育差距。《山西省幼儿园管理实施办法》明确农村可先发展学前 1 年教育,有条件的应发展学前 2 年或 3 年教育。综合来看,学前教育均等化问题的实质是政府投入保障问题,同时必须考虑到各地经济发展水平差异带来的财政保障能力的差异性,在国家学前

---

⑧ 美国为保障保育教育的质量,设立了专门的定期评估督导制度。具体请参见宋立会:《我国学前教育的法律规制》,载《河北法学》2016 年第 12 期。

教育立法体例上应当将学前教育标准与经费保障作为专门一章,规定标准分级依据和政府对基本标准保障责任。

三、国家学前教育立法体例的建议

基于前述分析,我们对国家学前教育立法体例的设计提出如下建议:

(一)国家学前教育立法应设九章

国家学前教育立法应采取九章的结构,基本内容包括:(1)总则,包括立法目的、概念界定、基本原则、工作体制等;(2)学前教育基础设施,包括学前教育场所规划、设施建设、利用和转用等;(3)学前教育机构,包括学前教育机构分类、设立所需的人、财、物和内部治理等条件、审批机关、审批程序等;(4)学前教育机构工作人员,包括人员分类、共同性基本要求、负责人任职基本条件、教师基本条件、保育员和其他工作人员的基本条件、各类人员的职业发展等;(5)保育、教育和园务,包括保育工作基本规程和要求、教育工作的基本要求和禁止事项、工作改进、交流以及园务管理工作等;(6)学前教育标准、投入和表彰,包括学前教育标准的制定依据、政府财政投入和扶持措施、社会捐资鼓励、民间投资鼓励、学前教育先进表彰等;(7)学前教育监督,包括政府监管措施、家长和社会监督措施等;(8)法律责任,包括学前教育机构设立者、监管者、主要负责人、教师、保育员、其他工作人员的责任、学前教育机构的责任等;(9)附则。在"保育、教育和园务"一章之下,可以设计若干小节,以进一步细化基本要求。

(二)国家学前教育立法应统一概念

国家学前教育立法应当将以下基本概念加以统一界定:(1)学前教育立法的调整对象,其名称应当统一为"学前教育",相应的法律或者行政法规的名称应该为"中华人民共和国学前教育法/条例"。[9] (2)学前教育工作的实施机构,不宜称为"幼儿园"或"教育机构",而应统称为"学前教育

⑨ 我们认为,如果短时间内难以制定一部较为成熟的法律,制定一部更为完善的"学前教育条例"也是可行的做法。

机构”。(3)学前教育机构的工作人员或师资队伍,应统称为“学前教育机构工作人员”,并根据实际情况,分为学前教育机构负责人、学前教育教师、保育员和其他工作人员四类。(4)学前教育工作的对象,不应当在立法中作严格的年龄限制,如限制为3周岁以上6周岁以下的幼儿,应将小学以前的幼儿保育(含托育)、教育均囊括其中。

(三)国家学前教育立法应突出重点

除前述两方面以外,国家学前教育立法在体例上还应该突出重点:(1)明确学前教育实施规划建设的基本要求,如新建小区用地规划、老旧小区改造标准、政府责任部门、设施质量要求等。但在具体制度设计上要注意各地经济发展水平不同,不宜在立法中对学前教育基础设施提出过高要求。(2)为切实解决流动人口子女入园难,应按实际入园幼儿数量核拨幼儿园的运行经费资助标准,在外来人口聚集的居住区,政府应设立普惠性流动幼儿园或临时幼儿园,在工业园区建设时应考虑学前教育基础设施的建设规划。(3)为保障幼儿的身心健康,应当加强对保育教育活动的监督管理。具体而言,应明确学前教育机构场所、配套设施和设备的具体标准,应采取对学前教育机构开展年检、动态监督以及家长监督相结合的机制。(4)促进学前教育均等化,应淡化地区和城乡差异,将学前教育标准依据保育教育水平划分为基础、初级和高级三个标准,并在市县级范围内统一财政保障的标准层次。

四、结语

国家学前教育立法是一个大型系统性工程,本文从学前教育地方立法文本分析着手,提出国家学前教育立法体例的内涵、功能和决定因素,建议采取九章制的立法体例,统一相关的概念,切实解决学前教育设施欠缺、流动人口子女入园难、保育教育活动监督不力和学前教育均等化问题。本文的研究只是一个初步性的思考,即使是从学前教育地方立法文本分析的角度来看,仍然有很大的空间做进一步研究。

Reflections on the Legislative System of Law on Preschool Education—The Statistical Analysis Based on the Legislation of Local Law on Preschool Education

Du Zhihong

Abstract: The legislative system of preschool education refers to the organizational form of preschool education legal norms. The national preschool education legislation has the function of saving local legislative resources, summarizing the basic laws of pre-school education and supporting local legislation. The legislation of preschool education is determined by the main practical problems that need to be resolved and the existing legal resources. The preschool education legislation in various places, especially the newly completed legislation, the laws presented in its style have reference significance for national legislation. The national preschool education legislation should focus on responding to the preschool education facilities planning and construction, the difficulty of children of migrant children entering the park, the supervision of conservation education activities and the equalization of preschool education. Correspondingly, the nine-chapter legislative system is adopted to make the preschool education infrastructure planning and construction of the preschool educational institutions separate, and pay attention to the unification of related concepts such as legal names and working objects.

Key Words: preschool education local legal norms legislation statistical analysis

公平优质学前教育发展的主体责任、基本原则和立法进路*

唐淑艳** 龚向和***

摘 要:受教育权是宪法赋予公民的一项基本权利,以学前儿童的基本权利为出发点,保障每个儿童都享有公平优质的教育,是人民对美好教育生活的需求。鉴于学前教育的正外部性效益,家庭、社会和国家三方主体为促进学前教育公平优质发展承担着相应的责任。源于受教育权4A框架理论下的学前教育基本原则为公平优质的学前教育立法提供了进路指引。

关键词:公平优质 学前教育主体责任 立法进路

国务院《关于当前发展学前教育的若干意见》(以下简称《意见》)确定了发展学前教育必须坚持公益性和普惠性发展的基本方向,要求到2020年基

---

* 基金项目:2019年教育部人文社会科学规划基金项目“新时代公平优质受教育权:教育平衡充分发展的国家义务研究”(19YJA820012)的阶段性成果。

** 唐淑艳,东南大学法学院博士生,讲师。研究方向:宪法学、教育法学。

*** 龚向和,东南大学法学院教授,博士生导师。研究方向:宪法学、教育法学。

本普及学前教育的目标。2017年9月,中共中央办公厅、国务院办公厅印发的《关于深化教育体制机制改革的意见》突出强调了在学前教育领域,"要健全立德树人系统、实施科学保育教育"的质量提升目标。学前教育发展的主要着力点逐渐由"公平"向"质量"转变,为学前教育的普惠性发展赋予了内涵式提升的使命。学前教育作为基础教育的起点环节,充分实现学前儿童受教育权尤为关键。尊重儿童的人格尊严和身心发展规律,应以维护儿童最大权益的原则为出发点,遵循《儿童权利公约》的基本要求,尊重儿童的发展权和生存权,保证学前儿童充分享有受教育权,发挥其潜能。公平优质的学前教育的发展要突破对学前教育政策理论层面的静态思维,探寻学前教育公平优质发展规律和深层次的内涵,以适应学前教育日益更新的动态需要,对学前教育政策的具体实施对象作出明确的职责要求,真正以学前儿童的基本权利为出发点和归宿,开发孩子智力和优良品性的早期养成,明确公平优质学前教育发展的核心属性。公平优质学前教育的发展既为民生发展之需求,也为推动二孩政策的实施和促进儿童健康成长,阻断代际贫穷提供了有力的保障。

一、公平优质的学前教育发展的源泉:学前儿童受教育权的充分实现

公平优质学前教育的发展源于学前儿童受教育权的充分实现。目前国家的法律、行政法规、相关的政策文件,以及国际会议都对学前教育的公平优质发展给予高度重视。《宪法》第19条规定,国家举办各种学校。其中包括发展学前教育,受教育是公民的权利,国家有培养儿童全面发展的义务。明确了受教育权是宪法赋予公民的基本权利,国家是义务承担人。《世界人权宣言》第26条规定,教育的目的在于充分发展人的个性并加强对人权和基本自由的尊重。人人都有受教育的权利。《儿童权利公约》第2条非歧视性条款表明,贫困儿童、残疾儿童等都应和其他儿童一

样享有同等的机会和权利。第18条第2款规定,缔约国应确保发展育儿机构、设施和服务。第28条规定,儿童有受教育的权利并在机会均等的基础上逐步实现此项权利。第29条规定,教育儿童的目的应最充分地发展儿童的个性、才智和身心能力。《经济、社会及文化权利国际公约》第13条规定,人人有受教育的权利,而且还规定了要充分实现这一权利。可见《世界人权宣言》《儿童权利公约》《经济、社会及文化权利国际公约》通过"全面发展""充分发展""机会均等""充分实现"等用语对儿童受教育权的充分实现提出了明确的要求。

(一)公平优质学前教育发展的必要性

《意见》首次提出发展学前教育必须坚持公益性和普惠性,提供普惠性学前教育服务成为国家公共财政投入的基本原则。[①]《国家中长期教育改革和发展规划纲要(2010~2020)》的目标也是基本普及学前教育,它所涉及的普及率,保证每个孩子都能享有公平的教育。让"每个孩子都能享有公平而有质量的教育"。其中"公平"即学前教育的公益普惠性,"普惠"原是经济学用语,是指普遍、全面地给予好处和恩惠。将其引入到学前教育领域,具有平等性、普遍性、均衡性、非竞争性、非歧视性和非互惠性、低收费或者免费等特点。从法律的层面上来看强调了应该保障每个适龄的学前儿童(一般3~6岁)接受普惠性学前教育的机会,"普惠性"并不简单等同于公平,还与社会整体利益和公共资源使用效益最大化有关,[②]"普惠性"源于学前教育公益属性,同时学前儿童受教育权也具有社会权属性。[③] 学前教育公益普惠性的属性特征表达的是政府和市场的给付义务,并不限制受惠对象作出自愿性选择。普惠性与公益性之间并不是孤立的,而是相互联系的。"普惠性"体现了人人平等,不分种族、地域、年龄、性别等因素,一律平等对待,明确了提供者给予被提供者一定的财

① 参见冯晓霞:《坚持学前教育的公益性和普惠性》,载《中国教育报》2011年4月5日,第5版。

② 参见王东:《普惠性学前教育:内涵与政策意蕴》,载《教育科学》2014年第2期。

③ 参见张利洪:《学前儿童受教育权研究》,西南大学学前教育学2013年博士学位论文,第86页。

政支持，[4]而被提供者无须履行相应的义务，只是一种单向的给付关系。普惠性给付政策的对象是所有适龄的学前儿童，应该公平地给付，无论城市还是农村儿童、无论普通儿童，还是弱势儿童，重在普及可获得性。《意见》对我国学前教育基本的定位是重要的社会公益事业之一，发展学前教育，必须坚持公益性和普惠性。学前教育服务强调公益性和普惠性意味着学前教育的公益性被社会和政府所认同，学前教育已被纳入社会公共服务体系，坚持公益性和普惠性是国家教育公平在学前教育领域中的体现。[5] 公平优质学前教育的发展目标为学前教育发展提供了必要的方向性指引。

（二）公平优质学前教育发展的必然性

让"每个孩子都能享有公平而有质量的教育"，其中"质量"即学前教育的优质发展，优质发展学前教育是新时代美好教育生活的刚性需求，目前学前教育形式上的普及逐步得到保障，但质量的提升却成为现阶段我国学前教育发展中面临的新问题。社会对优质学前教育资源的需求越来越高，推行学前教育"优质"发展成为当前人民群众的迫切愿望。在公平发展的基础上"惠而不伤"，从"幼有所育"到"幼有优育"的理念，既有助于个人的发展，也可促进经济可持续性增长和提高社会内聚力，建设和谐社会。公平优质学前教育发展的深刻内涵是在公平的基础上同时有质量地发展学前教育，公平优质和优质公平彼此融合，相互促进。有质量的教育要深化学前教育的创新改革，对孩子进行早期的基本社会行为准则和价值观的教育，培养学前儿童具有完整、良好的个性品质，具有辨别是非善恶的能力，具有开拓和创新的精神。我国《宪法》第 46 条第 2 款规定，国家培养青年、少年、儿童在品德、智力、体质等方面全面发展。中共中央办公厅、国务院办公厅《关于深化教育体制机制改革的意见》提出，遵循幼儿身心发展规律，加强幼儿园质量监管，规范办园行为，对儿童培养提出

---

④ 参见秦旭芳、王默：《普惠性幼儿园的内涵、衡量标准及其政策建议》，载《学前教育研究》2012 年第 7 期。

⑤ 《切实贯彻落实"国十条"加快学前教育发展——访十一届全国政协委员、北京师范大学刘焱教授》，载《幼儿教育》2011 年第 13 期。

了品、智、体综合素质的要求。经合组织(Organization for Economic Co-operation and Development,OECD)报告称,国家应该要加紧努力于提供可负担且高质量的早期儿童教育与照顾,以改善社会流动并给所有孩子实现他们潜能的机会。⑥ 2017 年《强势开端》发现,近年来大部分政府已经增加投资扩充入学及增设更多的日托中心与幼儿学校,并提到国家下一步更专注于改善教师的工作条件、确保所有孩子有公平受教育的机会,以及引进新的教学方法。这些国际规范性文件和报告都十分关注早期教育的质量,公平优质学前教育的发展成为当今学前教育发展的必然趋势。

(三)公平优质学前教育发展的目标

公平优质学前教育发展的目标是实现个人自我发展。公平优质的学前教育可以促进教育公平的可持续性发展,学前教育作为终身教育起点,是社会公平的基础。“幼儿教育之父”福禄贝尔指出:“从幼儿阶段起,真正的人的教育就开始了。”⑦目前我国的学前教育作为基础教育的基础,虽然未被纳入国家义务教育,但是《意见》明确提出发展学前教育,必须坚持公益性和普惠性。2017 年教育部等四部门联合制定实施的《第三期学前教育行动计划的意见》把坚持公益普惠作为学前教育发展的一项基本原则,并进一步提出到 2020 年,基本建成广覆盖、保基本、有质量的学前教育公共服务体系。可见,公益普惠性是我国学前教育发展的方向。人民对公平优质的学前教育的需求标准会随着时代和社会的发展不断发生变化。公益普惠性学前教育“去小学化”的标准,课程计划与国际接轨,要有具体的课程和游戏标准,为儿童接受适合的教育提供了保障。衡量学前教育优质的标准应该是一个持续性的过程,需要较为长期和综合的评价规范,美国的赫克曼教授在“佩里幼儿园计划”进行了长达 40 年的追踪研究发现参加该项计划的儿童在小学入学时智商更高,在之后的人生中获得了较高的学历、稳定的收入、生活安定,犯罪率低,为社会带来的收益

⑥ 《改善早期教育及照顾,帮助更多孩童获得成功并促进社会流动》,载经济合作与发展组织网:http://www.oecdchina.org/topics/edu/2017/20170621.html,最后访问日期:2018 年 6 月 19 日。

⑦ 焦依平、朱成科:《福禄贝尔与蒙台梭利两种儿童教育观之比较》,载《教育科学研究》2017 年第 11 期。

更大。[⑧] 当然，如果没有后期优质教育的保障和自身的努力，公平优质学前教育的受益也会逐渐减少或消失，个人发展的价值目标也难以成功实现。

二、公平优质学前教育发展的主体责任：家庭、社会、国家三方的相应责任

我国曾一度把学前教育当作私人产品对待，忽略了其正外部性效益，对学前教育的公共产品属性产生了认识上的偏差，阻碍了我国学前教育事业的发展，致使学前教育成为当今教育发展中的短板。学前教育的公益性是指儿童接受学前教育、参与学前教育活动，能够为其他社会群体和全社会带来收益，学前教育的受益者不仅是参与教育活动的儿童及其家庭，还有整个社会。[⑨] 享受基本公共服务是学前儿童的基本权利，提供基本公共服务的主要主体是政府，政府对学前教育公共产品服务的方式会直接影响社会和家庭的选择。作为公益普惠的学前教育，虽然未纳入义务教育，学前教育的学校教育形式也更为多元化，除了公办园还有普惠性民办园、高端民办园等多种选择方式，但是国家应提供适量的普惠性幼儿园作为“保底型”的学前教育。鉴于学前教育不仅能够让接受学前教育的个体受益，还可以让社会和国家受益，因此家庭、社会和国家三方主体在促进公平优质的学前教育发展中分别承担着相应的责任。

（一）家庭承担首要责任

学前教育将会影响一个人的一生，家庭教育是幼儿人生的第一课堂，父母是儿童的第一任老师，家庭对儿童的成长负有首要责任，家庭的氛围和父母的理念对孩子一生有着重大的影响，最先让孩子接受社会文化、价

---

⑧ 参见［日］中室牧子：《学力经济学：被数据推翻的教育准则》，魏铀原译，中国人民大学出版社2017年版，第66页。

⑨ 参见管华、王君妍：《国外学前教育立法的启示》，载《陕西师范大学学报》（哲学社会科学版）2017年第6期。

值观和准则的始于家庭。[10]《世界全民教育宣言》指出,出生即为学习的开始,所有儿童都应得到早期保育和教育。经合组织的报告显示,父母的素养直接影响着孩子的健康成长。西方第一个提出学前教育思想的柏拉图认为,“凡事开头最重要,特别是生物。在幼小柔嫩的阶段,最易接受陶冶,你要把它塑成什么型式,就能塑成什么型式”。[11] 我国知名教育家陶行知提出“人格教育赖于六岁以前的培养”。杜威认为教育目的源于生活中的一切有利的自然因素,它能够实现儿童自然地、更好地成长,能够预见儿童的奋斗目标。[12] 我国越来越多贫困家庭的孩子在教育和未来的就业市场上落后,来自社会经济背景较差的儿童、学生和成人对未来的学业和学习机会往往也会相应减少,目前我国《义务教育法》只要求6周岁以上儿童接受教育。6周岁以下儿童的学前教育选择“上”或“不上”基本是自愿的,儿童这个阶段的权利保障完全依赖于家庭的能力和父母的选择。家庭对学前教育阶段教育和保育有着不容忽视和不可推卸的首要责任,国家也应将贫困家庭的学前教育支持纳入政府公共服务范畴,从调整家庭教育服务责任主体、加大家庭教育服务经费投入及加强家庭教育工作监督与评估等方面提升家庭教育服务水平。[13]

(二)社会承担积极参与责任

人自出生即处于社会中,儿童的生存依赖于各种社会关系的支持,社会正常发展要求加强对儿童的支持,这不仅是政府的责任,也是全社会的责任。[14] 家庭的贫困对儿童发展和学业成绩的影响已经日益凸显,社会阶层分化差距也在拉大,发展学前教育是全社会的共同责任,学前儿童受教育权的社会权属性要求国家积极义务的履行予以保障。在幼儿园时期,

---

⑩ 参见陈曾:《家庭与同伴对儿童生活质量的影响》,载《学园》(教育科研)2013年第1期。

⑪ [古希腊]柏拉图:《理想国》,郭斌和、张竹明译,商务印书馆1986年版,第71~73页。

⑫ 参见田春:《再探杜威教育思想中的民主元素》,载《教学研究》2018年第3期。

⑬ 参见黎勇、蔡迎旗:《我国幼儿家庭教育支持现状及其完善建议》,载《学前教育研究》2018年第4期。

⑭ 参见杨志超:《比较法视角下儿童保护强制报告制度特征探析》,载《法律科学》(西北政法大学学报)2017年第1期。

儿童的个性已经开始形成,如亲社会行为、侵犯行为等,促进孩子做一个正常的“社会人”,它的成立基础更多地依赖现代社会的特殊社会环境所形塑的一种健康的社会人格。学前教育的公平优质发展有助于缓和社会矛盾,稳定社会秩序,有效地预防处境不利儿童对社会和谐发展的不利影响,促进社会阶层的流动,进而促进社会的稳定,是可持续性经济发展价值的内在动力。早期教育俨然已经成为一种公共教育,成为服务型社会不可或缺的一部分,基于对儿童早期教育人格陶冶的认识,孩子们在有组织和监督的游戏中相互交流,不仅促进孩童认知的发展,而且还可以促进社会和情感的发展,顺势培养和向上引导,自然会成为社会的优秀人才。信息化、数字化已经成为当今社会学前教育的重要时代背景,也是儿童接受社会教育的早期课堂,社会负有积极参与营造健康教育环境的责任,当然企业作为社会责任的主要主体,在这一过程中扮演着重要的角色。

(三)国家承担主导责任

为保障公平优质学前教育的发展,国家作为儿童基本权利实现的义务承担人,起着主导性的作用。《中美洲教育基本规范统一公约》指出,教育是国家的一项首要职能,国家应最大限度地提供受教育的机会,受教育权作为宪法规定的一项基本权利,应该由国家机构为个人提供。联合国教科文组织对《儿童权利公约》第28条进行技术性审查时就建议加入缔约国的法律责任,利用各种可能的方法为儿童早期的关护和教育表示关注。公平优质学前教育的发展离不开国家积极义务的履行,为学前儿童提供最佳的教育机会,人才的培养是国家科技实力增强的保障。[15] 国家是教育的主要提供者,教育是公共事务也是国家的责任,为学前教育公平优质的发展营造适宜的教育环境是国家的义务。学前教育立法不能脱离学前儿童的主体权益需求,要从客观法的价值秩序对公平优质受教育权进行充分的保障。学前儿童尤其是弱势学前儿童受教育权难以充分实现,如果国家不为他们提供公平优质的学前教育,他们的学前教育将会出现缺失和低质的情况。学前教育虽然不是义务教育,但是学前儿童享有受

---

⑮ 参见刘冰:《义务教育阶段受教育权的绝对权利属性及保障》,载《东北师大学报》2006年第2期。

教育权,国家需要履行保护和给付义务,强化学前儿童受教育权的国家义务,确保每个儿童真正有机会享有公平优质的学前教育。

三、公平优质学前教育发展的基本原则:源于受教育权的 4A 框架理论

公平优质学前教育发展的目标是保障学前儿童受教育权的充分实现,经社文权利委员会通过报告员卡塔琳娜·托马斯瑟夫斯基引入了受教育权的"4A"框架:可获得性(Availability)、可接近性(Accessibility)、可接受性(Acceptability)、可适应性(Adaptability),⑯为学前教育的公平优质发展从机会公平到实质公平的实现提供了原则上的依据。

(一)普惠性原则:保障每个儿童学前教育的可获得性

普惠性学前教育为学前教育发展目标的有效实现提供了基本标准,为每个孩子接受小学以后更高层次的教育提供可靠的保障,从而全面提升国民素质,帮助社会弱势群体、阻断代际贫穷的循环提供可能性。学前教育实现可获得性在数量上各个地区、各个阶层都应有足够可以满足学前儿童入园的普惠性幼儿园,同时要有配套的学前教育管理机构和科学合理的教育规划,拥有适足稳定的高素质教师资源。因此,公平优质学前教育发展的普惠性原则包括以下三个方面:首先,保障学前教育服务的普及性。要实现服务对象范围上的普及。保证覆盖到全体适龄幼儿,特别是边远贫困地区的儿童、单亲儿童、留守儿童、特殊儿童等各类儿童群体,消除忽视和歧视。其次,保障学前教育服务的便利性。便利性是可获得性的关键之所在,也就是普及性实现的基础性问题。学前教育公共服务如果不能突破空间阻碍,儿童入园的路途遥远,校车的拥挤和不安全,家长接送入园极度耗时耗力等,都会影响学前教育的公平优质发展。不便利的学前教育会进一步导致阶层的分化,这部分人群从小开始觉得上学

---

⑯ 参见王前、吴理财:《公共文化服务可及性评价研究:经验借鉴与框架建构》,载《上海行政学院学报》2015 年第 3 期。

太累,容易滋生厌学的想法,交通工具和路途的遥远是危险的源头。因此,调整学前教育服务的布局结构,合理优化幼儿园区域分布,保障所有适龄幼儿能够方便、就近入园是必要且必须的。最后,学前教育服务提供价格的可承受性。目前,我国学前教育的费用实施成本分担,但是“入园贵”的问题一直难以解决。《幼儿园收费管理暂行办法》规定,由于学前教育的非义务教育属性,收取保育教育费是法律允许的,但是并未制定上下限标准,给了地方政府较大的自主权,导致政府财政投入规模偏小家庭支付承担比例偏高,社会参与分担积极性和能力偏弱。根据学前教育的公共受益率高于其私人受益率的“受益原则”,在社会经济发展的同时不断提高政府承担学前教育的比例、提高对弱势群体的财政补偿、鼓励社会向学前教育捐资助学等。⑰

(二)公平原则:保障弱势儿童学前教育的可接近性

公平优质学前教育发展是学前儿童基本权利实现的基本保障,学前教育的公平是教育公平的基石,它是终身学习和人类发展的基础,其他层次、其他类型的教育和培训都建立在这一基础上。国家有义务确保每个背景不同的孩子都能充分发挥自己的潜力并获益于良好的早期教育。可接近性为教育公平提供了更具体的衡量标准。因此,公平优质学前教育发展的公平原则包括以下几个方面:首先,帮助贫穷人口获得平等地教育机会。向弱势群体倾斜是学前教育公平准入的一个重要政策。不应使经济困难的儿童、街头流浪儿童、农村和边远地区的儿童以及城市流动家庭的儿童在获得学前教育的机会上受到歧视。国家、地区和地方各教育局对提供不受歧视的学前教育有着各自的职责,在所有各级建立多渠道的协助机构是必要的,包括补偿性公平政策的实施。其次,促进区域间学前教育的平衡充分发展。学前教育长期以来被视为家庭或个人的责任,因此受到中国贫困和落后地区的家庭经济地位的极大影响,这种状况扩大了不同地区的教育差距。基于地域性经济水平和人口分布,有些边远地区因为人口分布稀散,身边监护人年老病残等因素,无法满足孩子入园的

---

⑰ 参见周琴、苟顺明:《法国学前教育均衡发展的保障措施及启示》,载《比较教育研究》2012 年第 5 期。

要求,所以为这类儿童创新提供其他可替代的方法满足学前教育的公平也是必要的。最后,吸收全纳学前教育的平等观理念。为改变特殊儿童的学前教育被歧视或边缘化现象的出现,全纳教育秉承受教育权的社会权理念,人人都应该平等地享有。全纳教育理念是一种没有排斥、没有歧视、没有隔离分类的教育,注重集体合作,包容友好地满足不同学前儿童的需求,这种平等是一种具有包容性的、可接近性的平等。帮助特殊儿童走出"标签"对心理健康的不利影响,有利于在早期促进特殊儿童适应和参与集体生活,改变了人们的传统教育观念,让其他孩子从小学会对特殊儿童进行包容、理解和接纳。

(三)最大利益原则:保障儿童学前教育的可接受性

儿童的最大利益原则是儿童发展权的本质追求,对学前教育质量上的保障是一项以人的尊严原则为基础的职责,也是保障儿童发展权的基本要求。密尔《论自由》中指出,国家有义务促使每个身为其国民的人的教育达到一定标准,教育必须更具针对性,其质量必须提高。因此,公平优质学前教育发展的最大利益原则包括以下几个方面:首先,质量保障是学前儿童利益实现的根本。作为宪法的基本权利,受教育权具有整体性和不可分割性,作为起点的学前儿童的受教育权更具有天然的优先性,儿童的受教育权是人类尊严的要求,是儿童权益实现实质公平的指导性原则。其次,公平优质学前教育是全面发展的教育。儿童的学前教育不仅仅是对学习质量的追求,还需从源头疏治。无视自己生命、漠视他人生命、校园欺凌等现象,这些反社会性现象的背后都与成长环境和早期教育有着重要的关系。我们要想切实解决这些严重的社会问题必须从小就对孩子们进行相应的公民素质教育,而我们的教育往往容易与生命教育相分离,学前教育是品格的重要形成期,开展以提高幼儿情操的基本素质的教育是学前教育的依归。最后,幼儿科学课程的设计是儿童权益实现的本质需求。优质的学前教育离不开科学课程的创新,带领幼儿亲身体验各种科学现象,在幼儿阶段注重科学学习,提供足够的耐心陪伴发掘其创造力,实施适合幼儿创新力和智能培养的科学规划课程,为其可能性最大利益的实现提供保障。

(四)尊重原则:保障儿童学前教育的可适应性

《儿童权利公约》规定,教育的方向应是"培养对儿童父母、其文化特性、语言和价值观的尊重,根据儿童的年龄和成熟程度得到应有的重视。尊重儿童的基本权利包括应有游戏和娱乐的充分机会、应使游戏和娱乐达到与教育相同的目的、社会和国家应尽力设法使儿童得享此种权利"。皮亚杰认为认知发展思维方式和能力是分阶段形成的,学前阶段正是感知运动阶段(0~2岁)、前运算阶段(2~7岁)形成的时期。教育不再被看作"从外部强加给儿童和青年人某些东西,而是人类天赋能力的生长"。[18] 学前教育的可适应性提出教育应具有灵活性、多元性,尊重学前儿童自然的生长需要。因此,公平优质学前教育发展的尊重原则包括以下几个方面:首先,学前教育服务普及性的标准要具有适宜性。早期的诱导对儿童情商和智商的发展具有巨大的潜力,但是必须根据适宜性的标准要求,既不能过于严格,也不能过于放任。其次,能够对不同的儿童需求作出适应的回应。家庭和不同社会文化背景导致不同的儿童对学前教育的需求各异,政府应该向教育机构提供资源,使学校能够制订有针对性的多元教育方案计划,从而满足不同的社会需求。这是对儿童可选择性教育的尊重。最后,健全学前教育体系,保障可适应性的条件保障。在大力发展公办幼儿园和扶持普惠性幼儿园的时候,必须保障和提升民办非普惠园的优质发展,做到区域规划内的普惠性民办园和公办园同质同价。

四、公平优质学前教育发展的进路:以保障"每个儿童权益"为目的的学前教育立法

目前,新时代新的主要矛盾发生了变化,人民对美好教育生活的需求越来越强烈,也逐步意识到早期优质教育的重要性。学前教育是终身学习教育体系中最为重要的阶段,也是推进教育扶贫、能力扶贫、从人生早

---

[18] 满忠坤:《论"童年的秘密"的教育学意蕴及其早期教育启示》,载《中国教育学刊》2018年第5期。

期阻断贫困代际传递的重大举措,不管是对国家还是对个人而言其投资可获得加倍的回报。目前,我国对学前教育的公平优质发展也十分关注和重视,在《意见》、《国家中长期教育改革和发展规划纲要(2010～2020年)》、第三期学前教育计划等一系列学前教育政策的推动下,学前教育的办园条件得到了改善,学前教育的普惠性入学比例也逐步提高。但是现行法律体制下“学前教育法”的阙如与学前教育在各级各类教育中仍处于薄弱环节不无关系,学前教育普惠性发展速度较快,但可持续性健康发展的后劲不足。公平优质学前教育发展成为我国新时代学前教育改革和立法关注的焦点。以公平优质学前教育发展的三方主体的责任和基本原则为引导,构建学前教育立法的进路。

(一)明确学前教育立法的目的

学前教育教育立法的目的是使每个孩子都享有公平而有质量的教育。从世界对儿童教育关注的趋势来看,对孩子的保护更加全面和具体。美国在追求公平优质学前教育发展的过程中更强调政府责任,立法从根本上保障基础教育全面发展、适龄儿童受教育权利的充分实现,建立公正有效的教育弱势补偿制度,并于2015年12月出台了《每个学生都成功法案》。英国政府为了促进全国教育公平与卓越的最新改革政策,于2016年3月发布《卓越教育无处不在》的白皮书。目前,我国没有专门针对“每个孩子享有公平而有质量的教育”的专项立法,党的十九大报告强调“努力让每个孩子都享有公平而有质量的教育”,联合国教科文组织发布的《教育2030年行动框架》要求,“确保全纳公平的优质教育,使人人可能获得学习机会”,其核心是要让每一位孩子都能享有适合的教育。从“公平优先”到“公平而有质量的教育”再到“办好公平优质的教育”,从“有学上”到“上好学”。真正做到每一所学校,每一个孩子都能得到公平优质的教育。公平优质受教育权的实现可以逐步缩小社会贫富差距,促进教育的平衡充分发展,最终为孩子们提供更多实现自我价值的机会。因此,我国学前教育立法目的应确定为“努力让每个孩子都享有公平而有质量的教育”。

(二)确定学前教育立法的基本原则

学前教育立法应坚持公平普惠性原则和“以儿童最大利益为中心”的

主要原则。公平原则是通过教育公平体现社会公平,学前教育公平是起点公平的基础,建立学前教育资助制度,对弱势群体进行多源流扶持,促进学前教育公平优质的发展。基于城乡学前教育发展的差距,大力发展农村学前教育,缩小城乡之间、区域之间、学前教育机构之间保育教育条件和水平的差距。[19] 经济的不平衡、不充分发展导致学前教育不平衡、不充分发展,阻碍了学前儿童公平优质受教育权的实现。因此,倾斜政策是对学前教育不平衡、不充分发展矫正,补偿与扶持政策符合以社会公平与正义的价值取向。[20] 尊重儿童、实现儿童最大利益原则体现了包容性促进,对每个个体需要的尊重。基于残疾儿童的特殊性,为矫正公平更应在早期教育中积极介入,这是最为有效的方式。普通幼儿园不得歧视或者拒绝残疾儿童入园,需为其提供平等的待遇,残疾儿童与普通学生一起学习、生活,这有助于他们与普通学生友好交往,从而培养其归属感,促进其社会化的发展。[21] 对于特殊家庭(父母吸毒、服刑、无劳动能力的家庭)的儿童、留守儿童、孤儿等应该获得政府的资助,帮助和鼓励其免费入园,改变代际贫穷,促进社会公平,对于弱势群体在人均经费补贴的标准上应高于其他学生,建立弱势或者特殊儿童档案,随时关注其家庭和儿童的变化。

(三)落实国家主导责任

学前教育立法应进一步落实国家的主导责任,鼓励社会力量办园,明确家庭责任。教育公平要求国家在配置教育资源时,既要关照社会整体的发展和稳定的需要,又要关照社会成员个体发展的需要。[22] 公平优质学前教育的发展需要国家行政机关进一步完善财政扶持奖补政策,建立学前教育经费保障机制,合理的财政政策和可靠的经费保障制度是保证学

---

⑲ 顾微微:《由"民办为主体"回归"公办为主体"——江苏农村幼儿教育政策转向研究》,载《科学经济社会》2014 年第 1 期。

⑳ 参见袁秋红、贺红芳:《面向农村地区的学前教育倾斜政策价值分析》,载《现代教育管理》2018 年第 2 期。

㉑ 参见杨梅、袁李兰:《"全纳"还是"特殊":英国关于全纳教育的争议》,载《比较教育研究》2017 年第 3 期。

㉒ 参见李晓燕:《教师法律素养与教育公平的实现》,载《陕西师范大学学报》(哲学社会科学版)2018 年第 2 期。

前教育公平优质发展的必要条件。国家对学前教育经费纳入地方各级财政预算,对西部贫穷区域新增的教育经费应进行合理严格的效果监测,保证学前儿童人均补助经费占同级财政性教育经费的比例逐年增长,渐进性接近学前教育发达国家财政支出比例的标准。鼓励社会、企业、个人积极参与普惠性民办学前教育的建设,在《民办教育促进法》的引导下,鼓励民办幼儿园设置非营利民办园,加大对民办普惠园的扶持力度,充分发挥普惠性民办园的重要力量,完成2020年普惠性幼儿园覆盖率达到80%左右的目标。同时根据公办园的补助标准对普惠性民办普惠园制定补偿标准,限定收费标准,科学成本核算机制,定期监测各级政府对学前教育经费投入及执行情况,减免相关费用、享受税费优惠,建立政府购买、基金奖励、捐资抵税等措施对普惠性民办幼儿园予以扶持。监测结果及时公开、公示。明确家庭责任,促进家长履职。学前教育立法中可以明确家长对儿童的教育义务,并对家长如何履职作出规定,㉓对于不履行职责的家长,教育主管部门可以责令其在能力范围内履行职责。

(四)强化行政监督责任

学前教育的行政监督责任包括安全监督和质量监督。目前,我国学前教育的监督管理还存在许多漏洞有待规范,各种问题也比较突出,幼儿园的各类安全事件屡屡发生,引起了社会的广泛关注,也降低了公众对幼儿园安全管理的信任度。虽然新《幼儿园工作规程》第6条规定了严禁体罚和变相体罚幼儿,但是有些幼儿教师利用了幼儿的恐惧和对老师的信任的心理,幼儿不敢告诉家长,因此规定实施十分困难,需要学前教育立法进一步对监管的方式作出规定:高度关注幼儿教师的心理健康、运用互联网等信息化手段对幼儿园加强监管、利用数字信息时代幼儿园安保智能系统为幼教监管提供了动态监管等多种方式。对幼儿园安全监管失职的行政单位和直接责任人应追究相应的责任。对于学前教育优质建设的质量监督除了执行教育部下发的《幼儿园教育指导纲要(试行)》《3~6岁儿童学习与发展指南》《关于规范幼儿园保育教育工作防止和纠正"小学

㉓ 参见管华、王君妍:《国外学前教育立法的启示》,载《陕西师范大学学报》(哲学社会科学版)2017年第6期。

化"现象的通知》等文件外,立法还应对适宜的园所、适宜环境、游戏权的保障、教师的资格和素质等方面进行全面的质量监督。

五、结语

党的十九大报告强调"努力让每个孩子都享有公平而有质量的教育",联合国教科文组织发布的《教育 2030 年行动框架》要求"确保全纳公平的优质教育,使人人可能获得学习机会",其核心是要让每一位孩子都能享有适合的教育。公平优质受教育权的实现可以逐步缩小社会贫富差距,促进教育的平衡充分发展,最终为每个孩子提供更多实现自我价值的机会,满足其美好生活的需要,这正是我国学前教育立法的目的和追求。

On the Subjective Responsibility, Basic Principles and Legislative Approach of Fair and High-quality Preschool Education Development

Tang Shuyan　Gong Xianghe

Abstract: The right to education is a basic right granted to citizens by the Constitution. Taking the basic rights of pre-school children as the starting point, it is necessary ensure that every child enjoys a fair and quality education. This is the people's demand for a good education in life. In view of the positive external benefits of pre-school education, the family, society and the state should be considered as a three-party subjects who bear corresponding responsibilities for promoting fair and high-quality development of pre-school education. The basic principles of preschool education derives from the 4A framework of the right to education provide guidelines for fair and high quality preschool education legislation.

Key Words: fairness and high-quality preschool education legislative approach

学龄前儿童受教育权的属性与内容探析*

王录平** 李会玲***

摘 要:学前儿童从接受教育到受教育权利确权经历了漫长的历史发展过程。学前儿童受教育权作为一项基本权利兼具有“客观法”和“主观权利”的双重属性,“客观法”属性规定了国家作为权利相对人对学前儿童受教育权的“保护义务”,“主观权利”属性衍生为“自由权”属性和“社会权”属性,对应的是国家对学前儿童受教育权的“尊重义务”和“给付义务”。以儿童“人权”为轴心,学前儿童受教育权的核心内容是生活与自由。

关键词:学前儿童 受教育权 权利属性 权利内容

---

* 基金项目:2017 年度山东省社会科学规划项目“教师专业伦理失范的法治化研究”(17DJYJ02)研究成果之一,山东省高等学校优势学科人才团队“幼儿教师教育科研团队”和山东女子学院高水平科研项目:“软法视角下幼儿园教师专业伦理失范的规制研究”(2018GSPSJ01)培育基金资助成果。

** 王录平,教育学博士,山东女子学院教育学院、学前教育研究院讲师。研究方向:教育政策与法律、幼儿教师教育。

*** 李会玲,教育学硕士,山东女子学院教育学院助教。研究方向:早期教育理论与指导、学前教育史。

在已公布的十三届全国人大常委会立法规划中,"学前教育法"被纳入全国人大常委会立法规划的一类立法项目,标志着学前教育领域将有自己的单行法律,这对明晰学前教育领域各教育法律关系主体权责,规范学前教育秩序意义重大,其中最核心的当属保护学前儿童受教育权利。在"入园难""入园贵""幼儿园教育'小学化'"的背景下,"学前教育法"应明确学前教育与学校教育的差异,确定学前教育的法律身份和地位,进一步转变、深化并坚定人们的学前教育理念,它不再是为解放妇女或者是为推动小学教育普及,①而是真正落实学前儿童受教育权利的。

一、历史发展中的学前儿童受教育权——从受教育现象到受教育权利

学前教育领域的相关概念是学前教育学术研究和制度建构的逻辑起点,也是"一系列重大理论与现实问题最重要的共同思维基础"。② 探析学前儿童受教育权的属性与内容,需进一步厘清相关概念:"学前儿童"和"学前儿童受教育权"。首先,学前儿童的概念界定。"学前儿童"是学前

---

① 《幼儿园暂行规程(草案)》(1952年)规定,"幼儿园的任务是:根据新民主主义教育方针教育幼儿,使他们的身心在入小学前获得健全的发育;同时减轻母亲对幼儿的负担,以便母亲有时间参加政治生活、生产劳动、文化教育活动等";《幼儿园教育纲要(试行草案)》(1981年)规定,"一、年龄特点与教育任务。三至六岁的幼儿教育是社会主义教育事业的组成部分……幼儿园的教育任务应是向幼儿进行体、智、德、美全面发展的教育,使其身心健康活泼地成长,为入小学打好基础……"国家教育委员会《关于加强幼儿教育工作的意见》(1988年)规定,"三、端正办园指导思想,深化教育改革,全面提高保育、教育质量。幼儿园教育的任务是贯彻保教结合的原则,对幼儿进行体、智、德、美全面发展的教育,使其身心和谐发展,为入小学作好准备……"《全国幼儿教育事业"九五"发展目标实施意见》(1997年)规定,"(七)提高认识,切实加强幼儿教育的领导和管理。幼儿教育是我国学制的第一阶段,是基础教育的有机组成部分。它既为幼儿入小学做准备,也为九年义务教育的实施奠定基础……"。

② 熊伟:《"学前教育"、"幼儿教育"与"早期教育"等基本概念内涵界定及应用——"全国高校学前教师微信群"2017新年网络主题研讨会笔谈综述》,载《陕西学前师范学院学报》2017年第1期。

教育的施教对象和目标。但是,之于"学前教育"概念的争议③导致无法有效准确合理地界定"学前儿童"的范围。本文中的"学前儿童"参照国际惯例④并立足国情,界定为"学前儿童或学龄前儿童是指出生后至入小学前的儿童"。其次,学前儿童受教育权的概念说明。学前儿童是受教育权适格的法律主体,其受教育权利是一项应有权利和实体权利,但基于特殊的身心发展特点和理性思维发展阶段,它的实现需要家庭、社会和国家等多方面提供保障,参照权利哲学的五要素理论,⑤学前儿童受教育权可界定为:"学前儿童依照国家法律法规规定所享有的接受教育的资格,表现为学前儿童通过作为或者不作为实现身心健康发展的自由或利益。"

学前儿童受教育权利的确权是近代以降发生的,但针对学前儿童的教育实践亘古有之。历史的发展,涤荡了我们对儿童的错误认识,更发展了我们的理性,并最终确立起尊重儿童权利、关注儿童身心发展特殊性、发展儿童生命潜力的教育理念。

(一)学前儿童在家接受教育

人类始,教育便存在了。最开始的教育(原始教育)附着于群体的存续需要,依靠简单的口耳相传,将生产、生活的知识传授给儿童,这便是最早的学前儿童受教育状态。随着生产力的进步,尤其是古代文字的产生,教育对人类文明的传承更加便宜与必需了。此时学前儿童受教育现象主要以家庭教育为主。西周时期,《礼记·内则》记载了我国学前儿童受教育的景象"子能食食,教以右手。能言,男唯女俞。男鞶革,女鞶丝,六年,教之数与方名。七年男女不同席,不共食。八年出入门户及即席饮食。九年教之数日。十年出就外傅,居宿于外……"尔后学前儿童受教育依然遵循此惯例,以保育为主,鲜有正统礼教内容,朱熹将人的教育分为两段,小学教育和大学教育,其中,为培养"圣贤坯璞"的小学教育乃为8岁至

③ 参见荣司平:《"学前教育"实为"幼儿教育"》,载《中国社会科学报》2012年7月30日,第A08版;杜成宪:《"学前教育"与"幼儿教育"不同》,载《中国社会科学报》2012年8月22日,第B01版等。

④ 参见翟弦亮:《OECD国家保教一体化政策研究——基于OECD提高早期教育与保育质量项目》,首都师范大学教育学院2014年硕士学位论文,第5页。

⑤ 参见夏勇:《权利哲学的基本问题》,载《法学研究》2004年第3期。

15 岁。[⑥] 近代以降,西欧最先开始民主、科学及人权的思想启蒙,在学前儿童受教育的态度上,依然遵从家庭教育为首。例如,夸美纽斯的母育学校(以母亲为教师,以家庭为教育场域),洛克也认为“孩子留在家里,和亲人比较接近,比较容易习得一些品性,做个有用和能干的人”。[⑦]

(二)学前儿童在“教育机构”接受保教

伴随着近代工业革命和新兴城市的发展,出现了大量无依靠的流浪儿童。为应对工业发展造成的“人道灾难”,一系列具有福利性质的“教育机构”诞生了。英国人欧文和怀尔德斯平分别创设了“新兰纳克性格形成学院”(1816 年)和幼儿学校(1820 年)。这些“教育机构”,一方面重点强调学前儿童的安全和身体健康,另一方面也进行道德教育和智育,是保教一体的。类似的“教育机构”还包括法国人奥柏尔林的“编织学校”(1770 年),它更强调教授知识和编织技能,而非保育,于此还专门招收一些年龄较大的女孩作为“助教”。1840 年德国人福禄培尔创办了世界上第一所幼儿园,并制作了“恩物”,倡导以游戏和活动作业促进学前儿童身心发展,开始引领世界学前教育发展潮流。

在我国,清末“国门洞开”触发了爱国志士包括上层统治者的国家危亡意识,“教育救亡图存”一时成为主流,一系列迎合自然科学和民主科学的新兴学堂纷纷出现。学前儿童接受教育最早的是 1903 年张之洞创办的湖北武昌蒙养院,我国学前儿童开始接受制度化的保育与教育。

(三)学前儿童受教育权的确权

进入 20 世纪以后,以心理学为基础的“科学教育学”进一步发展,“研究儿童特性,关注儿童生活,提高教育质量”成为新的教育思潮(欧洲的“新教育运动”、美国的“进步主义教育运动”和实验教育学等)。由此,以福利性质开展的学前儿童教育已然无法满足家庭、社会需要。另外,“社会本位”思潮的兴起,儿童不再作为“孤立的个体”存在。儿童“个性”的形成,不是简单的自然心理发展,而是在社会化过程中形成的有别于别人

---

⑥ 《小学书题》:“古者小学,教人以洒扫、应对、进退之节,爱亲、敬长、隆师、亲友之道。”

⑦ [英]约翰·洛克:《教育漫话》,傅任敢译,教育科学出版社 1999 年版,第 45 页。

的稳定的具有社会文化内涵的心理特征。[8] 学前儿童“社会化”的任务无疑提高了对“教育机构”的功能要求,完善的学前儿童教育制度化建制,尤其学前儿童发展标准的制定成为必然。而这些皆需要从顶层,即以法律的形式确认学前儿童受教育权利才能落实。在欧洲,英国《费舍法案》(1918 年)正式将保育学校纳入国民教育制度中;法国《教育改革法》(1959 年)、《哈比教育法》(1975 年)确认了所有儿童接受学校教育的权利;德国《儿童福利法》强调建立“白天的幼儿之家”确保学前儿童接受教育的权利。另外,针对幼儿园成为德国学前教育发展的主流,政府还颁布了幼儿园条例。

在我国,清末《奏定蒙养院章程及家庭教育法章程》(1904 年)是我国第一部幼儿教育法规。内容包括蒙养家教合一、保育教导要旨及条目、屋场图书器具、管理人事务 4 章,共 21 节。新中国成立后,学前儿童教育虽历经挫折与发展,业已在《宪法》(1982 年)、《教育法》(1995 年)等法律法规中确立了学前儿童教育受教育作为一项基本权利的法律地位。[9]

二、学前儿童受教育权兼有“客观法”和“主观权利”双重属性

学前儿童受教育权是一项基本权利,对其进行权利属性分析,将有效地揭露公民基本权利的理性内核,并为解构学前儿童受教育权利内容奠定基础。对学前儿童受教育权的属性分析将借鉴同属大陆法系的德国对公民基本权利属性的分析理论。在德国,基本权利被认为具有“主观权利”和“客观法”的双重性质。“在‘个人得向国家主张’的意义上,基本权利是一种‘主观权利’。同时,基本权利又被认为是德国基本法所确立的‘客观价值秩序’,公权力必须自觉遵守这一价值秩序,尽一切可能去创造

---

⑧ 参见陈桂生:《“学前教育”辨析》,载《学前教育研究》2002 年第 6 期。

⑨ 《宪法》第 46 条规定:“中华人民共和国公民有受教育的权利和义务。”《宪法》第 19 条第 2 款规定:“国家举办各种学校,普及初等义务教育,发展中等教育、职业教育和高等教育,并且发展学前教育。”《教育法》第 17 条规定:“国家实行学前教育、初等教育、中等教育、高等教育的学校教育制度。”

和维持有利于基本权利实现的条件,在这种意义上,基本权利又是直接约束公权力的'客观规范'或者'客观法'。"[10]

(一)"客观法"属性

学前儿童受教育权作为一项基本权利具有"客观法"的价值面向,应当"成为所有法秩序的基本价值决定……具有对立法、行政及司法的导向功能,同时也是这些国家权力在进行或执行时,必须以基本权利的核心本质——让人民拥有最大可能性的自我实现之自由空间——作为指导原则"。[11] 这是一种从自然法源视角探究"公民权利与国家权力""公民与国家"关系的重要内容。学前儿童作为公民群体中的重要一类,享有天然的受教权利,作为公民"让渡权利"塑造的"国家权力"具备这种天然的"保护义务",这种"保护义务"规范着所有公权机关为保障学前儿童受教育权利作出努力。

1."客观法"属性理论为落实学前儿童受教育权提供了支持。这种支持表现为从"制度设计、组织以及程序"上提供了一定程度的保障。首先,以《宪法》(1982年)(第46条、第19条第2款)、《教育法》(1995年)(第17条)确立学前儿童的受教育权利。另外,也从行政上进行积极推动,如国务院《关于当前发展学前教育的若干意见》,中共中央、国务院《关于学前教育深化改革规范发展的若干意见》(2018年)、"学前教育三年行动计划"等。通过自上而下的制度设计,推动国家学前教育事业发展及学前儿童受教育权利的保障。其次,以国家教育行政部门为主导,制定的《幼儿园工作规程》(2016年)和《幼儿园管理条例》(1990年),从幼儿园设置的条件及程序、幼儿园保教工作内容等对学前儿童受教育权利从组织及程序上进行了保障。

2."客观法"属性理论在落实学前儿童受教育权方面存在有限性。作为一项基本权利,学前儿童受教育权是一种关于个人现实的保护法益。

---

[10] [德]阿列克西:《作为主观权利与客观规范之基本权》,程明修译,载《宪政时代》第24卷第4期。转引自张翔:《基本权利的双重性质》,载《法学研究》2005年第3期。

[11] 许庆雄:《宪法入门》,台北,月旦出版股份有限公司1996年版,第156~157页。转引自高淑贞:《论受教育权》,吉林大学法学院2007年博士学位论文,第51页。

不同于德国,“任何人之权利受官署侵害时,得提起诉讼,如别无其他管辖机关时,得向普通法院起诉,但第十条第二项后段之规定不因此而受影响”。(《德意志联邦共和国基本法》第19条第4款)我国公民基本权利的权益保护寻求“宪法司法化”的解决路径是不完善的。在公民教育权利保护方面,从2001年7月最高人民法院《关于以侵犯姓名权的手段侵犯宪法保护的公民受教育的基本权利是否应当承担民事责任的批复》(法释〔2001〕25号)(“齐玉玲案”)到2008年12月最高人民法院《关于废止2007年年底以前发布的有关司法解释(第七批)的决定》。“宪法司法化”的问题更是已经被冻结。[12] 因此,“客观法”属性在保护学前儿童受教育权方面仅属于制度保障,如“要发挥作用,需要赋予相对人以立法请求权”,[13]而这是十分有限的。人民法院在解决教育权益纠纷时,无法自主有效解决立法与司法的设计困境。比如,宪法的解释权和监督权(《宪法》第67条第1项规定“全国人大常委会负责解释宪法,监督宪法的实施”)、司法判决的依据困境(《行政诉讼法》第63条)。所以,学前儿童受教育权作为一项基本权利,它所具有的“客观法”属性,是一种制度上的广泛关照,更强调集体法益,而不是每一个学前儿童个人现实的保护法益,是一种有限保护。

(二)“主观权利”属性

“主观权利”属性强调的是学前儿童受教育权作为一项基本权利的权利要素,引申出的是“个人的主张”,即“个人依据自己的意志向国家提出要求,而国家必须按此要求作为或者不作为”。[14] 主观权利处理的是“国家——个人”的关系,处置的核心机关是“立法机关”。一方面,作为学前儿童可以依据受教育权作为一项基本权利向国家公权力提出请求,要求公权机关作为或者不作为以维护个人受教育权利的自由或利益。另一方面,学前儿童受教育权作为一项基本权利在实践中应该获得充分的司法

⑫ 参见袁文峰:《受教育权的宪法条款援引、内涵及救济路径——基于齐玉苓案与罗彩霞案的分析》,载《政治与法律》2015年第4期。

⑬ 袁文峰:《受教育权的宪法条款援引、内涵及救济路径——基于齐玉苓案与罗彩霞案的分析》,载《政治与法律》2015年第4期。

⑭ 张翔:《基本权利的双重性质》,载《法学研究》2005年第3期。

救济,即"权利获得司法保护的可能"。[15] 主观权利的核心功能是"防御性功能",也附加着"受益性功能",对应的是学前儿童受教育权的"自由权"及"社会权"。

1."自由权"属性

教育是与人相关的事情,人是教育的目的。"自由权"属性反映的是教育活动中"人——国家"的关系。"自由权"的核心是"主观防御权",它对应的是国家"不作为义务"或者"消极义务",是国家在不为侵害公民基本权利的行为基础上,尊重公民"自由之义务"。学前儿童受教育权的"自由权"属性强调学前儿童在"教育机构"类型(早教机构、公立或者私立幼儿园)、课程(早教课程、幼儿园的五大领域课程、优秀的传统文化与礼仪课程等)、教学方式(游戏教学、体育活动教学等)、教学形式(独立的"教育机构"办学、家园合作办学,如"母亲会所""家长助教""幼儿主导家长会"等)等方面的自由选择,不受国家公权机关的"侵害和过度干涉"。[16]

2."社会权"属性

学前儿童受教育权作为"社会权"属性表现为一种积极性权利,它强调国家在社会正义、公共福祉与社会安全方面,对人民的请求负有广泛的责任。以保障学前儿童受教育权利自由为宗旨。与"自由权"属性衍生出的"主观防御权""自由请求权"不同,"社会权"属性所衍生出的是以学前儿童作为受教育权利主体,"以国家作为权利相对人,是一种要求国家提供利益、改善个人境况、确立更好的生活关系、分配社会产品,以及共享社会资源的一系列给付请求权"。[17] 学前儿童受教育权利的"给付请求权"主要表现为国家的"给付义务",一般包括物质性给付(财政资金专项拨付、持续性的教育机构建设及教育机构从业人员的培养与培训)、服务性给付(专业而优质的教育咨询、上通下达的政策答疑)和制度性给付(完

---

⑮ 赵宏:《主观权利与客观价值——基本权利在德国法中的两种面向》,载《浙江社会科学》2011年第3期。

⑯ 祁占勇、康韩笑:《学前教育阶段受教育权保障的国家义务研究》,载《陕西师范大学学报》(哲学社会科学版)2017年第6期。

⑰ 赵宏:《主观权利与客观价值——基本权利在德国法中的两种面向》,载《浙江社会科学》2011年第3期。

善的立法及配套制度建设）。[18]

学前儿童受教育权的“客观法”属性和“主观权利属性”并不是孤立的，更不是对立的，它呈现出的是作为一项基本权利的两个面向：一个面向是国家意志，另一个面向是个体对国家意志的反应。它围绕的始终是作为实现基本人权的学前儿童受教育权利，并强调国家义务，“国家至少负有三种义务，即尊重、保护和实现的义务。尊重的义务要求政府不得对社会权的享有进行干涉；保护的义务要求政府防止第三方对这些权利的侵犯；而实现的义务要求政府采取适当的立法、行政、预算、司法和其他措施以确保这些权利的充分实现”。[19]

三、学前儿童受教育权的核心内容是生活与自由

学前儿童受教育权的“客观法”属性，是以“人权”内容为轴心，对国家义务的一种权利主张或要求。“受教育本身就是一项人权，也是实现其他人权不可或缺的手段。作为一项增长才能的权利，教育是一个基本工具，在经济和在社会上处于边缘地位的成人和儿童受了教育以后，就能够脱离贫困，取得充分参与社区生活的手段。……但是，教育的重要性并不只是限于实用的层面：有一颗受过良好教育、能够自由广博思考的开悟而且活跃的心灵，是人生在世的赏心乐事。”[20]“人权”概念作为社会意识形态领域的重要内容，历经时代发展，逐步形成了自由权、社会权和发展权三代人权，它映射到社会领域中公民的各项权利内容。其中，受教育权更是全面辐射到三代人权内容。落实学前儿童受教育权是国家保护儿童人权的重要内容，也是我国加入《儿童权利公约》（1989 年通过、1990 年加

---

⑱ 参见祁占勇、康韩笑：《学前教育阶段受教育权保障的国家义务研究》，载《陕西师范大学学报》（哲学社会科学版）2017 年第 6 期。

⑲ ［挪威］埃德：《人权对社会和经济发展的要求》，载刘海年主编：《〈经济、社会和文化权利国际公约〉研究》，中国法制出版社 2000 年版，第 15～16 页。

⑳ 杨宇冠主编：《联合国人权公约机构与经典要义》，中国人民公安大学出版社 2005 年版，第 103～104 页。

入)、《经济、社会及文化权利国际公约》(1976年生效、2001年加入)的践诺。国家"保护义务"除了在学前教育机构建设方面保证公益性与普惠性以外,还要关注多元主体参与的价值,防止国家走向整体化趋向。另外,也要保障学前教育建设的程序性,防止出现学前教育资本恣意逐利的"恶果"。

当然,在当前学前儿童受教育权的实践中,其"主观权利"属性依然是最核心的,它确立了学前儿童在《宪法》中的主体地位,也界定了学前儿童与国家之间的法律关系。学前儿童既是现时生活的经历者,在现实生活中成人,也是现时生活的"被压迫者"(源于成人的、社会的乃至国家的"压迫"),在束缚之中寻求未来自己的角色与担当,作为国家未来的创造者,他极力寻求自由价值。学前儿童受教育权的"主观权利"属性核心内容表现为"生活与自由"。

(一)学前儿童受教育权的核心是生活

区别于动物,人类需要"生理性抚育"和"社会性抚育"相互结合才能逐步实现完整的人格塑造,并在实践中保证人格自律,即形成个体的独立人格。学前儿童是成人的根基,学前教育是终身学习的开端,学前儿童教育是将"生理性抚育"和"社会性抚育"密切结合最好的阶段,它以"直接经验为基础,在游戏和日常生活中进行。……最大限度地支持和满足儿童直接感知、实际操作和亲身体验获取经验的需要"。[21] 首先,它优先表现为一种安全的生活。学前儿童是亟待成长的个体,是弱小的个体,它不仅需要父母的精心抚育,也需要学前教育机构提供友善的环境实现安全生长。其次,它表现为健康的生活。"健康是仅次于人的自然生存的世界性质的最基本的人类需要。没有健康,人将丧失人作为人最完整的大部分特性。没有健康人就不能发展为或称为更充分的人。"[22]学前儿童健康的生活是系统的,它既需要满足肌体的营养辅助,也需要适宜的空间进行

---

[21] 李季湄、冯晓霞:《〈3~6岁儿童学习与发展指南〉解读》,人民教育出版社2013年版,第288页。转引自张利洪:《学前教育:概念的混用与澄清》,载《陕西学前师范学院学报》2018年第2期。

[22] 陈珊丽:《论我国健康权入宪》,华中科技大学社会学院2010年硕士学位论文,第5页。

运动。最后,它表现为完整的人的生活。学前儿童是完整的人,它需要完整的人的生活,包括对生活着的物理空间的探寻和社会人际关系的了解。另外,每个儿童也兼具有自己的民族属性,它还需要一种民族的生活,一种文化和艺术的生活。这些既是儿童作为人的本质规定性,也是学前儿童成人的关键。

(二)学前儿童受教育权的本质是自由

学前儿童受教育权具备所有“权利”(right)应有的正当性,这种“正当性”倡导人性的“自由、平等和多元”,自由是基础。美国哲学家辛格(Peter Singer)将权利的这种特性总结为:(1)个人主义的,始终以“个人”为出发点;(2)对抗主义的,表现为一种个人对抗其他任何事物的理由和力量;(3)本质主义的,追求一种对人本身的思考与体验;(4)先验主义的,它的产生基础往往是无法用事实证明的。[23] 首先,它必落定于每一个学前儿童的个人保护法益之上。所有学前儿童均有同等机会进入学前教育机构享有接受保教的权利,尤其要关注“特殊学前儿童”。其次,它必定是以“儿童”为中心,对抗“压迫”的。学前儿童受教育权是立足于学前儿童身心发展特点,不断增长其幸福的权利主张,任何以“成人利益”“社会功利主义”“国家主义”为目标导向的权力主张都带有侵犯个体权利的特征,如“学前教育小学化”“学前教育教学考试、测查”等。最后,它必定正视学前儿童和学前儿童行为为先天合理的存在。“游戏是儿童的存在方式”,[24]它是学前儿童核心生活内容,是一种重要的童年生活权利。游戏先天存在于动物与人的幼年生活。游戏是儿童内在本质向外的自发表现,是人在童年阶段最纯洁的精神产物,“只有当人是完全意义上的人的时候,他才游戏;只当人游戏时,他才完全是人”。[25] 学前儿童游戏的先天

---

[23] 参见[美]贝思·J.辛格:《实用主义、权利和民主》,王守昌等译,上海译文出版社2001年版,第3~23页。

[24] 张利洪:《学前儿童受教育权研究》,西南大学学前教育学2013年博士学位论文,第105页。

[25] [德]席勒:《审美教育书简》,冯至等译,北京大学出版社1985年版,第80页。转引自张利洪:《学前儿童受教育权研究》,西南大学学前教育学2013年博士学位论文,第106页。

性,虽然存在不确定性,但这也正迎合了游戏所具有的哈耶克自由的"本真"含义。

四、结论

"现在的一代对于未来的一代,既是施行训练的主持人,也是全部环境的主导者。"㉖以成人世界主导的国家法理体系,既可能成为推动学前儿童受教育权利实现的力量之源,也有可能成为迷失者。然而,绝不能"因噎废食",以学前教育立法形成学前儿童受教育权利确权是大势所趋,要坚持"儿童权利中心",还原法治本质,"一切法律所具有或通常应具有的一般目的,是增长社会幸福的总和,因而首先要尽可能排除每一种趋于减损这幸福的东西,亦即排除损害"。㉗

An Analysis on the Characteristics and Contents of the Preschool Children's Right to Education

Wang Luping　Li Huiling

Abstract: Preschool children's right to education has experienced a long history of development from the time the children's receiving education to the confirmation of the right to education. Preschool children's right to education as a basic right has the dual characteristics of "objective law" and "subjective rights". The "objective law" attribute stipulates the "protection obligation" of the state as a right-right person to the right to education of pre-

㉖ [英]约翰·密尔:《论自由》,许宝骙译,商务印书馆 1959 年版,第 98 页。

㉗ [英]杰里米·边沁:《道德与立法原理导论》,时殷弘译,商务印书馆 2005 年版,第 216 页。

school children. The "subjective rights" attribute is derived from the "free rights" attribute and the "social right" attribute, which corresponds to the nation's "respect obligation" and "payment obligation" for preschool children's right to education. Taking the children's "human rights" as the axis, the core content of preschool children's right to education is life and freedom.

Key Words: preschool children the right to education the characteristics of rights the contents of rights

学前教育权的法律属性及其权利特质*

康韩笑**

摘　要：学前教育权是基于国家教育权、社会教育权和家庭教育权范畴下的教育权，不仅是一种张弛有度的公权，而且是准公共产品下的私权。从法律渊源来讲，学前教育权源自家庭教育权，是家庭教育权的延伸。基于学前教育权法律属性的特点，国家教育权在实现与保障幼儿学前教育权的过程中，应尊重幼儿的学前教育选择权、发展公平而有质量的学前教育、建构自由基础上的秩序价值、平衡私权与公权的关系，最大限度地保障幼儿接受学前教育的权利，使"学前教育法"成为名副其实的幼儿权益保障法。

关键词：学前教育权　法律属性　权利特质

在学界和现实的推动下，学前教育的立法活动已蓄势待发。通常来讲，立法活动需要明确权利的

---

* 基金项目：2017 年度陕西省学前教育研究重大项目"营利性与非营利性幼儿园分类管理制度的国际比较研究"（项目编号：ZDKT1702）的阶段性研究成果。

** 康韩笑，陕西师范大学教育学院博士研究生。研究方向：教育政策与法律。

根本属性,以核心内容作为基础,以特定原则作为支撑。立法过程中以遵循内在精神为使命,使立法者从宏观角度出发,有深度、有高度、有内涵地展现立法者需要表达的重要意志;同时还可以协调该法调整的各种法律关系,提纲挈领地把握立法主旨和精神,使各种立法活动以及立法同它所调整的对象之间,有一种一以贯之的精神品格在发挥作用。学前教育有其独特的内涵,立法活动应遵循其法律属性,保障法律的有效性。《儿童权利宣言》在宗旨中旗帜鲜明地指出:"以其儿童能有幸福的童年,为其自身和社会的利益而享有宣言中所说明的各项权利和自由",最终目的在于"人类有责任给儿童以必须给予的最好的待遇"。那么,何为学前教育权?其法律属性及其权利特质如何界定?如何受平衡学前教育权与国家教育权之间的界限?这些问题需要科学诠释,从而为学前教育立法活动提供基本的理论支撑,更好地保障儿童的权利。

一、学前教育权及其法律属性

通常来讲,教育权有广义与狭义之分。从广义上来说,教育权可以分为国家教育权、社会教育权和家庭教育权三类,三者共同构成我国现代教育的重要内容。在从狭义上讲,教育权是指公民接受教育的权利。相应地,关于学前教育权的概念,也应当从广义和狭义界定。首先,广义上的学前教育权涉及的主体包括权力和权利,就权力而言是指国家教育权,是国家依法对领导和实施教育事业的公权力,集管理和统治于一体,具有公权力的普遍特性。国家依法对国民教育进行有序调控、发展和管理,是一种国家抽象主权的体现,包括了立法权、行政权、司法权等具体权力内容。在实践中,国家拥有更丰富的教育资源、更强的举办教育能力,特别是为适应工业化时代的快速发展而培养大量劳动者以来,国家教育权的作用更加明显。就权利而言,社会教育权是依据法律规定各种社会组织在教育活动中行使的权利,不仅是各类社会主体具备举办教育的权利,还包括参与监督国家教育事务管理的权利。家庭教育权是一种基于法律确认和保护的私权,从原始社会自然产生的"亲权"到现代社会成为被社会所承认的权利,父母始终是子女最初始、最直接的第一影响因素,原始社会的教育尚未与社会生活完全分离,家庭发挥首要作用,承担了所有的教育职能。其次,狭义上的学前教育权是指幼儿的受教育权,是一种兼具自由权和社会权的权利。在自由权层面表现为一种防卫权利,意味着受教育者可以通过自己的自由行动来实现自己受教育的权利,国家处于消极的不作为状态,主要表现为受教育权的行动权。[①] 理论上学龄前儿童应当通过自己的自由行动实现自身学前教育阶段的受教育权,如实践中其受教育权通过其监护人实现,说明法定监护人有通过自由行动实现儿童受教育权的权利,国家不应过多干涉。从社会角度来看,受教育权是一项积极的要求权,相关主体有权通过积极手段保障受教育权的实现。对于消极不作为的行为,可以合法手段获得救济。学前教育不同于其他类型教育的主要表现在于由于幼儿还未具备行为能力,且学前教育权的实现在一定程度上与家庭教育权重合,其权利一般由父母代为履行,若幼儿在教育实践中相应的合法权益受到侵害,家长有权利代替幼儿行使权利并寻求解决方法,如果其他手段都行不通,可以通过法律途径提出诉求,保障幼儿受教育权的合法实现。因此,我们需要从广义的学前教育权概念来明确学前教育权的法律属性与权利本质,才能使学前教育立法更好地体现对儿童权利的尊重与保护,使"学前教育法"成为儿童的权益保障法。

一方面,学前教育权是张弛有度的公权。国家教育权是显而易见的教育公权力,应当在教育的范畴里分析其内涵。第一,个人的自然权利先于公权力存在,在现代民主社会中,国家教育权的权力源泉乃是公民的自然权利,具体而言,在教育领域它是"作为权利主体的全体社会成员所享有和拥有的符合社会生活公共利益要求的教育权利的总和"。[②] 所以,国家拥有教育的权利其目的是保护和实现公民的自然权利。第二,公权力是由民众权利赋予的,民众的表意是构成公权力合法的奠基。国家教育

---

① 参见曲正伟:《受教育权实现中的权利冲突》,载《现代教育管理》2013年第12期。

② 秦惠民:《对市场经济下国家教育权作用的再认识》,载《中国教育法制评论》2002年第00期。

权是公民为了通过教育更好地获得生存技能,谋求自身发展,从而与他人协议同意将自然权利让渡给国家,委托国家提供教育服务的一种权利。因此,国家权力介入教育的时候应当以公民合意为基础,否则合法性就会受到挑战。第三,公权力以法律的方式得以确立,与其他权力一样,国家教育权的行使不能肆意妄为而是要遵循公权力行使的一般原则——"法无授权即禁止"。因此,国家教育权必须通过法律明确规定,依照法定程序,在法律规定范畴里行使。

另一方面,学前教育权是准公共产品的私权。依据公共经济学和公共管理学对产品属性的界定,产品一般分为私人产品、公共产品和准公共产品三类。对于学前教育究竟应当归于何种属性,学界存在不少争议,没有定论。国内外对学前教育属性的认识,存在两种主要观点:其一,学前教育更偏向公共产品;其二,学前教育更接近私人产品性质。一直以来,我国学界使用"准公共产品"的概念界定学前教育,且基本上成为了一种共识。关于公共产品的性质,学者们归纳出三方面基本特征:"消费的非竞争性、消费的非排他性和效用的不可分割性。"③通常情况下,效用的不可分性是基于消费的非竞争性得出的,所以判定某项服务或物品属于公共产品还是私人产品时,只需要考虑其是否具有竞争性和排他性。竞争性是指某人消费一类产品而其他人不再消费该产品的状态。如果某人使用特定数量的某种商品,则该商品不能被其他人同时消费。所谓排他性,是指排除那些没有付费的人消费该产品的能力,一部分消费者对其他消费者具有排他优势,影响一些人无法完全参与到自主的交换中。从我国经济发展水平的现状来看,我国的"学前教育虽然具有突出的受益非排他性和效用不可分性",④但学前教育发展仍然具有一定的市场性,幼儿园办学体制走的是市场办学线路,当市场上增加一个幼儿入园,将增加教具、餐费、床位等的支出,体现消费的竞争力。这在一定程度上符合消费

---

③ Samuelson P. A. ,"The Pure Theory of Public Expenditure",*The Review of Economics and Stati-stics*,36,1954,pp. 387 – 389.

④ 庞丽娟、韩小雨:《中国学前教育立法:思考与进程》,载《北京师范大学学报》(社会科学版)2010 年第 5 期。

的竞争性要求,因而未完全满足公共产品的定义和准则。另外,从个人消费与收益的角度分析,接受良好教育的个体,未来获得更好的发展,这是受教育者的个人收益。同时受教育者在接受教育的过程中支出学费,属于受教育者的个人消费,不会由他人分担,私人产品属性明显。综上,幼儿受学前教育的权利是具有准公共产品性质的私权。

二、以家庭教育权为支撑的学前教育权的本质规定性

公民接受教育的权利是宪法确认和保障的,每个公民都必须按照法律规定接受教育。学前教育阶段的儿童正处于智力发展的基础阶段,也是接收事物最快的阶段,运用正确可行、适当高效的教育方式对儿童日后的发展都会产生不可替代的作用。幼儿作为民事主体虽不具备行为能力,但仍具备权利能力,依法享有法律规定的合法权益,“不论学龄前儿童是否能够亲自实现教育选择权,国家都不应剥夺该权利”,⑤尊重和保障幼儿的合法权利是必要的。人类诞生初期,教育主要集中在家庭、部族和部落,依靠血缘关系的活动来教授生存技能。在社会公共教育出现之前,家庭教育的权利和权力是文明社会承认和维护的第一种普遍存在的教育权。⑥ 家长可以根据自己的意愿对子女进行教养,这一时期家庭教育权利完全属于私人领域,是每个家庭所独有的私权,这种权利是由国家所确认和维护的私权利。

家庭教育权的性质从完全的“私权”演变为“社会权利属性”。实质上,家庭教育权利是基于父母与子女之间的自然血亲关系。子女出生时,父母自然有权抚养和教育孩子。对于家庭教育权,从家庭内部来看,家庭教育的权利可以理解为父母或其他法定监护人教育子女的权力。从社会

---

⑤ 祁占勇、康韩笑:《学前教育阶段受教育权保障的国家义务研究》,载《陕西师范大学学报》(哲学社会科学版)2017年第6期。

⑥ 参见秦惠民:《走入教育法制的深处——论教育权的演变》,中国人民公安大学出版社1998年版,第1~26页。

环境来看,家庭教育权已成为整个家庭在教育中享有的权利。因此,从内部和社会两方面理解家庭教育权利的特性将更加全面。首先,家庭教育中,“早期的家庭教育权来源于父母与子女天然的生育关系,这种逻辑可以简单概括‘生而教之’”。[⑦] 这种固有的原生性的权利和义务,是任何社会和任何时代立法的基础,因此家庭教育权是一种符合社会道德的合理存在,具有天然的自由权的属性。随着时代的演进,家庭教育权不仅属于自然权利,而且具有社会权利的性质,在法律层面表现为一种法定权利。当然,家庭教育权从家庭转移到“社会”和“国家”时,并不是完全转移,也不可能完全转移。因为,在转移的过程中相应存在一条原则:教育自由不能超越教育的私人性质,这取决于财产私有制的国家性质,从而决定了家庭教育权的合法性。我国《宪法》第 49 条和《婚姻法》第 15 条、第 17 条都规定教育子女是父母的权利和义务。在法治国家中,父母教育权利的存在对国家公共教育与社会私立教育之间的平衡和冲突具有制约作用。父母不仅仅履行教养子女的义务,也享受相应的权利,当权利的实现受到约束时,可以通过各种方式积极进行主张,以保障权利的有效行使。

自第二次世界大战以来,世界各国的竞争明显地表现为科技和人才的竞争,教育的作用日益凸显,优质的教育成为关系到各个国家前途命运的大事。工业化进程和社会分工的完善使家庭不再是社会生产的基本单位,“也使得对儿童的教育更为复杂,教育子女不再是家庭的私事,而是越来越具有社会意义和政治意义”,[⑧]行使家庭教育权必须符合公众的基本要求以及国家和社会对儿童和青少年的教育原则。学前阶段的教育,一定程度上是指教育权从家庭教育转向学校教育,学前教育权开始介入并制约着家庭教育权的行使,二者共同对儿童的教育发挥作用。虽然如此,但是家长从来没有也不可能全部出让自己对子女的教育权利,家庭教育权仍然是一种与生俱来、自然而然的教育权利,是任何权利都无法取代

---

⑦ 杨娟:《家庭教育权的合法性及其在我国义务教育中的实践》,载《现代教育管理》2011 年第 1 期。

⑧ 林婷:《家庭教育权保护研究》,山东大学宪法与行政法学 2008 年硕士学位论文,第 5 ~6 页。

的。家庭教育权和学前教育权二者在权利属性上具有一致性。从历史发展上看,学前教育的前身是家庭教育或者称为母育学校,说明学前教育权由家庭教育权衍生而出,是家庭教育权有效实现中的重要环节,既保有家庭教育权的权利特性,也具备其自身的特征。

第一,学前教育权具有明显的保教性质。“保育是家庭教育功能在幼儿园的自然延伸,是让幼儿建立对幼儿园的归宿感与安全感的最好途径。”⑨每个幼儿进入幼儿园之前就携带了原生家庭的教育痕迹,家庭的教育使其形成最初的习惯。幼儿教育中的保育要求幼儿园为儿童创造适合身心健康发展的最优环境,继承家庭教育中照养的功能,为儿童提供温暖贴心、关怀备至的生活起居服务,营造一种类似家庭生活的宽松、惬意的环境,积极为幼儿提供一种符合父母之爱的情感联系。一直以来,保育和教育结合是我国学前教育倡导的一个重要特征,也是幼儿园办学坚持的原则。教育部关于《幼儿园教育指导纲要(试行)》指出,学前教育是基础教育的重要组成部分,更是学校教育和终身教育的奠基阶段。幼儿园的教育目标是促进幼儿全面和谐地发展。一方面,需要保护幼儿的好奇心以及培养他们的兴趣,注重对儿童启蒙性的教育。学前教育阶段幼儿往往对枯燥无味的学习活动缺乏兴趣,教师不需要刻板地教授书本内容,可以通过设计游戏激发儿童的好奇心,在游戏中发掘儿童的想象力和创造力,不仅激活了课堂气氛,而且学生享受在其中,并为儿童的智力、语言和社会适应能力发展提供知识和经验。同时,在游戏中增强彼此之间的交流沟通,树立正确的价值观,培养积极的情感和良好的个性品质,为其日后顺利地进入小学及其以后的学习做好身体心理的充分准备。另一方面,是对幼儿要精心呵护。学校里,教师合理规划幼儿的饮食和培养睡眠习惯。首先,让他们具备良好的时间观念,养成遵守作息制度的好习惯;其次,培养良好的进餐方式,要求他们饭前洗手、饭后漱口,不挑食、不浪费;最后,培养他们午睡习惯,调整正确睡眠方式等,促进身体健康发育,有效帮助他们养成良好的生活习惯。学前教育保育性是学前教育本身特

⑨ 赵南:《学前教育“保教并重”基本原则的反思与重构》,载《教育研究》2012年第7期。

有的属性,在学前教育阶段,需要做到保教统一、保教结合、保中有教,教中有保。

第二,学前教育权强调公益性。在中国与学前教育相关的系列政策法规中,显示出学前教育是社会主义教育和社会公益事业的重要组成部分。“学前教育的受益者不仅是参与教育活动的儿童及其家庭,而是整个社会。”[10]学前教育需要保障其公益性,具体从以下三方面进行剖析:一是从经济角度看,学前教育不仅使受教育者受益,并且对这个社会而言都是有益的。许多研究表明,幼儿教育具有明显的积极外部性,“除了对个人的各种能力发展具有长期的积极作用外,还可以促进男女平等,减少贫困人口,促进社会公平、和谐发展”。[11] 美国芝加哥亲子中心研究通过准实验设计考察学前教育对贫困儿童的影响,结果显示“学前教育的收益远远超过投入,在考虑通胀因素影响的情况下,对亲子中心每投入 1 美元 15 ~ 18 年后所获得收益是 7.14 美元,其中幼儿及其家庭获得收益是 3.29 美元,社会获得收益是 3.85 美元,并且社会收益全部来源于政府行政、司法开支的减少”。[12] 学前教育对构筑国家整体财富起着重要作用,在我国学前教育生均预算远低于其他阶段教育支出,投资成本虽低,但对人一生发展产生重要作用。二是从政治角度看,教育是国家和民族发展的根本大计,它关系到国家和民族的未来。许多发达国家已积极采取措施发展学前教育,以经济合作与发展组织(OECD)为例,目前 34 个成员国均为市场经济国家,据统计“OECD 国家幼儿教育经费投入的平均水平从 2007 年占 GDP 的 0.5% 增加到 2012 年的 0.8%。OECD 国家的幼儿教育经费的总体水平同样从 2007 年的 0.4% 增加到 2012 年的 0.8%”。[13] 虽然只有 0.1% 的增长,但因其 GDP 总量较大,因此投入量也较为惊人。《国家

---

⑩ 管华、王君妍:《国外学前教育立法的启示》,载《陕西师范大学学报》(哲学社会科学版)2017 年第 6 期。

⑪ 闫建璋、张欣:《学前教育纳入义务教育的必要性与可行性》,载《现代教育管理》2011 年第 6 期。

⑫ 袁振国:《学前教育收益最大》,载教备网:http://www.ceiea.com/html/201508/20150806153521111.shtml,最后访问日期:2018 年 10 月 25 日。

⑬ 吕武:《近年 OECD 国家幼儿教育经费投入趋势研究——基于〈Education at a Glance:OECD Indicators 2010 - 2015〉报告的分析》,载《外国中小学教育》2016 年第 12 期。

中长期教育改革和发展规划纲要(2010～2020年)》中,国家从教育的整体发展出发提出:“坚持教育公益性原则,健全……办学体制,形成……共同发展的格局。”随后国务院《关于当前发展学前教育的若干意见》(国发〔2010〕41号)文件也阐释了学前教育的公益性:“学前教育是终身学习的开端,是国民教育体系的重要组成部分,是重要的社会公益事业。”这一系列政策说明,学前教育是国家重要的战略项目,具有公共服务体系组成成分的性质,具有显著的公益性。三是从现实角度来看,学前教育和数亿儿童的健康成长,千家万户的切身利益以及关系国家和民族的未来息息相关、密不可分。

第三,普惠性是学前教育权的重要内容。《国家中长期教育改革和发展规划纲要》和《意见》中分别强调要“坚持教育的公益性和普惠性”“发展学前教育,必须坚持公益性和普惠性”。2010年12月,国务委员刘延东同志在全国学前教育工作的电视电话会议上再一次申明学前教育普惠性的重要性与紧迫性。刘延东同志指出:“坚持以大力发展普惠性幼儿园的方向,注重保基本、广覆盖、多形式,努力解决入园难、贵问题。”纵观国际上发达国家对普惠性学前教育的理解,英国最具代表性的机构是“确保开端儿童中心”,政府颁布《确保开端儿童中心法定指导方针》,其内容表明地方政府与相关机构可以因地制宜对本区儿童中心提供的服务进行管理,但只有在遵守和实现以下核心目标前提下:“改善幼儿及其家庭的成就,在如下几方面最大程度上减少家庭之间、同辈群体间的不平等:儿童发展与入学准备;育儿理念与育儿技巧;儿童及家庭的健康和生活境遇。”⑭英国政府致力于平衡学前教育过程中存在的矛盾,为每一个儿童,特别是弱势群体的儿童提供平等的开端,是世界上最早开始关注普惠性学前教育的国家之一。另外,瑞士通过将学前教育纳入公共服务体系、修订学前教育课程、增加学前教育财政投入、健全优良师资队伍、构建学前教育监测评估体系等手段实现学前教育的普惠性。我国幅员辽阔、人口

⑭ Department for Education,“Sure Start children's centres statutory guidance”,Accessed October 22,2018,https://www.gov.uk/government/uploads/system/uploads/attachment_data/file/273768/childrens_cen-tre_stat_guidance_april_2013.pdf.

众多,存在地域和贫富上的差距,目前幼儿园的举办数量远不能满足人口增长的需求,不少儿童面临学前教育阶段上不了园、上不起园、没有合格园可以上的问题,而普惠性的学前教育强调"普遍惠及、人人享有"的核心理念,具有"普遍性、非歧视性和非互惠性三个基本特点"。[15] 惠及有学前教育需求的普通民众,尤其包含弱势群体,将价格限定在大部分民众可接受的范围中,辅之以政府资金的支持,全面推行学前教育,保障每个儿童的合法权益。坚持贯彻普惠性的思想精神,是我国学前教育向上发展的应有之义。

三、学前教育权实现过程中国家教育权的限度

随着时代的进步,国家间教育质量的竞争越来越激烈,因此管理教育成为国家的重要职能,国家教育权直接干预公民教育事务和管理教育的职权不断扩大和增强。教育的重心转向国家后,"教育领域内,以权力为主导的需求——责任关系向以权利为主导的需求——责任关系的转变,使国家的利益与个体的利益完全一致的状态被打破"。[16] 虽然国家为公民提供更加丰富的教育资源,但在实践中存在国家教育权边界不明确、权力越位等现象,从而与学前教育权产生摩擦和矛盾。

(一)基于学前教育选择权的国家限度

权利的界限就是义务的范围。为确保依法履行义务,首先必须澄清范围,即确定相对方权利的界限。在我国教育法律法规中,对学前教育权利和义务规定的界限不是很分明,加之国家掌握大部分教育内容,幼儿及其家长处于配合地位。选择权是指权利人选择是否行为的权利,是否有权在面对多种选择时自由控制自身的行为。具体到学前教育的选择权,

---

⑮ 秦旭芳、王默:《普惠性幼儿园的内涵、衡量标准及其政策建议》,载《学前教育研究》2012 年第 7 期。

⑯ 辛占强:《国家教育权与家庭教育权紧张的原因——以需求与责任的关系为分析维度》,载《沈阳教育学院学报》2007 年第 4 期。

学前教育选择权是学前教育权内涵中的重点。斯宾塞说过:“教育是为完满生活做准备的。”社会不断多元化,使得公民可以选择的生活方式也越来越多,一部分人认为学校提供的教育,不具备为完满生活奠定基础的功能,与其在学校学习单一枯燥的知识,不如发挥一技之长。目前,不少家长秉持这种观点,为自己孩子选择适合其发展的新型教育模式。因此,学前教育选择权包括儿童及其监护人可以选择接受什么样的教育、在哪里接受教育、以何种方式接受教育等。家长们根据自己的意愿为子女选择合适的学校,亦是父母教育选择权的重要体现。当然,如果这类教育选择权被过度执行,将会妨碍国家教育权的正常进行,破坏教育和教学活动正常秩序;反之若不能正常行使这项教育权,就会失去对国家教育权的有效监督,不利于公民权利行使和民主制度发展。现代社会的教育重心倒向国家教育,公共教育成为教育的主导力量,因此人们更多关注公权力(国家教育权)而忽视了私权利(学前教育权)在教育中承担的重要作用。例如,国家教育权目前在义务教育阶段为实现教育公平,采取的一系列措施,如就近入学、电脑分位等,都使上述教育选择权未得到充分实现,因此需在合理的范畴内尊重学前教育的选择权。

(二)基于公平而有质量的学前教育权的国家限度

《教育法》第 9 条明确规定:“中华人民共和国公民有受教育的权利和义务。公民不分民族、种族、性别、职业、财产状况、宗教信仰等,依法享有平等的受教育机会。”学前教育凸显出其独特的作用和影响力后,实现学前教育的公平性,保障普惠性学前教育的发展成为重点内容。教育公平是人类社会追求平等权利的重要组成部分。古代先哲孔子提出的“有教无类”可以看作倡导教育公平的开端。学前教育公平的实现取决于国家教育权力的提升和国家教育政策的指导,在指导过程中,必须注意厘清界限。首先,《国家中长期教育改革和发展规划纲要(2010 ~ 2022 年)》中强调:“明确政府职责。把发展学前教育纳入城镇、社会主义新农村建设规划。”各级政府应当结合所在地区经济发展、政治背景、文化格局制定科学适宜的学前教育事业发展规划,对幼儿园的准入标准、幼儿园收费定价机制、生均财政拨款标准、弱势群体资助体系等做统筹协调。“在制订计划、政策和标准的过程中，还必须要注意以下几方面：首先，要对学前教育公共服务的政策、范围、政府能力等，进行科学的评估，制定出切实可行的学前教育发展战略。”[17]其次，加大对学前教育的经费投入，我国对教育的财政投入一直以来处于弱势地位。随着教育对国家、社会、家庭的重要性日益增加，教育经费的保障已成为实现国家教育权不可规避的任务。目前，存在将“有限的公共财政资源大部分投入到极少数公办幼儿园，尤其是集中投入到优势家庭子女才有更多机会入园的县直/机关幼儿园和示范性公办幼儿园”[18]的现象，这种投入模式会造成严重的教育资源不平衡，需要国家教育权建立稳定和合乎发展的学前教育经费投入机制。最后，加强监管力度，各级政府需要构建监管体系，承担信息公开的职责，“完善学前教育督导问责机制，明确落实相关主体责任，加强学前教育主管部门对各类幼儿园的监管”。[19] 当然监管要建立在尊重正常学前教育权利行使的基础上，防止过度管控引起矛盾。

(三)基于自由与秩序博弈的学前教育权的国家限度

自由与秩序是人类赖以生存的基本前提，从法学角度出发考虑，自由是有限度的，是在法定范围内为或不为一定行为的能力。这两个概念构成法律价值中一种对立统一的基本范畴。一方面，二者的表现形式往往相互对立、相互否定，以完全相反属性的形态并存。自由更注重对主体个性的展现，而秩序则强调规范的建立。另一方面，自由与秩序又相互统一。正如库利所说：“自由只有通过社会秩序或在社会秩序中才能存在，而且只有当社会秩序得到健康的发展，自由才可能增长。”[20]国家教育权和学前教育权之间同样表现为自由与秩序范畴的冲突与合作。首先，现代国际社会的竞争逐步转向教育的竞争、人才的竞争，国家要想取得更好

---

⑰ 郑子莹：《我国学前教育普惠性概念的建构及政府责任》，载《四川教育学院学报》2012 年第 11 期。

⑱ 宋映泉：《不同类型幼儿园办学经费中地方政府分担比例及投入差异——基于 3 省 25 县的微观数据》，载《教育发展研究》2011 年第 17 期。

⑲ 陈鹏、高源：《我国学前教育立法的现实诉求与基本问题》，载《陕西师范大学学报》(哲学社会科学版)2017 年第 6 期。

⑳ [美]库利：《人类本性与社会秩序》，包凡一、王湲译，华夏出版社 1999 年版，第 278 页。

的发展,就不能忽视对教育的扶持,教育体现出的影响力不可小觑。国家在保障经济、文化、社会生活稳定有序的前提下,都需要教育配合与协调。因此国家会为教育设定框架和制度。学前教育权具有很强的私人性,往往会破坏国家对教育秩序的建立,而国家亦会限制家庭的教育权利以维持既有的教育秩序。其次,从国家教育权力的特性来看,在实行过程中过于注重教育秩序的维护,限制以自由为特征的学前教育权,造成两者之间的摩擦。最后,国家教育权与学前教育权之间存在合作的关系,只有国家通过行使权力来营造一种有序协调的教育秩序,并要求公民遵循和维护,学前教育权才能顺利实现;同样,只有国家尊重享有学前教育的每个个体适度选择和参与,才能保证国家、社会和家庭教育利益的协调一致,才能保障一国的教育秩序。

(四)基于公权与私权制衡的学前教育权的国家限度

公私矛盾冲突是推动人类社会向前发展的一对永恒矛盾。古罗马法学家盖尤斯曾经指出:“一切权力都是从人民来的。皇帝的命令何以有法律的效力呢?因为皇帝的地位是由人民给他的;官吏为什么有权力呢?因为官吏是由人民选举出来的。”[21]随着国家的出现和建立,公民为了更好地实现权利,将一部分权利出让给国家,由国家维护每个人的合法权益,于是现代意义上的公共权力出现了。任何权力都是以“命令—服从”的规则来运行,权力意味着一方对另一方的支配。[22] 在权力相对方被支配的过程中其实蕴含了其权利被剥夺的可能性,由此权力与权利之间就存在矛盾与冲突。因为权力总表现得比较强势,作为一种防御措施,拥有权利的一方通过积极行动扼制权力的不恰当扩张。具体到过往的我国社会,由于封建专制统治力量的支配作用,公民缺乏权利意识,不重视对自身合法权益的捍卫,使公权力不断扩张却没有受到相应私权利的制衡,造成了公权力的异化和私权利的衰落。在我国法律的背景下,公权力是指维护公共利益的国家机关具有的强制力和行使能力,本质是处于社会统治地位的公共意志或阶层意志的制度化和法律化,国家教育权就是一种

㉑ 王人博、程燎原:《法治论》,山东人民出版社1998年版,第17页。

㉒ 参见公丕祥主编:《法理学》,复旦大学出版社2002年版,第204页。

属于公权力的行政权力；私权利指与公共权力相对应的个人权利，属于私人性质，涵盖法律未明确禁止的所有个人行为。学前教育权就表现为私权利。国家教育权与受学前教育权的冲突，其实也就是公权力与私权利的抗衡。虽然国家教育权与受学前教育权之间存在不可避免的冲突，但也有相对的平衡。国家教育权同所有公权力一样，由家庭教育权这一私权利转移让渡产生，其产生的目的在于保护家庭教育权不受侵害，理应表现为以维护一定阶级、集团和人们的权利为前提。学前教育权是家庭教育权的延伸，国家应当保障其不受侵害，但实践中"国家教育权的出现，导致了教育权结构的复杂化，教育权之间出现了纵向的支配与服从的关系"。[23] 基于此，学前教育权很难实施防御措施维护正当利益，引发与国家教育权之间的对抗。在我国，学前教育权属于公民的私权利，公民有权利在法律规定的范围内自由地行使权利而不受国家干涉；但由于现行的教育法制体系立法并不完善，对于学前教育权的界定比较笼统、模糊，造成受学前教育权在现实中的失落。学前教育是家庭教育权发挥作用的重要阶段，父母有权排除国家公权力的干预，选择适合子女的教育，激发儿童的天性。国家教育权若过度行使，虽然在一定程度上能规范学前教育乱收费、过度市场化等现象，但是从国家教育权与受学前教育权现存的冲突和矛盾分析，会引发权力与权利的碰撞。

总之，纵观世界上发达国家对学前教育的治理，虽然大多数孩子在入小学前至少能接受两年免费的保育和教育，但并没有在学前教育纳入义务教育阶段，而是让其接受免费的保育和教育，不仅是因为学前教育具有私权的性质，更是因为学龄前儿童是否进入幼儿园学习，可以因人而异。如果幼儿被迫离开父母，这不仅剥夺了父母陪伴孩子的权利，而且还损害了孩子的身心健康。虽然国家对教育有宏观调控的能力，但学前教育有别于其他阶段教育对儿童身心发展的重要性，在实施的过程中，一定要掌握权力行使的限度，在维护公权力的同时，更要保障私权利。

㉓ 秦惠民：《走入教育法制的深处——论教育权的演变》，中国人民公安大学出版社1998年版，第170页。

Legal Attributes of the Right to Preschool Education and Its Characteristics

Kang Hanxiao

Abstract: The right to preschool education is based on the right to education under the national right to education, social education and family education. It is not only a kind of public authority, but also a private right under quasi-public goods. From the perspective of legal origination, the right to preschool education derives from the right to family education and it is an extension of the right to family education. Based on the characteristics of the legal attributes of the right to preschool education, the national right to education should respect the children's preschool education choices, develop fair and quality preschool education, and construct the order value based on freedom of construction, balance the relationship between private rights and public rights which aim at maximizing the guarantee of the right to receive preschool education, and making the law on preschool education become a veritable law to protect children's rights.

Key Words: right to preschool education legal attribute right characteristics

托儿所的法律性质及政府监管

陈园园[*]　陈恩伦[**]

摘　要:二孩政策全面开放,推动以0~3岁婴幼儿为服务目标的托儿所迎来几何级增长,“携程亲子园虐童案”表面上是托儿所存在安全隐患增多、价格秩序混乱等问题,实质上暴露的是相应立法缺失、政府规范空白、市场自治不力的监管困境。为满足社会公众对托育服务的美好生活需要,亟须厘清托儿所的基本属性,剖析政府监管困境,准确定位政府角色,通过建立健全法律制度、明晰政府监管职能与边界、持续完善政府监管体系,进而构建健康、和谐的托育市场关系。

关键词:托儿所　法律性质　角色定位　政府监管

党的十九大报告提出“努力让每个孩子都能享有公平而有质量的教育”,首次将“幼有所育、学有所教”作为保障和改革民生工作的重要内容之一。与此同时,全面二孩政策放开后,3岁以下婴幼儿数量

---

* 陈园园,西南民族教育与心理研究中心/教育学部讲师。研究方向:教育法学。

** 陈恩伦,西南民族教育与心理研究中心/教育学部教授,博士生导师。研究方向:教育法学。

大幅增长,托育服务需求日益强烈,推动以 3 岁以下婴幼儿为服务目标的托儿所迎来几何级增长。在提供安全保障、发育锻炼、智力开发等托育服务的同时,也带来安全隐患增多、价格秩序混乱、监管缺位、错位等问题。2017 年 11 月初,在携程公司为解决职工家庭 1 岁半至 3 岁幼童家中无人带教的困扰而成立的全日托服务机构内,发生教师殴打孩子、强喂幼儿疑似芥末物的虐童行为,两段携程亲子园教师虐待幼童的视频在网上迅速流传并引发社会各界广泛关注。"携程亲子园虐童案"以极端化的方式跃入公众视野,刺痛民众神经。虐童案发后,尽管社会各界严惩之声不绝于耳,但如何适用法律、如何划定责任主体、政府如何监管等有关问题却缺乏法律依据或具有强制性的规范性制度。"虐童案"表明,"亲子园"等托育机构的基本属性、政府监管角色与监管路径选择亟待厘清。

一、托儿所的历史沿革

根据 1980 年卫生部颁发的《城市托儿所工作条例(试行草案)》,"托儿所是 3 岁前儿童的集体保教机构,必须在党的领导下,遵照我国人民伟大领袖毛泽东同志'好生保育儿童'的教导,贯彻实行以保为主保教并重的方针,为把儿童培育成体格健壮,品德良好,智力发达的后一代打下基础,为实现我国四个现代化建设服务"。在我国计划经济时代,托儿服务在当时中国城市中非常普遍,很多企事业单位都开办了托儿所,职工在上班时可以把小孩放到其中托管。作为特定时代的职工福利,托儿所偏重于安全保育,实行以保为主、保教并重。

随着经济体制的改革,福利性的托儿服务体系被全面废止;大量单位办的托儿所在改制中被裁减。原本还有一些幼儿园开设针对两三岁孩子的"托班",但 2012 年政府颁布《学前教育三年行动计划》,严厉限制幼儿园入园年龄,导致不少公办幼儿园陆续取消"托班"。加之 1979 年我国开始推行独生子女政策,出生人口数量锐减,托儿需求大幅降低。辅之企业出于成本考虑、家庭聘请保姆或老人帮带小孩等缘由，福利性托儿所作为时代的产物逐步消失。

伴随国家经济社会高速发展，民众物质水平提高、社会需求层次升级，婴幼儿教育需求日益兴起。自2016年1月起，国家修改了《人口与计划生育法》第18条，明确了全国统一实施全面二孩政策，提倡一对夫妻生育两个子女，地方可以结合实际对允许再生育子女的情形制定具体办法。二孩政策全面开放推动以0~3岁婴幼儿为服务目标的托儿所迎来几何级增长。

二、托儿所的基本法律属性

托儿所法律范畴的界定与法律性质的确认是托育机构政府监管研究的基石，有助于合理定位托儿所监管中的政府角色，为政府监管路径的选择提供理论指导，从而实现政府对托儿所的有效监管，促进托育市场的健康发展。

（一）托儿所的法律界定

准确定义“托儿所”的范畴，既是建立托育机构规制体系的前提，也是明确政府监管范围、方式、责任划分的基础，具有重要的理论意义和实践价值。通过回顾托儿所的历史变迁，结合对托育机构社会需求以及政府监管责任的探析，可进一步厘清托儿所的法律范畴。

从社会层面看，新时代赋予了托儿所解决婴幼儿抚育与工作生活冲突矛盾的时代意义。据卫计委官员接受媒体采访时通报的数据显示，“0~3岁入托率与生育率显著相关。入托率越低的国家的生育率也越低。现在中国北上广深一线城市的生育率还不到1.0”。[①] 尽管国家已开放全面二孩政策，但面对托儿难题，继续依靠老人或保姆带孩子的模式已经不再满足社会发展需求，选择生育二孩的家庭需要能够满足婴幼儿安

① 梁建章、黄文政：《中国为什么缺少托儿所》，载财新网：http://opinion.caixin.com/2017-10-20/101159060.html，最后访问日期：2017年10月20日。

全保障、身心健康、智力发育等全面需求的社会公众机构。应运重生的托儿所,不再具有计划经济时代的福利性概念,其被赋予的任务与职责也远不止安全保育。

从政府层面看,婴幼儿教育已纳入政府重要规划并明确提出要建立早期教育公共服务体系。2010年颁布的《国家中长期教育改革与规划纲要(2010~2020年)》明确提出"重视0~3岁婴幼儿教育";2012年教育部启动了0~3岁婴幼儿早期教育试点项目。2018年政府工作报告指出,"儿童是民族的未来、家庭的希望。要多渠道增加学前教育资源供给,运用互联网等信息化手段,加强对儿童托育全过程监管,一定要让家长放心安心"。上述纲要、项目及近期政府工作目标均赋予了托育机构更多的教育职能,更严的监管要求、更高的发展愿景。

基于新时代托儿所的社会需求与政府职能二元视角,结合婴幼儿教育规划纲要、试点项目及政府工作目标,为准确表明托儿所的设立原则、经营目的、规制理念、服务范围及宗旨,托儿所的范畴应概括为"经政府职能部门批准设立,以营利或非营利为目的,对0~3岁婴幼儿实施保育和教育,以促进婴幼儿身心健康、智力发展为宗旨的社会公共服务机构"。合法的"托儿所"应当具有以下特征:一是设立准入法定,即运用行政手段通过注册或备案等方式,加强托育机构准入行政管理。未经批准一律不得从事托育服务。二是服务对象特定,即托育服务对象限制为3周岁及以下婴幼儿。三是服务内容限定,即以促进婴幼儿身心健康、智力发展为宗旨,开展形式多样、内容丰富、寓教于乐的保育和教育服务。四是经营目的及设立形式不定,即既可以经营为目的而设立,也可以公益、福利等其他非营利目的而设立。设立方式既可以是独立运营的法人机构,也可以是依附于或从属于企事业单位、社会公益组织等机构。

(二)托儿所的法律性质

托儿所法律性质的探讨是政府监管相关问题理论研究的逻辑起点,是实践中相关教育政策制度建立健全的基础和前提。随着社会经济的发展、既有社会组织运行方式的改变以及大量新型社会组织形态的出现,我国《民法总则》与时俱进地修订了法人制度,对于法人的成立原则上采取准则主义，确认法人的基本种类分为“营利法人”和“非营利法人”。以公、私法人二元论为基础，以营利、非营利法人两分法为主体，立足我国的民法规则以及托儿所的特殊性，托儿所法律性质可确定如下：

一是托儿所为私法人。当前，我国尚未设有国立性质的托儿机构，现有托儿机构均以追求私人目的为设立目标，不具有公共服务职能。因此，以“公私二元论”划分应当为私法人。这是托儿所区别于幼儿园多重属性的重要标志，也是适用法律门类的基础判断。

二是根据设立目的，托儿所可进一步分为营利性托儿所和非营利性托儿所，并作出相应的制度安排。对于营利性托儿所要按照民法、公司法等相关法律制度进行规制，托儿所享有独立的法人财产权，举办者或投资人享有类似股东的利润分配请求权、剩余财产索取权等自益权以及选举管理者、参与学校治理等共益权。同时，托儿所要像企业法人一样履行依法纳税，强化信息披露、承担法律责任等义务。

对于非营利性托儿所，赋予其公益性法人或非营利性法人的权利和义务，如在税收、土地使用、财政支持等方面的优惠权。同时，非营利性托儿所也要遵守禁止利润分配、禁止个人图利、合理性薪酬、禁止非关联性商业活动以及强制信息披露等规则约束。

以非法人组织形式存续的托育机构（如携程亲子园、个人开办的托育服务所等）则应遵循“实质重于形式”原则，作出符合其运营实际的法律属性判断，从而准确适用部门法，匹配恰当的政府监管规则。

（三）托儿所与幼儿园的差异比较

从服务对象、工作形式、行为规范、保育和教育目标、硬件配置等方面看，托儿所与幼儿园存在较大程度的相似性，但通过与《幼儿园工作规程》对幼儿园有关规定的比较可见，托儿所与幼儿园在设立依据、工作对象、任务目标、教员资质等方面均存在较大差异：

一是设立法律依据不同。《幼儿园工作规程》依据《教育法》等法律法规制定，其第 2 条明确：“幼儿园是对 3 周岁以上学龄前幼儿实施保育和教育的机构。幼儿园教育是基础教育的重要组成部分，是学校教育制度的基础阶段。”对 3 周岁以下婴幼儿的教育，国内并没有专门的法律法规。因此,幼儿园设立及其教育均系法定,适用《教育法》等公法规制。托儿所系社会需求与市场经济契合产生的社会服务机构,当前立法空白、政府规制缺位,适用法律主要为民法、合同法等私法。

二是服务对象年龄不同。《幼儿园工作规程》第4条规定:"幼儿园适龄幼儿一般为3周岁至6周岁。幼儿园一般为三年制。"托儿所服务对象主要为公共教育服务空白年龄段,即0~3岁婴幼儿。在服务对象细分年龄上看,两者系接继关系。

三是主要任务目标不同。《幼儿园工作规程》第3条规定:"幼儿园的任务是:贯彻国家的教育方针,按照保育与教育相结合的原则,遵循幼儿身心发展特点和规律,实施德、智、体、美等方面全面发展的教育,促进幼儿身心和谐发展。幼儿园同时面向幼儿家长提供科学育儿指导。"幼儿园任务法定且具有浓厚的行政管制色彩,托儿所任务目标以市场需求及行业标准为导向,自主设定、自我实施,形式上寓教于乐,目标上以婴幼儿情绪管理、自我控制、兴趣培养、大脑发展等为主。

四是教员资质管理不同。《幼儿园工作规程》第38条规定:"幼儿园按照国家相关规定设园长、副园长、教师、保育员、卫生保健人员、炊事员和其他工作人员等岗位,配足配齐教职工。"并于第39~44条对上述人员要求分别进行了细化明确,其中园长、教师均应当具有《教师资格条例》规定的教师资格。托儿所则主要采用社会招聘、机构培训等方式上岗教习,从业人员资质管理未建立具有社会公信力的管理机制。

(四)托儿所的立法与适用

针对托育立法缺失、管理失序的困境,亟须建立健全法制实现托育服务和市场的有效规制。基于托儿所的法律范畴、法律性质及托育服务的核心特征,可依托学前教育、民办教育等相关教育立法的基本原则和制度,在立法中充分考量托儿教育的特殊性,对相关法律法规予以适当修订和完善,形成完整有效的托育规制体系,合理协调适用相关制度安排,共同促进托育市场良善治理。

一是在规制内容相近的"学前教育法"中,将托儿所纳入规范范畴。托儿所从事的托育服务在外延和内涵上与幼儿园实施的学前教育有较大相似度,教育部于2013年发布《关于开展0~3岁婴幼儿早期教育试点的通知》,明确将0~3岁婴幼儿的教育称为早期教育,提出要按照党的十八大“努力办好人民满意的教育”的总体部署和“办好学前教育”的要求,努力构建以幼儿园和妇幼保健机构为依托,面向社区、指导家长的婴幼儿早期教育服务体系。托育机构与学前教育机构在设立目的、教育方式、教学内容、市场需求和监督管理等方面均具有较大程度的相似和覆盖,通过向前延伸教育对象的方式,将早期教育纳入学前教育立法规制范畴,既能达成完善托育治理的立法目的,又能降低立法成本、提高立法效率。

二是修订规制性质相同的《民办教育促进法》,将民办托育明确为民办教育的内容之一。从设立性质看,当前我国托育市场的主体机构基本为民营;从服务内容看,托育机构的服务行为应归属于教育行业。基于民办托育与民办教育存有设立性质上的重合和教育功能上的契合,将民办托育纳入民办教育立法规范,与《民办教育促进法》“实施科教兴国战略,促进民办教育事业的健康发展,维护民办学校和受教育者的合法权益”的立法目的相一致,既能于法有据地规范民办托育主体及其法律关系,又能充分全面地促进托育市场的繁荣和健康。

三是明确托育法制适用准据,促进“学前教育法”与《民办教育促进法》协同提升托育市场法治化水平。根据十三届全国人大常委会立法规划,“学前教育法”已纳入立法规划的一类立法项目,拟在十三届全国人大常委会任期内提请审议。“学前教育法”的出台与自2017年9月1日起施行的《民办教育促进法》在民办托育规制中,存在新法与旧法、一般法与特别法相互交织的法律适用冲突,“学前教育法”应遵循托儿所托育的本质属性对优先适用规则予以明确,衔接并整合《民办教育促进法》相关制度安排,确保民办托儿所在托育服务系公益性事业的基本定位下,兼顾办学收益与商业可持续,严格按照《民办教育促进法》相关规定建立健全体制机制,保障托育服务参与主体的各项权利。

三、托育市场政府监管困境及角色定位

(一)托育市场政府监管困境的主要表现

当前,我国托育市场监管困境集中体现在市场准入、运营规范及纠纷处理等环节,使托育市场呈现出与市场经济、社会需求和政府管理不协调、不匹配的无序现象。

1. 准入监管缺乏规则指导。托育机构的经营资格、申办流程、审批部门等准入规则尚未出台法律法规或行政规章,各地方政府参照属性相似、内容类比的既有规则对托育机构实施行政管理,既难以贴合托育行为特殊性,又不具有精准管理效用。此外,同一省级乃至市级行政辖区在对托育机构准入条件、标准及流程等管理过程,存在规则理解及执行异议,致使托育市场准入监管低效无序。

2. 运营监管缺乏标准指引。托育市场运营包括托育机构设置、托育服务供给、托育效果评价等诸多方面。当前无论是托育机构的选址、功能、供餐、卫生、安全等硬件设施监管,还是授课教师、育婴员、保育员、营养员、保安员等从业人员资质和培训监管,既缺乏政府管理规则的约束,又没有政府服务指导意见予以指引。各地方政府掌握标尺参差不齐、管理粗放无序。

3. 纠纷监管缺乏法律依据。托育服务对象的特殊性以及婴幼儿伤害的不可逆性和难以赔偿性使托育纠纷的处理难度远高于一般民事纠纷、侵权纠纷。但我国3岁以下婴幼儿教育缺乏法律定位甚至无法可依,托育纠纷法律规范及协调依据空白。由于缺乏托育纠纷协调机构建制和托育关系规范指导使得托育关系权责利不协调,政府部门仅能在托育机构或托育行为触发法律规则时启动介入程序和监管机制,前瞻性、及时性的启动纠纷化解行政管理缺乏相关法律授权,不能满足托育市场监管的实际需要。

4. 监管关系缺乏制度规范。托育运营以托育服务为中心,涉及托育

机构、委托家庭、管理部门多方主体，构成交互错织的合同关系、管理关系及法律关系。各地政府对托育运营过程涉及的托育合同、招生规模、物价标准、教学内容、教学方式等监督管理关系缺乏规范指导，尤其是师资培训和师德培养监管缺位，导致虐童行为时有发生。同时，对托育机构保障消费者权益、公平市场竞争、合理经营宣传、健全运营机制等缺乏指导和帮助，致使托育市场运营无序。

（二）我国托育市场政府监管困境的原因分析

“携程亲子园虐童案”暴露出当前我国托育市场管理存在相应立法缺失、政府指导空白、市场自治不力的监管困境。究其原因，主要在于政府监管的相关法律法规缺失，政府规范与市场自治的不协调。

1. 政府监管的相关法律规范缺失。我国现有托儿所的设立、运营及责任划分等方面出现系统性的法律缺位。政府监管方面的专项法律尚未建立，配套的法规体系尚未形成，在具体监管事项上缺乏法律法规和规章制度的明确根据。

从国家层面上看，尽管1980年卫生部颁发了《城市托儿所工作条例（试行草案）》，确立了托儿所制度。但由于该条例实属计划经济时代的产物无法满足当前需求，并且由于没有建立相应的设立审批机制、执行监督机制和问责机制，导致其有效性大大损害，甚至由于与某些城市的地方性法规相冲突而被摒弃，形同虚设。

从地方层面上看，以北上广等托儿需求较大的一线城市为例，北京市教育局颁布了《北京市民办中小学、幼儿园管理暂行规定》，对托儿所的监管并未提及；上海市卫生局、教育局和托幼办颁布了《托儿所、幼儿园卫生保健管理实施细则》以及上海市物价局、财政局和教委颁布了《关于调整本市托儿所、幼儿园收费标准的通知》，对托儿所的卫生保健和收费问题十分重视，但对其监管也未曾涉及。仅有广州对于托儿所的设立审批机制出台专门规定，《广州市幼儿园托儿所审批注册办法》明确改《城市托儿所工作条例（试行草案）》的托儿所备案制为登记注册制，负责审批的主管部门由卫生部门改为区级人民政府教育行政部门。对于托儿所设立后的运营、监督、责任等重要环节仍未予以规范。

2. 政府规范与市场自治不协调。"携程亲子园虐童案"充分反映出当前托育市场自治失序、自我约束不力。根据现代行政法理论,政府在市场经济运行中应该做好监督者、当好守夜人,尤其是在市场失灵的情况下,应加强行政规制,正确处理好政府和市场的关系,将政府"有形的手"与市场"无形的手"有效结合起来,才能促进市场经济的健康有序发展。当前托儿所处于无监管或弱监管状态,政府相关职能部门将其与其他市场商业主体混为一谈,对托育市场的运营监管缺位,该管的事没有管。

(三)托育市场政府监管的国际做法及经验启示

"教育没有国界",是人类共同的使命。域外托儿所的政府监管基础理论和实践模式对于合理定位我国托儿所政府监管的角色、明确监管的边界和手段等均极具参考价值。

1. 托育市场政府监管的国际做法

(1)以立法方式明确政府监管职责。例如,日本1946年颁布《生活保护法》、1947年颁布《儿童福祉法》、[②]德国2005年先后实施的《托幼机构拓展法案》[③]和《日间托育扩充法》,[④]针对3岁以下儿童保育所、0~6岁全日制托幼机构的设立、运营及管理等政府监管职责予以了法律界定。

(2)多种方式促进政府监管质量。例如,法国2013年颁布《重建共和国学校导向与规划法案》,对其国民教育实施25项改革新举措,其中之一就是促进3岁以下儿童入园,提高2~3岁学龄前儿童的入园率。[⑤] 例如,德国所有学前机构的运作经费绝大部分由国家提供。其中招收0~3岁儿童的托儿所,主要为全天工作的父母照看儿童。[⑥]

(3)建立质量考评制度提升政府监管效能。例如,英国设立教育标准局和总督学,颁布《教育与督导法案》和《儿童保育法》,明确其学前教育督导与评估职责。其中,对0~5岁保教机构设立了质量标准、管理和领

---

② 参见山崎高哉等:《日本学前教育的新构想》,载《学前教育研究》2012年第8期。

③ 参见童宪明:《法德幼儿教育的比较与借鉴》,载《教育探索》2010年第11期。

④ 参见胡春光:《德国学前教育面临的主要问题与改革策略》,载《学前教育研究》2009年第8期。

⑤ 参见纪俊男:《法国:积极推动3岁以下儿童入园》,载《上海教育》2017年第29期。

⑥ 参见童宪明:《法德幼儿教育的比较与借鉴》,载《教育探索》2010年第11期。

导标准、整体效能标准、儿童发展结果评判标准四大方面的督导评估指标。[7] 美国在3岁前儿童教育的运行管理、财政拨款、评级监督等方面制定了相关法律法规,并大力建设质量监控体系。由各州教育行政部门负责管理运行本州评级系统和建立评估标准,实施第三方专业评估,评估结果作为评定等级的依据,并向社会公开。[8]

2. 托育市场政府监管的经验启示

(1)政府服务监管论是婴幼儿教育管理的主流观点。根据经济学产品基础理论,婴幼儿教育具有非竞争性和排他性,系典型的准公共产品。政府在其生产和提供中具有不可推卸的责任,主要有“资金提供者”“方向引导者”“市场监管者”三种政府角色定位。[9] 尽管三种角色的侧重有所不同,但政府应当提供婴幼儿教育基础服务和市场监管的理论基础贯穿始终。2018年我国政府工作报告指出,“儿童是民族的未来、家庭的希望。要多渠道增加学前教育资源供给,运用互联网等信息化手段,加强对儿童托育全过程监管,一定要让家长放心安心”。理论和实践都表明,政府提供托育市场服务和监管具有正当性和必要性。

(2)建立健全法制是婴幼儿教育政府监管的逻辑起点。建立并完善婴幼儿教育法律法规,监管婴幼儿教育的内容、方式、运营、教育质量及市场竞争,并向社会公众提供必要的信息公开是西方国家秉承法治精神而普遍采用的监管方式。

(3)构建质量考评督导体系是婴幼儿教育监管的重要制度。“良法不能自行”,合理的、完善的并具有充分督导功能的质量评价体系是保障婴幼儿教育制度良好运行的基石,西方各国均设立并不断完善婴幼儿教育考评体系,充分运用行政手段履行政府监管职责。

---

⑦ 参见庞丽娟等:《世界主要国家和地区政府主导推进学前教育公平的政策及启示》,载《学前教育研究》2014年第1期。

⑧ 参见拓春晔:《美国和法国学前教育发展经验对我国的启示》,载《陕西学前师范学院学报》2017年第4期。

⑨ 参见崔惠玉、周伟:《学前教育政府提供的国际比较与借鉴》,载《地方财政研究》2015年第11期。

(四)托育市场政府监管的角色定位

在现代法学领域,“监管”是行政机关依据法律规定,利用公权力直接限制市场主体的权利或增加其义务的行为。具体到托儿所政府监管,则是指行政机关依据法律法规以及行政职权对托儿所的设立、运营及责任等实行行政监督的一系列法律行为。然而,在托儿所政府监管的实践过程中,出现了角色偏差,造成监管“缺位”,陷入了监管困境。解决托儿所监管困境的关键在于合理定位政府角色,结合国际通行做法和经验启示,在婴幼儿教育产品生产和提供中,政府应当承担以下角色:

1. 政府是托育市场的引导者。“重视0~3岁婴幼儿教育”,做好婴幼儿早期教育是关系下一代发展的国家战略,政府应当在政策层面上制定设立规则、明确运营规范、完善市场环境。在服务层面上根据便利原则,给予市场参与主体设立、运营、管理、税收等方面的便利和优惠,建立市场机制、明确服务标准、规范市场竞争,引导社会各方力量支持托儿所教育、参与托儿所管理、监督托儿所运营。

2. 政府是托育市场的监管者。市场经济的盲目性、滞后性常常导致“市场失灵”,因而需要政府有效发挥市场监管职能。托儿所作为以婴幼儿为服务对象的特殊市场主体,其运营失范、管理失序造成的社会恶劣影响更甚,因此在依法合规、合理有序、公开透明、不违背市场经济基本原则的前提下,强化政府监督职能是当前社会环境下的应有之义。

3. 政府是托育市场的维护者。托儿所进入门槛低、市场空间广阔、利益巨大,进入者与竞争者难免良莠不齐,市场恶性竞争、损害消费者利益等市场乱象难以避免,政府应该做好市场秩序的维护者,确保市场进退秩序、市场竞争秩序、市场交易秩序、市场管理秩序等由法律法规和规章制度建立的市场关系在依法合规的环境下良性运行,促进托儿所市场高质量发展。

四、从健全法制到完善监管体系

基于托儿所范畴的界定、法律属性的确认,着眼于解决当前托儿所政府监管缺位问题，结合国际经验及启示，当前我国需要从法律体系建设、政府监管职能与边界、政府监管体系等方面推进监管制度安排，实施监管体制创新。

（一）建立健全托儿所政府监管法律体系

党的十九大报告再次明确，要不断推进建设社会主义法治国家。法治的前提便在于法制的建立健全。托儿所政府监管缺位的主要原因之一便是法律体系的缺失。没有法律法规给予规范性指导，明确监管的性质、方式、责任，实施监管或多或少存有干预市场经济之嫌。国家立法机关应及时推动托儿所管理立法，及时制定和出台相应的法律法规，对托儿所的范畴、法律性质、准入、运营、管理、监督、责任等各方面予以明确及规范性约束，确定托儿所服务的范围、职责以及参与各方的责任划分、赔偿机制，为托儿所市场有序发展提供法律依据和保障。地方政府要在法律法规范围内，根据当地实际情况制定实施细则，积极引导市场各方参与托儿所法律体系建设，细化托儿所的行业准则、规范托儿所服务标准，促进托儿所市场管理法律体系健全。

（二）明确政府监管的职能与边界

现代行政服务理论强调，政府在于保障公共利益，行政的本质在于服务。“让市场的归市场，让政府的归政府”，托儿所市场应以市场自我运行为主，政府监管为辅，既要明确政府部门的法定职能，又要确定规则制定的合理边界，积极推动服务型政府建设，做好资质、运营及纠纷管理。

1. 资质管理。明确托儿所注册资本、场所条件、人员配置、消防安全、卫生保障等准入约束。未经注册登记，任何单位和个人不得开办托儿所。同时，对注册准入的托育机构要强制资质年检，建立动态调整机制。资质年检不合格的，要限期整改。整改期间视同无资质运营，不得新增托育行为。经整改不能达到准入条件的要及时予以取缔并及时向社会公众公布。

2. 运营管理。明确政府监管责任部门，本着公开、透明、依法合规的原则对托儿所运营全过程进行监督检查，对于政府规范明确、社会集中关注、家长重点关心的托育行为要加强监管频度，加强执法检查力度并将监督情况纳入行政信息公开范围,引导社会力量参与,促进政府、社会、家长三方合作共治。

3.纠纷管理。托育服务作为市场商业行为,遵循民商事法律的基本原则,但由于服务对象的特殊性,又极大地区别于其他市场行为,具有极强的人身属性、精神属性。因此,政府应当在托育纠纷处置机制中承担起纠纷仲裁者与市场秩序维护者的角色。政府职能部门要因地制宜地制定托育服务纠纷处理办法,明确纠纷的受理、调查、协调、处置及执行程序,引导纠纷各方依法合规、理性地妥善解决纠纷。

(三)持续完善政府监管体系

托育机构从事托育业务从经营维度看,涉及机构准入、运营管理、安全消防、税务税收等多项审批与管理事务;从政府管理维度看,需要对接教育行政部门、工商管理部门、消防管理部门、公安管理机关、税务管理部门、食品卫生管理部门、物价管理部门等众多政府职能部门,科学合理地实施政府监管,发挥市场自我配置效应,对于托育市场的经营发展具有关键性的资源配置作用。政府监管应从体系建设、合作共治、创新评价等方面予以持续完善。

1.加强政府监管体系建设。科学划分政府职能部门监管职责。在优先考虑婴幼儿安全、健康的前提下,从托育机构运营便利性出发,完善政府监管体系,科学划分不同政府职能部门之间监管权力的配置,明确监管责任主体,避免职责交叉、多头管理,实现政府监管既不缺位,也不越位、错位,确保监管的针对性、准确性、有效性。

2.加强政府信息公开。构建政府、社会、家长合作共治三方平台。将托育机构政府监管信息动态披露在政府网站,供社会公众查询,引导民众参与托育机构管理。邀请妇女联合会、关心下一代工作委员会、托育机构所在地居民委员会等社会组织参与对托育机构监督管理,协助政府监管职能部门及时了解信息、掌握情况,提高政府监管的效率与质量。畅通政府监管部门与托育家庭的信息沟通机制,定期与不定期收集托育机构家长委员会的意见与建议,及时调整政府监管的方向和重点。

3.建立托儿所政府监管创新与评价机制。政府监管应与社会发展进步、事物调整变化保持一致,及时调整监管标准、优化监管方式、更新监管手段、评价监管效果,持续推动监管路径创新。建立政府监管质效评价机制,及时收集社会组织、托育机构、托育家庭等相关方对政府监管质量和效率的评价,充分尊重政府监管客观规律,主动贴合政府监管实际需要,适时调整监管政策,促进监管效用提升。

On the Legal Nature and Governmental Regulations of Domestic Nurseries

Chen Yuanyuan　Chen Enlun

Abstract: With the adoption of the "Two-Child Policy" the nursery school aims to serve the infants and children aged 0 – 3 is ushered in a dramatic growth. However, with the "Ctrip Parent-Child Park Child Abuse Case" is exposed by the media, plenty of problems such as, the increasing safety risks and the turbulent prices in domestic nursery schools have occurred. What have been exposed is the demonstration of the lack of corresponding legislation, the lack of governmental regulations, and the weak market autonomy. In order to meet the needs of the public for the better life of the nursery service, it is urgent to clarify the basic attributes of the nursery schools, analyze the dilemma of government supervision, accurately locate the role of the government, establish a sound legal system, clarify the functions and boundaries of government supervision, and continuously improve the governmental supervision mechanism with the purpose of building a healthy and harmonious relationship within the domestic nursery market.

Key Words: nursery　legal nature　role positioning　governmental regulation

学前教育立法中的监督机制研究*

李　莹**

摘　要:学前教育监督机制是依据国家规定对有关部门和各类幼儿园进行监督、检查、评估、指导和帮助等的制度设计与安排,涉及监督依据、监督主体、监督客体、监督方式等内容,健全而完善的学前教育监督机制是"学前教育法"的重要组成部分。我国未来学前教育立法活动中,既要建立具有中国特色的学前教育监督法律体系,也要健全基于国家机关和社会力量的学前教育监督主体,更要建立包含政府、幼儿园、幼儿教师、保育与后勤人员等全覆盖的学前教育监督客体,还要创新兼顾法律监督与专业监督等多维度的学前教育监督方式。

关键词:学前教育立法　监督依据　监督主体　监督客体　监督方式

携程幼儿园、红黄蓝幼儿园等虐童事件的发生,不仅对我国学前教育安全管理提出了巨大挑战,也

---

* 基金项目:2017 年度陕西省学前教育研究重大项目"营利性与非营利性幼儿园分类管理制度的国际比较研究"(项目编号:ZDKT1702)的阶段性研究成果。

** 李莹,陕西师范大学教育学院博士研究生。研究方向:教育政策与法律研究。

彰显了学前教育立法的紧迫性。当然,值得可喜的是,2018 年教育部的工作要点明确提出要推动“学前教育法”起草工作,2018 年 9 月 7 日颁布的《十三届全国人大常委会立法规划》将归为条件比较成熟、任期内拟提请审议的法律草案。学前教育立法是一项涉及权利义务配置、责任划分、经费合理分担、师资建设等全方位、系统化的适龄幼儿权益保障法与管理法,其中监督机制是重中之重。孟德斯鸠在《论法的精神》中提到“每个有权力的人都有权滥用它,这是一种从未改变过的经历”。① 对立法与执法活动进行合理有效的监督,是实现国家法律目标的强有力保障。对立法与执法活动进行监督既包括对立法活动的监督,也包括对法律文本本身规范性及其实施的监督,监督始终贯穿于立法、执法、司法的全过程,本质上是保障法律能够得以实现。约束公权力是法治的重点,如何设定权力、规范权力、制约权力、监督权力是我国社会主义法治道路上的重要任务。2018 年政府工作报告提出:“儿童是民族的未来、家庭的希望……要加强对整个育儿过程的监管。”②学前教育立法中的监督机制研究是教育学界、立法界乃至司法界关注的亟待解决的重大问题。

一、建立具有中国特色的学前教育监督法律体系

学前教育是基础教育的先声和终身教育的开端。③ 学前教育的质量对提高义务教育的教学质量,让孩子养成良好的学习习惯,为孩子终身学习的道路打基础,提高孩子对教育的兴趣,都具有重要作用。我国学前教育事业的发展与美国、英国、日本、法国、德国、澳大利亚等世界发达国家相比较仍然略逊一筹,这与发达国家大都制定了学前教育专门法,或是在某一法律中具体规定了学前教育事业发展的相关问题,并且与健全的学

① [法]孟德斯鸠:《论法的精神》,张雁深译,商务印书馆 1984 年版,第 154 页。

② 新华社:《2018 年政府工作报告》,载中国人民政府网:http://www.gov.cn/premier/2018-03/22/content_5276608.htm,最后访问日期:2018 年 10 月 18 日。

③ 参见陈鹏、高源:《我国学前教育立法的现实诉求与基本问题观照》,载《陕西师范大学学报》(哲学社会科学版)2017 年第 6 期。

前教育立法的监督机制密不可分。2018年7月教育部发布了《2017年全国教育事业发展统计公报》:④2017年,全国有25.5万所幼儿园,学前教育入园儿童(包括独立幼儿园)1937.95万人,在园儿童(含附设班)4600.14万人;幼儿园教师和教职工人数达到419.29万人,其中专职教师有242.21万人,学前教育毛入园率为79.6%。可以看出,改革开放以来,中国的学前教育发展迅速,儿童入学率和入学儿童人数逐年增加。与此同时,城镇幼儿园入园难、入园贵,农村幼儿园办学质量无法保障,优质幼儿园数量不能满足需求,公办幼儿园数量民办幼儿园数量倒置,民办幼儿园水平参差不齐,幼儿园设施配备不完善,幼儿教师基本素质不高等逐渐凸显为社会焦点问题。学前教育尚不属于义务教育范畴,没有一部专门法去规范学前教育事业的发展,如此之多的学前教育发展的突出问题缺乏监督规范,因而通过学前教育立法完善对学前教育事业的监督势在必行。

目前规范我国学前教育事业发展的主要依据是《幼儿园管理条例》(国务院1989年批准制定并于1990年开始实施)和《幼儿园工作规程》(国家教委1996年颁布实施,教育部2016年重新修订并实施),二者均为国家加强对幼儿教育管理和指导的重要行政法规和部门规章。《幼儿园管理条例》的法律效力较低且距今时间较长,很多情况下无法合理有效地推进学前教育事业发展,难以协调各法律主体之间的关系。诚然,两个学前教育领域重要的行政法规和部门规章在一定程度上对学前教育领域完善幼儿园内部管理机制、加强与其他法律法规之间的连通起到了一定作用,但仍缺少视野开阔的顶层设计和统筹全局的详密计划,不能对学前教育事业进行良好的监督,亦不能合理规范新时代学前教育事业的发展,满足日益变化的学前教育社会需求。

纵观我国宏观层面现有的法律法规,虽然仅有两部关于学前教育事业发展的行政法规和部门规章,但国家层面和学术界对学前教育立法工

---

④ 教育部:《2017年全国教育事业发展统计公报》,载中华人民共和国教育部网:http://www.moe.gov.cn/jyb_sjzl/sjzl_fztjgb/201807/t20180719_343508.html,最后访问日期:2018年10月18日。

作的推进却在逐步加深提速,社会对学前教育立法的关注也是空前热烈。自1989年国家教委制定颁布《幼儿园管理条例》以来,国务院、教育部等都高度关注学前教育立法进程。遗憾的是,多年来学前教育立法仍然停留在政策文件的推动上,如《幼儿园工作规程》《国家中长期教育改革和发展规划纲要(2010~2020年)》《关于当前发展学前教育的若干意见》《3~6岁儿童学习与发展指南》等国家层面的政策法规。同时,一些地方政府为了解决当地学前教育发展中面临的区域性问题,充分发挥自身主观能动性,在国家层面的学前教育法缺失的情况下,率先开展了学前教育地方性法规的制定并实施,如《青岛市托幼管理条例》《北京市学前教育条例》《江苏省学前教育条例》《浙江省学前教育条例》。但总体来看,这些法规与政策在学前教育监督机制方面的依据还不充分,唯有尽快出台学前教育专门法规,才能合理有序规范学前教育事业发展。一方面,在国家层面的学前教育政策与法规中几乎看不到有关学前教育监督机制的内容,如《国家教育事业发展"十三五"规划》中提到"建立学前教育质量评估监管体系,落实《幼儿园工作规程》,加强对各级各类幼儿园准入、安全、师资、质量等方面的日常指导和监管"。⑤ 这里只是提到要建立学前教育质量评估监管体系,至于形成何种监督机制并未提及。再如《幼儿园工作规程》中关于幼儿园需要建立的各类管理机制中也并未看到有关学前教育监督机制的身影。另一方面,地方层面的学前教育政策与法规中也鲜有关于学前教育监督机制的表述。截至目前,我国各省、自治区、直辖市已先后出台二十余部有关学前教育的地方性法规,除了对当地学前教育发展中出现的带有区域性特点的问题进行规范外,地方层面的学前教育政策法规也并未建立学前教育监督机制,多数只是明确了对学前教育进行监管的地方主体责任。这在一定程度上解决了学前教育"无法可依"的困境,积累了一定的学前教育立法经验,也开始触碰到地方立法的

---

⑤ 教育部:《国家教育事业发展"十三五"规划》,载教育部网:http://www.moe.gov.cn/jyb_xxgk/moe_1777/moe_1778/201701/t20170119_295319.html,最后访问日期:2018年10月22日。

“天花板”。⑥

二、确立明确的学前教育监督主体

党的十九大报告提出要“幼有所育”,这一点内容是党和国家保障和改善民生的重要举措。“促使学前教育从 3 ~6 岁逐步拓展到 0 ~6 岁”这无疑是扩大了幼儿受教育的年龄范围,可以看出国家希望举国上下更多的幼儿园都能够在起始阶段获得良好的教育,以更好地实现学前教育向好的方向发展。我国人口基数庞大,幼儿数量占比较重,要让全国适龄儿童都获得良好的养育和教育,按照目前学前教育的设施情况、发展现状,可谓是难度巨大。“全面二孩”政策实施近三年来,我国将迎来新一轮的入园潮,然而已经积累下来的入园难和入园贵问题并没有合理解决,想让孩子进入更好的幼儿园或是基本符合教学条件的幼儿园仍属不易。有学者调研表明,未来几年,我国各级各类幼儿园在园幼儿数将急剧攀升。数据表明,2021 年当年学前教育阶段适龄幼儿将增加 1500 万人左右,达到了顶峰,幼儿园预计缺口近 11 万所,幼儿教师和保育员预计缺口超过 300 万人。⑦ 如何基于对人口发展的分析与预估有效化解人口政策带来的入园高峰,政府部门理应超前规划、精准调研、主动作为。根据监督机制的主体分类,学前教育机制的主体主要是国家机关的监督和社会力量的监督。

1. 国家机关的监督。依据《宪法》第三章的规定,我国的国家机构由全国人民代表大会、中华人民共和国主席、国务院、中央军事委员会、地方各级行政、立法、司法机关组成。从行使职权的性质上看,可以把它们分为国家权力统一原则下的权力、行政和司法等机关;从行使职权的地域范

---

⑥ 管华、王君妍:《国外学前教育立法的启示》,载《陕西师范大学学报》(哲学社会科学版)2017 年第 6 期。

⑦ 新华网:《“全面二孩”即将迎来幼儿入园潮教师队伍紧缺》,载新华网上海新闻中心网:http://www.sh.xinhuanet.com/2017 -11/26/c_136779947.htm,最后访问日期:2018 年 10 月 22 日。

围上看,可以把它们分为中央国家机关和地方国家机关。[⑧]《国家教育事业发展“十三五”规划》提出要健全学前教育管理体制,强化省级政府的统筹责任,落实县级政府发展学前教育和幼儿园监管的主体责任。[⑨] 这一规定明确了政府部门对学前教育的监管主体责任。学前教育的发展离不开国家层面的支持,同时也离不开地方政府对学前教育事业发展的决心和信心,尤其是在“全面二孩”政策带来的入园潮来临之际,国家各级机关的监督管理责任,就显得尤为重要。国家机关包括立法部门、司法部门和行政部门,就国家机关负有监督学前教育事业发展的主体责任而言,立法部门除制定法律外,还需要对政府运作学前教育事业进行监督;司法部门要对学前教育中的各类案件进行法律审判并进行司法解释;教育、安全、药监等行政部门则需要对各类学前教育机构(幼儿园)的具体办园行为进行监督。政府应当健全学前教育质量评估和监管体系,实践中可以尝试设立末位淘汰制度,对每个幼儿园的教育情况进行评估,结合相关政策及家长和儿童的投票选择,达不到要求的幼儿园退出市场,[⑩]确保政府的监管责任落到实处。

据数据统计,自2016年全面二胎政策正式施行以来,我国新生儿人数剧增,全年出生人口共计1786万人,比去年同期增加了131万人。2017年出生人口比2016年略有减少,共减少63万人。2017年全年出生人数为883万人,比2016年同期增加162万人,出生人数占比高达51.2%。山东省成为了“全面二孩”政策以来全国“最敢生”的省份,二孩增长数量居全国首位,2017年山东出生人口174.98万人,出生人口数量占全国总量的10%。“最敢生”虽然是调侃的话语,但不得不审视“敢生”背后的传统文化和政府部门面临的压力。山东是孔孟之乡,人口基数庞大,受传统文化影响,孔孟之乡的家庭都有着“儿女双全”的美好理想。山东城市发

---

⑧ 参见张光杰主编:《中国法律概论》,复旦大学出版社2005年版,第135页。

⑨ 参见教育部:《国家教育事业发展“十三五”规划》,载教育部网:http://www.moe.gov.cn/jyb_xxgk/moe_1777/moe_1778/201701/t20170119_295319.html,最后访问日期:2018年10月22日。

⑩ 参见祁占勇、康韩笑:《学前教育阶段受教育权保障的国家义务研究》,载《陕西师范大学学报》(哲学社会科学版)2017年第6期。

展以中小城市为主,县域经济发达,较低的养育成本也让人们更敢于生育。以山东省潍坊市为例,潍坊市政府每年都将幼儿园建设作为重点民生实事,列入政府工作报告,把幼儿园建设工作纳入重要考核内容,作为年度教育工作重点督导内容。潍坊市政府通过《关于加快普及学前三年教育的意见》《关于加快学前教育发展的意见》《高密市第二期学前教育行动计划(2015~2017 年)》《高密市城乡居住区配套幼儿园规划建设及管理使用的意见》《潍坊市关于规范市区住宅开发配套教育设施建设工作有关问题的通知》《第三期学前教育行动计划(2018~2020 年)》等系列针对学前教育政策的持续和跟进,始终明确政府在学前教育监督管理中的主体责任,为区域内学前教育发展提供了新机遇。

2. 社会力量的监督。我国有庞大的幼儿园和幼儿数量,关注幼儿教育,保护祖国的幼苗,强化对幼儿园的监督管理刻不容缓,但是仅靠政府的一臂之力是远远不够的,社会和家长也应当积极行动起来,参与到对学前教育的监督管理中。党的十九大报告对社会治理多元化提出了全新要求,也强调了今后要加强治理能力和治理体系现代化。在我国社会主义市场经济体制的大背景下,社会阶层、生活方式也日趋多元化,监督主体和方式也理应多样化,从而形成学前教育监管主体多元化的共治格局。教育部《关于幼儿教育改革与发展的指导意见》(2003 年)提出要“建立和完善政府领导统筹,教育部门主管,有关部门协调配合,社区内各类幼儿园和家长共同参与的幼儿教育管理机制”。《杭州市学前教育促进条例》(2011 年)要求“市和区、县(市)人民政府其他职能部门和相关社会团体,按照职责分工,协同做好学前教育管理工作”。

国务院《关于当前发展学前教育的若干意见》明确要求各地以县为单位编制实施学前教育三年行动计划,目前各地学前教育三年计划的编制工作已全部结束,学前教育三年行动计划进入全面实施阶段。各省市都把大力发展学前教育作为推进新时代学前教育事业科学发展的重中之重。各级党委政府高度重视,由主管党政领导亲自负责学前教育工作,将各地学前教育三年规划落地生根,加大对学前教育的监管力度,将学前教育这一基础性工程地位摆正,要将学前教育的发展视为保障和改善民生的重要举措。媒体舆论的监督也成为网络信息化时代对学前教育事业的有力监管方式。近年来,幼儿园虐童事件层出不穷,媒体连篇累牍,社会影响可谓是巨大。携程幼儿园虐童事件、红黄蓝幼儿园虐童事件、“9·1”江苏徐州天马幼儿园虐童事件等通过网络媒体曝光出来的幼儿园恶性事件,无疑是在挑战社会对幼儿教育的认可。幼儿园问题的频出很大程度上是学前教育飞速发展的产物,这类极端恶性事件虽然在我国庞大的幼儿教育群体中是极个别事件,但相关部门的推诿、把个别事件推到普遍,甚至惩罚整个学前教育领域,不仅无益于解决问题,更是制造出新问题,造成恶性循环。进一步完善党委领导、社会力量、民间组织、媒体舆论等在学前教育监督管理中的积极作用,逐步建立起多元主体监督管理的学前教育治理新格局,并通过学前教育立法确立社会力量监督学前教育事业发展的法律地位,规范各方监督的主体地位,让社会各方的力量都能参与到学前教育的监管中。一方面提升监督管理水平,另一方面也可以规避政府监管能力不足的问题,使学前教育事业向好的方向发展。

三、建立全覆盖的学前教育监督客体

监督客体意即需要监督谁,发生违规事件需要去追究谁的责任。学前教育的监督客体一般有四类。第一类是政府,主要监督各级政府在配置学前教育经费、师资、各类设施时有没有做到有凭有据、合理配置。第二类是幼儿园,这里主要对各类幼儿园的教育、保育、安全等各类办园活动进行监管。第三类是幼儿教师,主要对幼儿园教师活动进行监督管理。第四类是保育及后勤工作人员,主要是在幼儿园内开展保教工作以及后勤工作的人员。

1. 对政府管理行为的监督。携程幼儿园虐童事件在网络曝光之后,上海长宁区教育局相关人员回应称:“它不是正规幼儿园,是社区幼儿托管点,妇联是第一责任人。"⑪事实上一切与教育培训有关的注册机构,都应当接受当地教育行政部门的监督管理,教育行政部门必须对办学的师资、场所、教学计划和内容进行监管,否则就是政府监管缺失。学前教育通常被视为准公共产品,政府作为这一公共产品的提供者,其所扮演的角色和产生的行为影响着国家学前教育事业发展的趋向。政府有权利和义务通过提供受教育的场所、教师、资金等资源,保障公民获得平等的受教育权。⑫ 有学者将政府在学前教育发展中扮演的角色作出如下分类:政府是提供学前教育这一准公共物品的提供者;是制定相关政策的规划者;是进行教育资源调控和政策落地的监管者;是通过财政支持完善学前教育的培育者;是鼓励社会力量参与学前教育的引导者。⑬ 为了保证国家各级各类学前教育能够顺利推进,国家各级各类政府应当大力发展学前教育,包括公办幼儿园、私立幼儿园,应当配备相应的场所和资源,以维持学前教育顺利开展并不断提高教育质量。由于优质学前教育资源的缺失,政府还应当思考如何实现在区域内合理配置教育资源,解决入园难、入园贵的问题。各级政府均对学前教育事业有资金投入,当然也就具有对学前教育的监管责任、帮扶责任,为了使学前教育事业均衡发展,政府还应当鼓励社会力量参与办学前教育以缓解"全面二孩"政策带来的入园潮问题。以上种种政府在学前教育中应当扮演的角色、承担的责任、投入的经费是否能够按国家政策要求逐一落实,需要通过立法的形式进一步明确,以做到对政府角色的考量、政府对学前教育事业的投入程度等方面均有法律依据和保证。

2. 对幼儿园办学行为的监督。近段时间屡见不鲜的幼儿园虐童事件、无证经营的幼儿园均暴露了幼儿园自身管理疏忽的问题以及对幼儿园监管的缺失问题。《国家中长期教育改革和发展规划纲要(2010~2020

---

⑪ 王传涛:《虐童事件:政府监督与学前福利的双缺位》,载中国网:http://opinion.china.com.cn/opinion_64_174364.html,最后访问日期:2018年10月23日。

⑫ 参见夏婧等:《推进我国学前教育投入体制机制改革的政策思考》,载《教育发展研究》2014年第4期。

⑬ 参见贾甜甜:《政府在学前教育中的角色与作用——基于CSSCI文献的分析》,载《早期教育》(教科研版)2018年第5期。

年)》提出要“加强学前教育管理,规范办园行为”。国家层面的宏观政策进一步从法律层面规范了幼儿园的办园行为。《幼儿园工作规程》第61条第2款规定:“幼儿园应当依法接受教育督导部门的督导。”这也可以看出幼儿园办园过程中,不是唯我独尊,而是要接受各个部门的监督。纵观世界上诸如英国、美国、澳大利亚、新加坡等发达国家,都制定了符合本国国情的关于规范幼儿园办园行为的政策法规,尤其是具有地方特色的幼儿园评估制度,无疑是对学前教育发展的有力促进。国家正在着手建立并且不断完善幼儿园督导评估制度,推动各省市加强并且持续改进对各级各类幼儿园的管理和监督,促进幼儿园规范办园行为,保障每一个在园幼儿都能够健康快乐成长。教育部颁布了《幼儿园办学行为督导办法》(以下简称《办法》),《办法》全文共5章17条内容,旨在通过规范性的文件加强幼儿园自身管理,督促幼儿园办园过程中要把握底线,依法办园,提高整体办园水平。《办法》开展评估工作以《幼儿园工作规程》为基本依据,采用现场观察、问卷调查、座谈访谈、资料查阅和数据统计等方式,重点评估各级各类幼儿园办园条件、安全卫生、保育教育、教职工队伍、内部管理五个方面。教育部于2017年联合其他部门颁布实施了《关于实施第三期学前教育行动计划的意见》(以下简称《意见》),提出“教育部制定幼儿园保教质量评估指南……落实县级政府对幼儿园和培训机构的监管责任,加大监管机构和队伍的建设力度”。⑭ 这就进一步理顺了从教育部到省级教育行政部门,再到县一级教育行政部门针对学前教育事业监督的具体责任,从中央到地方的教育行政部门对学前教育事业的监督如何划分权责,《意见》也有了较为明确的说明。《办法》和《意见》作为学前教育领域针对幼儿园出台两部专门文件,对规范幼儿园办园行为,使幼儿园办园行为有法可依均有重要作用,在此基础之上如若在通过学前教育立法进一步提高幼儿园办园活动的法律地位,定能为幼儿园规范办园行为带上“紧箍咒”。

---

⑭ 教育部:《教育部等四部门关于实施第三期学前教育行动计划的意见》,载教育部网:http://www.moe.gov.cn/srcsite/A06/s3327/201705/t20170502_303514.html,最后访问日期:2018年10月22日。

3.对幼儿教师保教行为的监督。幼儿教师本是一个让家长放心、幼儿安心的充满理想和爱的职业。然而屡禁不止的幼儿园虐童等恶性事件,无疑将幼儿教师这一职业推到了舆论的风口浪尖。幼儿教师虐童事件频发直接原因是幼儿教师自身素质问题,幼儿教师缺乏基本专业伦理和职业道德素养。分析虐童事件涉事幼儿教师不难发现,无证上岗、缺乏学前教育专业经验,有的甚至连教育专业背景都不具备,只是经过短期"岗前培训"就上岗的教师屡见不鲜。幼儿园教师是我国教师队伍中一支必不可少的力量,大多幼儿园教师均为女性,主要负责学龄前儿童的教育。幼儿教师与其他阶段教师特性有所不同,幼儿园教师以对儿童进行启蒙教育为己任,以促进幼儿健康快乐成长为目标。教育部等多部门颁布的相关职业标准都明确了幼儿园教师的地位和职责,幼儿园教师是"履行幼儿园教育工作职责的专业人员",这就从国家政策法规层面明确了幼儿教师的岗位职责和岗位要求,幼儿教师是一个光辉的职业,职业的荣光不容亵渎。联合国《儿童权利公约》提到的儿童权利有几十种,如姓名权、受教育权、健康权、受父母照料权、闲暇权、隐私权等,这其中最基本的当属生存权、受保护权、发展权和参与权。部分幼儿教师有"虐童"行为导致"虐童"事件的原因,很大程度上就是对儿童权利的忽视。当然也必须承认的是,幼儿教师比起其他阶段的教师,工资水平较低,尤其是欠发达地区、农村地区,幼儿教师各类福利待遇都无法保障,幼儿教师职业认同感不高加之社会地位较低,使幼儿教师还面临着生存压力。因此,为保障建立一支高素质、被社会认可的幼儿教师队伍,通过立法形式予以保障亦是无可厚非。

4.对保育及后勤人员行为的监督。在幼儿园实践活动中,幼儿的学习与发展目标主要落实在幼儿园的教育与保育环节中。中国儿童每天在幼儿园大约度过8小时,其中保育活动时间(约5.5小时,包括2.5小时的午睡)明显多于教育活动时间(约2.5小时)。保育主要指保育人员对儿童在园期间生活起居的照料。西安枫韵幼儿园喂药事件、北京通州新天地幼儿园集体喂药事件等恶性事件,正是折射出幼儿园保育工作的缺失。幼儿园教育不同于其他学段的教育,不是单纯为了学知识,而是要使幼儿在园阶段健康快乐地成长，因此对幼儿园中保育人员，食堂、卫生及安保等后勤工作人员的监管显得尤为重要。《3～6岁儿童学习与发展指南》是教育部为了指导幼儿园和家庭实施科学的保育和教育，促进幼儿身心全面和谐发展而制定的国家性政策，是加强科学保教，推进学前教育管理科学化、规范化的重要举措。《幼儿园工作规程》第2条指出："幼儿园是对3周岁以上学龄前幼儿实施保育和教育的机构。幼儿园是基础教育的重要组成部分，是学校教育制度的基础阶段。"⑮这就明确了幼儿园保育工作的重要性。《幼儿园教育指导纲要（试行）》也指出："保教并重……使他们在快乐的童年中获得有益于身心发展的经验。"⑯实际上，无论是幼儿教育研究者还是幼儿教育工作者都存在"重教轻保"的现象，幼儿园管理工作者也存在着不重视保教队伍建设的问题。保育及后勤工作在幼儿园全局工作中具有举足轻重的地位，幼儿离开父母就缺少了依赖，很多事情不能独立完成，幼儿时期正是孩子快速成长、神经系统成熟的关键节点，这一阶段如若因为幼儿时期保育工作不充分，将危及幼儿一生的发展。国务院《关于当前发展学前教育的若干意见》规定要"加强对幼儿园保教工作的指导""各地要高度重视幼儿园安全保障工作……落实各项措施，严防事故发生"。⑰ 一支具有责任心、高素质、高专业水准的幼儿园保育、后勤工作队伍亟须建立并完善，如何让这支队伍在学前教育事业发展中发挥作用，仍需要通过学前教育立法予以规范和保障。

四、创新多维度的学前教育监督方式

为了尽快摆脱学前教育发展"瓶颈"，深入学前教育事业改革，谋求学

---

⑮ 教育部：《幼儿园工作规程》，载教育部网：http://www.moe.edu.cn/srcsite/A02/s5911/moe_621/199603/t19960309_81893.html，最后访问日期：2018年10月22日。

⑯ 教育部：《幼儿园教育指导纲要（试行）》，载教育部网：http://old.moe.gov.cn/publicfiles/business/htmlfiles/moe/moe_309/200412/1506.html，最后访问日期：2018年10月22日。

⑰ 国务院：《关于当前发展学前教育的若干意见》，载中国政府网：http://www.gov.cn/zwgk/2010-11/24/content_1752377.htm，最后访问日期：2018年10月23日。

前教育事业长足发展新局面,学前教育立法迫在眉睫,一部专门法的出台是解决当下学前教育面临多元问题的最佳破解之道。纵观世界发达国家都十分注重民主法治进程,非常看中本国学前教育事业的发展前景,也在不同层面加强了学前教育立法工作的推进,想要通过法律手段进一步保障学前教育的发展。以美国为例,早在第二次世界大战时期的《郎哈姆法案》(Lanham Act)就对学前教育机构的设立提出了具体规定,“开端计划”(Project Head Start)的几次修订和实施,体现了联邦政府对贫困家庭子女托幼工作的重视,21世纪的《不让一个孩子掉队法案》进一步强化了“开端计划”的立法宗旨。同样是在“二战”时期,拥有着较长学前教育历史的德国也开始着手恢复、重建本国学前教育事业,为此德国政府制定了一系列推动本国学前教育事业发展的政策法规,如《社会法》《儿童促进法》《扩大幼儿园教育联邦经济资助法》。学前教育立法已是国际大势所趋,这不仅是学前教育事业发展的法律保障,更是在我国社会主义民主法治进程中写下浓墨重彩的一笔。从学前教育的监督机制来看,不仅需要明确监督主体的责任,厘清监督客体的职责,更需要通过合理合法的监督方式完成对学前教育事业的监督。

(一)法律监督

法律监督是指“国家仅审查在完成事务时所制颁的规章,或为之所决定或行为是否抵触现行法律”。[⑱] 重视学前教育已成为共识,学前教育立法的出台是为了对学前教育发展过程中的问题予以法律监督。我国虽然早已在国家层面民主法治进程中,着手推动学前教育法治建设,也把“学前教育法”列入社会主义民主法治体系建设的重要组成部分。但近年来,学前教育立法还只是停留在国家和地方规章制度层面,国家层面最高级别关于学前教育的文件也仅为国务院2010年出台的国务院《关于当前发展学前教育的若干意见》。就法律效力而言,国家行政法规远不及“学前教育法”更有信服力。学前教育不同于其他阶段教育,学前教育涉及的纠纷也相对复杂,一部专门法的出台有利于更好地规避学前教育发展中的

---

⑱ 董保城:《教育法与学术自由》,台北,月旦出版股份有限公司1997年版,第150页。

种种矛盾。学前教育发展中在事前审批、事中监管、事后问责仍处于法律空白期。学前教育立法边界空白、学前教育属性归属确定、学前教育经费投入责任主体认定、幼儿教师规范化管理等诸多学界调研认为存在的问题都十分需要法律的监督,必须在制度层面通过国家教育立法来解决“幼有所育”的问题。

(二)专业监督

专业监督是指政府“以专业的观点来观察监督,不但对自治团体之行为作合法性而且对合目的性做审查”。[19] 显然,专业监督不同于法律监督之处在于其不受法律保留原则的拘束。[20] 社会多方力量尤其是专业人员参与到对学前教育事业的监督当中来,不仅可以避免政府陷入公信危机、规避政府监管缺失问题,还可以全面建立学前教育多元监管新格局,从而全面提升学前教育监管效率和专业化水平。

1.设立由学前教育研究会为主体的智囊机构。由政府部门或者教育行政部门牵头组建学前教育行业协会等社会组织,应当充分发挥专业评价的优势,本着以儿童为中心,对各类幼儿园进行评价与诊断,对未达标的幼儿园提出整改措施与整体规划方案。学前教育研究会等社会组织可以从学前教育事业专业视角,客观分析学前教育面临的优质资源不均衡、幼儿园管理欠缺科学化、幼儿教师师资队伍素质偏低、保育员梯队建设不足、学前教育相关政策落实不到位等一系列问题。学前教育组织申请办学需要经政府以及教育行政部门批准和准入,而对学前教育组织(公办和民办幼儿园等)的办学质量的认证、考核等具体涉及专业性的监管事务,应主要由学前教育协会、学前教育研究会等行业专业组织进行。各省市不同类别、层次的学前教育组织(公办和民办幼儿园等)可根据自身发展现状和专业指导需要,选择某一符合要求的行业专业组织进行认证、评估、指导和监管。认证、评估、指导和监管内容不仅包括教学场所、教学设施设备等硬件是否达标,也要关注管理队伍能力、教师队伍素质、园本课

---

[19] 董保城:《教育法与学术自由》,台北,月旦出版股份有限公司1997年版,第155页。

[20] 参见祁占勇:《高等学校法人外部治理结构研究》,陕西师范大学出版社2017年版,第111页。

程安排、教学保育水平、儿童发展评价等软指标。

2. 邀请第三方权威机构予以监督。除了学前教育研究会或学前教育行业协会等专业的智囊机构外,可以邀请相关高校或科研机构学前教育研究专家、学者参与到专业监督中,高校和科研机构的专家、学者在学前教育理论研究层面相对前沿化、专业化,并且有较为宽泛的国际视野,可以将最新研究成果运用于当地学前教育事业发展的实践中去,并针对发展"瓶颈"问题提出针对性建议和意见;还可以邀请社会公众、网络媒体等社会力量对学前教育事业进行监督,用局外人眼光洞悉当下学前教育事业发展中的矛盾,为学前教育事业发展建言献策;同时还可以邀请以政府组织为主导的第三方权威机构参与学前教育事业的专业监督,第三方权威机构以高屋建瓴的姿态对当下学前教育事业发展作出宏观指导,以增强学前教育专业监督的有效性。学前教育专业监督应当建立长效机制,使学前教育专业监督逐步走向正规化、常态化。

Research on the Supervision Mechanism in the Legislation of Preschool Education

Li Ying

Abstract: Preschool education supervision mechanism is the system design and arrangement of supervision, inspection, evaluation, guidance and assistance to relevant departments and kindergartens according to the state regulations. It involves supervision basis, supervision subject, supervision object, supervision method and so on. A sound and perfect preschool education supervision mechanism is the important part in the *Law on Preschool Education*. In the future legislative activities of preschool education in China, we should not only construct a legal system of preschool education supervision with Chinese characteristics, but also perfect the subject of preschool education supervision based on state organs and social forces, and establish a full-coverage object of preschool education supervision including the government, kindergartens, preschool teachers, nurseries and logistics personnel. We should also innovate the ways of preschool education supervision, including legal supervision and professional supervision.

Key Words: legislation of preschool education　supervision basis　supervision subject　supervision object　supervision mode

完善我国学前教育师资保障制度的基本立场与主要内容*

刘　璞**　张菁珂***

摘　要：在三期学前教育发展计划的推动下，我国学前教育的发展水平有所提高。但民办教师与公办教师的地位、待遇差异大、教师编制紧缺，多起虐童事件引发社会对学前教师资格标准、职业条件、专业素养等问题的讨论。完善学前教育教师师资保障制度，应坚守学前教育的"普惠性"，以公平性作为制度建构的目标。完善资金保障制度、增加职前与职中培训、加大师范生的培养，提高教师入职标准，建立师资标准化考核机制，完善监管体制。

关键词：学前教育　师资保障　普惠性　公平

学前教育质量不仅关涉儿童个人的利益、家庭的利益，还涉及整个民族以及社会发展问题。学前教育师资质量是保障学前教育质量的核心要素。近

---

* 基金项目：2016年教育部人文社科青年基金项目"西部农村地区残疾人受教育权保障制度的设计与政策干预机制研究"（16YJC880049）的阶段性成果。

** 刘璞，西北政法大学人权研究院、行政法学院副教授。研究方向：宪法学、教育法学。

*** 张菁珂，西北政法大学2017级硕士研究生。研究方向：教育法学。

年来,“温岭女幼师虐童案”、上海“携程亲子园虐童案”、北京“红蓝黄幼儿园虐童案”等案件在社会中影响恶劣,对学前教育秩序带来巨大冲击。对事件的处理不能仅停留于追究涉事教育机构和相关教师的民事或刑事责任,反思原因更为重要。应当说,教师个人素质低是虐童事件发生的主要原因,但学前教育领域的教师管理制度、权益保障机制及政府监管是否存在问题?这些问题值得探讨。

世界学前教育的发展历程说明,完善师资保障制度,是提高师资水平和教育质量的重要推动力,但是我国学前教育教师的师资保障制度不完善。我国《教师法》和《教师资格条例》对教师管理制度只进行了一般规定,2016 年修订的《幼儿园工作规程》仅明确了学前教育教师试行聘任制,对园长的任职资格进行规定,大量的学前教育教师管理制度散见于政策性文件中。例如,2012 年国务院《关于加强教师队伍建设的意见》《关于加强幼师队伍建设的意见》等。纵观这些政策文件,可以说,现有的学前教育教师管理制度无法满足学前教育管理的需要,无法回应学前教育教师管理工作面临的现实问题。鉴于此,本文对学前教育教师保障制度予以探讨。

一、我国学前教育师资保障现状及其成因分析

长久以来,学前教育在整个国民教育体系中是“短板”,其整体发展水平较低。近年来,国家重视学前教育的发展,要“办好学前教育”。在政府的积极努力下,学前教育事业发展速度加快,学前教育机构数量增多,儿童的入园率得到提高,过去的“入园难”“入园贵”的问题得到了缓解,在城市中,学前教育资源短缺、投入不足的问题得到不同程度的改善。但是,学前教育整体发展水平和教育质量不尽如人意,城乡间、区域间、公办园与民办园之间发展不均衡。不均衡的现象在学前教育教师队伍中也有体现。

(一)教师数量缺口大、师资力量发展不均衡

2016 年“二孩政策”在我国全面实施,它对促进人口、经济与社会的

健康、可持续发展有着重大而深远的战略意义。但是这对我国本就不充裕的学前教育教师队伍带来巨大的压力。我们可以用师幼比来观察我国学前教育教师的需求数量。依据 2013 年的《幼儿园教职工配备标准(试行)》规定,全日制幼儿园每班平均 30 名儿童、2 名专任教师、1 名保育员(或配备 3 名专任教师),师幼比应当是 1∶10 至 1∶15。通过对 2010 ~ 2017 年全国教育事业发展统计公报数据进行计算,我国 2010 年的师幼比是 1∶22,2016 年师幼比达到 1∶17,①但 2017 年师幼比又上升为 1∶18。② 应当说我国学前教育的师幼比不达标,教师数量不足。按 2016 年全国教育事业发展统计公报数据,并依据《幼儿园教职工配置标准(暂行)》规定的生师比进行核算,在我国人口出生率基本不变的条件下,学前教育毛入园率每增加一个百分点需要专任教师数约 4 万名;如果要实现 2020 年学前儿童入学率达到 85% 的目标,则需新增幼儿园专任教师 40 万名。③ 在全面推行“二孩政策”的背景下,学前教育教师的需求量必然更大,教师数量短缺的问题更凸显。

我国学前教育师资水平在城乡间、区域间差异大。由于农村地区、西部地区、民族地区的生活环境相对落后,工资待遇相对低,生存压力较大,因此不容易吸引优质的人才,这些地方的学前教育师资水平相对低。尤其是在农村地区,由于人口单向度的外流现象严重,农村人才流失,学前教育教师队伍力量薄弱的问题突出,城乡间师资失衡的问题已经陷入惯性困局。

(二)教师法律地位不明,工资待遇差异大

教师是受我国法律保护的群体,我国《教师法》规定了教师的各项权利,学前教育教师作为国民教育体系中教师队伍中的一个组成部分,应当与其他教育阶段的教师一样,享有法律规定的各项权益。从权益保障的

---

① 《2010 ~ 2016 年全国教育事业发展统计公报》,载中华人民共和国教育部网:http://www.moe.edu.cn/jyb_sjzl/sjzl_fztjgb/,最后访问日期:2018 年 10 月 28 日。

② 《2017 年全国教育事业发展统计公报》,载中华人民共和国教育部网:http://www.moe.edu.cn/jyb_sjzl/sjzl_fztjgb/,最后访问日期:2018 年 10 月 28 日。

③ 庞丽娟等:《对“全面二孩”政策下我国学前教育发展战略的建议》,载《北京师范大学学报》(社会科学版)2016 年第 6 期。

对象看,无论其是公办还是民办幼儿园教师,都应当平等地享有经济待遇、进修培训、评奖评优等方面的合法权益。但现实中,因学前教育教师所供职机构的性质或教师身份的不同,教师的法律地位和工资待遇差异大。

在我国,长期以来"唯公"倾向明显,公办幼儿园与民办幼儿园教师的身份、待遇存在差异。在公办园中教师是否是在编人员,决定着教师的待遇、职称晋升、社会保障等一系列问题。由于历史原因和企业改制遗留等问题,在公办园中,有2/3的教师没有编制。[④] 公办园中有编制的教师,其工资水平稳定,他们的工资水平可以与当地公务员的工资水平基本持平,但是没有编制的教师其工作的稳定性差,福利待遇也相对低。在公办园中,有编制的教师容易形成职业倦怠,而编外教师,则因福利待遇等问题,容易损伤其工作积极性。而且我国民办幼儿园占幼儿园总数的比例大,民办幼儿园的教师几乎都没有编制。由于民办幼儿园的生存由市场来决定,民办幼儿园为了生存,为了追求利润,往往容易忽视教师的利益。因此,在公办园和民办园之间,在编制内和编制外的教师之间,教师的工资待遇、职称晋升、福利水平等都存在差异。在经济落后地区、农村地区、民办园教师的待遇低、社会地位低,工作压力大,离职转行的现象严重。[⑤]

(三)教师从业资格门槛低,专业素质不高

稳定高素质的学前教育教师队伍是保障学前教育事业发展的核心,是有效提升教育质量、促进儿童健康发展的决定性因素。[⑥] 但是我国幼儿园教师学历不达标,"无证上岗"的问题大量存在。2015年我国未达到专科学历的教师占比仍有44%,2014年有幼教资格证的教师占比为61%,

---

④ 参见郑子莹:《民办幼儿园政府规制研究》,西南大学教育管理系2013年博士学位论文,第105~106页。

⑤ 参见吴遵民等:《我国学前教育立法的若干思考》,载《复旦教育论坛》2018年第1期。

⑥ 参见庞丽娟等:《促进我国城乡幼儿园教师均衡配置的政策建议》,载《教师教育研究》2013年第3期。

持非幼教教师资格证的占比为 17%,无证教师占比为 22%。[⑦]

从业资格是保证师资质量的首道防线,但是我国学前教育教师的从业资格制度不完善。根据我国《教师法》第 11 条、《教师资格条例》第 12 条的规定,取得学前教育教师资格的条件是:幼儿师范类学校毕业或考取教师资格证书。但是,由于我国教师资格证书制度是一种针对所有教师从业的资格制度,教师资格证属于职业准入证书,没有等级区分,相对比较容易取得。因此,是否接受过学前教育专业学习,是否有学前教育的实践经验,并不作为教师资格的必备要件,因此我国学前教育教师准入门槛、整体素质和专业化程度不高。加之社会对学前教育教师的认可度低、愿意从事学前教育工作的人越来越少,人员流失严重,教师队伍不稳定。

(四)教师培养培训制度不健全,教育质量不高

幼儿时期是人格与心理发展的关键期,学前教育是帮助儿童适应未来生活,引导儿童走向快乐生活,培养儿童健康身心和基本社会交往能力的教育阶段。学前教育有其特殊性,这种教育不同于中小学的文化知识教育,它是对儿童的保育和教育相结合的教育。学前教育不是简单地看护儿童,它应是由懂得儿童心理学、学前教育学的专业教师开展的教育,学前教育不应因教育对象的低龄化变得低质化,它是需要专业人员通过专业的多类型的教育方法开展的一种专门的教育。美国耶鲁大学儿童发展与社会政策研究所所长沃特·捷列姆博士曾指出:幼儿园质量的种类包括结构质量和过程质量,过程质量主要是指积极融洽的师幼互动与交流、教师如何运用课程、语言刺激、教师对孩子的反应等。[⑧] 可见,学前教育质量与教师的专业水平是正相关的。教师专业水平的提升主要依靠师资培训,通过培养与培训,教师及时掌握学前教育领域的新知识、新技能,提高教师的专业素养,对于提高教育质量有着重要的作用。而我国《教育法》规定,“国家要通过考核、奖励、培养和培训,提高教师素质,加强教师

---

⑦ 最高人民检察院:《最高检通报检察机关加强未成年人司法保护工作情况》,载最高人民检察院新闻发布会:http://gjwft.jcrb.com/2018/5yue_48649/5yuefabuhui/,最后访问日期:2018 年 5 月 29 日。

⑧ 参见刘明远:《当前我国学前教育教师队伍建设面临的问题与对策》,载《教师教育研究》2014 年第 2 期。

队伍建设”,这种原则性、一般性的规定没有得到下位法的具体化。例如,关于教师的培养问题,仅在2005年颁布的教育部《关于规范小学和幼儿园教师培养工作的通知》中对各级政府在幼儿教师培养中的职能、培训机构的基本要求和条件等进行了一般规定。并没有对教师培养的机构、模式、保障条件、培训内容、频率、范围等问题作出具体的规定。政府主要支持公办幼儿园教师培训,对民办幼儿园教师培训工作支持不够。政府要求民办幼儿园对教师进行教育培训,但现实中民办幼儿园因经费不足或机构追求利润等原因,很难或不愿意支持教师参加培训,因此教师专业能力提升有限,直接影响了教育质量。由于缺乏有效的职前培养和职后培训制度,学前教育教师的专业素质总体偏低。

二、完善我国学前教师保障制度的基本立场

学前教育是国民教育体系的重要组成部分,是人生教育的基础环节,建立健全学前教师保障制度,建立一支优秀的学前教师队伍,才能提高学前教育质量,保障学前教育事业健康稳定发展。完善学前教育教师师资保障制度,应当准确把握当前我国学前教育的主要矛盾,应当遵循学前教育的基本特征。

(一)国家进行宏观制度调控是制度建构的前提

发展学前教育,事关儿童幸福成长以及国家和民族的未来。学前教育的受益者不仅是参与教育活动的儿童及其家庭,而且包括整个社会。因此,学前教育的成本不应由儿童及其家长全部承担,国家需要承担提供教育资源的基本责任。⑨ 对学前教育来说,由于儿童是未成年人,在教育的过程中,他们容易处于弱势地位或不利地位。保护儿童的权益,需要国家在制度建设和资源配置上承担主导作用。国家必须成为发展学前教育事业的主导者和重要责任人,保障学前教育的公平性。

---

⑨ 参见管华、王君妍:《国外学前教育立法的基本特征及其启示》,载《陕西师范大学学报》(哲学社会科学版)2017年第6期。

近年来,我国公共财政对学前教育的投入不足。2010年,OECD国家平均对学前教育的公共财政投入占包括公共投入和家庭投入在内的总投入的比值达到81%。先进国家对学前教育的投入可以说是不遗余力。而对比之下我国2010年财政投入只占公共加私人总投入的34%,只占到家庭投入的一半左右。[⑩] 我国学前教育发展不均衡,存在公办园价低质优但学位紧缺,民办园价高质低的问题,学前教育教师地位不明、编内与编外教师待遇福利差异大等问题。在学前教育领域,政府与社会、幼儿园与家长、民办园与公办园之间有不同的利益追求,这些利益有时是统一的,有时却是对立的,国家应当积极地承担立法义务,以学前教育的公益性和普惠性为原则,以发展学前教育、提高学前教育的整体水平为目标,以保障儿童的权益为出发点,平衡各方利益,理顺市场和政府的关系、厘清政府、教育机构、家长的权力(利)边界,明确教育行政机关的指责,规范社会的责任。在理想与现实中,找寻平衡点,制定合理的制度,通过完善的教师保障制度,提高教育质量,保障儿童的权益,最大限度地促进学前教育的公平与正义。2015年《教育法》修改时,加入了"国家要制定学前教育标准"的规定,因此,发挥国家立法的主导地位,建立"标准化"的学前教育师资队伍,厘清各级各类政府之间的权责定位,完善相关制度,有利于推进学前教育教师保障体制机制的完善。

(二)提高民办园的普惠性是制度建构的重点

发展普惠性学前教育是学前教育的发展趋势,是提高人口素质和促进社会发展的有效手段。[⑪] 2017年《关于实施第三期学前教育行动计划的意见》提出在2020年学前儿童3年毛入园率达85%、普惠性资源达80%的目标。[⑫] 依据《2016年全国教育事业发展统计公报》数据,全国共

---

⑩ 参见冯文全等:《我国学前教育发展不均衡问题的成因和解决路径》,载《西南大学学报》(社会科学版)2016年第6期。

⑪ 参见胡耀岗等:《我国普惠性学前教育的发展研究》,载《教育探索》2016年第5期。

⑫ 参见余慧娟、李帆:《把工作的着力点更多聚焦到质量提升上——访教育部基础教育司司长吕玉刚》,载《人民教育》2018年第5期。

有幼儿园23.98万所，但其中民办幼儿园达15.42万所，占总体的64.3%。[13] 现阶段，我国民办幼儿园占比大、数量多，但从整体上来看，民办幼儿园收费高质量低。2010年国务院《关于当前发展学前教育的若干意见》强调学前教育发展必须坚持公益性和普惠性。并提出积极扶持面向大众、收费较低的普惠性民办幼儿园的发展。在我国，公办园的普惠性体现得较好，但大量的民办园普惠性显现不足。如果发展普惠性民办幼儿园，可以有效缓解公办园资源匮乏、学位紧缺的问题，也有利于满足社会对平价优质幼儿园教育资源的需求；对提高保教质量、解决"入园贵"问题具有重要的意义。[14]

学前教育的普惠性不仅是低收费，还应体现为举办者给予被提供者的普遍意义上的资金、制度支持。学前教育应当体现普惠性的价值追求，教师保障制度也应当遵循普惠性。教师保障制度应当以发展普惠性学前教育为前提。对于公办园来说，国家是公办园的举办者，国家加大财政支持力度，保障公办园教师的权益是不容置疑的。但学前教育作为国家教育的组成部分，国家扶持民办幼儿园的发展，加大对民办幼儿园的扶持力度也是国家应当履行的义务。对于民办园来说，社会力量是民办园的举办者，国家如何通过制度设计保障民办教师的权益是提高学前教育普惠性的重点。自2015年《教育法》和《民办教育促进法》修改后，民办幼儿园可以选择为营利性的或非营利性的。为了保障学前教育的普惠性，国家应当在发展公办园的同时，加大对非营利性民办园的财政投入，通过财政支持体系鼓励更多的民办幼儿园选择成为非营利性普惠的民办园，引导和支持民办幼儿园提供普惠性服务。国家通过税收、财务等相关制度保证营利性民办园的规范发展，防止其过度追求利益，无视教师的权益和利益的行为。总之，为提高学前教育公共服务水平，国家在制度设计上应当遵循公办民办并举，新增资源向贫困地区和困难群体倾斜的基本思路，

---

⑬ 《2016年全国教育事业发展统计公报》，载中华人民共和国教育部网：http://www.moe.edu.cn/jyb_sjzl/sjzl_fztjgb/201707/t20170710_309042.html，最后访问日期：2017年12月1日。

⑭ 参见祝贺：《地方政府应如何促进普惠性民办园的发展——来自美国学前教育PPP模式的经验》，载《教育发展研究》2016年第20期。

在整体增加教师权益保障制度供给的基础上,以追求平等的、普遍的、均衡的教师保障制度为目标,努力在城乡之间、区域之间、公办园与民办园之间保持教师资助政策的均衡化,完善教师培养与培训制度,提升师资水平、提高教育质量。

(三)保障公平是制度构建的目标

教育公平是构建社会公平的重要内容,学前教育公平是教育公平的重要指标之一。教育资源的有限性、短缺性决定了国家必须合理地分配,只有合理地配置资源,才能够有效地实现教育公平。区域经济、城乡经济的发达程度直接决定了当地政府的财政收入,又间接地影响着学前教育发展的水平。我国学前教育发展起步晚,仍处于初期阶段。由于经济发展不均衡的原因,学前教育发展水平在东西部、城乡间、公办园与民办园间差距大。在经济欠发达地区,居民工资水平与物价水平、可支配收入水平低,学前教育教师的工资水平也相对低,较低的工资水平难吸引优秀人才留在当地,进而影响了教育发展的水平。[15] 因此,国家在制定教师保障制度时应当以实现公平性为目标。

优秀的教师是发展学前教育的必备条件,在市场经济体制下,待遇和福利是共同作用并吸引优秀教师的手段。教师的福利待遇、培养与培训机会影响并制约着个人参与社会竞争的机会。保障公办、民办幼儿园教师平等的法律地位、同等的工资福利是保障学前教育公平发展的首要前提。在现代教育理念下,平等地保障教师权益是促进教育均衡发展的题中之义和基本要求。但公平原则不仅是指对不同主体的平等对待,也包含对弱势群体的合理补偿。很多教育发达的国家在促进学前教育公平的问题上,都以对弱势群体的政策倾斜为重点,通过制度设计既尽可能多地保障弱势儿童享有学前教育的机会,也在资金支持、制度供给上向弱势地区、弱势幼儿园的教师倾斜,解决落后地区学前教育师资供给的问题,促进弱势地区学前教育的发展。我国也应以公平的原则制定学前教育师资保障制度,通过政策倾斜,对弱势地区予以更多的财政和政策支持,吸引

---

⑮ 参见冯文全等:《我国学前教育发展不均衡问题的成因和解决路径》,载《西南大学学报》(社会科学版)2016年第6期。

优秀教师的人才从事学前教育，稳定农村地区、西部地区幼儿园教师队伍。因此，国家加大对落后地区、质量不高的幼儿园教师的培训等政策倾斜或福利措施，给这些教师提供更多的培训机会，从制度供给上实现实质的平等，是教育公平性的体现。

三、我国学前教育师资保障制度的主要内容

学前教育师资保障制度不完善是导致学前教育教师人数少，职业吸引力低，队伍不稳定的直接原因。推进我国学前教育事业的发展要关注学前教育教师队伍的建设，完善师资保障制度，对学前教育师资标准进行规定，完善资格准入制度，加大职后培养培训制度，完善教师的编制、工资待遇等问题，可以有效地吸引高素质人才进入学前教育队伍，提高教师的素质，建立完善监管制度，实行严格的审查机制，有利于改善对虐童行为治理的乏力问题。

（一）完善财政保障制度，提高资源配置率

财政拨款是发展学前教育的必要条件。2011 年财政部、教育部《关于加大财政投入支持学前教育发展的通知》规定，支持学前教育发展是公共财政的重要职责。建立稳定长效的资金投入机制，保证入园人数的增加、优质服务的供给是重要措施。财政支持包括加大财政投入的总量和提高资源配置效率两方面。

我国学前教育财政投入总量有限，在整体教育事业的经费投入占比仍较少，仅为 1.2% ~1.3%，与发达国家的学前教育投入占比 8% ~11% 相比还有很大差距。[16] 近年来，各国政府为了发展学前教育不断加大财政投入。例如，澳大利亚联邦政府于 2016 年和 2017 年启动一系列旨在提高财政支持性价比的学前保教财政资助体系改革计划，不断调整和优化财政资助体系以确保学前保教项目的顺利实施和稳步推进，从而全面提

---

⑯ 参见陈鹏、高源：《我国学前教育立法的现实诉求与基本问题观照》，载《陕西师范大学学报》（哲学社会科学版）2017 年第 6 期。

升国家学前保教质量。[17] 法国政府通过承担学前教育相关教师与人员的部分培养费用以及承担学前教育教师后第一年的薪酬,[18]加大政府对学前教育的财政支持力度。因此,政府加大对学前教育资金总量的投入是提高学前教育教师职业吸引力的首要前提。

在财政投入总量不变的情况下,提高资源配置的效率是保障教育资源的重要手段。资源配置的目的是决策者将有限的资源分配给不同的主体,以实现最大化地提高资源利用效率。[19] 学前教育资源配置效率的实质在于以在城镇和农村学前教育机构(主要是幼儿园)中的硬件和软件分配的最佳组合,来生产出最优的教育规模与教育质量的组合。有学者利用时间序列数据进行分析,考察了2001～2013年,我国城镇化进程对我国学前教育资源宏观配置效率的影响,认为县镇是未来学前教育资源投入的重点,将更多的教育资源投向县镇地区是提高我国学前教育资源宏观配置效率的重要途径。[20] 因此,教育资源的投入应当以基层为重心。

在完善学前教育教师师资保障制度方面,一方面,应规定学前教育在整体教育事业的经费投入比例,提高学前教育在整体教育投入中所占比重,加大政府在学前教育总体投资数量,使学前教育投入基本资金数额摆脱低水平。另一方面,将教育资源和经费下放,更多地投入基层,有针对性地扶持。可以采取以下措施:(1)加大对经济落后地区、农村地区教师和非在编幼儿教师的工资补贴。针对我国幼儿教师总体工资待遇偏低,在公办园与民办幼儿园教师之间、在编和非在编教师之间、城乡教师之间工资待遇与福利差距大的问题,加大普遍性工资补贴,促进幼儿教师留在学前教育的工作岗位,对于师资短缺地区、落后地区、农村地区和非在编教师有针对性地加大补贴力度,精准扶持,解决师资队伍不稳定的问题。

---

⑰ 参见洪秀敏、马群:《澳大利亚学前保教财政资助体系改革的动因、进展与特色》,载《外国教育研究》2017年第1期。

⑱ 参见周琴、苟顺明:《法国学前教育均衡发展的保障措施及启示》,载《比较教育研究》2012年第5期。

⑲ 参见冯婉桢、吴建涛:《城镇化与我国学前教育资源宏观配置效率研究》,载《教育研究》2016年第3期。

⑳ 参见冯婉桢、吴建涛:《城镇化与我国学前教育资源宏观配置效率研究》,载《教育研究》2016年第3期。

(2)加大对学前教育师范生的资助力度。对学前教育专业学生进行资助有助于吸引更多的优秀人才投入到学前教育事业中,有些地方政府已启动针对学前教育免费师范生的补贴计划。例如,陕西省、重庆市等地已经通过完善地方制度对免费学前教育师范生的扩大补贴范围,提高补贴额度,这种措施应在全国推广,通过增加奖学金项目、补助项目等制度规定,加大对学前教育师范生的资助。(3)增加教师进修及培训补贴。在学前教育领域,我国仍有学历达不到学前教师资格标准的从业人员,国家应为学历不合格的在职人员提供进修的机会,并补贴培训费用,降低他们从事学前教育行业的成本,增加高素质从业人员的供给。通过这些措施,完善资金保障制度,提高资金配置效率,体现学前教育普惠性与公平性,从而稳定师资队伍,提高教师素质,提高教育质量,推进学前教育事业的发展。

(二)提高教师资格准入门槛,建立分级分类的资格管理体制

我国法律对取得幼儿园教师资格的学历条件进行了规定,对不具备学历要求的公民允许其通过教师资格考试申请获取教师资格。但是我国没有将专业知识和技能培训作为获得教师资格的必备条件,只要具有学前教育专业中职以上学历,或通过教师资格证考试,无论其是否经过专业课程培训都可成为一名学前教育教师,进入学前教育机构。由于教师资格证书考试内容是教育领域的一般知识,对学前教育专业知识等并未涉及,这导致学前教育专业性低,教育质量不高。国外学前教育发达的国家几乎都对学前教育教师的资格准入与获得有较高的要求。例如,美国要求学前教育教师职业申请者在获得学士学位以后,必须接受一年到两年的专业训练和实习,通过教师资格考试后才能取得学前教育教师资格证,获得从事学前教育的资格;法国规定学前教育教师申请者要具有学士学位或相当学历,要在教师培训学院接受两年的培训,通过评估后才能取得教师资格证;英国的学前教育教师需要具有教育专业学士学位,非教育专业的学士学位申请者需要接受一年的教育专业训练,获得研究生教育证书,才有资格申请资格证,通过职业技能测试和综合考核后取得教师资格证才有资格担任学前教育教师。[21] 对比国外学前教育资格证取得制度,建议我国增加教师资格取得的要求,将接受专业知识和技能培训作为获得资格证书、职业准入的必备条件。

在我国,学前教育教师的资格类型是单一的,在学前教育领域教师资格证不分等级,从事教学的教师只要取得教师资格证就可以上岗,保育工作者则没有此要求。在实践中,一方面,在农村和民办幼儿园无证上岗的现象突出;另一方面,由于政府和机构疏于监管,没有经过考核,从事保育工作的社会人员,其专业素质相对低,加之待遇低、工作压力大等问题,容易有虐童行为。在我国可以考虑建立保育工作者和教学工作者的分类资格证书制度,可以效仿日本建立分级的学前教育教师资格证书制度。例如,日本将学前教育教师资格证分为了普通资格证和临时资格证。普通资格证书是在设有幼儿园教师培养课程的大学,短期大学,以及文部科学大臣制定的专门学校和教师培养机构学习相关课程,合格毕业后取得幼儿园教师普通资格证书;临时资格证是指在幼儿园没有聘任到有普通教育资格证的教师之前,雇用临时工作人员时要求这些人员必须取得的一种资格证书。[22] 这种资格证书制度有效地缓解合格教师数量不足的问题,也有利于对临时保育工作者加强监管。同时,日本还对普通教师资格证进行了分级管理,即通过不同的准入标准取得不同的学前教育资格证书,分为幼儿园教师普通资格证,次普通资格证,次普通资格证还根据学识、个人情况、健康程度、实习标准与所掌握技能区分为三类,每个类别所需要达到的最低学分不同。日本为教师资格证设定了10年有效期,到期后参加相关学习、更新后,资格证才能有效。[23] 我国可以借鉴这种学前教育教师资格管理制度,在提高学前教育教师的准入门槛的同时,对教师资格进行分类和分级管理,对从事教学工作的教师和从事保育工作的人员分类管理,并对教师资格证设定有效期限,要求相关人员定期参加学习或考

---

[21] 参见郭铁成等:《国内外幼儿教师职业准入标准及其启示》,载《湖南科技大学学报》(社会科学版)2014年第2期。

[22] 参见王幡:《日本当代学前教育研究》,黑龙江教育出版社2018年版,第195页。

[23] 参见王幡、王建平:《日本学前教育教师培养问题研究》,载《延边大学学报》(社会科学版)2015年第3期。

核,不断完善知识体系与实践技能。

(三)制定职前培训标准,完善职中培训制度

1. 制定职前培训标准,分类开展培训工作。建立职前培养制度是提高教师专业技能和实践能力的有效途径,对从业人员顺利进入工作岗位具有重要的作用。我国学前教师除了由师范类院校毕业生组成,还有很多是社会人员,他们有的通过了教师资格考试,没的没有资格证书,但是也进入学前教育教师队伍中。对于刚毕业的学生来说,他们缺乏实践经验,对于社会人员,他们的专业知识、专业技能欠缺。为了提高学前教育质量,建立职前培养标准,完善职前培养制度是政府应当履行的义务。

近十年来,英国政府通过实施学前教育教师职前教育政策,打造高素质的教师队伍,提高学前教育质量。2004 年,英国政府发布《儿童保育十年战略》决定在学前教育机构设立学前教育教师培训项目。2006 年出台《早期教育专业教师资格标准指南》(Guidance to the Standards for the award of Early Years Prefessional Status,GSEYPS),2012 年对 GSEYPS 进行修订。GSEYPS 规定的具有本科学历水平的合格的学前教育专业教师的标准,包括理论和实践两方面的要求,在理论方面要求较好地掌握学前教育基础知识,在实践方面规定 8 项专业技能的指标。在这 8 项指标下又包含 31 项二级指标,学员只有达到所有指标,通过考核才能申请参加教师资格证书。同时,英国政府对培训机构的资格准入条件和学员准入资格及考核路径进行详细的规定。例如,学前教育专业毕业生的认证考核时间为 3 个月;其他专业的有学前教育相关经验的毕业生的短期培训时间为 6 个月;没有相关学位但希望成为幼儿教师的毕业生必须参加为期 12 个月全日制的培训。2014 年英国政府又启动了学前教育职前教师培训项目(Early Years Initial Teacher Training,EYITT),培养复合型、卓越的学前教育专业人员,近十年英国幼儿教师职前教育政策既注重提高申请者的准入门槛,也注重培养教师的专业责任。例如,能与同事、家长及监护人、其他机构、其他专业人员建立合作关系以促进幼儿的发展的

能力。㉔

我国建立学前教育教师职前培养制度应当针对不同主体,从实践经验和理论知识两个培养目标入手,制定相应的标准。“学前教育法”应当对学前教育教师职前培养目标、内容、模式、机构等作出一般性规定。教育行政部门可以制定职前培训专业知识培养标准和实践能力素养标准,可以针对不同学历层次、不同类型的社会人员建立不同的标准,将学前教师的职前培训经历及考核成绩作为从事学前教育教师资格的要件之一。可以采取以下措施:(1)完善师范类专业学生的课程标准,加强对学前教育专业院校的课程质量监控,在毕业生参加的职前培训中提高实践能力的培养标准。(2)对从事学前教育工作的社会人员,提高其学前教育专业知识和人文素养的培训标准。(3)政府加强对职前培训机构的准入与监管,完善培训机构的管理工作,对培训机构的资质、培训计划、培训管理体制、考核制度等提出要求,保证职前培训的质量,防止“摆样子、走过场”。

2. 完善职中培训制度,加大对民办园的支持力度。为了落实“终身教育”理念,提高学前教师的素质和学前教育的质量,各国政府都非常重视学前教师的在职培训工作。美国、英国和日本都有明确法律规定学前教师必须进行职中培训,且均有多样化的培训形式与激励措施。例如,美国在职培训计划分为联邦政府培训计划、州政府培训计划、专业团体培训计划,全方位开展学前教师培训工作;为幼儿教师提供多样化的培训内容与多层次的培训机会;通过教师补助方案与联邦劳工部的学徒计划,对参加在职培训的教师进行奖励,根据不同的资格水平,开展培训,鼓励教师考取更高水平的资格证书。㉕ 在英国,教师可以全薪参加脱产进修学习,教师参加在职培训可以加薪也可以增加晋升职位的机会。参加并完成一年制在职进修课程的幼儿教师,其工资待遇比没有参加此类课程的幼儿教师工资高。日本建立了与在职教师培训经历挂钩的培训制度,教师接受

㉔ 参见曹能秀、马妮萝:《近十年英国幼儿教师职前教育政策探析》,载《外国教育研究》2018 年第 4 期。

㉕ 参见王晓岚、丁邦平:《美国学前教育师资培养的方式、特点及其启示》,载《学前教育研究》2010 年第 10 期。

在职培训获得学分后可以获得高一级的资格证书。[26] 我国学前教育教师在职培训机制不健全，与培训相关的工资保障、福利保障问题没有制度化，我国应完善学前教育教师职中培训制度，制定相应的财政支持政策以资鼓励。

我国现有培训项目主要针对公办幼儿园教师，民办幼儿园教师、公办幼儿园的非在编教师的培训没有纳入政府的统一管理。对民办幼儿园和公办非在编教师的在职培训缺乏相应的财政政策支持。政府可以采取补助、购买服务等方式在保障编制内教师权益的同时，对编制外教师培训方面加大供给。可以用以奖代补等方式提高编制外教师的待遇保障其有能力参与培训，可以完善制度使接受培训的教师在培训后能获得与未经培训教师相比更大的从业优势，还可以在民办园派驻公办教师培养民办教师提高教学能力。

（四）建立完备的教师监管制度

中国城市化的进程加剧了人口集中的程度，也加重了学前教育资源的区域性供给紧张的问题。我国学前教育实行“地方负责，分级管理”的管理体制。基于幼儿园性质的不同，公办幼儿园主要由县级教育行政部门的基础教育管理部门管理，民办幼儿园可以在教育部门、民政部门和工商部门等多个部门注册。一方面，习惯于上下级行政监管方式的教育行政部门仅视自身为公办学校的上级，在招生、用地、贷款、科研、评奖等方面总是将公办学校摆在第一位，对民办学校缺少主动监管的经验和勇气，任其自生自灭。[27] 另一方面，民政部门、工商部门因缺乏专业力量对民办幼儿园开办后的监督和管理处于缺位状态。因此，幼儿园存在着多头管理、管理制度不统一、批管分离的问题。[28] 在执法环节，学前教育领域监管部门多、权责不清的问题仍然存在。幼儿园的监督主体包括了人民政府、

㉖ 参见王幡、王建平：《日本学前教育教师培养问题研究》，载《延边大学学报》（社会科学版）2015 年第 3 期。

㉗ 参见朱坚：《政府部门如何依法、有效监管民办教育》，载《教育发展研究》2007 年第 8 期。

㉘ 参见范明丽、庞丽娟：《当前我国学前教育管理体制的主要问题、挑战与改革方向》，载《学前教育研究》2013 年第 6 期。

教育行政部门、财政局、物价局、税务局等多个主体,由于联合执法机制的不完善及各部门的互相推诿导致对幼儿园监管难以形成合力和全面覆盖。[29] 学前教育监管具有跨地域、跨部门、跨层级和同时涉及政府、市场、社会组织等跨界特征。[30] 例如,城市街道幼儿园在行政上由街道办事处管理,业务上由区托幼办指导,人事上由区妇联主管,而当幼儿园经费陷入困境时,谁也拿不出解决办法。[31]

多部门协调管理实现各级政府和各个部门网状的职责管理体系,可以有效地提高管理效率,保障学前教育健康发展。例如,印度在执行"儿童发展综合服务计划"时,注重在纵向间各级政府的分工与合作,以及横向间各部门的协作,对相关部门的职责进行明确划分,并构建起了一套合作协调机制;古巴在贯彻落实"教育你的孩子计划"时,由教育部进行统一管理,由教育部主导并有效调动公共卫生、文化和运动部等多个相关部门参与执行。[32] 建议我国明确学前教育管理中各部门之间的责任,明确幼儿教师培养的责任主体,强化各级政府和教育行政管理部门在学前教师培养中应当担负的责任,将学前教师的培养工作纳入各级政府的考核体系。同时明确教育督导评价的范围,形成专门的学前教育督导制度,对所有幼儿园教师开展覆盖面广、针对性强的监督机制。

㉙ 参见王海英:《民办幼儿园发展诸多乱象的原因透视及政策建议——从"幼儿园喂药"事件持续发酵说起》,载《幼儿教育》(教育科学版)2014年第5期。

㉚ 参见陶希东:《跨界治理:中国社会公共治理的战略选择》,载《学术月刊》2011年第8期。

㉛ 参见范明丽、庞丽娟:《当前我国学前教育管理体制的主要问题、挑战与改革方向》,载《学前教育研究》2013年第6期。

㉜ 参见庞丽娟等:《世界主要国家学前教育普及行动计划及其特点》,载《学前教育发展》2012年第20期。

The Basic Position and Main Contents of Perfecting the Teacher Protection System for Preschool Education in China

Liu Pu　Zhang Jingke

Abstract: Driven by the three-phase preschool education development plan, the level of development of preschool education in China has improved. However, the status quo, different treatment of private teachers and public teachers, the shortage of teachers and some incidents of child abuse have led to a variety of discussions in society on pre-school teacher qualification standards, occupational conditions, and professional accomplishments. The authors suggest that it should be significant to adhere to the "inclusiveness" of pre-school education and employ fairness as the goal of institutional construction to improve the guarantee system for pre-school education teachers. The authors also suggest that a series of mechanisms should be done, such as, the improvement of the financial security system, the increase of pre-employment and vocational training, the increase of the training of masters and students, the upgrade of the entry criteria for teachers, the establishment of a standardized assessment mechanism for teachers, and the improvement of the relevant regulatory system.

Key Words: pre-school education　qualified teachers　indemnification　prevalent fairness

幼儿园教师权益保障的现实境遇与立法分析

皮悦明[*]　王庭照[**]

摘　要：幼儿园教师是学前教育的主体，是学前教育立法的重要对象。幼儿园教师权益保障现实境遇的调查发现，幼儿园教师的依法聘任和晋升评聘、自主教育教学、教育科学研究、获取工资报酬、参与学校民主管理、进修培训等权益得不到切实保障，幼儿园教师的整体满意度较低。当前我国有关幼儿园教师权益保障的相关立法现状分析发现存在问题包括幼儿园教师权益保障的学前教育立法体系不完善、立法层次低、缺乏立法规范标准、条款内容缺乏可操作性、责任主体不明确、幼儿园教师权力地位边缘化等。基于此，研究认为应加快"学前教育法"的立法进程，并对幼儿园教师权益的立法与政策保障给出意见和建议。

关键词：学前教育立法　幼儿园教师　权益保障

---

* 皮悦明，陕西师范大学教育学院教育学原理专业博士研究生。研究方向：学前与特殊教育理论与实践。

** 王庭照，陕西师范大学教育学院教授，教育学博士。研究方向：特殊教育理论与实践。

一、问题提出

幼儿园教师是指履行幼儿园教育工作职责的专业人员,需要经过严格的培养与培训,具有良好的职业道德,掌握系统的专业知识与专业技能。[①] 近年来,随着我国学前教育事业的快速发展,各地幼儿园规模不断扩大,幼儿园教师的数量急剧增加。据《2016 年全国教育事业发展统计公报》显示,全国共有幼儿园教师 249.88 万人,比 2015 年增加 19.56 万人。[②] 但由于我国长期以来学前教育发展的相对滞后,相关法律法规的不完善,作为拥有民事权利能力的自然人,幼儿园教师的合法权益并没有得到有效保障。研究发现,幼儿园教师存在被双重边缘化、薪酬水平低且缺乏竞争力、教育权被忽视、职业声望不高,[③]以及离职率和离职倾向较高等问题。[④] 而从幼儿园教师的自身发展来看,相对于其他类型教师,幼儿园教师职业生涯中容易遇到成长需求障碍、晋升障碍、职业认同障碍、工作情感衰竭、工作适应障碍等问题。[⑤] 由于政府部门和学前教育机构的配套政策和保障机制不健全、落实不到位等现实诉求,[⑥]迫切需要加快学前教育立法以保障幼儿园教师的合法权益。[⑦]

---

① 参见《幼儿园教师专业标准(试行)》,载中国政府门户网:http://www.gov.cn/zwgk/2012-09/14/content_2224534.htm,最后访问日期:2018 年 10 月 18 日。

② 参见《2016 年全国教育事业发展统计公报》,载教育部政府门户网:http://www.moe.gov.cn/jyb_sjzl_fztjgb/201707/t20170710_309042.html,最后访问日期:2018 年 10 月 18 日。

③ 参见王海英:《"幼儿园教师现象"的社会学分析幼儿教育》,载《幼儿教育》(教育科学版)2009 年第 3 期。

④ 参见梁慧娟、冯晓霞:《北京市幼儿园教师职业倦怠的状况及成因研究》,载《学前教育研究》2004 年第 5 期。

⑤ 参见谭雪青、秦旭芳:《幼儿园教师职业生涯阻碍的结构与特点》,载《中国健康心理学杂志》2018 年第 2 期。

⑥ 参见庞丽娟、韦彦:《学前教育立法:一个重大而现实的课题》,载《学前教育研究》2001 年第 1 期。

⑦ 参见陈鹏、高源:《我国学前教育立法的现实诉求与基本问题观照》,载《陕西师范大学学报》(哲学社会科学版)2017 年第 6 期。

当前,我国正式出台的学前教育法律法规主要是地方性法规、规章和规范性文件,缺乏专门的"学前教育法"作为指导和规范学前教育发展的上位性法律。自2003年全国人大教科文卫委员会将学前教育立法列入立法调研计划以来,学前教育立法相关准备工作不断推进;截至2017年,学前教育立法已列入十二届全国人大常委会立法规划。在适应我国近年来学前教育快速发展,加快学前教育立法进程的背景下,必须对我国幼儿园教师发展需求及权益保障有清楚的认识,并在"学前教育法"的相关条款中加以反映。基于此,本文结合实地调研及学前教育相关法律、法规的分析,尝试说明以下三个问题:(1)现实情境中幼儿园教师的合法权益有没有得到有效保障?(2)已有的教育法律、法规、规章中针对幼儿园教师权益的条款内容设置是否合理?(3)正在制定中的"学前教育法"应该包括哪些幼儿园教师的合法权益,如何予以保障?

二、幼儿园教师权益保障的现实境遇

根据《教师法》(2017年)和各省正式出台的学前教育法规或规章,幼儿园教师权益包括依法聘任和晋升评聘、自主教育教学、教育科学研究、获取工资报酬、参与学校民主管理、进修培训等。

本文采用自编的《幼儿园教师权益保障状况调查问卷》开展调查。样本总量为450,采用分层抽样法依据园所性质和园所等级选取河南省洛阳市15所幼儿园,然后采用随机抽样法在目标幼儿园中选取幼儿园教师进行调查。被试基本情况如表1所示:所在园所中公办园占35.78%、民办园占64.22%,省级示范园占17.56%,市级一类园占20.00%,市级二类园占22.44%,市级三类园及其他占40.00%;年龄为20岁及以下占18.67%,21~23岁占36.00%,24~26岁占24.00%,27岁及以上占21.33%;学历水平以专科学历为主,本科及以上学历占比26.67%,高等专科学历占比44.00%,中等专科及以下学历占比29.33%。

表1　被试基本情况统计

统计变量		频次(次)	百分比(%)
园所性质	公办园	161	35.78
	民办园	289	64.22
园所等级	省级示范园	79	17.56
	市级一类园	90	20.00
	市级二类园	101	22.44
	市级三类园及其他	180	40.00
性别	男	38	8.44
	女	412	91.56
学历水平	本科及以上	120	26.67
	高等专科	198	44.00
	中等专科及以下	132	29.33
年龄	20岁及以下	84	18.67
	21～23岁	162	36.00
	24～26岁	108	24.00
	27岁及以上	96	21.33

基于调查结果,本文对幼儿园教师权益保障的现实境遇分析如下。

(一)幼儿园教师依法聘任与晋升评聘权益保障状况

幼儿园教师依法聘任与晋升评聘权是指政府部门和学前教育机构规范招聘幼儿园教师、依法签订聘用合同、建立教师档案、公办园提供教师编制,幼儿园教师在职务或职称晋升的评聘时与中学教师享有同等的晋升评聘权利。调查发现,幼儿园教师依法签订聘用合同占55.96%,未依法签订聘用合同占11.40%,不确定占22.64%;幼儿园教师可获得职业晋升机会占46.11%,未获得职业晋升机会占20.21%,不确定占33.68%。这说明幼儿园教师在评聘过程中存在评聘不规范的问题,主要是由于幼儿园教师的评聘制度不健全或制度执行不力。另外,调查发现幼儿园教师缺乏权益保障意识,对用人单位在聘用、工资薪酬、教师编制等方面权益受侵时不能及时进行维权,权益保护意识淡薄。例如,幼儿园教师群体并未真正实现同工同酬,其中幼儿园教师同工同酬占35.2%,非同工同酬占23.8%,不确定占40.9%;幼儿园教师可获得正式编制占40.93%,未获得正式编制占59.07%。

(二)幼儿园教师获取工资报酬权益保障状况

幼儿园教师获取工资报酬权是指幼儿园教师可按时获取工资报酬,享受国家规定的福利待遇包括"五险一金"、节假日和寒暑假期的带薪休假以及奖金、津贴等。调查发现(见图1),参与调查的幼儿园教师月工资水平1000元以下占10.68%,1000~2000元占34.89%,2000~3000元占30.89%,3000元以上占24.43%。以2017年河南省人民政府《关于调整河南省最低工资标准的通知》确立的洛阳市最低工资标准不低于1720元为基准,⑧一定比例幼儿园教师的工资水平处于最低工资标准水平甚至低于该标准,且幼儿园教师的工资水平低于公务员平均工资和中小学教师平均工资。进一步差异比较发现,不同园所性质和园所等级的幼儿园教师之间存在一定差异,公办幼儿园教师工资明显高于民办幼儿园教师工资($x^2=26.64$, $p<0.001$)由卡方检验得知,p值小于0.01,这说明二者存在较为显著的差异,高等级幼儿园教师工资明显高于低等级幼儿园教师工资($x^2=13.58$, $p<0.005$)。

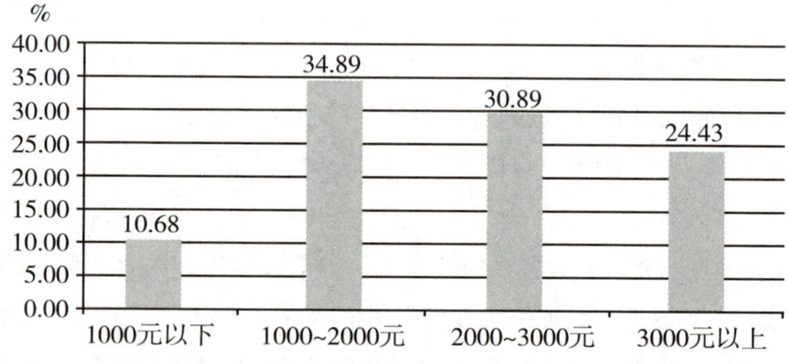

图1　幼儿园教师工资水平

---

⑧ 《河南省人民政府〈关于调整河南省最低工资标准的通知〉》,载河南省政府门户网:https://www.henan.gov.cn/2017/09-12/239781.html,最后访问日期:2018年10月10日。

调查还发现,幼儿园教师福利水平较低,大量权益得不到有效保障。例如,幼儿园教师所在幼儿园提供奖金或津贴占49.74%,不提供奖金或津贴占19.69%,不确定占30.57%;幼儿园教师所在幼儿园提供“五险一金”占38.34%,不提供“五险一金”占26.43%,不清楚占35.23%。幼儿园教师对园所提供的福利待遇满意度调查发现,非常或比较满意占30.05%,不确定占53.37%,非常或比较不满意占16.58%。

(三)幼儿园教师进修培训权益保障状况

幼儿园教师进修培训权是指政府教育部门重视对幼儿特教师资的培养,制定并实施幼儿园工作人员的培养、培训计划,学前教育机构应当加强园内培训并鼓励、支持幼儿园教师参加在职培训。调查发现,幼儿园教师能够获得进修或培训机会占61.14%,未获得进修或培训机会占38.86%。幼儿园教师对政府部门实施幼儿园教师的培养与培训计划非常满意和比较满意占46.12%,不确定占33.68%,非常不满意和比较不满意占20.20%(见图2)。这说明,幼儿园教师的进修或培训权益得到较大程度的保障,从政府到幼儿园管理者都较为注重幼儿园教师教学、师德师风的培养。公办幼儿园教师比民办园教师获得更多政府部门的进修或培训机会,民办幼儿园的教师主要是在园内自主培训或开展教学比赛的形式进行教师培养。幼儿园教师对培训满意度不高主要是个体对培训内容的偏向性不同导致的,认为培训内容和培训方式可以进一步优化。

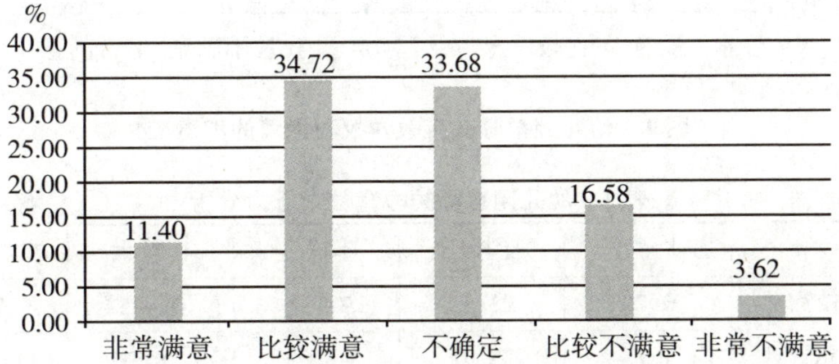

图2　幼儿园教师对已有培养和培训计划的满意度

（四）幼儿园教师自主教育教学权益保障现状

幼儿园教师自主教育教学权是指幼儿园教师可以自主进行教育教学活动，包括教育指导幼儿的学习和发展，评定幼儿的品行和学业成绩，自主设计教学内容，开展教学改革和实验。调查发现（见图3），教育主管部门或园所维护教师教育教学权利满意度调查中，非常（或比较）满意占47.36%，不确定占25.49%，非常（或比较）不满意占27.15%。幼儿园教师普遍认为家校沟通压力非常大（或较大）占41.65%，幼儿管理压力非常大（或较大）占47.1%，教学考评压力非常大（或较大）占45.72%，幼儿评价、专业技能、教学设计、教学改革等方面的压力也都相对较大（见表2）。这说明，幼儿园教师的教育教学权益并未得到良好的保障，幼儿园教师在幼儿管理、家校沟通中一旦与幼儿家长产生冲突或纠纷，园所往往采取息事宁人或惩处教师的方式解决问题，而且幼儿园教师的教育教学压力较大。

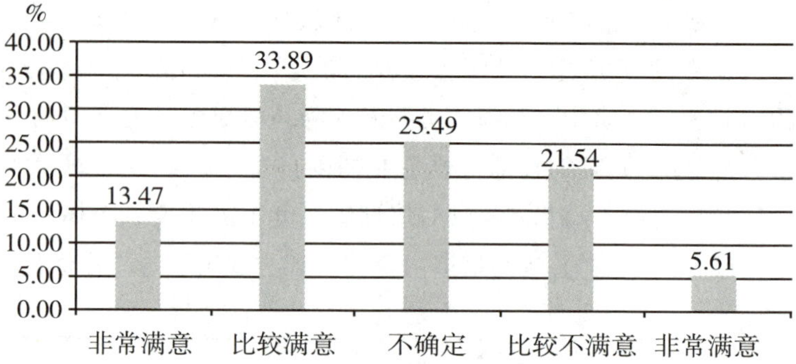

图3　幼儿园教师教育教学权利保障的满意度

表2　幼儿园教师的教育教学压力分析　单位：%

	非常小	比较小	不确定	比较大	非常大
家校沟通	6.70	22.32	27.43	32.45	9.20
幼儿管理	4.71	25.91	26.33	35.53	11.62
教学考评	5.16	20.50	27.82	30.11	15.61
幼儿评价	8.47	30.75	13.39	26.96	17.73

续表

	非常小	比较小	不确定	比较大	非常大
专业技能	14.28	29.32	22.65	23.87	9.88
教学设计	12.65	22.51	20.14	28.44	14.46
教学改革	15.13	25.90	18.28	24.37	16.62

（五）幼儿园教师教育科学研究权益保障现状

幼儿园教师教育科学研究权是指幼儿园教师可从事科学研究、学术交流，参加专业的学术团体，在学术活动中充分发表意见。调查发现（见表3），园所奖励教师教科研非常（或比较）符合占54.12%，不确定占21.57%，非常（或比较）不符合占29.31%；园所为教师提供教科研资源非常（或比较）符合占53.98%，不确定占15.89%，非常（或比较）不符合占30.13%；园所组建教师教科研团队非常（或比较）符合占59.33%，不确定占18.13%，非常（或比较）不符合占22.54%。这说明，幼儿园较为注重教师教科研，并主动给予保障。进一步访谈调查发现，当前学前教育领域倡导幼儿园教师开展教科研活动，一些省级示范园或市一级幼儿园在园长和科研主任的带领下幼儿园教师们积极开展教科研活动，但等级较低的幼儿园由于师资储备不足、缺乏教科研指导、教师教科研积极性不足等导致教科研活动举步维艰。

表3　幼儿园教师教育科学研究权益保障状况　　单位：%

	非常符合	比较符合	不确定	比较不符合	非常不符合
园所奖励教师教科研活动	15.40	38.72	21.57	23.58	5.73
园所为教师提供教科研资源	20.47	33.51	15.89	20.39	9.74
园所组建教师教科研团队	18.65	40.68	18.13	17.92	4.62

（六）幼儿园教师参与学校民主管理权益保障现状

幼儿园教师参与学校民主管理权是指幼儿园教师可以对教育教学、管理工作和教育行政部门的工作提出意见和建议，通过教职工代表大会或者其他形式参与学校的民主管理。调查发现（见表4），幼儿园教师认为幼儿园能够实施民主决策非常(或比较)符合占61.32%,不确定占19.17%,非常(或比较)不符合占19.51%;幼儿园教师可向管理者表达意见或建议非常(或比较)符合占58.55%,不确定占22.98%,非常(或比较)不符合占18.47%;幼儿园管理者能够充分听取教师意见非常(或比较)符合占59.17%,不确定占18.68%,非常(或比较)不符合占22.15%;幼儿园教师间工作量的分配相对平等非常(或比较)符合占52.44%,不确定占20.73%,非常(或比较)不符合占26.83%。这说明,幼儿园教师参与幼儿园管理的权益得到一定程度的保障,但仍有很大空间提高。

表4 幼儿园教师参与幼儿园管理权益保障状况 单位:%

	非常符合	比较符合	不确定	比较不符合	非常不符合
幼儿园实施民主决策	13.62	47.70	19.17	15.88	3.63
幼儿园教师可向管理者表达意见	16.58	41.97	22.98	14.92	3.55
管理者能够听取幼儿园教师意见	15.54	43.63	18.68	14.40	7.75
幼儿园教师间工作量的分配相对平等	12.36	40.08	20.73	22.70	4.13

三、幼儿园教师权益保障的立法状况

(一)国家保障幼儿园教师权益的法律、行政法规和部门规章

目前,国家已出台的保障幼儿园教师权益的相关法律、行政法规和部门规章共5部(见表5),包括《教师法》《教育法》《教师和教育工作者奖励规定》《幼儿园教师专业标准(试行)》《幼儿园管理条例》。《教师法》有关幼儿园教师的权益和保障条款较为全面和具体,该法分别在第一章"总则"、第二章"权利和义务"、第三章"资格和任用"、第四章"培养和培训"、第五章"考核"、第六章"待遇"、第七章"奖励"指出教师享有的各项

权利以及具体如何保障其权益。⑨《教师和教育工作者奖励规定》主要对教师的荣誉称号和表彰奖励等评价权予以全面翔实的规定。⑩《教育法》指出保障教师的受教育权、依法聘任、获取工资报酬、进修培训、参与学校民主管理、法律规定的其他权利等。⑪《幼儿园管理条例》《幼儿园教师专业标准》中针对幼儿园教师权益保障的内容则相对较少,这说明在具体的学前教育立法过程中对幼儿园教师合法权益的保障重视程度不足。

表5 幼儿园教师权益保障的法律、行政法规和部门规章

法律和行政法规	年份	幼儿园教师权益保障的相关条款数	条款中幼儿园教师权益保障内容
《幼儿园管理条例》	1989	2条共4款:第22条、第26条	进修培训、表彰奖励
《教师法》	1993	19条共40款:第4条、第7条、第9条、第17条、第18条、第19条、第20条、第21条、第22条、第23条、第24条、第25条、第27条、第28条、第29条、第30条、第32条、第33条、第34条	尊重他人、依法聘任、晋升评聘、获取工资报酬、教育科学研究、进修培训、自主教育教学、参与学校民主管理、医疗、住房、退休养老金、荣誉称号和表彰奖励等评价权
《教师和教育工作者奖励规定》	1998	13条共27款:第1条至第13条	荣誉称号和表彰奖励等评价权
《幼儿园教师专业标准(试行)》	2012	3条共8款:第三部分的第1条、第2条、第3条	依法聘任、晋升评聘、教育科学研究、进修培训

⑨ 参见《中华人民共和国教师法》,载中国政府门户网:http://www.gov.cn/banshi/2005-05/25/content_937.htm,最后访问日期:2018年10月6日。

⑩ 参见《教师和教育工作者奖励规定》,载教育部政府门户网:http://www.moe.gov.cn/s78/A02/zfs_left/s5911/moe_621/tnull_3338.html,最后访问日期:2018年10月6日。

⑪ 参见《中华人民共和国教育法(新修订)》,载教育部政府门户网:http://www.moe.edu.cn/s78/A02/zfs_left/s5911/moe_619/201512/t20151228_226193.html,最后访问日期:2018年10月6日。

续表

法律和行政法规	年份	幼儿园教师权益保障的相关条款数	条款中幼儿园教师权益保障内容
《教育法》	2015	7条共10款:第20条、第30条、第31条、第33条、第34条、第35条、第36条	受教育权、依法聘任、获取工资报酬、进修培训、参与学校民主管理、法律规定的其他权利

(二)各省保障幼儿园教师权益的地方法规、规章和规范性文件

统计发现(见表6、表7),共有9部省(自治区、直辖市)学前教育地方法规和12部省学前教育地方规章和规范性文件对幼儿园教师的部分权益设立保障条款。从立法年度分析发现,学前教育地方规章和规范性文件大多在10年之前(2008年),学前教育地方法规主要集中在近十年,这说明学前教育的地方立法已引起各地政府重视,而政府的辅助性政策文件则相对缺乏。从内容分析发现,学前教育的地方法规、规章和规范性文件中有关幼儿园教师的权益涉及依法聘任、晋升评聘、获取工资报酬、教育科学研究、进修培训、自主教育教学、参与学校民主管理、国家规定其他权力(如住房、就业、教育、医疗)等,但条款内容不一、详略程度不同,缺乏统一的规范标准。

表6 各省幼儿园教师权益保障的地方法规

各省的地方性法规	年份	幼儿园教师权益保障相关条款数	条款中幼儿园教师权益保障内容
《北京市学前教育条例》	2001	3条共5款:第18条、第20条、第23条	晋升评聘、教育科学研究、进修培训
《江苏省学前教育条例》	2012	6条共13款:第28条、第29条、第30条、第32条、第34条、第35条	依法聘任、晋升评聘、获取工资报酬、进修培训

续表

各省的地方性法规	年份	幼儿园教师权益保障相关条款数	条款中幼儿园教师权益保障内容
《云南省学前教育条例》	2012	5条共10款:第28条、第37条、第38条、第39条、第41条	依法聘任、晋升评聘、获取工资报酬、教育科学研究、进修培训
《吉林省学前教育条例》	2014	3条共5款:第14条、第40条、第46条	晋升评聘、教育科学研究、进修培训
《安徽省学前教育条例》	2014	5条共12款:第34条、第35条、第36条、第38条、第39条	依法聘任、晋升评聘、获取工资报酬、进修培训
《上海市学前教育条例》	2015	6条共19款:第26条、第34条、第35条、第36条、第37条、第40条	依法聘任、晋升评聘、获取工资报酬、教育科学研究、进修培训、自主教育教学、参与学校民主管理、国家规定其他权力
《天津市学前教育条例》	2016	3条共5款:第23条、第26条、第27条	依法聘任、进修培训、获取工资报酬
《辽宁省学前教育条例》	2017	3条共6款:第18条、第30条、第41条	依法聘任、晋升评聘、获取工资报酬、进修培训
《浙江省学前教育条例》	2017	4条共10款:第27条、第28条、第29条、第41条	依法聘任、晋升评聘、获取工资报酬、进修培训

表7　各省幼儿园教师权益保障的地方规章和规范性文件

各省学前教育规章和规范性文件	年份	幼儿园教师权益保障相关条款数	条款中幼儿园教师权益保障内容
《内蒙古自治区幼儿园管理条例实施办法》	1990	1条共2款:第3条	进修培训、教育科学研究
《福建省实施幼儿园管理条例办法》	1993	4条共10款:第18条、第19条、第20条、第22条	依法聘任、获取工资报酬、进修培训
《宁夏回族自治区实施幼儿园管理条例办法》	1993	3条4款:第9条、第10条、第11条	晋升评聘、获取工资报酬、进修培训
《四川省幼儿园登记注册管理办法(修正)》	1997	1条共1款:第7条	进修培训
《山西省幼儿园管理实施办法(修订)》	1997	1条共1款:第6条	进修培训
《新疆维吾尔自治区学前班管理办法》	1998	2条共4款:第28条、第29条	依法聘任、进修培训
《吉林省幼儿园工作管理规定(试行)》	2006	2条共2款:第12条、第21条	获取工资报酬、进修培训、教育科学研究
《辽宁省幼儿园(所)管理办法》	2007	3条共8款:第18条、第20条、第27条	依法聘任、获取工资报酬、进修培训
《青海省发展学前教育实施意见》	2011	3条共4款:第五部分的第2条、第4条、第5条	晋升评聘、获取工资报酬、进修培训
《河南省幼儿园管理暂行办法(试行)》	2012	3条共6款:第27条、第30条、第33条	依法聘任、教育科学研究、进修培训
《陕西省实施幼儿园管理条例办法(修订)》	2014	2条共4款:第13条、第15条	依法聘任、进修培训
《山东省学前教育规定》	2014	6条共7款:第15条、第20条、第23条、第24条、第25条、第26条	依法聘任、晋升评聘、获取工资报酬、进修培训

四、幼儿园教师权益的立法改进与政策保障分析

根据调研及现有法律法规分析可以看出，我国幼儿园教师权益的立法与政策保障，存在的主要问题有以下几点：一是学前教育立法层次低，没有专门的“学前教育法”对学前教育整体立法进行规范和引领，致使地方学前教育法规、规章和规范性文件对幼儿园教师权益保障的重视程度不够。二是学前教育立法体系不健全，政府部门缺乏相应的配套实施办法和政策支持，全国仅有 12 个省级法规、规章和规范性文件，31 个设区市的学前教育地方性法规、规章和规范性文件。[12] 三是学前教育立法中有关幼儿园教师权益不完善，立法条款模糊，缺乏可操作性，内容杂糅。结合幼儿园教师各项权益立法及现实保障中存在的问题，本文对学前教育立法（尤其是“学前教育法”）和政策保障提出以下具体意见和建议。

（一）幼儿园教师依法聘任与晋升评聘权益立法应确立规范性标准，提高条款可操作性

已有学前教育立法中，幼儿园教师的聘任和晋升缺乏统一的聘任制度和考评标准要求，民办幼儿园和公办幼儿园的教师在专业技术职务评定上地位和权利不对等。幼儿园教师依法聘任权益的保障中，政府部门和学前教育机构应规范幼儿园教师的招聘制度，为纳入机构编制管理范围的公办学前教育机构核定教职工编制，并按照规定公开、公正、公平招聘各类工作人员；学前教育机构（尤其是民办幼儿园）招聘过程中，应与幼儿园教师依法签订聘用合同，明确规定双方的权利、义务和责任；幼儿园将幼儿园教师招聘入园后，都应为其建立教师档案并上报政府人事管理机构。幼儿园教师的晋升评聘权益立法保障中，政府教育行政部门保障幼儿园教师在职务或职称晋升的评聘中应与中小学教师享有同等的晋升评聘权利，并制定幼儿园教师专业技术资格评价标准和办法，完善评价机

---

[12] 参见陈亮：《我国学前教育地方立法的现实困境及其改进方向》，载《陕西师范大学学报》（哲学社会科学版）2017 年第 6 期。

制；学前教育机构应对幼儿园教师的政治思想、业务水平、工作态度和工作成绩进行客观、公正、准确的考核，充分听取教师以及学生的意见，将考核结果作为受聘任教、晋升工资、实施奖惩的依据。另外，幼儿园教师应增强权益保护意识，主动维护自身合法权益。

（二）幼儿园教师获取工资报酬权益立法应完善条款内容，避免杂糅

已有学前教育立法中，幼儿园教师获取工资报酬权益的条款内容不完整，工资、福利待遇的标准不明确。例如，《吉林省学前教育条例》第 46 条有关幼儿园教师获取工资报酬权仅一个条款，为“学前教育机构从业人员的工资、福利待遇和社会保险等由学前教育机构依法办理”。⑬ 幼儿园教师获取工资报酬权益的政策保障中，政府部门和学前教育机构应健全学前教育经费投入机制，保障幼儿园教师可按时获取工资报酬，坚持同工同酬的原则，并逐步提高工资水平；应加大民办幼儿园支持力度，增加民办园和低等级园的运行效益，缩小幼儿园教师之间收入差距；应为幼儿园教师缴纳五险一金，保障其医疗、住房、就业、生育、养老等得到妥善安置；应完善幼儿园教师的表彰、激励机制，依法保障休息、休假的权力；保障幼儿园教师享受教龄津贴和其他津贴，特别是农村边远地区和教授特殊儿童的幼儿园教师。

（三）幼儿园教师进修培训权益立法应明确责任主体和具体责任，保障责任落实

已有学前教育立法普遍重视幼儿园教师进修培训权益，但是幼儿园教师进修培训权益的条款对制订培训计划和承担培训任务的责任主体不明确。例如，《上海市学前教育条例》关于幼儿园教师的进修培训权条款仅为第 36 条第 4 款“教师从事为促进本职工作与专业发展的研究与进修的，学前教育机构及其举办者应予以奖励”。幼儿园教师进修培训权益的政策保障中，“政府教育行政部门应当建立幼儿园教师继续教育制度，制

---

⑬ 《吉林省学前教育条例》，载吉林省人民政府教育督导网：http://www.jledu.gov.cn/show/43240.html，最后访问日期：2018 年 10 月 6 日。

定培训规划,落实培训基地以及经费,做好培训工作";[14]学前教育机构应当加强园内培训并鼓励、支持幼儿园教师参加在职进修,建立进修激励机制,鼓励教师提高学历层次和专业水平;各级教师进修学校、师范和非师范学校应当承担培训幼儿园教师的任务;培训计划和内容要结合学前教育理论与教育实践的现实需求,防止培训与教学的脱节,提高幼儿教师的满意度。

(四)幼儿园教师自主教育教学权益立法应重视权益保障,尊重幼儿园教师教育教学权威

已有学前教育立法中,强调幼儿园教师教育教学的规范性,要求严格遵守制度,明确处罚措施和法律责任,但一定程度上忽视了幼儿园教师享有的自主教育教学权益和应有的立法与政策保障。幼儿园教师自主教育教学权益的政策保障中,政府教育行政部门和学前教育机构应当尊重幼儿园教师的教育教学自主权,改善教学环境,提供教学设备;学前教育机构应不断完善幼儿园教学模式,加强与其他园所的教学经验交流,开展教育教学技能比赛,还应合理分配任务,减轻幼儿园教师的教学压力;幼儿园教师可以自主进行教育教学活动,开展教育教学改革和实验,可自主评定幼儿品行和学业成绩;幼儿家长应当尊重幼儿园教师的教育教学权威,积极配合幼儿园教师的教育教学活动,增进家校沟通。

(五)幼儿园教师教育科学研究权益立法应规范责任主体的职责,提高政策支持力度

在已有学前教育立法中,政府教育行政部门和学前教育机构对幼儿园教师教育科学研究权益重视程度不够,责任主体不明确,教育科学研究的指导、监督、科研支持和奖励等制度不健全。幼儿园教师教育科学研究权益的政策保障中,政府部门应当制定幼儿园教师的教育科学研究奖励制度,加强教育科学研究的工作督导,应当聘请教育科学研究的专家,定期指导幼儿园教师的教科研活动,如研究方法、研究价值取向、研究内容、写作能力等内容;学前教育机构应当组建教育科学研究团队,定期开展园

---

⑭ 《山东省学前教育规定》,载山东省政府门户网:http://www.shandong.gov.cn/art/2014/3/5/art_2522_6869.html,最后访问日期:2018年10月5日。

所教研活动,制定机构内部科研奖励机制,还应鼓励教育科学研究,合理设置科研管理岗位,增加科研类师资储备;幼儿园教师要提高科研积极性,采用行动研究法将科研与教学相结合,改善教学模式。

(六)幼儿园教师参与学校民主管理权益立法应提高幼儿园教师的权力地位,避免边缘化

在已有学前教育立法中,政府和学前教育机构拥有较大的权力,政府部门对幼儿园垂直领导,监督幼儿园教师的教学行为,幼儿园实行园长责任制,园长对幼儿园的政策制定和行政管理具有决策权。因此,幼儿园教师处于被领导的地位,对幼儿园的政策制定与实施缺乏知情权,幼儿园的安全卫生、教育教学、人事评聘、表彰奖励等工作未形成幼儿园教师监督机制。幼儿园教师参与学校民主管理权益的政策保障中,政府部门和学前教育机构在制定政策和行政管理中应广泛听取和采纳幼儿园教师的意见和建议,并坚持公平、公正的原则;应成立幼儿园教师的教职工代表大会,提高幼儿园教师群体的权力地位,确保参与和监督本单位的民主管理工作;幼儿园教师应对学前教育机构制定与实施的发展决策有知情权,可以对园所的教育教学、行政管理和教育行政部门的工作提出意见和建议。

五、结语

"百年大计,教育为本",教育大计,学前为本。幼儿园教师肩负着启迪儿童智慧、培育儿童健康身心、孕育自信豪迈中国少年精神的重大使命,其重要性不言而喻。迄今为止,我国幼儿园教师的身份地位低、编制不落实,待遇、权益缺乏保障等依然是较为普遍的问题,这导致的一个直接后果是幼儿园教师队伍稳定性差,严重影响幼儿园教师整体素质的提高,并为整个学前教育的良性发展带来障碍。由于较长时间内我国学前教育及幼儿园教师在学前教育中的主体地位没有得到应有重视,幼儿园教师的立法和政策保障都有着较大程度的滞后。结合幼儿园教师权益保障的现状调查和已有立法的总结发现,幼儿园教师的依法聘任和晋升评聘、自主教育教学、教育科学研究、获取工资报酬、参与学校民主管理、进修培训等权益保障的现实境遇和立法保障不容乐观，具体存在问题包括权益内容不清、现实保障乏力、主体责任不明、政策体系不全、立法经验不足、立法层次较低。

这些现实诉求使"学前教育法"的立法具有迫切性，政府行政部门应提高政策保障的力度、健全保障体系。⑮ 在学前教育立法和政策制定过程中应注意以下几点：首先，明确幼儿园教师权利和义务，注重对幼儿园教师权益的保障，明确幼儿园教师合法权益具体内容。其次，广泛听取学前教育专家和幼儿园教师关于教师权益保障的意见，提高立法的针对性和专业性，防止法律文本脱离实践。再次，幼儿园教师权益保障立法应强化政府和学前教育机构的责任意识，明确责任主体和责任内容，建立督导评估与问责机制。⑯ 最后，应充分借鉴国外学前教育立法的成功经验。⑰

Practical Situation and Analysis the Legislation of Protecting Preschool Teachers' Rights and Interests

Pi Yueming　Wang Tingzhao

Abstract: Preschool teachers are the subjects of preschool education and important object of the legislation on preschool education. According to the relevant survey, preschool teachers' rights and interests cannot be effectively guaranteed, such as, legal employment and promotion, independent teaching and education, scientific research of education, obtaining salary and welfare,

---

⑮ 参见庞丽娟：《加快推进〈学前教育法〉立法进程》，载《教育研究》2011 年第 8 期。

⑯ 参见汪丞、周洪宇：《关于学前教育立法的思考》，载《教育探索》2013 年第 2 期。

⑰ 参见管华、王君妍：《国外学前教育立法的启示》，载《陕西师范大学学报》（哲学社会科学版）2017 年第 6 期。

participating in the democratic management of preschools, and further training, etc. Generally speaking, preschool teachers' satisfaction on the guarantee of their rights and interests is low. According to the analysis of legislation on protecting preschool teachers' rights and interests found that the preschool education legislation system is not perfect, which lacks of legislative norms and standards, the terms and contents are not operational, and the subject of responsibility is not clear and the status of preschool teacher is marginalized. Based on the aforesaid phenomena, the authors of this article believe that the legislative process of the Law on Preschool Education should be accelerated, and the advice and suggestions on the legislative protection of preschool teachers' rights and interests should be implemented.

Key Words: legislation of preschool education preschool teacher guarantee of rights and interests

幼儿教师的身份迷失、权利证成与法律归位*

王雅荔**

摘　要:幼儿教师是保障学前教育事业健康发展的关键因素。由于法律地位与权利义务的模糊导致幼儿教师在现实中出现身份迷失。通过法教义学推导得出幼儿教师权利的本质是幼儿教师作为一个整体而享有的基于专业的职业权利,具有专业性与职业性,在现行法中可将幼儿教师的权利分层为幼儿教师的劳动者权利、一般性职业权利及特殊性职业权利。应基于劳动者、教师及幼儿教师三种身份组成幼儿教师权利框架,以期实现幼儿教师这三种身份在法律上的归位。

关键词:幼儿教师　身份迷失　权利证成　劳动者权利　职业权利

教师队伍的质量是教育事业健康发展的关键因素。受现行国家学前教育相关法律与政策的影响,

---

* 基金项目:陕西省教育科学"十三五"规划2017年度课题:陕西省幼儿园教师权利及其法律保障研究(项目编号:GH17H238)。

** 王雅荔,西安文理学院讲师,教育学博士。研究方向:教育法学。

幼儿教师队伍在法律地位、权利义务、责任归属等方面出现了若干问题。在一系列幼儿园负面事件出现后,学前教育师资建设问题一时间被推上风口浪尖。实践困境来自法律规范的错位与缺位,为解决幼儿教师现实中的身份迷失,有必要在现行法律框架下运用法教义学证成幼儿教师作为法律主体的权利义务,让幼儿教师在法律规范中真正地回归其应有身份,从而解决幼儿教师在现实中遇到的诸多难题。

一、幼儿教师的身份迷失

随着国务院《关于当前发展学前教育的若干意见》等重要法规政策的出台,学前教育资源在国家宏观力量的支持下快速扩张。根据教育部与国家信息中心关于学前教育方面的数据统计:2017年,全国学前教育经费总投入为3255亿元,幼儿园生均教育经费总支出为9770元;全国学前3年毛入园率已提高至79.6%;幼儿园现有教职工达到419.29万人、其中专任教师有243.21万人。[①] 在急剧增长的现实面前,幼儿教师的充足性、稳定性和专业性成为制约幼儿师资队伍建设的三大掣肘。[②] 在实践中,主要体现为以下特征:

(一)幼儿教师身份迷失的实践表征

1.是否有编制决定了幼儿教师是否享有权利义务。在学前教育领域,师资队伍的管理长期严重依赖“身份管理”模式,[③]幼儿教师被机械地划分为两类:有编制的和无编制的,其中有编制的幼儿教师被《教师法》以及国家教委《关于〈中华人民共和国教师法〉若干问题的实施意见》等文件确定为“教书育人的专业技术人员”,而那些无编制的幼儿教师则被现

---

① 参见丁雅诵:《学前3年毛入园率达79.6% 教职工数量增长了79.4%》,载《人民日报》2018年8月2日,第9版。

② 参见郑名:《“学前教育三年行动计划”成效分析与政策建议》,载《学前教育研究》2014年第8期。

③ 参见陈鹏、高源:《我国学前教育立法的现实诉求与基本问题观照》,载《陕西师范大学学报》(哲学社会科学版)2017年第6期。

行法“选择性遗忘”,只能适用《劳动法》等针对性不强的部门法。在日常教学管理中,有无编制的差别更是大到不可想象。2013年,教育部出台了《幼儿园教职工配备标准(暂行)》,但各地对此并未出台相应的实施办法,并未从根本上解决身份管理的弊端,同工不同酬的现状根源在于幼儿教师的权利义务具有不确定性,与编制挂钩,且目前仍未得到有效解决。无编制导致的工资水平低、流动性强、流失严重等问题给幼儿教师队伍建设带来了巨大的挑战。④

2. 是否在公办幼儿园决定了幼儿教师是否优先享有权利义务。我国学前教育事业在20世纪90年代末期迎来了转折点,因企事业单位的改制,学前教育被削减了政府责任义务,全面推向市场,开始了其“社会化”进程。部分公办园成为“稀缺”“特权”的象征,⑤“入园难”问题由此登上历史舞台。从数量来看(见表1),在短短14年之间,民办幼儿园的数量直线上升,从1996年的占比13%(2.45万所)提升到了2009年的56%(8.93万所);随后全国学前教育资源急剧增长,但从占比看,民办园仍占据多数,大约为公办园的两倍之多。公办幼儿园中由教育部门举办的幼儿园数量相对稳定。尤其是在2003年1月国务院出台的《关于幼儿教育改革与发展的指导意见》中明确了今后5年(2003~2007年)幼儿教育改革的总目标:将公办幼儿园定位为骨干和示范,将社会力量兴办幼儿园作为主体……这些指引性政策更强化了优质公办园的“优越”特质。虽然公办园中仍存在有编制教师与无编制教师的区别对待现象,但就整体而言,公办园的幼儿教师在工资待遇、福利补贴、工作时长、培训进修等方面均受到不同层面的保障。⑥ 能否成为公办园的幼儿教师,决定着自己的法定权利义务是否能受到更高强度的制度保障,而占比近七成的民办园幼儿教师作为学前教育师资队伍的主力军,却无法确保自身权益,进而对学前

④ 参见杜屏等:《幼儿教师的流动、流失与工资关系的研究》,载《教育与经济》2013年第6期。

⑤ 参见王默等:《聚焦我国民办幼儿园教师队伍的发展:问题、影响因素及政策建议》,载《教师教育研究》2015年第3期。

⑥ 王默、王彦波:《对我国民办幼儿园教师权益保障政策的反思——基于国家及地方政策文本的分析》,载《广东第二师范学院学报》2017年第1期。

教育健康发展产生不良影响。

表 1　全国四种不同类型幼儿园的数量情况　　单位:万所

年份	教育部门办	集体办	其他部门办	民办
1996	2.52	11.57	2.19	2.45
2000	3.52	8.17	1.56	4.43
2009	2.07	1.75	0.44	8.93
2015	—	7.72	—	14.64

数据来源:中国教育统计年鉴,北京:人民教育出版社,1996～2015 年。

3. 是否在城市幼儿园决定了幼儿教师是否实际地享有权利义务。农村学前教育在我国的教育体系版图中长期处于隐形地带,[⑦]而城乡两地之间幼儿教师在数量、身份、待遇等各方面的显著差距是目前我国学前教育领域的突出问题(见表 2)。首先,乡村幼儿教师在数量上具有大缺口。根据 2013 年《幼儿园教师配备标准(暂行)》规定,全日制幼儿园的专任保教人员与幼儿的师生比不大于 1∶7 至 1∶9。从表 2 来看,尽管农村学前教育资源也得到一些扩大,但师生比仍与城市幼儿园存在很大差距,这使乡村幼儿教师的绝对工作量增大。其次,乡村幼儿教师在身份上具有真空性。根据 1997 年国家教育委员会下发的《关于实施〈社会力量办学条例〉若干问题的意见》精神,农村乡镇幼儿园……按公办学校实施管理。这一规定将农村幼儿园及其教师排除出民办的范畴。但矛盾的是,公办幼儿园及其教师以事业单位编制为基础进行管理,这就造成了乡村幼儿教师既没有公办编制又不归民办管理的真空状态,其作为教师的权利义务无法落实。

---

⑦　参见刘晓红:《我国农村学前教育发展中的问题、困难及其发展路向》,载《学前教育研究》2012 年第 3 期。

表 2　我国农村幼儿园专任教师与幼儿的数量及比例　单位:万人

年份	专任教师	幼儿	师生比
2011	20.1721	993.7937	1:49
2013	26.8327	1079.2442	1:40
2015	34.1446	1113.5793	1:33

数据来源:中国教育统计年鉴,北京:人民教育出版社,2011～2015 年。

(二)幼儿教师身份迷失的法律陷阱

1. 幼儿教师的身份迷失。从幼儿教师所面临的实践问题来看,其矛盾的焦点均指向幼儿教师在法律上的身份认定。身份这一概念根源于社会学,辐射于心理、教育、法律等其他社会科学领域,是一个综合性的复杂概念,总体而言是指个体在社会中的位置、标示及称谓。[⑧] 在《汉语大辞典》中身份一词主要有出身、社会地位、身价、姿态这四层含义。在学理上,所谓身份有两个面向,其一为主体对内的关照,核心认知为"我是谁";其二为主体对外的关照,意指个体对社会角色期待的回应。[⑨] 对群体进行的身份研究主要集中在 Tajfel 的社会身份理论和 Turner 与 Hogg 的认同身份理论。在理论上各学派对身份的内涵界定虽不尽相同,但共同之处在于身份往往象征着个体在特定环境中的社会角色及地位,一旦获得某种身份,就当然地获取到与身份相关的一系列配套装置,[⑩]如权利义务体系、保障制度等。

教师的身份确认体现在社会层面与法律层面,两个层面相辅相成、相互限制。法律规范中的教师身份确认是社会身份确认的制度性前提,而社会观念中的教师身份确认又在很大程度上影响着法律身份的落实。幼儿教师的社会身份虽然被确认为"学前教育领域的教师",但由于学前教育体制中国家责任的有限承担,"唯编制论"成为学前教育师资的管理模

⑧　参见张淑华等:《身份认同研究综述》,载《心理研究》2012 年第 1 期。

⑨　参见赵明仁:《教师教育者的身份内涵、困境与建构路径》,载《教育研究》2017 年第 6 期。

⑩　参见何浩:《我国幼儿园教师法律身份研究》,西南大学学前教育学 2014 年硕士学位论文,第 7 页。

式,公办园成为学前教育资源的既得利益者,城乡差异在学前教育领域表现得尤为突出,这就使得本应作为一个整体的幼儿教师在法律上的身份确认呈碎片化。而这些实践表征的法律根源就在于未将幼儿教师作为一个整体在现行法框架下得到法律身份的确认。这也就是说,幼儿园教师在社会实践中会遭遇到"身份迷失"的根源就在于幼儿教师在法律规范中的身份并未得到有效确认,厘清幼儿教师的法律身份显得尤为重要。

2. 幼儿教师在身份上的法律陷阱。幼儿教师的上位概念为教师,故其法律身份的最主要依据为《教师法》第 3 条,即"履行教育教学职责的专业人员",在《教师法》第 10 条也得到了再次确认,即"取得幼儿园教师资格,应当具备幼儿师范学校毕业及其以上学历"。由此可以得出,幼儿教师整体上应首先得到《教师法》及其配套法规的法律保障,其权利义务应适用于《教师法》第 7 条、第 8 条,其责任边界则优先适用于《教师法》第 35 ~ 39 条。但在实践中,由于幼儿教师队伍遵循"编制管理"模式,导致幼儿教师的每一种类型都不可避免地遇到法律陷阱,出现法律空白或法律错位。

具体来说,幼儿教师的法律身份确认主要存在以下两方面法律陷阱:

首先,幼儿教师的整体法律地位内涵不清。根据《教师法》第 3 条,幼儿教师的法律地位应为"专业人员",但随即国家教委出台了《关于〈中华人民共和国教师法〉若干问题的实施意见》,其中将非政府举办的各类学校教师排除在《教师法》的适用范围之外,而在幼教领域中有七成师资是民办幼儿教师,导致幼儿教师的整体法律地位出现分层。

其次,幼儿教师的权利义务边界不明。幼儿教师有着自身职业的特殊性,由于儿童的身心发展规律,幼儿教师不仅承担着教书育人的职责,还不可避免地肩负着保育、陪伴等特殊责任,在学前教育阶段,幼儿教师对幼儿的全面教养是一项根本原则。且不说公办无编制教师与民办幼儿教师无法适用《教师法》中规定的教师权利义务等相关配套保障措施,就算是公办有编制教师由于其职业特殊性而无法完全适用,使《教师法》中的教师权利义务这一最重要的配套规定对幼儿教师来说形同虚设。2012 年出台的教育部、中央编办、财政部、人力资源社会保障部《关于加强幼儿园教师队伍建设的意见》以及2013年的《幼儿园教职工配备标准(暂行)》等专项文件均未能解决前提性矛盾,即未将幼儿教师作为一个整体规定其权利义务,而是以编制等标准划分成不同层次,只对其中一部分教师作出了规定,为幼儿教师的权益保障缺失埋下伏笔。

二、幼儿教师的权利证成

权利是法哲学领域历久弥新的话题,也是最为深奥复杂的问题之一。通行的权利存在形态主要有应有权利、法定权利、现实权利这三种形态。[11]权利的初始状态被称为应有权利,由道德规范来支撑,也被称为道德权利;法定权利是由法律规范明确提出或者由法律严格推导出的权利形态,它是法治社会中权利的主要形态,也是当今社会最重要的权利形态;现实权利也叫实在权利,是主体已经实现了的那部分权利,它是权利运行的终极形态。[12] 凡是最终能够被主体所真正实现了的权利(现实权利),必然是同时满足了道德的正当性(应有权利)与规范的合法性(法定权利)这两个前置要求。用权利存在形态的视角来看,幼儿教师在实践中出现了身份的迷失,集中表现为幼儿教师现实权利的缺失,而前置性的原因在于幼儿教师的应有权利与法定权利未得到明确。

权利需要证成,一项权利的存在不仅需要对主体权利进行本质探究,还需要对权利的正当性与合法性作出严密论证。幼儿教师的权利证成将从权利本质、价值的权利证成(权利的正当性)、规范的权利证成(权利的合法性)这三个层面展开。

(一)幼儿教师权利的本质

根据德国法学家梅开尔的观点,权利的本质由特定的利益和法律上之力这两个因素构成,其中前者为权利的内核,后者为权利的外形,二者

---

[11] 参见张文显主编:《马克思主义法理学——理论、方法和前沿》,高等教育出版社2003年版,第291页。

[12] 参见程燎原、王人博:《权利论》,广西师范大学出版社2014年版,第348页。

缺一不可。[13] 对于幼儿教师权利,其本质也应有幼儿教师这一特定整体所享有的利益和国家强制力保障的因素构成。

1. 在权利内核方面。幼儿教师权利是幼儿教师作为一个整体所享有的利益。首先,从权利主体的角度,幼儿教师被看作一个群体,幼儿教师的权利是每个群体成员都具备的。例如,培训进修权这项具体的幼儿教师权利,并不在权利上附加任何条件,对幼儿教师这个群体中的每一个成员而言,其权利的实现条件都是一致的。其次,幼儿教师权利在本质上属于一种利益,如果没有利益的存在,权利无从谈起。例如,教育教学权,是幼儿教师为了实现职业目标所享有的一项基本权利,这在本质上属于该法律主体的利益。

2. 在权利外观方面。幼儿教师权利被法律所确认,受国家强制力保障。一般权利的外观是被法律规范所确认,对幼儿教师权利来说也是一样,我们称为"法益",这是权利的保障性要件。幼儿教师可以在法律规定的范围内享受到法益,并且在法益受到不法侵害的时候请求国家给予强制性保障。如果幼儿教师所应享有的权利并未被现行法律规范所确认,那该权利则不具有合法外观,无法得到国家强制保障,也就是说,缺少了法律之上力。

(二)价值视角的权利证成

在厘清了幼儿教师的权利本质之后,我们首先需要从价值视角出发去证明幼儿教师作为一个整体所享有的权利具有正当性。

所谓正当性,通常是指合乎某种价值标准或规范。[14] 作为幼儿教师,什么样的权利具有正当性?《教师法》第 11 条规定了幼儿教师的资格与任用,幼儿教师的资格(内含学历要求)代表着幼儿教师权利的专业属性,幼儿教师的任用代表着幼儿教师权利的职业属性。幼儿教师是由两个词语组成,一个作为范围领域的形容词和一个作为群体的名词,寻找幼儿教

---

⑬ 参见[德]卡尔·拉伦茨:《德国民法通论》(上册),谢怀栻等译,法律出版社 2004 年版,第 279 页。

⑭ 参见李大勇:《论司法政策的正当性》,载《法律科学》(西北政法大学学报)2017 年第 1 期。

师权利的正当性也需从这两方面入手。

1. 幼儿教师权利的专业性。相比一般教师,幼儿教师具有专业上的特殊性,由于其教育对象为6岁以下儿童,所以幼儿教师兼具脑力劳动(教育)与体力劳动(教养),是一种复杂性劳动过程。幼儿在此处是作为界定范围的形容词来使用的,意指针对幼儿所进行教育活动的群体,通常被称为0~6岁儿童教育或者学前教育,此处幼儿教育是一种独特的、需要专门知识才能顺利开展的教育,故幼儿教师权利的第一个正当性基础应为权利的专业性。

2. 幼儿教师权利的职业性。教师是一种职业,是社会中不可或缺的具有鲜明行业特征的、预设某种目的、需要专门的场所来实施活动的一种职业,故幼儿教师权利的正当性基础还应该有职业性这一特征。《教师法》第3条对整体教师队伍的身份予以确认:履行教育教学职责的专业人员。这一规定也印证了幼儿教师权利的职业属性。

(三)规范视角的权利证成

从现行法律规范来看,幼儿教师权利性质和权利内容与幼儿教师的任用主体和任用方式息息相关,也就是说幼儿教师的身份确认是幼儿教师权利证成的决定性因素。

世界各国对公立教师身份的界定主要有公务员、公务雇员和普通雇员这三种形式。在法国、德国等国家,公立教师的身份被确认为公务员,国家直接任命教师,其享有公务员同等权利义务;在日本,教师是教育公务员,也就是一种特殊的公务员。在英国、美国等国家,教师为公务雇员,即公务员与雇员的双重身份,既受公务员法的保护与制约,同时又履行雇佣合同的权利义务。俄罗斯是将教师作为单纯雇员对待的少数几个国家,无论是公立教师还是私立教师都适用一般劳动法律法规。而在世界各国的法律中,均将私立教师视为普通劳动者,完全属于私法上的劳动契约关系。

在我国,无论是有编制的幼儿教师还是无编制者,都与用人单位(幼儿园)存在广义上的劳动关系,是广泛意义上的劳动者。只不过根据幼儿教师有无编制来决定适用《事业单位管理条例》抑或《劳动法》;幼儿教师是教师的一种类型，而教师作为一种专业属性极强的职业，应普遍适用《教师法》；同时幼儿教师在工作中兼具教育与教养的双重功能，具有自己独特的职业特征，应适用于专门规制学前领域内的法律规范。

三、幼儿教师的法律归位

幼儿教师权利可被看作一个基于身份而展开的金字塔结构的权利框架（见图 1）。在金字塔的底部，是基于劳动契约中的劳动者身份而产生的劳动者权利；[15]在金字塔的中间部分，是基于教师身份而产生的一般性职业权利；在金字塔的顶端，是基于幼儿教师身份而产生的特殊性职业权利。

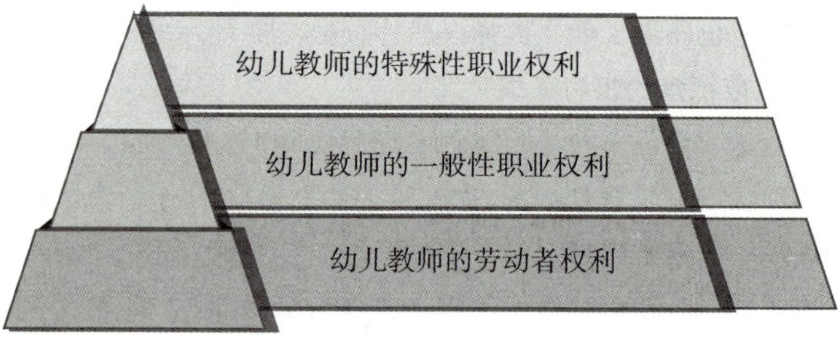

图 1　基于身份的幼儿教师权利框架

（一）幼儿教师的劳动者权利

劳动者有广义与狭义之分。广义来说，凡是以自身的劳动获取一定利益报酬的主体都可以称之为劳动者，在狭义上，只有那些被《劳动法》所规定的履行劳动契约的主体才被称之为劳动者。以劳动关系为基础，劳动者所享有的权利被统称为劳动者权利。由于幼儿教师的类型多样化，

---

⑮　参见裴斌侠：《劳动法上劳动者权利的性质及体系研究》，南京师范大学经济法系 2017 年硕士学位论文，第 5 页。

我们把公立学校中无编制的幼儿教师、民办学校幼儿教师等被排除在《事业单位管理条例》之外的劳动者与有事业编制的幼儿教师给予平等的劳动者法律身份，基于该身份，幼儿教师享有以下劳动者权利。

1. 获得公平的工作条件权。根据联合国《经济、社会及文化权利公约》，劳动者因付出劳动而享有的第一个权利即获得公平的工作条件权。幼儿教师工作范围跨度大，工作内容既包括了教育又包含教养，其内部分工经常因编制、类型等因素出现失衡情况，基于此，幼儿教师的第一个劳动者权利即是获得公平的工作条件。

2. 获得公允的工资报酬权。学前教育领域内教师的工资待遇问题是颇为突出的问题，就整体来说，幼儿教师普遍的工资待遇处于较低水平。更为严重的是，由于幼儿教师类型的不同，其内部工资报酬差异极大。劳动者权利的核心内容是公允的工资报酬，也就是说，能否获得行业内公允的工资报酬是幼儿教师作为劳动者所应享有的重要权利。

3. 劳动者的辅助性权利。单个的劳动者在劳动关系中经常处于弱势地位。有鉴于此，劳动者拥有着诸如集体交涉权、成立工会权、社会保障权，民主参与权等辅助性权利，这些权利的存在具有非常积极的保障作用，在特殊法律出现相关立法空白时，劳动者可运用劳动者的辅助性权利保障自己的合法利益。作为幼儿教师，在与用人单位签订劳动合同的同时，应暗含所有的劳动者辅助性权利。

（二）幼儿教师的一般性职业权利

在学前教育领域中，一般性教师规范最主要的任务就是要确立幼儿教师的法律身份，这是主体权利义务的源头，也是学前教育立法的前提。按照法教义学梳理相关现行法，发现国家以法律法规的形式在一般性教师规范中共设置了资格与岗位这两个幼儿教师的身份要件。

其一，资格要件。按照《教师法》第 10 条、第 11 条规定，作为履行教育教学职能的专业人员，幼儿教师需要具备幼儿师范学校及以上学历或者通过国家幼儿教师资格考试，以获取幼儿教师资格。幼儿教师资格是国家设置的关于幼儿教师行业准入的标准,[16]也是幼儿教师身份在教师共性规范中最核心的表述。换言之,只要具备了国家确认的幼儿教师资格,就满足了幼儿教师身份确认的资格要件。

其二,岗位要件。《教师法》第2条规定,本法适用于在各级各类学校和其他教育机构中专门从事教育教学工作的教师。这也就是说,要想成为《教师法》的适用对象,在《教师法》中被确认教师身份,必须满足在学校与其他教育机构中任教的这一条件,也就是通常意义上的"在岗"。

而在随后颁布的部门规章国家教委《关于〈中华人民共和国教师法〉若干问题的实施意见》中,对《教师法》的适用范围作出了限缩性规定:"《教师法》第二条所称'教师'是指:各级人民政府举办的幼儿园,普通小学,特殊教育学校,工读学校,技工学校,普通中学,职业中学,中等专业学校,全日制普通高等学校,高等职业学校,成建制初、中、高等成人学校的教师。""除……以外的其他教育机构的教师、学校和其他教育机构中的教育教学辅助人员,地方人民政府可根据实际情况,参照《教师法》的有关规定执行。"部门规章的这一限缩性规定将在非政府办学的幼儿园中工作的幼儿教师如民办幼儿教师等排除在《教师法》之外,取而代之"参考"《教师法》规定,这也是幼儿教师未能作为一个整体而得到法律身份确认的根源,造成了幼儿教师的身份迷失。

从幼儿教师的权利证成过程来看,无论是从价值角度还是规范角度,幼儿教师的权利属性只有专业性和职业性这两点,与之相对应,幼儿教师的身份确认也只有资格要件和岗位要件这两点,除此之外的任何限缩性规定都与幼儿教师权利本质相违背。值得关注的是,在"学前教育法"尚未出台之前,为确立幼儿教师法律地位,地方学前教育立法将保障幼儿教师(无论编制)平等享有权益作为基本共识得到贯彻,[17]而这种共识极大地推动了学前教育师资队伍的健康发展。

---

[16] 参见梁慧娟:《我国地方学前教育立法的内容分析及其启示——以三个地方性学前教育法规为例》,载《学前教育研究》2013年第4期。

[17] 参见陈亮:《我国学前教育地方立法的现实困境及其改进方向》,载《陕西师范大学学报》(哲学社会科学版)2017年第6期。

(三)幼儿教师的特殊性职业权利

在学前教育高速发展的时代,幼儿教师需要具备与其他教育职业群体相区别的专业理念、职业素养、师德规范、知识背景、能力水平,在幼儿教育这个场域中完成自己的身份定位:即幼儿学习活动的支持者、引导者、合作者。[18] 针对学前教育特殊规律与儿童身心发展规律,梳理幼儿教师的权利义务。

首先,应科学细化幼儿教师任职资格制度,严控行业准入,明确从业禁止,提高幼儿教师的整体素质。[19] 2012 年的《幼儿园教师专业标准(试行)》是在 1995 年《教师资格条例》的基础上进一步明确了幼儿教师所应具备的专业能力,是幼儿教师特性规范的集中写照,可依据《幼儿园教师专业标准(试行)》《3~6 岁儿童学习与发展指南》等文件要求,细化资格认定相关制度。

其次,应结合学前教育特点构建幼儿教师的权利义务体系,其法律渊源主要有《教师法》第 7 条、第 8 条,《幼儿园工作规程》,国务院《关于当前发展学前教育的若干意见》,教育部、中央编办、财政部、人力资源社会保障部《关于加强幼儿园教师队伍建设的意见》等。尤其是在幼儿教师的职务、职称、聘任等方面,需建立一个符合学前教育规律的幼儿教师权利义务体系,明确幼儿教师权利义务的具体范围。

最后,应针对幼儿教师权益梳理出相应的国家义务。针对幼儿教师权益的国家义务是指国家以各种方式为幼儿教师实现其权益而提供的法律义务。根据受教育权的国家义务分类,可将幼儿教师权益所对应的国家义务分为国家尊重义务、国家给付义务、国家保障义务。第一,幼儿教师权益所对应的国家尊重义务是指国家不妨碍、不干涉幼儿教师所享有的合法权益,具体来说是指幼儿教师不因有无编制、在城市还是农村等差别而受到区别对待,国家有义务将幼儿教师作为一个群体来尊重其合法

---

⑱ 参见索长清:《我国百年幼儿园教师文化的演进》,载《教师发展研究》2018 年第 1 期。

⑲ 参见管华、王君妍:《国外学前教育立法的启示》,载《陕西师范大学学报》(哲学社会科学版)2017 年第 6 期。

权益。第二,幼儿教师权益所对应的国家给付义务是指国家以主动的财政投入、积极的政策制定等给付方式来维护和保障幼儿教师合法权益的实现,具体来说主要是指物质性给付(国家财政对幼儿教师工作待遇的投入等物质条件)、服务性给付(国家对幼儿教师进行系统的培训投入等)、制度性给付(国家在学前教育师资队伍建设方面政策制度的细化完善与幼儿教师权利救济渠道的设置)。[20] 第三,幼儿教师权益所对应的国家保障义务是指国家需要提供幼儿教师用以实现合法权益的实质性前提条件,主要是指需尽快出台“学前教育法”,完成学前教育领域内基本制度的配置,以法律的形式将幼儿教师合法权益确立下来。国家保障义务不仅需在立法层面完成,在行政执法、司法等阶段均需以国家强制力来确保幼儿教师权益,强化权利外观。

The Loss of Identity, the Certification of Rights and the Legal Regression of Preschool Teachers

Wang Yali

Abstract: Preschool teachers are a key factor in ensuring the healthy development of preschool education. Due to the ambiguity of legal status and rights and obligations, preschool teachers generally are in the loss of identity. From the perspective of the dogmatics of law, the essence of the rights of preschool teachers is the special professional rights they enjoy as a whole. Therefore, in the current law, the rights of preschool teachers can be divided into the labor rights, general occupational rights and special occupational

⑳ 参见祁占勇、康韩笑:《学前教育阶段受教育权保障的国家义务研究》,载《陕西师范大学学报》(哲学社会科学版)2017 年第 6 期。

rights. The author suggests that the rights of the preschool teachers should be formed according to the three different identities of the preschool teachers, as the workers, as the teachers and as the preschool teachers. Only in this way, the three identities of the preschool teachers can be in the status of legal regression.

Key Words: preschool teacher　loss of identity　certification of rights　laborers' rights　occupational rights

比较研究

美国学前教育现状及其对我国的立法启示*

倪洪涛**

摘　要：美国学前教育在办学模式、学区规划、师资培养、教学班额、教学内容等方面的立法例可资借鉴。我国学前教育立法是社会保障立法和教育立法的混合体，将0～6岁的婴幼儿保育教育问题全部纳入学前教育立法调整范围；立法要给家长留下更大自主权；实现普惠公立幼儿园的公共机制和个性化民办幼儿园的市场机制有机结合；设计跨一般行政区划的学区制，实现城乡间学前教育制度平等和资源均等。

关键词：美国学前教育　学前教育立法　普惠制　学区制

"百年前，张之洞尝劝学曰：'世运之明晦，人才之盛衰，其表在政，其里在学。'"①而"幼稚教育尤为

---

* 基金项目：国家社科基金重大专项"社会主义核心价值观与完善重点领域行政基本法研究"（17VHJ003）的阶段性研究成果。

** 倪洪涛，湖南师范大学法学院教授，博士生导师。研究方向：宪法学与行政法学。

① 舒新城编著：《近代中国留学史，近代中国教育思想史》，商务印书馆2014年版，出版说明第1页。

根本之根本”,“我们必须唤醒国人明白幼年的生活是最重要的生活,幼年的教育是最重要的教育”。②

我国历史上正式有幼儿教育制度,始于 1902 年(清光绪二十八年)张百熙的《奏定学堂章程》,其中有“蒙学堂四年”之规定。翌年 11 月,“张之洞、荣庆、张百熙改定学堂章程,始为保育教导三岁以上七岁之儿童”。③ 新中国成立以来,我国学前教育经历一个从家庭抚育到单位福利、再到公共服务的发展和认识历程。由于深受单位福利制度的影响,在相当程度上制约了我国目前学前教育的普惠化、公益化和优质化。

自 2010 年国务院《关于当前发展学前教育的若干意见》颁布以来,得益于多轮次三年行动计划的稳步推进,近年来我国学前教育取得了快速发展。截至 2017 年,全国共有幼儿园近25.5万所,在园幼儿达到 4600 万人。不过,尽管“学前教育是新时期中国教育发展最快的一个部分”,但是“学前教育仍是当前中国教育最大的一块短板”,④存在诸如保育教育人员数量不足、普惠制幼儿园供不应求、公共财政保障及教育成本分担机制尚未建立、幼儿园安全治理漏洞百出、学前教育理念转型乏力等一系列问题。

可见,我国学前教育亟待透过国家立法予以制度化、规范化和法治化,从而在坚持学前教育公益性和普惠性这一基本公共产品定位基础之上,依法保障灵活多元、层次分明的学前教育公共服务供给体系的构建,促进亿万名婴幼儿的健康快乐成长。也正是得益于社会各界的广泛呼吁和当前学前教育发展的迫切需要,“学前教育法”已纳入十三届全国人大常委会立法规划的一类立法项目,拟在十三届全国人大常委会任期内提请审议。⑤

为了稳健推进我国学前教育立法工作,除了对国内学前教育现状进

② 陶行知:《中国教育改造》,商务印书馆 2016 年版,第 109 页。

③ 张雪门:《幼稚园教材研究,幼稚教育新论》,商务印书馆 2014 年版,第 83 ~ 84 页。

④ 胡浩、朱基钗:《学前教育法:从呼吁到提上立法日程》,载《新华每日电讯》2018 年 9 月 8 日,第 2 版。

⑤ 参见《学前教育法等列入 5 年立法规划》,载《南方日报》2018 年 9 月 8 日,第 A01 版。

行深入调研盘点外，从比较法的角度，借鉴法治发达国家学前教育的立法现状和运行经验，亦是不可或缺的重要一途。美国联邦政府对幼儿教育立法非常重视，多次颁布相关法律、法令以推动其发展，如1979年的《儿童保育法》(Child Care Act)，1990年的《儿童早期教育法》(Early Childhood and Education Act)和《儿童保育和发展固定拨款法》(Child Care and Development Block Grant Bill)，1989年制定后经修改、1994年成为正式法律的《美国2000年教育目标》等。[⑥] 本文试图客观审视当前美国学前教育现状，[⑦]通过对其学前教育的资金来源、学区规划、师资准入、班额设计、课程内容和学时安排等诸方面的情况介绍，助推中国学前教育立法进程。

一、美国学前教育与资金来源

资金来源问题是举办学前教育的基础性命题。当下美国学前教育资金投入亦不外乎以下两大来源：其一，民间资本投入；其二，公共财政支持。纵览美国学前教育模式的历史演进不难发现，其大致经历了一个从私立幼儿园率先出现到公私立幼儿园并存的发展历程。

由于深受父母监护权理论影响，一直以来美国特别强调父母等亲权人对学龄前婴幼儿完全的日常看护责任，这在很长一段时间内削减和弱化了学前教育中的政府责任。也正是在这种意义上，美国私立幼儿园先于公立幼儿园出现，并一直在美国学前教育中扮演着举足轻重的角色，20世纪60年代以前美国学前教育也基本上得不到公共财政的支持。[⑧]《美国国内税收法典》规定了个人、社会团体、企业向教育类基金捐赠可享受

---

⑥ 谷忠玉等：《美日发展私立幼儿园的策略及启示》，载《教育科学》2006年第3期。

⑦ 狭义的美国学前教育仅指Kindergarten，即入学年龄为5岁的学前一年教育，这是美国学前教育的重点；而广义的美国学前教育包括了幼儿园教育(Preschool)和学前一年教育(Kindergarten)两个阶段。本文是在广义上介绍美国学前教育的。——笔者注

⑧ See David, Miriam E. Women and Pre-School Child Care in the U. S. A., International Social Work, Vol. 21, No. 3 (July 1978), pp. 20 – 37.

相应的税收优惠政策,这也在相当程度上推动并强化了民间向私立幼儿园的捐赠之风。例如,IBM公司专门建立了儿童教育资源发展基金,AT&T(美国电报电话公司)也成立了相应的托幼发展基金,这些基金均用于增设私立幼儿园,提升学前教育质量。[⑨] 从历史的视角观之,在这种税收法律政策引导下、健康有序社会捐助的长盛不衰,也正是美国婴幼儿教育家庭化、社会化、自治化文化传统的体现与延伸。

在20世纪60年代至80年代女权运动第二次浪潮的影响下,更多的美国家庭女性步入职场,随之幼儿教育民主化运动也拉开了序幕,学龄前儿童被视作家庭私产(private property)的现象方才有所改观。[⑩] 为了顺应社会发展潮流,美国政府开始通过诸如税收优惠、项目计划等多种方式支持幼儿园的发展。美国国会1988年和1990年先后两次修改的《社会保障法》,增加了政府为入托入园婴幼儿家庭提供相应补贴的条款。目前,美国学前教育公共财政支持具有以下特征:

其一,公共财政支持主要源于州和地方政府,但联邦政府支持力度呈逐步上升趋势。美国作为联邦制国家,教育事权属于州和地方政府,因之教育方面的公共财政投入也主要来自于州和地方政府。但是,随着国际竞争的不断加剧,美国政府深刻认识到了教育所扮演的重要角色。故此,联邦政府逐渐开始通过公共财政项目支持方式加强了对各个阶段教育事务的投入与干预。2012年度联邦、州及地方政府在K-12学前教育一年计划、州Pre-K计划、联邦开端计划,以及幼儿特殊教育、儿童保育抵免、儿童保育补贴等项目中共计投入约600亿美元,三级政府所占比例分别为22%、43%、35%,而2005年度三级政府在学前教育领域的财政投入比例分别是9%、47%、44%。不难发现,联邦政府对于学前教育财政投入较之前有了明显提升。[⑪]

---

⑨ 参见谷忠玉等:《美日发展私立幼儿园的策略及启示》,载《教育科学》2006年第3期。

⑩ See R. Beck, Analysis of the Seven White House Conferences on Children, Harvard Educational Review, Vol. 43, No. 4 (Nov. 1973).

⑪ 参见赵海利:《美国政府学前教育投入的特点、趋势与启示》,载《教育研究》2016年第5期。

其二，美国公共财政对于学前教育的投入主要以帮助社会弱势群体为目的，侧重于福利关照，以便实现教育公平。美国私立幼儿园旨在提供高质量、个性化的婴幼儿教育服务，所以政府对公立幼儿园公共财政支持，则定位于为经济低收入家庭、身体残障儿童以及面临学业风险的儿童等提供普惠性的公平受教育机会。

其三，以项目计划为依托，学前教育支持具有多层次性特征。美国学前教育的公共财政支持来源于联邦、州和地方三级政府，故此其公共财政投入主要由三级政府根据法律制定的各类学前教育支持项目组成，具体包括了诸如联邦开端计划、幼儿特殊教育、州 Pre-K 计划、儿童保育抵免、儿童保育补贴等。这些计划项目在资金来源、管理部门、准入条件、项目宗旨、法律依据等方面各有侧重，但均带有明显福利行政的法律属性与制度特征。

二、美国学前教育与学区制

与我国单一的一般行政区划制度不同，欧美国家历史上形成了与一般行政区并行不悖的教区、邮政区、军区、学区（School District）甚至狩猎区、森林区等多元治理行政区域制度，这些专门行政区域因公务属性不同而设，不受一般行政区及其范围的限制。[12]

在美国，学区制度（school district system）的最早法律依据可追溯至 1789 年马萨诸塞州修正通过的州宪法，该宪法有关学区制的规定成为随后其他州效仿的蓝本。[13] 美国学区制的规制对象主要是幼儿园和义务教育阶段的公立学校，基于教育产品普惠性和公共性的内在要求，学区制旨在透过合理的区域规划为民众提供公平接受教育的便利机会，而非高质量、个性化的教育服务。美国私立幼儿园主要由宗教组织、民间团体或个

---

⑫ 参见王名扬：《法国行政法》，中国政法大学出版社 1989 年版，第 72 页。

⑬ 参见万博、朱文一：《凯勒·卡里的〈学区总体规划：人口与设施规划实践指南〉及其对北京的启示》，载《城市设计》2016 年第 6 期。

人创办,其主要是为民众提供可供多元选择的个性化教育服务,与就读学生所居住的学区无关,是普惠性学前教育体系的补充与延伸。

美国公立学区的划分与一般行政区划存在一定关系,但二者间并非必然和直接的一一对应。就其实质而言,美国的学区可以算得上是独立的"小政府"或者说是教育类特殊政府。这种"小政府"主要负责区域内的教育事务,而一般行政区划意义上的政府体系则主要负责警察安保、行政服务、市政管理等一般政府事务。可见,学区是教育意义上的政府,一般行政区是通常行政意义上的政府。

美国学前教育学区划分并不要求入园家庭在该学区有实际上的房屋等财产所有权,仅需要入园入校家庭实际居住在该学区即可。换言之,学前教育在学区上的入园入学标准并不需要房屋等产权或者我国所谓的户籍证明,只需有诸如水电费账单、银行账单等证据材料能确认该家庭实际居住在本区即满足,对于自有产权、租房居住、暂居他家的入园入学家庭均一视同仁。而那些拥有房屋产权却出租他人、并不实际居住在此地家庭的子女,反倒无法在该产权对应的学区入园入学。若有违反,一旦被发现,孩子将被开除学籍。

通常而言,只要真实在学区居住的适龄儿童均可入园入学,但为了应对适龄儿童严重超过幼儿园或学校最大承载能力的情形出现,美国各州也根据本州情况制定了相应的学区入园入学优先次序制度。以美国纽约州学区制中 Kindergarten(学前一年教育或曰学前班)为例,该州学前一年班采用以下次序安排入学:(1)目前上3岁幼儿班的所有儿童;(2)居住在本学区内且有兄弟姐妹入读该校的儿童;(3)居住在本学区内但没有兄弟姐妹在该校就读的儿童;(4)居住在本学区外但有兄弟姐妹在该校就读的儿童;(5)居住在本学区外且没有兄弟姐妹在该校就读的学生。⑭

---

⑭ 参见《纽约州教育部门幼儿园入学指南》,载 https://www.schools.nyc.gov/enrollment/enroll-grade-by-grade/pre-k,最后访问日期:2018年10月15日。

三、美国学前教育与师资准入

师资状况直接关涉学前教育保育教育的品质，是婴幼儿良好行为习惯和学习认知能力养成的核心因素。故此，美国社会高度重视学前教育教师的培养培训工作，并从入职标准、人员构成等方面严把幼儿保育工作者特别是教师的入门关。

首先，为确保学前教育的师资质量，美国由专业性的第三方权威机构负责学前教育师资职前培养评价标准的制定。作为美国幼儿教育领域的权威机构，“全美幼儿教育协会”(National Association for the Education of Young Children, NAEYC)负责制定“幼儿教育职业准入标准”。⑮ “全美幼儿教育协会”依照不同情形制定了三种学前教育师资准入标准，即副学士学位标准(专科水平)、初级许可证标准(本科水平)和高级许可证标准(研究生或博士水平)。⑯ 这三类幼儿教师准入标准当中均包含了幼儿教师职业候选人在专业知识、保育技能等方面的核心要求，同时也涵盖着不同层次相应的附加标准，并根据职业候选人的实践表现划分为优秀、熟练、发展、基础四种等级。此外，“全美幼儿教育协会”还规定，具有学士学位的非教育类专业毕业生欲从事学前教育相关工作，还必须修满 30 个学分的教育学理论及相关基础课程，并参加相应的教学实习，经审核合格后方可获得幼儿教育的职业准入证书。⑰

其次，美国学前教育教师的平均年龄为 41 周岁，主要以女性为主，比例高达 98%，其中又以非西班牙后裔的白人为主，所占比例为 84%。因

---

⑮ Hyun E., What Does the No Child Left Behind Act Mean to Early Childhood Teacher Educators? A Call for a Collective Professional Rejoinder, Early Childhood Education Journal, December 2003, Volume 31, Issue 2, pp. 119 – 125.

⑯ 参见朱宗顺：《美国幼儿教师教育标准及其启示》，载《教师教育研究》2006 年第 4 期。

⑰ 参见徐红：《发达国家学前教育师资职前培养模式的经验及启示》，载《外国中小学教育》2016 年第 2 期。

为“全美幼儿教育协会”为幼儿师资的准入设置了相对较高的门槛,所以全美 98% 的幼儿教师拥有学士学位,甚至有 29% 的教师获得硕士学位,6% 的教师获得博士学位。在公立幼儿园,幼儿教师全部获得学士以上学位,甚至有 32% 的公立学校幼儿教师获得硕士学位,7% 的教师获得博士学位。[18] 不难发现,美国学前教育之所以比较成功,一个很重要的前提性因素便是拥有高质量的学前教育师资。

最后,美国学前教育教师的培养不仅注重学前教育教师专业基础知识的提升,还逐渐形成了以培养幼儿教师职业实践能力为导向的教师培养模式。[19] 2009 年“全美幼儿教育协会”颁布的《幼儿教师职业准入标准》(Standards for Early Childhood Professional Preparation Programs)中,明确规定了胜任幼儿教师职业必须努力实现的六大培养目标:(1)能促进所任教幼儿的学习和发展能力的提升;(2)能与幼儿家庭及社区建立和保持良性互动;(3)能用心观察、客观记录、理性评估幼儿的成长过程,从而促进幼儿及家庭的成长与发展;(4)能与幼儿及家庭保持有效的沟通;(5)能运用所学理论知识创建对幼儿有意义的相关课程;(6)能具备成为一名专业幼师人员的潜质。[20]

四、美国学前教育与班额控制

学前教育的班额控制与婴幼儿的保育教育效果密切相关。故此,班额制也成为审视美国学前教育的一个重要侧面。当前美国学前教育班级模式主要是控制在 13 ~ 20 人为主的小班额教学模式(Class Size Reduction)。不过,这一模式并非自始就有。回顾美国学前教育的发展历程,其大致也经历了大班额教学模式、小班额教学模式的探索改革、小班

---

⑱ 参见曾莉、周谊:《美国幼儿教师概况》,载《上海教育科研》2007 年第 2 期。

⑲ 参见徐红:《发达国家学前教育师资职前培养模式的经验及启示》,载《外国中小学教育》2016 年第 2 期。

⑳ 参见邵小佩:《美国幼儿教师专业准备标准述评》,载《学前教育研究》2012 年第 1 期。

额教学模式的优化完善三个阶段。

1979年之前为美国学前教育大班额教学模式阶段。在这一时期,由于各级政府已逐渐意识到了学前教育的重要性,幼儿公共教育逐渐得以推广,正如前述在女权主义第二次浪潮的影响下,更多的学龄前儿童也从家庭走向了学前教育机构,有学前教育入学需求的适龄儿童人数随之逐年增加。这样,在学前教育经费不足的背景下,为了保障更多学龄前儿童接受保育教育的权利,幼儿园的班级规模也不得不扩大。

从1979年到2002年为美国学前教育小班额教学模式的探索改革阶段。随着教育民主化进程的推进,因学前教育班级规模过大而引发的社会问题不断凸显——如教育质量滑坡、学前儿童个性得不到充分尊重、不同族群儿童之间差距进一步拉大等,选民们要求减小班级规模的呼声日益高涨。同时,美国20世纪70年代至80年代适龄入园入学儿童人数的急剧减少,也导致大量学前教育资源被闲置。在此背景下,美国各地政府开始探索学前教育的小班额教学模式。1979年,格拉斯(Gene V. Glass)与史密斯(Mary Lee Smith)重磅研究报告的问世,成为开启学前教育班额制改革的重要标志。该研究报告指出,教学班级规模与学生学业成绩二者间成反比例关系,班级规模越大越不利于学生的个性化培养,将班额人数控制在20人左右是最优选择。[21]

从2002年开始,美国学前教育进入到了第三个发展阶段,即小班额教学模式的优化完善阶段,这一阶段以2002年《不让一个孩子掉队法》(No Child Left Behind Act,NCLB)的颁布为标志。[22] 相较于之前阶段,这一时期全社会将教育改革视线转移至"如何优化小班教学资源进而实现提升教学质量"这一目标上来,更加注重和强调学前教育的内涵式发展。当然,在教育分权明晰的体制下,各州对小班额教学模式优化完善享有充

---

[21] Gene V. Glass, Mary Lee Smith, "Meta-anlysis of Research on the Relationship of Class Size and Achievement Far West Laboratory for Educational Research and Development", *The Class Size and Instruction Project*, September 1978, pp. 9 – 10.

[22] Hyun E., "What Does the No Child Left Behind Act Mean to Early Childhood Teacher Educators? A Call for a Collective Professional Rejoinder|", *Early Childhood Education Journal*, December 2003, Volume 31, Issue 2, pp. 119 – 125.

分自主权,州府通常会综合本州入园幼儿与师资人数状况、教育硬件现状、公共财政情况、前期探索中的经验教训等诸多因素,制定完善符合本州地方特色的小班额教学模式实践方案。正因如此,美国各地在小班额教学模式优化完善过程中对于班额的规定存在一定程度的差异。如田纳西州要求小班化教学班额为 13 ~ 17 人,威斯康星州则要求小班化教学班额为 15 人。

总之,随着美国小班额教学模式的不断优化,美国教育界逐步在班额规模问题上达成了初步共识,即小班化教学模式的班额一般为 13 ~ 20 人,最理想的班额状态保持在 15 ~ 18 人。[23]

五、美国学前教育与教学内容、在园时间

课堂教学内容在整个教育制度体系当中扮演着举足轻重的角色,学前教育尤其如此。美国学前教育课堂的保育教育内容相对灵活,一般不会涉及学科具体内容,其课堂内容设计更多的是有关学生身心成长、社会感知、情绪管理、行为养成等方面的内容。[24] 具体而言,美国学前教育课堂教学内容可粗略分为三种类型:

其一,课堂教学通过灵活多样的形式来促进学生的身心健康成长。学前教育的主要功能并不是纯粹的知识传授,其旨在引导初次走进课堂的幼儿适应集体学习的环境,培养儿童独立生活的能力,扩大孩子们的社交范围,让孩子们在一种分享和互助的氛围中实现身心健康成长。

其二,通过简单的训练培养学生的学习兴趣和基本生活技能。学前教育是最为基础性的教育,保育教育工作主要通过情景教学的模式来丰富儿童的基本词汇;通过绘本阅读培养学生的学习兴趣;通过计数物体及

㉓ 参见孙来勤、曹兰芹:《美国的小班化教学实践绩效分析及启示》,载《吉林师范大学学报》(人文社会科学版)2010 年第 3 期。

㉔ See JeonL, Buettner, C. K. & Hur, E., "Examining Preschool Classroom Quality in a Statewide Quality Rating and Improvement System", *Child Youth Care Forum*, August 2014, Volume 43, Issue 4, pp. 469 – 487.

感受空间、大小和次序关系来培养学生的算术概念和空间感受;通过剪画及其他眼手协调动作——包括绘画、律动、音乐、戏剧表演、科学体验等方式,促进学生在简单阅读、语言表达、行为协调等方面的能力提高。[25]

其三,以榜样示范和教育引导等方式,促进学生的行为习惯的养成和价值观念的基础性塑造。透过教师示范,让学生养成良好的行为习惯,善于从日常生活中发现问题并探索可能的解决方案;通过价值引导,让学生明白基本社会礼仪与是非观念。

幼儿在园时间也是学前教育制度体系当中的一个重要组成部分,因为入园时间的长短,不仅关涉亲子陪伴与公共教育之间的关系调处,而且也与社会保障和幼儿亲权人的工作状况密切相关。根据幼儿在园时间长短的不同,美国将幼儿园分为半日制幼儿园和全日制幼儿园。美国各州多以小时每年或小时每天为单位界定半日制幼儿园和全日制幼儿园。一般而言,半日制幼儿园在园时间为 348 ~ 450 小时每年或 2 小时每天;全日制幼儿园在园时间为 720 ~ 1032 小时每年或 4. 5 ~ 6 小时每天。在 1979 年仅有 25. 1% 的适龄儿童进入全日制幼儿园,2000 年这一比例达到了 63% 。到了 2008 年,美国有 43 个州强制要求学区至少提供半日制学前班,有 15 个州明确要求适龄儿童至少参加半日制学前班。其中,哥伦比亚区、波多黎各和维尔京岛不仅要求学区提供条件入园,同时也要求适龄儿童必须参加半日制学前班;2 个州强制要求适龄儿童必须要参加全日制学前班,10 个州强制要求学区提供全日制学前班。[26]

六、美国学前教育对我国的立法启示

美国的学前教育制度源于德国,有“幼儿教育之父”之称的福禄贝尔

㉕ 参见严仲连、陈时见:《美国幼儿园课程的改革及启示》,载《学前教育研究》2000 年第 6 期。

㉖ 参见潘月娟等:《美国学前一年教育的政策与实践》,载《比较教育研究》2010 年第 10 期。

的门人,于1855年为留美德国人的孩子设立了美国历史上第一个幼儿园。从此,美国幼儿教育不断发展壮大,大有后来居上之势。[27] 随后,在杜威实用主义教育理论的深刻影响下,美国学前教育逐渐形成了“儿童中心主义”和“教育即生长”的幼教观,[28]特别注重“寓教于各种活动之中”,即在游戏中培养幼儿的人格与德行。基于上述教育理念的价值指引,美国学前教育在诸如办学模式、学区规划、师资培养、教学班额、教学内容等方面的制度建设成效显著,形成了可资借鉴的学前教育立法例,也成为我国学前教育制度建构中重要的参考性立法资源。

(一)我国学前教育立法应该处理四大基础性法律关系

就我国学前教育立法的法律属性和功能定位而言,笔者以为,应该处理好以下四大基础性法律关系。

首先,处理好社会保障立法和教育行政立法之间的关系。即学前教育立法在法律专业归属上究竟是社会保障法还是教育行政法,抑或是二者的有机结合,必须在立法中予以明确。美国的学前教育更多地得到了教育部门之外的政府部门的关注,联邦和州两级政府特别是联邦,其对学前教育的政府职责更多意义和更大程度上是社会保障法治上的资助责任,即通过福利给付和项目支持,保证学前教育公共资源利用上的机会均等,而地方政府的责任则主要是教育行政层面的财政投入、安全监管和教育指导。无独有偶,作为幼儿园制度的发源地,德国学前教育亦属于儿童和青少年福利事业的范畴,而非属正式教育系统。[29] 故此,结合我国实际,我们认为,学前教育立法是社会保障行政立法和教育行政立法的混合体,过度地强调或者忽视任何一端,都不利于学前教育的持续健康发展。学前教育立法不仅仅是“学前教育法”本身如何订立的问题,其还涉及与我国既有社会保障法律法规的有效交通与衔接问题,是一系统性的立法与修法过程。值得注意的是,从央地关系角度观之,中央政府在学前教育领

[27] 参见张雪门:《幼稚园教材研究,幼稚教育新论》,商务印书馆2014年版,第90页。

[28] 参见刘彤:《近代美国幼儿教育理论的形成与发展》,载《河北大学学报》(哲学社会科学版)2001年第4期。

[29] 参见周谊:《值得注意的德国学前教育》,载《平安校园》2015年第18期。

域的责任,除了教育基本制度的立法供给外,更多的应为社会保障法制上公共财政的转移支付。比较而言,地方政府则更多的是教育法制上的行政责任。

其次,学前教育立法应该处理好保育和教育之间的关系,实现学前教育机构在保育教育、学前准备和生活照料功能定位上的平衡。基于我国老年社会的逐步临近、二孩生育的宏观抚育环境欠佳和社会激励机制不足等政策性考虑。笔者主张,将0~6岁婴幼儿的保育教育工作全部纳入学前教育的立法调整范围,为育龄家庭提供尽可能周至的社会保障,消除年轻夫妇在生育成本、时间精力、工作冲突等问题上的生养顾虑,以积极立法措施因应"少子化"对我国人口结构带来的严重冲击。具体而言,对0~3岁婴幼儿家庭而言,通过托儿所的制度化,政府对此承担起社会保障法制上福利给付的保育责任;而对3~6岁的幼儿家庭而言,通过幼儿园的安全化、普惠化和公益化,政府在教育行政法制上的教育责任理应强化,而社会保障责任则随之相应减弱。同时,对于0~3岁的婴幼儿,学前教育机构更应强调保育看护和生活照料功能的发挥;而对于3~6岁的幼儿,则随着孩子年龄的增大,教育机构除了为其提供安全的生活关照外,寓教于游戏之中的教育功能和学前准备功能比重开始逐步提升。

再次,学前教育立法还应该处理好父母等亲权人的教育权和国家教育权之间的关系,即立法应该实现在家保育教育和入托入园保育教育之间的合作与平衡。这里有两层含义需要说明:一是家庭在婴幼儿监护方面始终是首要责任方,这是伴随生育事实产生的人类第一道德律令。孩子年龄越小家庭教育与亲子陪伴的"戏份"越重,父母的责任越重大。与此相对应,政府承担的是父母教育不能时的兜底责任与担保责任。反之,幼儿年龄越大,政府补充性的福利性保教责任则随之不断扩大。二是学前教育立法应该给亲权人的保育教育留下足够的自由和选择空间。即立法可将学前教育定位为免费教育,但尽管如此,学前教育毕竟不同于强制性的义务教育,父母等亲权人理应有更大的子女管教自主权,有权选择入托入园接受教育,也可以根据自身情况选择在家或者其他形式的保教模式,此时政府的责任仅在于保证婴幼儿权益不受非法侵害和给予选择灵活教育形态的家庭提供平等的社会保障待遇。

最后,在国家监督和办学自主之间也应该给予立法平衡。学前教育立法既要建立健全政府对学前教育机构的监督检查与教育指导制度,确保教育安全和教育规范,又要给托儿所、幼儿园等学前教育机构足够的保育教育的自主形塑空间,以便后者能积极地探索教育教学模式、积累推广保育教育经验。同时,立法还应该给学前教育协会的设立与运行留足制度空间,让其成为国家与社会之间的缓冲平台、沟通桥梁和交流渠道,发挥其保育教育标准生成、经验总结推广和行业自治监督的自律优势。

(二)我国学前教育立法应着力构建的四大制度

其一,立法应建立明晰的学前教育各级政府财政投入比例制度。《教育法》第 14 条明确规定:"国务院和地方各级人民政府根据分级管理、分工负责的原则,领导和管理教育工作。中等及中等以下教育在国务院领导下,由地方人民政府管理。高等教育由国务院和省、自治区、直辖市人民政府管理。"可见,我国的教育基本法业已确立了学前教育地方事权制——这并不排斥中央对学前教育的财政投入。故此,立法应该首先明确各级政府在学前教育中的财政责任,让公立幼儿园成为提供普惠性学前教育基础服务的主体。对于地方财政不足以确保学前教育最低质量标准的地方或地区,中央财政应通过设立各类项目支持计划(如西部幼儿教育发展计划、乡村婴幼儿教育振兴计划等)和专项福利资助计划等方式实现转移支付,借此确保我国学前教育机会的均等化和教育质量的普惠化,守住学前教育的底线与标准。

同时,政府对民办幼儿园的支持、引导和规范责任也须予以立法明确,通过繁荣民办教育为部分家庭提供个性化、多元化的选择机会。2016 年教育统计数据显示,全国共有 239,812 所幼儿园,其中民办幼儿园 154,203所,占 64.3%;全国幼儿园共有 1,527,353 个班级,其中民办为 872,273个,占比 57.1%。[30] 可见,民办幼儿园已经在我国的学前教育事业中扮演着举足轻重的角色。故此,学前教育立法应当在税收减免、免费

---

[30] 参见《透过大数据看我国幼儿教育"病"在哪里》,载《东方今报》2017 年 12 月 14 日,第 6 版。

教师培训、教师职称同等晋升等方面为民办学前教育机构的健康发展营造良好的制度环境。当然,为了保证学前教育的公共性和公益性,立法对目前我国民办学前教育领域已经开始出现的集团化现象应予以防范和规制,防止学前教育的垄断化和商业特许化,从而实现节制教育资本的立法目的,用学前教育协会的自治优势取代教育集团在教学质量上的标准化优势。如是,普惠性公立幼儿园的公共机制和个性化民办幼儿园的市场机理有效结合的立法安排,必将极大地促进我国学前教育的多元发展。

其二,立法应建立跨一般行政区划的学区制度。美国学区制为我国学前教育的规划布局提供了全新的制度视角。长期以来,由于深受一般行政区域的制度禁锢和观念桎梏,我国自上而下的组织复制和资源配置的高度同质化现象突出。在教育方面的典型例证有二:一是"普九"中严格按照行政区划对义务教育阶段中小学校不加区分地盲目改扩建之后不久,就因为适龄儿童的减少和教育优质资源配置的城镇化集中,导致大量农村中小学校校舍闲置,既造成宝贵教育资源的极大浪费,也在很大程度上让义务教育无偿性的制度安排落空于现实;二是我国目前城市政府实施的普遍流于僵化的学区制引发的社会矛盾和就学紧张。故此,在学前教育立法中,应该强调公立幼儿园软硬件投入的均衡化,通过均衡配置学前教育资源,缩小学前教育资源分布上和利用上的严重失衡,从而为一般家庭接受学前教育提供社会保障。并在此基础上,打破与一般行政区高度重合的学区布局,整合农村闲置的中小学校舍资源,探索建立跨一般行政区划的学区制度,实现地区间和城乡间学前教育制度平等和资源均等。另外,在探索小班额教学立法中也不能仅仅停留在班额表面,既要考虑到未来因解决进城务工子女的入学问题造成的城市幼儿园生源极速增加而引发的大班额问题,同时也要考虑到农村地区因生源快速减少而导致的很多幼儿园被小班化的问题,㉛进而在综合平衡中确立中国式的机动灵活的小班化教学实践模式。

其三,建立严格的师资培养和准入制度。就师资培养培训而言,"全

㉛ 参见康红兵、吴永军:《近十年欧美小班化教学研究的现状及启示》,载《当代教育科学》2016 年第 7 期。

美幼儿教育协会”制定的“幼儿教育职业准入标准”和培养培训目标,为我国婴幼儿师资建设提供了有益的借鉴。在幼师教育培养过程方面,从幼师基本培养目标的确立出发,加强学前教育专业学生的入学资格筛选、学习过程监测以及毕业资格认定立法,以培养优秀的幼师后备人选。在幼师职业准入立法方面,通过设置严格的职前标准和入职门槛,让真正优秀的、热爱幼儿教育事业的师资进入幼儿园。[32] 并用立法保障学前教育与师范院校的合作机制,通过继续教育、专业培训、学术交流、学历提升等方式,让广大幼师群体保持终身学习的良好状态,切实提高其专业素质。更为重要的是,由于婴幼儿的保育工作包括了托管和教育两大功能,故此,在师资及其培养培训立法上,还应该实现分类管理和相应的专业分工,将幼儿教师和保育工作者区分开来,立法时借鉴医生护士和法官助理法官“二元制度”,明确二者在婴幼儿保育教育上的法律关系和职能分工。

其四,建立符合幼儿发展的教学内容。就教学内容设计而言,美国幼儿园教育特别注重婴幼儿的行为习惯的养成和公共意识、合作精神的引导,这对我国治理学前教育“小学化”具有很大的启发性。学前教育立法应当确立顺应婴幼儿身心健康发展的保育原则和教育理念,让学前教育课堂通过教师的行为示范和多种形式的师生参与性教学活动,培养学生的协调能力、观察能力、辨识能力和自主意识,促进婴幼儿在身心成长、行为养成、情感认知、团队合作、价值判断等方面的全面发展。

---

[32] 参见徐红:《发达国家学前教育师资职前培养模式的经验及启示》,载《外国中小学教育》2016年第2期。

Preschool Education System in American and Its Legislative Enlightenments to China

Ni Hongtao

Abstract: Preschool education in the United States can be used for reference in China' s education legislation in the following areas, such as school-running model, school district planning, teacher training, teaching class, and teaching content. The legislation of preschool education in China is a mixture of social security legislation and education legislation. The legislation incorporates the issue of infant care education for children aged 0 – 6 into the scope of pre-school education legislation. The author contends that the legislation should give parents greater autonomy, and realize the organic combination of the public mechanism of public kindergartens and the market mechanism of personalized private kindergartens. At the same time, the author also suggests that legislation needs to consider the institutional design of the school district system across the general administrative divisions and the realization of equality between the urban and rural pre-school education system and resource parity.

Key Words: preschool education system legislation of preschool education general preferential System school district system

标准化与优质化取向

——英国学前教育机构治理政策与启示*

高　露**

摘　要:英国作为学前教育界的翘楚,在学前教育机构治理方面取得了令人瞩目的成绩,主要得益于标准化与优质化取向的学前教育法律政策。英国学前教育机构标准化与优质化治理政策主要集中于两个方向:层次分明、标准导航的学前教育机构注册体系框架;注重一致性、连贯性的学前教育机构评估体系。借助标准化的注册体系与共同评估标准,英国正在普及优质的学前教育机构。借鉴英国学前教育机构治理经验,有助于我国进一步优化学前教育机构治理。

关键词:英国　学前教育机构　标准化　优质化　法律政策

英国是较早开展学前教育标准化的国家之一,并且学前教育标准化建设水平居于世界前列。近年来,为促进学龄前儿童全面发展、实现学前教育的优质与公平,英国陆续颁布《早期教育基础阶段框架》

---

* 基金项目:教育部教育法治重大课题委托研究项目“世界主要国家教育法治研究”(项目号:JYBZSF2015005 号)。

** 高露,东北师范大学世界中古史研究所博士研究生。研究方向:欧洲教育法。

《早期教育机构登记手册》《共同评估准则》《教育与收养法案》《儿童保育(普通儿童保育)注册条例》等学前教育法律与公共政策。这一系列法律政策体现出标准化与优质化的特质,聚焦于学前教育机构注册体系、评估体系,有效推动了英国学前教育的优质均衡发展。本文通过梳理英国标准化、优质化的学前教育立法取向,重点总结与分析以分层分类为核心、以标准为导向的学前教育机构注册体系,以标准化为保障、以一致性、连贯性为引擎的学前教育评估体系,以期为我国学前教育机构治理提供科学借鉴。

一、层次分明、标准导航:英国学前教育机构的注册体系框架

20 世纪 90 年代中后期,英国经济、教育、社会等领域陷入重重危机。[①] 面对日益加剧的社会矛盾,布莱尔政府选择“第三条道路”,布莱尔政府坚信高质量的学前教育为每个儿童的美好未来奠基,有效的学前教育机构可以消除学前教育质量差异,进而缩小社会不公平现象。[②] 随着学前教育学术界不断深化对学前教育机构重要性的认识,尤其是学者西拉杰·布拉奇福德(Iram Siraj-Blatchford)指出,“优质的学前教育机构能促进儿童的良好发展”。[③] 在上述背景下,英国政府开启了学前教育机构注册体系改革。在英国各届政府的改革下,学前教育机构注册体系由最初的单一层次发展到双层次,由起初的自愿登记演变成自愿登记与义务登记并存,当时的自愿登记与现行的自愿登记概念截然不同。

(一)分层分类:英国学前教育机构的注册体系

英国学前教育机构注册体系最具层次感,主要根据儿童年龄跨度,区

① See OECD,“Early Childhood Education and Care Policy in the United Kingdom: Country Note”, Accessed July 7, 2018. http://www.oecd.org/unitedkingdom/2535034.pdf.

② See Derek Gillard,“Education in England: A History”, Accessed July 19, 2018. http://www.educationengland.org.uk/history/index.html.

③ Iram Siraj-Blatchford, *Early Childhood Education*, California, Sage Publications, 1988, pp. 56–66.

分为早期教育机构登记(Early Years Register,EYR)、儿童托管登记(Childcare Register,CR)两个层次。其中儿童托管登记又分为义务登记、自愿登记两个类别。此外,英国设置豁免注册的学前教育机构。

1. 按年龄跨度分层注册学前教育机构。与其他发达国家相比,英国儿童保育范畴更为广泛。《2006年儿童保育法案》第18条规定:"儿童保育指的是给予儿童任何形式的照顾,包含教育或任何其他受监督的活动,不包括拘留犯罪儿童安置机构的教育活动、监护人与亲属提供的照顾,以及任何形式的儿童保健。"④正是由于"儿童保育"概念广,英国设置类型多样化、服务多元、形式灵活的学前教育机构,这就决定了英国学前教育机构注册体系的层次性。《早期教育机构登记手册》第3条规定:"儿童服务机构登记分为两个层次:(1)早期教育机构登记(EYR)——为出生至未满5岁儿童提供服务的机构,这类学前教育机构必须遵守《早期教育基础阶段框架》;(2)儿童托管登记(CR)分为两种类型:义务登记(Compulsory Childcare Register,CCR)——服务于5~8岁儿童的机构;自愿登记(Voluntarily Childcare Register,VCR)——服务于8岁以上(含8岁)儿童的机构,以及其他未涵盖于义务登记的机构,例如保姆"。⑤ 此外,学前教育机构登记注册分层分类可见图1。在英国,学前教育机构主要涵盖于早期教育机构登记,极少特殊学前教育机构涵盖于儿童托管登记范畴。极少特殊学前教育机构选择义务登记,主要是服务于8月31日之后满5周岁的儿童,缘于英国义务教育法定年龄为5岁,儿童须于8月31日之前满5周岁方可上小学。此外,英国早期教育机构登记包括:(1)儿童托管人(childminder)——对1位或多位非亲属幼儿提供私人居家儿童服务,并获取相应报酬;(2)居家型儿童服务(childcare on domestic)——有4人(含)以上同时工作,如4位儿童托管人、2位儿童托管人和2位助理、或1位儿童托管人和3位助理;(3)非居家型儿童服务

---

④ Parliament of the United Kingdom,"The Childcare Act 2006",Accessed July 19,2018. https://www.legislation.gov.uk/uksi/2006/3360/contents/made.

⑤ Ofsted,"Early Years and Childcare Registration Handbook",Accessed July 7,2018. https://assets.publishing.service.gov.uk/government/uploads/system/uploads/attachment_data/file/650103/EY_and_childcare_reg_handbook.pdf.

(childcare on non-domestic premises)——非居家处所进行儿童照顾活动,如写字楼、社区或学校,一般涵盖幼儿园、课前或课后俱乐部和假期俱乐部;(4)在家儿童照顾人员(home childcare),有时也称作保姆或互惠生(nanny or au pair)——在幼儿家中,服务人员照顾新生儿。假使有2个以上家庭雇用同一个保育员,此人员归类于儿童托管人。在实际登记过程中,根据服务类型与儿童特殊需求,早期教育机构登记者也可以选择儿童托管登记,所以登记层次与登记类型往往会出现交叉地带,早期教育机构登记与义务登记重合比例较高。英国通过分层分类登记管理,有效掌握各类学前教育机构的进入和退出,有助于提高政府服务水平。根据英国教育标准局于2018年6月公布的《英国儿童保育服务者与评估》显示,截至2018年3月31日,有79,721名儿童保育申办人注册于英国教育标准局。[⑥] 有64,398名儿童保育申办人选择早期教育机构登记,有15,323名儿童保育申办人选择儿童托管登记。各类学前教育机构登记注册数据如图2所示。

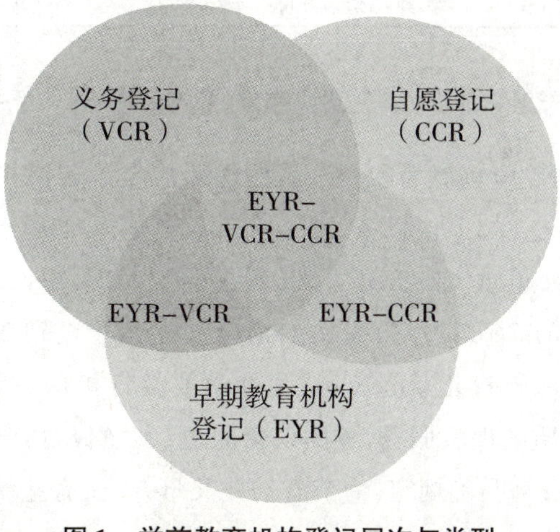

图1 学前教育机构登记层次与类型

⑥ Ofsted,"Childcare providers and inspections as at 31 March 2018: main findings", Accessed July 12, 2018. https://www.gov.uk/government/publications/childcare-providers-and-inspections-as-at-31-march-2018/childcare-providers-and-inspections-as-at-31-march-2018-main-findings#fnref:1:1.

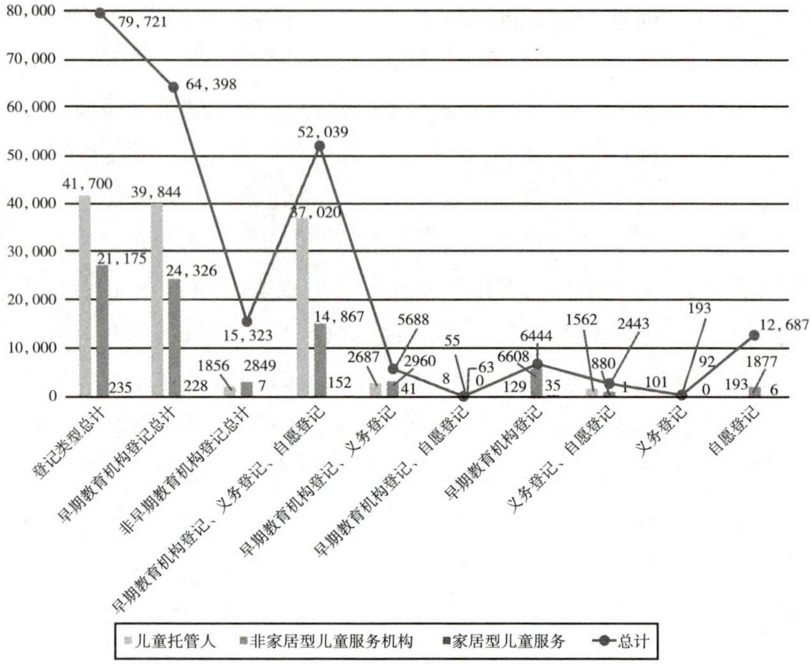

图 2　学前教育机构登记类型数量(截至 2018 年 3 月 31 日)

2. 豁免注册型学前教育机构。英国法律规定了若机构为 8 岁以下儿童每日提供 2 小时以上服务,须向英国教育标准局(The Office for Standards in Education,Children's Services and Skills,Ofsted)登记注册,经英国教育标准局审查通过后,机构始得合法立案。直到 2008 年,由于金融危机爆发,为减轻育儿家庭负担,弥补学前教育机构数量不足,便于儿童获得便捷、优质的保教服务,英国议会通过《儿童保育(普通儿童保育注册)条例》。该条例明确规定,为节省幼儿父母开支,有些学前教育服务者无须向英国教育标准局登记注册,豁免登记者可以申请自愿登记。⑦ 目前,英国有 18 种情况可以免于登记。《早期教育机构登记手册》第 9 条规

⑦ Parliament of the United Kingdom, "The Childcare (General Childcare Register) Regulations", Accessed July 9, 2018. https://www.legislation.gov.uk/uksi/2008/975/contents/made.

定:“保育提供时间未满 2 小时(学前教育机构营业时间可以超过 2 小时)、保育对象与保育提供者为家属关系(直系血亲家属、姻亲家属或同性伴侣关系家属)、儿童托管人无偿提供 8 岁以下儿童居家保育活动、儿童寄养照顾人等。”[8]在免予登记的类型中,我们可以发现儿童自身需求、发展需要被列为首要位置,同时设置 14 种免予注册的机构,节省了相当一部分社会资源。但是,豁免注册型学前教育机构也存在一定隐患,英国教育标准局无法审查与儿童接触人员,其是否有犯罪史,其是否是性侵犯或暴力倾向者等,这在一定程度上威胁儿童健康成长。

(二)标准导向:英国学前教育机构的注册框架

近年来,英国出台各类学前教育法律与公共政策,法律政策内容均以标准化为轴心,推广高质量的学前教育机构,普及优质学前教育。

1. 严格审查学前教育机构申办人。《2006 年儿童保育法案》明确规定,申办人有意愿向英国教育标准局申请登记,其应先咨询地方政府,地方政府必须向申办人提供行政指导。[9] 因此,申办人向地方政府寻求行政指导,这是申办人申请学前教育机构之前的程序。与此同时,在国家注册框架的统一标准下,根据地方学前教育机构实际情况与需要,地方政府可以制定更为详细的地方学前教育发展规划,以指导学前教育机构申办人,让其自行决定是否申请注册。在此之后,若申办人决定申请学前教育机构,英国教育标准局开始审查申办人。审查标准如下:年龄须为 18 岁(含)以上并在英国有合法工作权;持有无犯罪证明(Disclosure and Barring Service, DBS)。[10] 此外,英国教育标准局可以从英国边境局(UK Border Agency)获得诸多申办人的工作信息,以确保申办人信息的

---

⑧ Parliament of the United Kingdom, “The Childcare (Welfare and Registration Requirement) (Amendment) Regulations 2014”, Accessed July 9, 2018. http://www. legislation. gov. uk/uksi/2014/912/contents/made.

⑨ See Parliament of the United Kingdom, “The Childcare Act 2006”, Accessed July 19, 2018. https://www. legislation. gov. uk/uksi/2006/3360/contents/made.

⑩ See Ofsted, “Early Years and Childcare Registration Handbook”, Accessed July 7, 2018. https://assets. publishing. service. gov. uk/government/uploads/system/uploads/attachment _ data/file/650103/EY_and_childcare_reg_handbook. pdf.

真实性。[11]

为提高学前教育机构的安全性,英国将学前教育机构的安全性审查放在首位,为儿童营造一个相对安全的环境。申办人或申办人同居者被禁止从事儿童工作,或曾经被拒绝登记或取消登记,以及欲申请之机构已注册于儿童托管登记层次等,英国教育标准局将拒绝其申请,并及时、准确告知申办人申请结果。[12] 英国政府认为,严格审查申办人将为儿童快乐健康成长把好第一道关。

2.学前教育机构设置规范。在规范申办人标准的前提下,根据不同类型学前教育机构治理需要,建立不同类型的学前教育机构的运营标准,但是又有诸多重合之处,如自2017年4月3日起,英国公立学前教育学校和于英国教育标准局注册的私立学前教育机构均须遵守《早期教育基础阶段架构》。

《早期教育机构登记手册》规定了学前教育机构设立标准,其必须符合以下要求:遵守与实施《早期教育基础阶段架构》,且达到《早期教育基础阶段架构》所制定要求;聘请1位管理人员,其全面负责学前教育;证明管理人员适合照顾儿童,工作人员拥有无犯罪证明,至少有1名工作人员拥有急救资格;假使申办人为团体组织,如法人组织,此组织需提名1位代表,其负责同教育标准局联系登记相关事项。该代表必须为组织合伙人、董事、秘书、其他干部或该组织之理事会成员。该代表必须提出证明其适合同儿童经常接触;假如组织主要目的是照顾儿童,合伙人、董事、秘书、其他干部、理事会成员皆须证明其适合经常接触儿童,须提供无犯罪证明;假如组织主要存在目的非为儿童照顾,申办人须提供代表人之无犯罪证明;申办人有责任确保其场所符合建筑规划规定,并且必须符合当地政府环境卫生部门和当地消防部门的要求。除上述标准外,根据各类学

---

⑪ See Ofsted,"Early Years and Childcare Registration Handbook",Accessed July 7,2018. https://assets. publishing. service. gov. uk/government/uploads/system/uploads/attachment _data/file/650103/EY_and_childcare_reg_handbook. pdf.

⑫ See Ofsted,"Early Years and Childcare Registration Handbook",Accessed July 7,2018. https://assets. publishing. service. gov. uk/government/uploads/system/uploads/attachment _data/file/650103/EY_and_childcare_reg_handbook. pdf.

前教育机构的特殊性质,英国教育标准局制定更为细致与差异性的标准。例如,儿童托管人——注册法人须工作于合法的非居家型学前教育机构,且工作时间超过 50%,工作人员总数不得超过 3 人。⑬ 申办人完成健康声明问卷,完成一门关于《早期教育基础阶段架构》的相关课程,持有急救资格证书,申办人本人与其他服务人员皆持有无犯罪证明,完成对儿童有潜在危险的设备或活动的评估。⑭

纵览学前教育机构设置标准,严格要求机构工作人员资质,尤其是专业要求与经验要求较高,进一步提升了儿童保教质量。在机构设置标准中,最为突出的是均要求工作人员拥有无犯罪证明,至少有 1 名工作人员拥有急救资格,有效减少或杜绝虐童与性侵儿童的案件,为儿童营造健康安全的成长环境。

3. 明确固定学前教育机构注册费用准绳。依据学前教育机构服务类型,英国教育标准局征收学前教育机构注册费用。《2008 年儿童保育(费用)法案》明确规定,英国教育标准局收费水平取决于提供者照顾孩子的服务类型。⑮ 在英国,申办人必须支付费用才能申请注册,以及批准其营业场所。一旦注册,申办人必须按年支付注册费用。依据学前教育机构的类型,英国教育标准局决定学前教育机构注册金额,现行学前教育机构注册费用可见表 1。⑯ 但是,在实际运作过程中,学前教育机构注册费用出现多种情况。如果申办人正在申请注册或已经注册于早期教育服务机构,其注册于儿童托管机构,即无须支付额外费用。相反,如果申办人已注册于儿童托管机构,且希望登记于早期教育服务机构,其必须单独申请

---

⑬ See Ofsted, "Childminder Agency Regulation: Guidance for Agencies and Ofsted Staff", Accessed July 11, 2018. https://www.gov.uk/government/publications/childminder-agency-regulation-guidance-for-agencies-and-ofsted-staff. Ibid.

⑭ See Ofsted, "Childminder Agency Regulation: Guidance for Agencies and Ofsted Staff", Accessed July 11, 2018. https://www.gov.uk/government/publications/childminder-agency-regulation-guidance-for-agencies-and-ofsted-staff. Ibid.

⑮ See Parliament of the United Kingdom, "The Childcare (Fees) Regulations 2008", Accessed July 10, 2018. http://www.legislation.gov.uk/uksi/2008/1804/note/made.

⑯ See Parliament of the United Kingdom, "The Childcare (Fees) Regulations 2008", Accessed July 10, 2018. http://www.legislation.gov.uk/uksi/2008/1804/note/made.

并支付申请费。若居家型儿童服务机构运营非居家型儿童服务机构,无须支付额外费用。居家型儿童服务机构、非居家型儿童服务机构每天工作时间少于 3 小时,或者每周工作少于 5 天,或者每年工作少于 45 周,则可以减少 35 英镑费用。单一注册机构运行多个组织,其必须为每个托儿所缴纳申请费用、年费。即使申办人撤回其注册申请,或者申办人被取消提供儿童保育的资格,英国教育标准局一概不退款。

表 1 英国学前教育机构注册费用标准 单位:英镑

儿童保教机构类型	早期教育机构登记	儿童托管机构登记	早期教育机构登记与儿童托管机构登记
收费水平相当:申请/批准/年度			
儿童托管机构	35	103	35
居家型儿童服务机构	220	114	220
非居家型儿童服务机构	220	114	220
在家儿童服务机构	—	103	—

二、一致性、连贯性:学前教育机构共同评估体系

英国教育督导评估制度兴起于 19 世纪,缘于当时英国引入了公共教育,教育和其他新兴公共服务均须遵守政府制定的规则和计划。[17] 近年来,英国先后修订《2005 年教育法》第 5 节、《2006 年教育与评估法》、《2008 年教育与技能法》第 109 节、《2014 年教育规则之私立学校标准》以及《2006 年儿童保育法》等法规,这些法规正是学前教育机构的评估法源依据。为适应相关法律调整,英国学前教育机构评估体系展现出新局面。学前教育机构评估体系最为显著的特点:不同类型学前教育机构适用单一共同的评估准则;除整体评估外,增加"简式评估";英国教育标准局不

⑰ See Martin Brown and Gerry McNamara, eds. , "Exploring the Changing Face of School Inspections", *Eurasian Journal of Educational Research*, 66, 2016, pp. 1 – 26.

再透过中介机构聘请评估人员,改由直接与评估人员签约。

(一)不同类型学前教育机构适用单一共同的评估指标

自1992年以来,英国教育标准局负责学校督导评估工作。英国标准局于2012年将29个评估指标减少至4个。自2015年9月起,针对注册在案的学前教育机构实施新的学前教育机构评估制度,英国教育标准局制定《共同评估准则》,统一各类学前教育机构的评估指标。《共同评估准则》制定五大评估指标:(1)教学质量、学习质量与评估质量;(2)学生个人发展、行为、身心健康;(3)学生学习成果;(4)学校领导与经营效能;(5)综合绩效。⑱ 其中,综合绩效部分结合教学质量、学习质量与评估质量、学生个人发展、行为、身心健康、学生学习成果等指标的评估结果,加上学校领导与经营效能项目的审查后,给予最终的综合性评估。除上述五大评估指标之外,还重点考评学校对于校园安全、平等与多元环境的维护所投入的精力。然而,在《共同评估准则》的统合架构下,针对各种类型学前教育机构的特色、具体的评估作业流程、项目与操作,英国教育标准局制定不同的评估手册,供评估人员参照。由此可以看出,不同类型学前教育机构的评估适用单一共同的准则,目的是促进评估的连贯性与一致性,一方面使提供同类学前教育机构间的评估结果有可比较基础,另一方面达到同一教育机构前后评估结果的可比性。评估内容的统一有助于学校管理机构、地方主管机关、学生家长等掌握学校发展与办学表现的相关信息,可在信息充足之下作出适当的决定。如果统一学前教育机构评估指标,评估人员必须遵守标准化的评估内容,以确保其评估的每所学校内容的一致性。⑲ 作为"街头官僚",评估人员通过行使自由裁量权来做到

---

⑱ See Ofsted, "The Common Inspection Framework: Education, Skills and Early Years", Accessed July 20, 2018. https://assets.publishing.service.gov.uk/government/uploads/system/uploads/attachment_data/file/717953/The_common_inspection_framework_education_skills_and_early_years-v2.pdf.

⑲ See Lipsky, M., *Street-level Bureaucracy: Dilemmas of the Individual in Public Services*, New York, Russell Sage Foundation, 2010.

这一点。[20]

(二)不同类型学前教育机构采用统一的评估方式

英国学前教育机构评估方式分为两种:整体评估与简式评估。整体评估为上述的五大评估指标。为减轻学校与督学行政的负担,《共同评估准则》明确指出,针对在最新一次评估中取得良好以上表现的学校,在接下来4年1期的校务评估中,学前教育机构只需接受为期1天的访谈式评估。[21] 相对于整体评估,简式评估制度是建立在推定学校的校务表现依然良好的预设下,只需要由皇家督学(Her Majesty's Inspectors,HMI)与学校校长或管理高层进行访谈,了解学校运作状况、管理团队的能力等是否如常。访谈结束后,皇家督学则针对机构的校务运作是否依然维持良好给予评分,无须提交完整的调查报告。但是,在2015年9月学校新评估制度实施后,简式评估仅适用于公立学前教育机构,不适用于私立学前教育机构。在2015年9月至2018年7月内,私立学前教育机构仍必须接受全套的整体评估,确保私立学前教育机构已符合新版《教育规则之私立学校设立标准》。换言之,纵使私立学前教育机构于2015年1月前曾取得良好等第或优秀等第,依然要再一次接受整体评估,待此次评估取得优秀或良好的评估等第,方可在未来3年内适用简式评估。许多学者认为,这种以访谈形式进行的简式评估,促使学校继续维持良好或优秀状态,也节省了人力与物力资源,缓解了教师心理压力,但皇家督学有较大自由裁量空间,且人为主观性较强,有失评估结果的公平性。[22]

(三)不同类型学前教育机构评估结果标准化

针对各个评估事项,评估人员必须尽可能地收集证据与资料,并依据

---

[20] See P. Hupe,"Dimensions of Discretion:Specifying the Object of Street-level Bureaucracy Research",*Der moderne Staat—Zeitschrift für Public Policy,Recht und Management*,2,2013,pp.425-440.

[21] See P. Hupe,"Dimensions of Discretion:Specifying the Object of Street-level Bureaucracy Research",*Der moderne Staat—Zeitschrift für Public Policy,Recht und Management*,2,2013,pp.425-440.

[22] See Kathrin Dedering and Moritz G. Sowada,"Reaching a Conclusion—procedures and Processes of Judgement Formation in School Inspection Teams",*Educational Assessment,Evaluation and Accountability*,29,2017,pp.5-22.

各个评估手册的规定作出最终评估结果。评估结果统一划分为四个等级,且评估频率由上次评估结果而定:第一等——优秀(outstanding):原则上可豁免例行性评估,首席皇家督学或教育部长认为有需要时,依然可对这些学校进行评估;第二等——良好(good):原则上在3年内只需要接受为期一天的简式评估;第三等——有待改进(requires improvement):学校必须在两年内再接受一次复评;第四等——不足(inadequate):一般学校会被评估为不足,往往因为学校治理表现有严重不良的情形,或是被认定需要特别的改善措施。㉓ 在英国,一旦学前教育机构被评为不足,学前教育机构将列入英国教育标准局的观察名单。倘若学前教育机构被评估为有严重不足的,在18个月内,教育标准局会再次监督考核该机构;倘若学前教育机构被评估为需要特别的改善措施,在3个月到6个月内,教育标准局再次监督考核该机构;在未来两年内,该机构也必须再次接受整体校务评估,若评估等级仍是不足,教育标准局将取消其办学资格。因此,连贯性与一致性也进一步展现在统一评等标准,并要求评估人员撰写报告时使用相同语汇与用词。此外,学生父母非常满意评估等级制度,帮助他们作出明智的选择,并作为一个判断孩子就读学校的标准。㉔ 因此,英国教育标准局决定于2019年9月实施的新评估框架将继续保持评估等级制度。

总之,对于英国政府而言,统一学前教育机构评估准则,主要目的是为确保学前教育机构满足幼儿保教最基本的条件与标准,掌握学前教育机构支出政府补助或预算的情形,并且促使学前教育机构采取有效的校园安全措施,保障全英国幼儿享受到优质均衡的学前教育。英国政府认为,共同评估准则是质量保证和质量发展的重要工具。㉕ 同评估准则有助

㉓ See Kathrin Dedering and Moritz G. Sowada, "Reaching a Conclusion—procedures and Processes of Judgement Formation in School Inspection Teams", *Educational Assessment, Evaluation and Accountability*, 29, 2017, pp. 5 – 22.

㉔ See Pete Henshaw, "More Details Emerge Ahead of New Inspection Framework", *SecEd*, 20, 2018, pp. 1 – 3.

㉕ See Kathrin Dedering and Moritz G. Sowada, "Reaching a Conclusion—procedures and Processes of Judgement Formation in School Inspection Teams", *Educational Assessment, Evaluation and Accountability*, 29, 2017, pp. 5 – 22.

于增加学前教育机构的预防责任,促进学前教育机构基于上次评估结果继续改善。[26] 但是,评估指标、方式的一致性将严格限制了评估人员的专业判断。此外,在评估过程中,评估人员有酌处权,评估团队成员之间偶尔会有不同的计分偏好。由于团队通常试图达成一致的判断,评估偏好的差异必须通过协商来解决,增加评估等级的主观性,这与评估政策的客观性理想相冲突。[27]

三、英国学前教育机构政策的成效——基于学前教育机构评估数据的分析

2017 年 12 月,英国教育标准局整体评估了英国的学前教育机构,英国教育标准局于 2018 年 6 月公布《英国儿童保育服务者与评估》。此次评估截至 2 月 28 日,评估了 51,734 所学前教育机构。[28] 评估结果显示,学前教育机构优秀比例与良好比例呈持续上升趋势,英国各区域学前教育机构优秀比例与良好比例差异值控制在 5% 以内。这不仅仅意味着英国学前教育基本实现普及优质与均衡,也进一步表明英国学前教育机构法律政策的有效性。

(一)学前教育机构优秀比例与良好比例高达 94%

根据《英国儿童保育服务者与评估》显示,截至 2018 年 3 月 31 日,学前教育机构优秀比例与良好比例高达 94%。自 2012 年 8 月 31 日开始,从图 3 可见学前教育机构优秀比例与良好比例增加了 20%,且学前教育

㉖ See Suzanne O' Connell, "Inspection under the CIF", *Headteacher Update*, 5, 2015, pp. 14 - 15.

㉗ See Kathrin Dedering and Moritz G. Sowada, "Reaching a Conclusion—procedures and Processes of Judgement Formation in School Inspection Teams", *Educational Assessment, Evaluation and Accountability*, 29, 2017, pp. 5 - 22.

㉘ See Ofsted, "The Common Inspection Framework: Education, Skills and Early Years", Accessed July 20, 2018. https://assets.publishing.service.gov.uk/government/uploads/system/uploads/attachment_data/file/717953/The_common_inspection_framework_education_skills_and_early_years-v2.pdf.

机构良好比例增加幅度大于优秀比例增加幅度。㉙ 这种增长可归因于被判定为优秀的学前教育机构比例稳步上升,新晋学前教育机构优秀比例与良好比例只有略微增加。㉚ 由此可以看出,英国学前教育发展态势良好,同时说明多数幼儿就读于优秀或良好的学前教育机构,享受着安全与优质的学前教育环境。

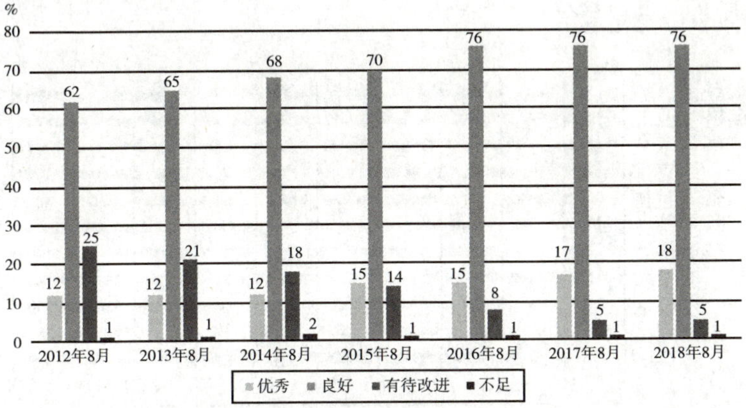

图 3　英国学前教育机构评估结果(截至 2018 年 3 月 31 日)

(二)英国各区域优秀比例与良好比例均达 91%,且比例值相当接近

根据《英国儿童保育服务者与评估》显示,截至 2018 年 3 月 31 日,英国所有区域学前教育机构优秀比例与良好比例均在 91% 以上,并且各区域学前教育机构优秀比例与良好比例相当接近。㉛ 各区域学前教育机构

㉙ See Ofsted, "The Common Inspection Framework: Education, Skills and Early Years", Accessed July 20, 2018. https://assets.publishing.service.gov.uk/government/uploads/system/uploads/attachment_data/file/717953/The_common_inspection_framework_education_skills_and_early_years - v2.pdf.

㉚ See Ofsted, "The Common Inspection Framework: Education, Skills and Early Years", Accessed July 20, 2018. https://assets.publishing.service.gov.uk/government/uploads/system/uploads/attachment_data/file/717953/The_common_inspection_framework_education_skills_and_early_years - v2.pdf.

㉛ See Ofsted, "The Common Inspection Framework: Education, Skills and Early Years", Accessed July 20, 2018. https://assets.publishing.service.gov.uk/government/uploads/system/uploads/attachment_data/file/717953/The_common_inspection_framework_education_skills_and_early_years - v2.pdf.

评估具体结果数据可见图 4。其中,西北区和西南区的学前教育机构优秀比例与良好比例最高,均达到 96%。伦敦学前教育机构优秀比例与良好比例最低,可能源于伦敦有 33 个自治市参与学前教育机构评估,进而降低学前教育机构优秀比例与良好比例。由此可见,全英国各区域学前教育机构质量相对均衡,有助于英国实现普及优质学前教育,进而实现学前教育质量的卓越与公平。

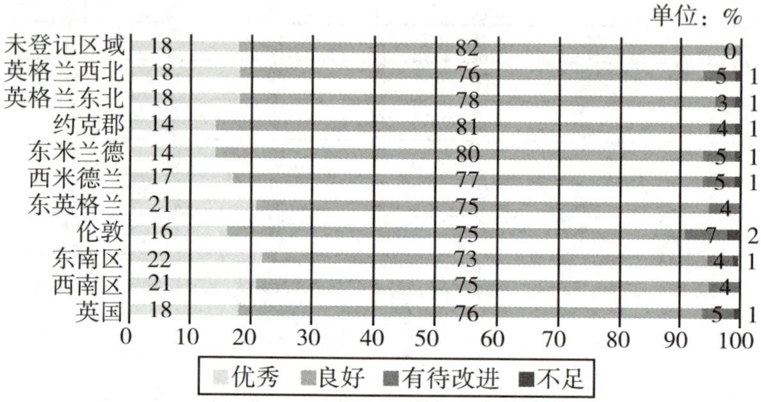

图 4 英国各区域学前教育机构评估结果(截至 2018 年 3 月 31 日)

四、英国学前教育机构治理对我国的启示

实现"幼有所育"是党的十九大报告提出保障和改善民生的重要内容之一。要全面实施"全面二孩"政策、实现教育阻断代际贫困、促进儿童健康成长、杜绝幼儿园侵害儿童案件等,关键在于从制度上加强管理学前教育机构,以实现我国学前教育内涵式发展。面对新形势和新挑战,加强和深化学前教育机构治理研究,科学借鉴英国学前教育机构治理的先进经验,有助于推动我国学前教育机构创新发展与可持续发展。

(一)顶层设计学前教育机构的法律政策体系

进入 21 世纪以后,英国相继颁布《每个儿童都重要》《儿童保育十年战略》《2006 年儿童保育法案》《早期教育基础阶段框架》《2008 年儿童保育(费用)法案》《早期教育机构登记手册》《2008 年儿童保育(普通儿童保育)注册条例》《共同评估准则》《教育与收养法案》等,不断修订与学前教育机构相关的法律政策,以保障学前教育机构的高质量和健康运营,实现优质学前教育的均衡。新中国成立以来,我国相继出台《幼儿园管理条例》、国务院《关于当前发展学前教育的若干意见》《幼儿园工作规程》《幼儿园教育指导纲要》《3~6 岁儿童学习与发展指南》《幼儿园教师专业标准》《幼儿园办园行为督导评估办法》,但是缺乏专门的学前教育法律,且可操作性不强。为保障学前教育事业高质量的发展,我国需进一步从高位入手,顶层设计学前教育机构法律政策,加大对非法办园的清理整顿力度,规范办园行为,提高办园质量,保障幼儿就读于安全、高质量的学前教育机构。

(二)建立标准化与适宜性的学前教育机构注册体系

近年来,英国不断完善学前教育机构注册制度。笔者认为,英国学前教育机构注册体系可以为我国提供以下启示:从国家层面上制定学前教育机构登记注册制度;在条件允许的情况下,以儿童年龄为分界,制定学前教育机构注册登记层次,依据特殊情况设置免予注册的学前教育机构;严格审查学前教育机构申办人、统一学前教育机构注册收费标准与设置条件,为构建安全的学前教育机构奠定基础。

(三)构建科学合理的学前教育机构评估体制机制

英国学前教育机构督导评估制度历史悠久,具有良好的发展基础,且已形成一套统一、连贯的学前教育机构评估体系。与英国相比,我国学前教育机构督导评估起步较晚,我国于 2017 年出台《幼儿园办园行为督导评估办法》,从办园条件、安全卫生、保育教育、教职工队伍、内部管理 5 个方面作出规定,并实现幼儿园、附设幼儿班、幼教点督导评估的全覆盖,无证园也首次被纳入评估范围。笔者认为,英国学前教育机构评估体系可以为我国提供以下启示:在《幼儿园办园行为督导评估办法》基础上,进一步完善学前教育机构评估指标、方式、结果;提升学前教育机构评估的专业性、独立性和透明性;实施周期性评估与奖励性评估,形成评估报告,及时公布评估报告。

On the Orientations of the Standardization and Sophistication of the Administering Policies on Preschool Institutions in UK and Its Revelations for China

Gao Lu

Abstract: The UK is an excellent representative of the realm of preschool education. The UK has achieved remarkable results in the governance of preschool institutions. This is mainly due to the preschool education legal policies of standardization and quality orientation in the UK. The preschool education institutions' standardization and quality administering policies are mainly concentrated in the two directions: (1) a well-defined, standard-guided pre-school educational institution registration system framework; and (2) a pre-school educational institution evaluation system that emphasizes consistency and consistency. With a standardized registration system and common evaluation standards, the UK is popularizing quality preschool institutions. Learning from the experience of pre-school education institutions in the UK can help our country to further optimize the governance of preschool institutions.

Key Words: the United Kingdom preschool institution standardization sophistication laws and policies

香港地区学前教育的法律规制及其启示*

张　晶**　高维远***

摘　要：学前教育作为一国学制教育体系中处于独立起始阶段的教育，是国家基础教育的重要奠基阶段。通过回溯香港地区学前教育法律制度的历史沿革，并对香港地区学前教育法律制度的内容和特色分析的基础上，我们深入挖掘香港地区学前教育的法律规制模式对内地学前教育法制建设的有益启示，提炼出通过建立完善的学前教育法律规范体系、保证学前教育的财政投入、完善幼儿教师的资格准入机制三条经验，这对构建并完善内地的学前教育法律制度具有重要的参考价值。

关键词：香港地区　学前教育　幼儿教育　法律规制

学前教育作为一国学制教育体系中处于独立起

---

* 基金项目：本文是教育部人文社会科学研究青年基金项目“学前儿童受教育权法律保障研究”(18YJCZH235)的阶段性研究成果。

** 张晶，西南交通大学公共管理与政法学院讲师。研究方向：宪法基础理论、法学教育。

*** 高维远，香港中文大学法律学院硕士研究生。研究方向：国际经济法，法学教育与法律文化。

始阶段的教育,是国家基础教育的重要奠基阶段。学前教育视野的健康可持续发展对于国民整体素质的提升和国家经济社会的进步具有重要的意义,因此世界主要发达国家和地区,都在积极创设学前教育事业健康发展的法律、政策和制度环境,采取多样化的坚实举措促进学前教育事业的改革与发展,这已经成为当代教育发展的一种全球性趋势。笔者于2017年在香港大学担任访问学者期间,曾经亲身考察了香港地区三种类型的幼儿园,通过收集信息和采集资料,尤其是与当地园长和教师们的多次交流和探讨,我们发现,香港作为中西方文化的汇集之地,不仅具备国际化的学前教育理念,而且积累了当前学前教育法制建设的若干经验,特别是香港地区对于学前教育法律法规体系的建立、学前教育机构的监管、幼儿教师资质的认证等方面,都有众多创新可供借鉴之处。基于此,本文力图研究香港地区学前教育法律规定的内容和特点,通过自己的切身体会来深入挖掘香港学前教育的法律规制模式对内地学前教育法制建设的有益启示,以期对构建并完善内地的学前教育法律体系有所裨益。

一、香港地区学前教育法律制度的历史沿革

今日的香港之所以成为全世界学前教育最发达的地区之一,原因固然是多方面的,我们无法否认经济的高速发展对于促进学前教育事业建设的物质性因素,但另一个不可忽视的关键性因素应当是香港政府的重视和立法保障。香港政府在推进学前教育相关立法决策的时候,会组织学前教育法律与政策的制定者一起研读发达国家的典型案例,并结合本港的实际情况制定或修订相关法律政策,依靠法制手段促进学前教育质量的提升。

(一)1997年回归前:萌芽初创期

香港特别行政区作为亚洲乃至世界的经济金融中心,长期吸引大批各国优秀人才来港。相应地,香港特区政府在过去很长一段时间内较为

重视高等精英人才培养,优先发展高等教育事业,香港学前教育长期不受政府重视和关注,相较之于发展日新月异的基础教育与高等教育,香港政府秉持"消极不干预"的旁观态度对待学前教育,既没有对学前教育提供资助,也极少介入幼儿园教师培训和订立标准的工作。由此,在香港整体较为完备的教育体系中,学前教育部分成为其薄弱环节。这一边缘化的窘境逐渐引起了香港社会各界有识之士的广泛关注,他们认为幼儿园作为教育阶梯重要的第一级,应该由政府制定法律法规积极推进,特别是应当由教育署进行改革及普遍改善各项服务,把所有儿童学前生活的差距拉近,在人生起步阶段上有较公平的机会。① 从 20 世纪 70 年代以后,在社会各界的积极推动下,香港政府对学前教育的关注度逐渐提高,建立并规范学前教育行政管理协作机制,以不同方式实现对学前教育机构的财政支持。香港地区立法会也相继制定出台了诸如《教育条例》及《教育规例》、《幼儿服务条例》及《幼儿服务规例》等极具代表性的法律法规,保障了学前教育的健康稳定发展。

(二)1997 年回归后:快速发展期

香港回归后,香港作为祖国内地对外开放的"窗口、桥梁、国际通道",发挥其独特地位和优势,成为全球最具竞争力的经济体。为了使香港的经济增长态势具备可持续性,特区政府积极倡导"终身学习"和推动"全人发展"的全面教育改革,在教育评价管理、培养人才的数量和规格等方面都进行了创新或调整,不断提升教育的质量,同时也加强了教育立法工作,明确并强化政府在教育事业发展中的重要职责。就学前教育领域而言,随着香港社会体制的不断完善与经济发展,香港政府与社会各界对学前教育的关注度逐渐提高,政府改变了以往对于学前教育事业"放任不管"的态度,开始从宏观规划、法律法规和政策制定、财政投入、教育评价与管理,以及教师队伍建设等方面对学前教育进行积极干预和推进,促使

① 香港教育署:《香港教育透视:1982 年国际顾问团报告书》,载豆丁网:http://www.docin.com/p-4066735.html,最后访问日期:2018 年 7 月 10 日。

香港的学前教育事业不断稳步、持续发展。② 值得一提的是,香港回归祖国之后,很多居住在内地深圳的幼童家长认为香港学前教育不仅能够为学童提供更高质量的教学,幼儿也能在中英双语教学环境中提早掌握外语,“两地学童”群体开始出现并逐渐增长,这一情况除了使香港特别行政区与我国内地在学前教育领域出现了积极融合的趋势外,客观上也导致了香港幼儿园学位资源紧张。

针对香港回归后学前教育领域出现的新形势、新变化,特区政府为保证更多的儿童接受高质量的早期教育,政府针对学前教育的拨款由1996~1997年度的4.3亿港元,增至2017~2018年度的57.29亿港元,增值超过13倍。③ 此外,除了对学前教育的资金投入力度明显加大之外,香港特区政府及香港教育局颁布了一系列规章制度和规范性法律文件,切实保障并增加学前教育专项经费,规范并提高幼儿教师的资质要求,扶助弱势群体,促进学前教育公平,确保学前教育事业朝着法制化、规范化的方向发展。目前香港地区形成了三个层级比较完善的学前教育法制体系,详情见表1。

表1　香港地区学前教育法制体系概况

层级	出台部门	名　称
第一层级	全国人大	《香港特别行政区基本法》
第二层级	香港立法会	《教育条例》、《教育规例》、《幼儿服务条例》及《幼儿服务规例》
第三层级	政府部门	《学前机构办学手册》《学校行政手册》《学前教育课程指引》《幼稚园质素评核手册》《学前机构自我评估手册》《新入职幼稚园教育资历要求》《幼儿园应做和不应做的事项提要》《免费优质幼稚园教育计划》《保护儿童及少年条例》《拐拐和管养儿童条例》……

② 参见庞丽娟主编:《国际学前教育法律研究》,北京师范大学出版社2011年版,第238页。

③ 参见香港特别行政区政府统计处:《2018年香港统计年鉴:第12节教育》,载香港特别行政区政府网:https://www.statistics.gov.hk/pub/B10101232018AN18B0100.pdf,最后访问日期:2018年9月12日。

二、香港地区学前教育法律制度的内容框架

目前,香港地区学前教育法律制度的内容框架是由《香港特别行政区基本法》、立法会颁布的各项条例、规例和各类具有法律效力的政策性文件所组成,已形成完备的法律规范体系。该法律框架在法律法规与政策的制定、颁布、实施与监督的过程中,充分展现了香港地区在回归后由完全承袭英国学前教育制度到逐渐形成独具特色的学前教育制度的变革过程。

(一)全国人大通过并颁布的《香港特别行政区基本法》

《香港特别行政区基本法》是香港地区部门法与规章条例的立法核心与根本原则,立法会通过的一切条例、规例都不得与基本法冲突。基本法作为"创造性的杰作",具有凌驾于特区法律之上的权威,是香港特区行政、立法、司法的依据和基础,起到了保障"一国两制"的决定作用。《香港特别行政区基本法》中与教育事业相关的规定内容为:"香港特别行政区政府在原有教育制度的基础上,自行制定有关教育发展和改进的政策,包括教育体制和管理、教学语言、经费分配、考试制度、学位制度和承认学历等政策。"④可以认为,基本法从原则上赋予了香港地区政府制定并运行区别于我国内地的教育体制,包括学前教育体制的权利,成为其他部门条例、规例颁布和修改的指导性立法原则。

(二)香港立法会通过并颁布的条例和规例

香港立法会早在1971年就制定了《教育条例》和《教育规例》,后者是前者的细化规则补充,二者相辅相成,奠定了香港地区学前教育法律体系的基石。根据《香港特别行政区基本法》的规定,这两个法律文本在香港回归后仍然得以保留并继续实施,迄今为止经历了9次大小修订。前者在条文中涉及了香港幼儿园的注册与临时注册、校董的注册与权力、校

④ 参见中华人民共和国全国人民代表大会制定的1997年《香港特别行政区基本法》第136条。

监的批准与职责、校长的选任、教员的资质、上诉委员会的设立等,从法律制度框架上规范了香港学前教育的管理过程。而后者是对前者的进一步细化和完善,涉及了幼儿园校舍健康及消防安全的措施、室内家具的限制、天台操场的监管、全日制幼儿园的休息时间和膳食标准、幼儿园的上课时间、禁止对幼儿体罚、幼儿园教师的资格取得与薪酬待遇等,这些精细化的规定,为深层次解决影响香港学前教育事业发展的带有根本性的问题提供了法律保障。需要注意的是,《教育条例》和《教育规例》的适用范围不仅仅局限于香港地区学前教育,还适用于其他阶段的教育教学活动,但它们所涉及的规定是香港地区构建学前教育法律制度的重要依据。

除上述可适用于学前教育与其他阶段教育的一般性法律规定外,香港立法会还在 1976 年颁布了专门针对幼儿教育的相关法律,即《幼儿服务条例》与《幼儿服务规例》,用以规范幼儿中心的日常运行。在调查中我们了解到,在香港除了大众所熟知的由教育局监管的普通幼儿园外,还存在幼儿中心这一极具特殊性的学前教育机构。幼儿中心包括育婴园和幼儿园两种,前者为 0 ~2 岁的幼儿服务,后者则为 2 ~6 岁的儿童服务,此外还对 3 ~6 岁轻度残疾儿童提供加强训练及照顾。该机构需依据《幼儿服务条例》及《幼儿服务规例》进行注册,并由社会福利署幼儿中心督导组督导。在上述两个法律文本中,规定了幼儿中心的注册、结构上的规定与中心的使用、防火措施、健康及医生、费用及收费办法,训练幼儿工作人员获得许可的资质,教师专业课程的学习等,这些规定为社会福利署依法管理学前中心提供了依据。可以说,二者规定所涉及的内容与《教育条例》和《教育规例》相似,但结合了幼儿成长的需要以及学前教育的特点加以细化调整。从中可以看出,香港政府为力求打造出适合学前儿童学习成长的教学环境所作出的不懈努力。

(三)香港政府部门出台实施的政策与计划

与我国内地政府部门颁布实施的地方行政规章类似,香港政府在《香港特别行政区基本法》以及立法会制定的其他法律、条例、规例的框架下,针对学前教育事业的具体发展目标,在不同的时期提出并实施了一系列政策方针。这些政策与计划同样成为香港地区学前教育法律制度不可或缺的部分。

随着香港政府对学前教育事业的重视程度不断增加,特区政府决定对学前教育机构进行财政扶持,分别于2005年颁布了《幼儿园及幼儿中心资助计划》,该计划在2008年被《幼儿中心资助计划》所取代。通过此类资助计划,香港政府对学前教育事业进行了直接财政投入,有效地促进了学前教育事业的发展,推动了学前教育普惠性的增强。此外,香港政府还针对学前教育机构的办学条件、课程设置、收费标准、教师准入门槛等一系列事项作出了明确具体的要求。因此香港政府先后出台了《幼儿园应做和不应做的事项提要》《幼儿园教师的最低学历要求》《非牟利幼儿园租金发还计划》《学前教育新措施》《幼儿园教育课程指引》《学前机构办学手册》等政策。

以2006年的《学前机构办学手册》和2017年最新版香港教育局建议修订的《幼儿园教育课程指引》为例。《学前机构办学手册》由特区政府教育局和社会福利署联合颁布,适用于香港所有学前教育机构。该手册规定所有提供服务给儿童的学前机构必须满足儿童在成长和教育方面的需要,务必符合相关的要求,根据相同的条例注册,并由同一部门管理。内容主要涉及幼儿园的楼宇设计、家居设备、安全措施、健康卫生、营养膳食、课程与活动、教职员的培训资质等11个方面的细致内容,保障并促进了香港学前教育的快速发展。《幼儿园教育课程指引》则由特区政府教育局发布,该指引申明幼儿园教育是终身学习和全人发展的基础,重视以"儿童为中心"的核心价值,对于幼儿园教学的课程目标与架构、整体课程规划、教学评估、幼小衔接、家校合作等多个方面进行了详细指导。其中甚至还包括帮助特殊学童以及非华语或新来港幼儿适应学习氛围的具体建议。⑤ 值得一提的是,该指引针对幼儿教师的专业发展、优化支援策略、提升教与学的成效、建立优秀的教师团队等方面制定了一系列措施,有利于促进幼儿的成长和推动发展进程。

由上述内容可见,香港特区政府充分行使了促进学前教育事业发展

⑤ 参见香港课程发展委员会:《幼儿园教育课程指引》,2017年版,第3页。

中的各项职责,已尽最大努力对学前教育的健康发展进行积极干预和引导,香港近年来学前教育的平等平衡发展得益于相关法律政策规定的健全。随着香港社会的不断发展与向内地逐渐融合的趋势日益显著,香港政府在未来仍会审时度势,结合不同时期对学前儿童的不同培养需求相继出台新的指导性计划与方针,推陈出新,保障学前教育事业的稳定繁荣。

(四)与香港学前教育事业相关的其他法律法规与政策

学前儿童作为社会成员中的一个重要群体,由于年龄较小,身心发展程度尚浅,特别是其中的特殊残障儿童,常常在社会生活中处于被动与弱势地位。近年来,我国内地的学前教育机构虐待幼童案件频发,甚至有不少的虐童案件起源于家庭暴力,从而引发社会公众的高度关注。这些接连曝出的虐待儿童案件,暴露出政府在引导、鼓励学前教育事业不断发展的同时,对学前教育机构的管理和监督没有落实到位,缺乏相关条款违法成本较低的问题。我们认为,对于儿童的防虐待保护不仅应在儿童的家庭成长环境中及时发现并加以解决问题,更应落实在校园管理过程中。

香港特区政府在防止虐童事件发生方面早已建立起一套从法律法规到专门服务小组的完整预防机制。香港教育局规定,幼儿园如怀疑有幼儿受虐,应及时向社会福利署、教育局或其他部门寻求协助。例如,幼儿园学生连续 7 天无故或在可疑情况下缺课,必须通报教育局。⑥ 在法律救济方面,虐童案件主要由《侵害人身罪条例》《保护儿童及少年条例》《掳拐和管养儿童条例》等专门法律管辖。在社会服务方面,香港政府组织成立了类似儿童保护服务组、儿童虐待调查组、香港防止虐待儿童会等多个预防并阻止虐童事件的社会组织。针对虐童事件发生后的善后救助,香港教育局定期会对教育机构进行专门的救援理念与原则指导,提供优质的保护儿童治疗及预防服务,推广一个关怀及无暴力的环境。总之,香港政府对于虐童案件的高度重视与完善的配套法律政策在长期的学前教育实践中颇有成效,香港虐童案件鲜有发生。

---

⑥ 参见香港教育局通告第 4/2018 号:《幼儿园学生缺课的通报机制》,2018 年颁布,第 1 页。

香港政府对学前教育群体的特殊政策还体现在对特殊儿童的关注上。目前,香港教育局设有两所特殊教育服务中心,分别位于九龙塘及葵涌,专门为特殊儿童提供支援服务,为他们提供生理与心理方面的指导与帮助,促进特殊儿童群体及早适应学习环境与氛围。⑦ 针对特殊儿童学前教育,香港教育局在2003年发布通告,公布确立特殊儿童受教育的平等机会原则,避免他们在接受学前教育的过程中遭受歧视待遇。该通告从特殊儿童入学录取到教学课程安排以及享受教学资源等多个方面反复确认平等机会原则,以此保护特殊儿童受教育权利不受损害。

三、香港地区学前教育法律制度的特色

目前,虽然香港现行的学前教育法律制度仍旧存在较大的完善提升空间,但类比我国内地的学前教育法律制度,其优越性依旧能够得以凸显。我们认为,香港地区学前教育法律制度的主要特色体现在以下几个方面。

(一)政府职能在学前教育法律规制中得以充分体现

在立法方面,由香港立法会与香港特别行政区政府以及香港教育局主要参与立法活动。此处的立法活动为广义上的立法活动,不仅包括条例、规例的制定,还涵盖专门针对学前教育的政策、计划的制订。香港立法会拥有最高立法权力,在香港基本法的原则指导下,颁布部门法。香港特区政府及其教育局、劳工局和福利局等下属部门在法律框架下制定专门性和时效性较强的临时方针政策。除此之外,政府部门的职能还体现在对学前教育活动的监督与管理上。例如,在教育局和社会福利署颁布实施的一系列办学手册和指南中,对于开设学前机构的硬件设施规范出了明确的标准。从楼宇选址、设计到家具设备,以及更为重要的消防、气体、电器、楼宇安全措施以及师生健康检查记录、环境卫生的维护等都进

---

⑦ 参见香港特别行政区教育局:《香港特殊教育便览》,载 https://www.edb.gov.hk/tc/edu-system/special/policy-and-initiatives/special-edu/index.html,最后访问日期:2018年10月30日。

行了详细规定,[8]甚至其中对于不同年龄段的幼童每餐应摄入的食物种类及数量都有提及,以此来最大限度地保障学童的健康成长。由此可见,香港政府对于学前教育制度的管理规范化程度较高,通过明确可见的标准进行严格把控,用以提高学前教育机构的办学水平。

另外,针对学前教育规制体系不统一的问题,香港政府也作出了相应的努力。由于幼儿中心和幼儿园分别由不同的部门监督管理,学前机构的监管即出现了重复管理、规制效率降低的问题。为强化政府在学前教育中的监管职能,增强不同政府部门的职责协调性,由教育局和社会福利署联合成立的“协调学前服务工作小组”在 2000 年应运而生,全权负责协调学前服务管理和财政资助事宜。由上述可见,在香港学前教育的法律规制过程中,通过明确界定部门分工和权限,理顺部门职责关系,特区政府的各个部门能够各司其职、协调合作,使得各个部门的职能得以高效率的发挥。

(二)香港特区政府对学前教育投入大力财政扶持

长期以来,香港地区的学前教育机构大多数以牟利性私立教育机构为主,较之于我国内地学前教育机构,学前儿童在香港需要缴纳昂贵的学费入学接受学前教育。香港回归祖国后,香港政府对学前教育行业的转型着重点放在扶持非牟利性学前教育机构建设,并大力促进牟利性学前教育机构逐渐向非牟利性机构的转变上。香港特区政府曾在《2006 ~ 2007 年施政报告》中承诺对学前教育投放更多的资源,并明确提出把资助学前教育、提升学前机构的教学效能作为未来 5 年政府工作的重点。[9]此后的 10 年,香港特区政府为了保障落实对学前教育事业的财政投入,先后出台了一系列配套政策与计划,涵盖内容包括对学前机构提供资金资助、发放津贴等方式。这些资助主要针对非牟利性学前教育机构发放,直接降低非牟利性学前教育机构的运营成本,使幼儿教师的薪资得以提高,办学水平稳步提高。同时,这样的扶持措施也能吸引更多的牟利性学

⑧ 参见香港教育局、社会福利署:《学前机构办学手册》,2016 年 2 月修订版,第 6 页。

⑨ 参见庞丽娟主编:《国际学前教育法律研究》,北京师范大学出版社 2011 年版,第 249 页。

前教育机构积极主动向非牟利性转变,降低学前教育的入学门槛,增强学前教育的公益性与普及性。

香港政府对学前教育事业的财政扶持具有双重性,即除体现在对教育机构的资助上,还通过对学前儿童的直接资助得以实现。香港政府实施了独具特色的"学券制度",即以发放"学券"的方式,向学前儿童家长或其合法监护人直接提供学费资助。"学券计划"的实施理念是让本港所有适龄儿童均能获得质量优良而可负担的学前教育。在具体实施中,政府透过学券计划,在学前教育领域投放更多资源,同时希望保持学前教育事业的灵活性,并进一步提升学前教育的质量。[10] 学券计划的实施配合前述政府对学前教育机构的资助方针可谓双管齐下,有效地促进了香港学前教育事业的均衡稳步发展,使更多学前儿童能够享受到平等的受教育权利。

(三)保障教师工资与待遇,加强教师专业人才培养

在香港,学前教育教师队伍的大多数是由年轻教师构成的。根据教育局于各幼儿园进行的问卷调查,2017 年以前,香港刚入职的幼儿教师平均月入薪资水平约为 18,000 港元,在 2017 年后有所增加。[11] 这一收入水平结合香港人均收入、生活支出水平与幼儿教师的高强度工作相比较来说,并不能被称之为待遇优厚。由此导致学前教育教师队伍的流动性较强。而教师队伍的流动性与教学质量成反比,教师的薪资待遇低下会直接导致香港学前教育制度整体发展速度的延缓。另外,提高学前教育教师的报酬也是吸引高素质人才来港就业的关键手段。基于此,香港政府出台了《幼儿园教师的建议薪级表》等一系列政策性文件来提高并保障幼儿教师的待遇水平。并在此基础上,配合《教育规例》、《学前机构办学手册》、《雇佣条例》与《强制性公积金计划实施后的退休福利拨款安排》等法律法规及政策措施中关于教师福利待遇的相关规定,进一步明确了保障幼儿教师应得社会待遇的强制性措施。

---

⑩ 香港教育统筹委员会学前教育学券计划检讨工作小组:《学前教育学券计划检讨报告》,2010 年 12 月颁布,第 13 页。

⑪ 参见秦艳玲:《我眼中的香港学前教育》,载《广西教育》2018 年第 8 期。

另外,香港政府在提高幼儿教师的薪资保障与福利待遇的同时,也同样注重对于教师队伍的素质培养。在香港回归之前,香港地区的幼儿教师文化程度参差不齐,法律与政府规章没有针对幼儿教师职业资质的明确要求。幼儿教师文化程度低下无疑会导致学前教育质量堪忧,甚至学童的身心健康都会受到损害。为了透过提供师训教育,以推动教与学的发展,香港特区政府于2016年批准向香港教育学院授予大学名衔,香港教育大学由此成为香港8年间法定公立大学之一,其教育学科在2018年QS世界大学排名第9,为香港培育大批高素质的幼儿教师作出了巨大贡献。此外,香港政府明确制定了幼儿教师的准入机制,对幼儿教师的职业资格提出了明确要求,在香港中学会考或中学文凭考试中考获五科合格的成绩,其中包括中文及英文科,并须于不多于两次考试中考获,且新入职幼儿园教师必须在两年内完成合格幼儿园教师训练课程的学习,只有取得了幼儿园教育证书才有资质从事学前教育。⑫ 对于园长的资质要求则更高,即要求具有幼儿教育学士学位或同等学力并在取得学历后至少拥有一年的工作经验。总之,香港政府所出台的上述一系列规定与政策,都体现了其对幼儿教师队伍专业素质的重视,为力求打造一支稳定、高素质的师资队伍所作出的不懈努力。

(四)香港已建立完备的学前教育机构评估体系

香港特区政府除在对学前教育机构的建设过程中进行大力扶持和积极引导之外,还十分关注学前教育机构的运营质量和教学水平。为此,香港政府建立了一套完整的幼儿园教育质量评估框架,旨在推动参与幼儿园教育计划的学校问责制度的建立,及时对香港学前教育事业进行反思与改进。

该质量评估架构的建立与落实由香港教育局实施,评估内容主要由学校自我评估与外部考核两部分组成。在这一架构下,教育局各分部一方面以伙伴方式为学校提供支援,另一方面监察学校的表现,并给予客观

---

⑫ 参见香港政府教育局:《28/2003号新入职幼儿园教师资历要求》,载 https://applications.edb.gov.hk/circular/upload/EMBC/EMBC03028C.PDF,最后访问日期:2018年9月20日。

的改善建议,务求在支援与问责间取得平衡。[13] 教育局根据社会发展情况并结合幼童的成长需求为幼儿园的质量评估制定了相应的表现指标。该指标包含学校组织管理、学校课程教学规划、校园文化以及儿童发展四个具体范畴。这些具体表现指标将用于学校自评与外部考核当中。

在幼儿园的自我评估中,教育局要求幼儿园应根据实际情况,以事实为依据,并鼓励采用全校参与的模式进行自评,这一措施已经在过去多年得到持续实施。另外,幼儿家长对幼儿园的监督也被纳入幼儿园自我评估的程序当中。此举的合理性在于避免自我评估完全由校方把控的现象出现,增强自评过程的公正性和透明度。对于未参与到幼儿园教育计划中的幼儿园、幼儿园暨幼儿中心以及设有幼儿园班级的学校,教育局同样鼓励其按照此自评程序与标准进行定期自我评估以实现自我改进。外部质量评核主要是教育局用以考察幼儿园自评的真实性与准确性的过程。为提升质量评核的透明度,教育局已由 2013 ~ 2014 学年起引入外部独立人士担任观察员,参与部分质量评核探访,他们均为幼儿教育专家且目前不在教育界服务。[14] 最后,教育局综合幼儿园自我评估与外部评核的结果对各幼儿园的教学情况进行详细掌握,发现其中存在的问题并履行政府部门督导职责。我们认为,香港教育局实施的此类具有双重考核性质的质量评估架构,能够直接有效地对香港地区幼儿园的教学过程进行全程监督,使其教学质量与水平不断提升。

四、对我国内地学前教育法制建设的启示

香港通过制定并实施一系列学前教育法律政策,促进了本地区学前教育事业的积极、健康发展,深入研究香港学前教育法律制度制定的背

---

⑬ 参见香港特别行政区政府教育局:《教育局通告第 11/2018 号:幼儿园教育优化质素保证架构》,载 https://www.edb.gov.hk/attachment/sc/edu-system/preprimary-kindergarten/quality-assurance-framework/EDBC18011S.pdf,最后访问日期:2018 年 10 月 26 日。

⑭ 参见香港教育局通告第 11/2018 号:《幼儿园教育优化质素保证架构》,2018 年颁布,第 2 页。

景、法律规定的主要内容和特点,并合理吸取香港学前教育立法的经验,对于推动我国学前教育事业健康发展,提高国民整体素质具有理论和实践上的借鉴意义。

(一)建立完善的学前教育法律规范体系

从香港地区学前教育的历史沿革可以看出,虽然香港地区没有专门的“学前教育法”,但在立法会所制定的法律法规和一系列政府规范性法律文件中均已对学前教育事业作出明确规定,形成了相对完善的学前教育法制体系,对学前教育事业的健康发展显示出不可或缺的重要规范作用,有力地推动了香港社会、经济和教育的全面进步。我国内地虽然制定有多部学前教育专门性法规,包括《幼儿园管理条例》(1989 年)、《幼儿园工作规程》(1996 年)、《幼儿教育指导纲要》(试行)(2001 年)等,它们在较长的时间内对我国学前教育事业的繁荣起到了积极作用,其意义和价值不可否认,但这些已有学前教育法规的法律位阶较低,且已远远无法满足当前学前教育事业发展的新形势新变化,我们认为有必要出台国家层面的统一单行的“学前教育法”,通过立法明确学前教育性质和地位,规定各级政府在学前教育事业发展中主导责任,建立学前教育的财政保障机制和分工协调机制、健全学前教育督导评估与问责制度等诸多方面,以保证学前教育的各个环节都能有法可依、有章可循。此外,“学前教育法”作为一部全国性的法律,必然存在细化完善的空间,应当配合社会经济形势和人民生活环境的改变,及时进行下位法的补充解释,通过制定相关实施细则和程序性规定,形成具有中国特色的学前教育法律规范体系,以保障所有学龄前儿童平等地接受学前教育的权利,推动当前学前教育事业的改革和发展。

(二)保证学前教育的财政投入

目前我国内地的教育经费支出中,义务教育首先仍是最主要部分,其次是高等教育,最后是高中教育,而学前教育所占的比例最少。根据教育部《全国教育经费统计快报》显示,2017 年全国教育经费总投入为 42,557 亿元,其中国家财政性教育经费为 34,204 亿元,教育经费总投入在学前教育、义务教育、高中阶段教育、高等教育和其他教育间的分配占比分别为7.65%、45.49%、15.60%、26.10%、5.17%。⑮ 虽然全国学前教育经费总投入增幅最高,但学前教育经费投入所占的比重却很低。在一定程度上,当前内地学前教育的发展主要体现为民办学前教育机构的发展,财政性对学前教育没有明显增量投入,没有起到矫正财政性投入不合理状态的作用。⑯

反观香港学前教育,数额明确、专款专用、向弱势群体倾斜是香港学前教育财政投入的显著特点。在学券计划下,政府以学券的形式增加对私立非盈利学前机构的资助,向儿童直接提供学费资助,以减轻家庭的财政负担。特别是在2016年,香港特区政府提出:“提供15年免费教育及优质的幼儿园教育”的施政口号后,教育局又颁布了《第7/2016号免费优质幼儿园教育通告》,宣布自2017~2018学年起实施免费优质幼儿园教育政策,并逐步取代学券计划,提供易于负担的优质幼儿园教育,以及提高儿童按其所需接受不同模式幼儿园教育的机会。

我们认为,有必要借鉴香港的经验,通过学前教育立法强化各级政府的职责重点,保证国家对学前教育的财政投入,以单项列支和专项拨款的形式为学前机构提供财政保障,保证学前教育的公益性。同时应当鼓励和吸引更多的社会资源进入学前教育领域,以弥补公共财政的不足,但各级政府必须切实履行监管学前教育的责任,由事前的“资质审批”转变为全过程监管,依法查处违法违规办园行为。

(三)完善幼儿教师的资格准入机制

世界发达国家和地区的教育立法有一条重要经验,即“任何教育改革的最终成效都要归结到幼儿园及中小学课堂内能拥有优秀的教师”。⑰ 学前教师是中国教育体系的基础,而幼儿教师是基础的基础,可以说发展公平而有质量的学前教育离不开幼儿教师队伍建设,离不开幼儿教师质

---

⑮ 参见《全国教育经费统计快报》,载 http://www.moe.gov.cn/jyb_xwfb/gzdt_gzdt/s5987/201805/t20180508_335292.html,最后访问日期:2018年9月20日。

⑯ 参见庞丽娟主编:《中国教育改革30年:学前教育卷》,北京师范大学出版社2011年版,第70页。

⑰ 管华、王君妍:《国外学前教育立法的启示》,载《陕西师范大学学报》2017年第6期。

量的提高。香港特区政府正是意识到了幼儿教师在发展学前教育事业中的重要性,以立法的形式对从事学前教育的教职人员的资质作出明确规定,大力提高对学前教师的资质要求,规定最低入职学历要求,并根据教育发展的需要,不断提高对幼儿教师的资质要求。与之不同的是目前我国内地的幼儿教师师资准入门槛设置不高,取得资格仅为中专毕业,或只要具备幼儿师范学校及其以上学历就可以直接认定幼儿教师资格,导致幼儿教师队伍参差不齐,形成了"幼教领域不能吸引优秀毕业生,公众对幼教成效及幼教职业不认可"的不良局面。更为严重的是,幼儿教师的地位待遇普遍偏低,而工资水平直接关系到幼儿教师队伍的稳定性,较低的收入让不少幼儿教师不愿意长期坚持,直接导致幼儿教师的流动性相对较大,难以稳定和吸纳优秀人才,严重影响到学前教育质量的提升。

为有效解决内地幼儿教师队伍建设中存在的问题,我们认为应借鉴香港地区成功经验设置,通过制定相关法律法规,一方面,实行资格准入制度,加强引导和规范幼儿园教师队伍的建设与发展,特别需要对幼儿园教师的编制标准、资格作出规定,建立师资上岗、培训、考核、淘汰一整套机制,防止学历和素质不合格的人员流入幼儿教师队伍;另一方面,要赋予幼儿教师应有的身份并以法律规定的方式明确,努力提高幼儿教师的职业获得感,保障幼儿教师的基本权益,切实提高幼儿教师的社会地位和待遇,以更好地稳定幼儿教师队伍并吸纳更多有志从事幼教事业的青年人。

(四)科学设立学前教育机构评估体系

学前教育机构评估是保证和促进学前教育质量所不可或缺的关键环节,对促进幼儿园在学与教的持续发展,以及一些需要关注改善的重要范畴能够发挥积极作用,对此香港地区从多方面出台了相关法律法规和政策进行规定,有效地保证了其学前教育达到应有的质量水平及学前教育的不断提高。从理论上来说,在内地的学前教育评估中引入香港地区教育局所实施的——由学校自我评估与外部考核两部分组成的双重考核性质的质量评估架构,是提升我国内地学前教育质量,与国际接轨的一种现实可行方法,但实际状况是我国内地的学前教育机构评估目前主要由单一的教育督导部门组织实施,且督导过程的规范性、督导人员的素质、评估标准的确立等都存在问题,时常出现教育行政部门既是"运动员"又是"裁判员"的尴尬局面,导致学前教育督导评估结果的可信度和有效性大打折扣,因而有必要对现行的学前教育督导制度进行改革。

我们可以借鉴香港的经验,将学前教育机构评估体系纳入学前教育法律框架,形成具有法律保障和国家强制力的评估制度。在具体实践中,一方面,通过不断改进学校自我评估,在设置指标内容时配合幼儿园的发展情况,并考虑儿童成长和学习的特质而作出更新,以能带领幼儿园与时俱进;另一方面,在国家"政府督导、学校办学、社会监评"的教育新型分治模式下,引入第三方机构或外部独立人士担任观察员。第三方学前教育评估机构要坚持独立、公平、客观和中立的原则,按照国家《3~6岁儿童学习与发展指南》的基本要求,遵循学前教育和幼儿教育发展的基本规律,立足幼儿身体健康与动作发展、社会性与情感、认知、语言与交流、美感与表现、学习品质6个领域发展目标的达成情况,参与学前教育质量评核探访。⑱ 最后,地方政府各相关部门综合幼儿园自我评估与第三方评核的结果对各幼儿园的教学情况进行详细掌握并给予客观的改善建议,通过规范学校领导与管理质量,推动学前教育的改善和问责,达到合理配置资源、优化学前教育发展的理想标准。

---

⑱ 参见辛涛、乐美玲:《学前教育质量监测的几个问题》,载《学前教育研究》2013年第9期。

Legal Regulations of Pre-school Education in Hong Kong Special Administrative Region of the People's Republic of China and Its Inspirations

Zhang Jing　Gao Weiyuan

Abstract: Preschool education, as an independent initial stage of education in a country's educational system, is an important foundational stage for national basic education. Based on the historical retrospective review of the pre-school education legal system in Hong Kong Special Administrative Region of the People's Republic of China and the analysis of the content and characteristics of the pre-school education legal regulations in the area, the authors have explored the beneficial implications of the legal regulation model of pre-school education in Hong Kong Special Administrative Region of the People's Republic of China on the construction of the pre-school education legal regulations. The authors summarized and put forward the experiences in the following three aspects, namely, establishing a perfect pre-school education legal regulation, ensuring the financial input of pre-school education, and improving the qualification access mechanism for preschool teachers. This has important reference value for the construction and improvement of the pre-school education legal system in our country.

Key Words: Hong Kong SAR　pre-school education　early childhood education　legal regulations

从幼儿教育基本权检讨台湾地区的“幼儿教育及照顾法”

许育典[*]　王艺乔[**]

摘　要：面临少子化趋势，同侪竞争激烈，使父母更加注重孩子的教育。而台湾地区面对此趋势转变，陆续推动学前教育优惠措施。本文基于观察台湾地区陆续推动包括扶持5岁弱势幼儿及早教育计划、免学费教育计划等政策，且现今许多地区已将5周岁幼儿纳入义务教育范围，台湾地区亦有意将幼儿教育纳入国民教育，故借由台湾地区有关教育基本权在幼儿教育的实践，利用基本权保护法益的建构，规划出对于幼儿教育基本权在主观权利及客观法面向的保护法益。台湾地区于2011年6月通过“幼儿教育及照顾法”，2012年开始实施。本文即先说明“幼儿教育及照顾法”的起源，再从幼儿教育基本权的相关保护法益，检讨现今台湾地区“幼儿教育及照顾法”的问题。

关键词：幼儿教育基本权　幼儿教育及照顾法　幼儿教育政策

* 许育典，德国杜宾根大学法学博士，台湾成功大学法律学系特聘教授。研究方向：宪法、诉讼法与司法制度、教育法。

** 王艺乔，台湾成功大学法律学系硕士生。研究方向：宪法、教育法。

一、前言

幼儿时期是人一生中成长的关键,由于幼儿的可塑性与模仿力极高,幼年时期接受的教育质量与成长环境良质与否,对其成长具有关键的影响。① 而幼儿照顾随着社会结构的变迁,家庭能提供的社会化功能,因为双薪家庭的增加,父母无暇照顾孩子而逐渐降低,此时当局对于幼儿教育政策,所实行的立场与实行方向就显得格外重要。

在未幼托整合前,幼儿教育归两大部门管理,幼儿园归“教育部”,托儿所归“内政部”。幼儿园教育4周岁至上小学前幼童,托儿所照顾2岁至未满6岁幼童,因幼儿园、托儿所之前分别隶属教育及社政部门,在招收年龄上有所重叠、教育目标相似,但在专业人员训练分流的情形下,台湾地区开始进行幼托合一的规制。

为了整合学前教育,台湾地区于2011年6月通过“幼儿教育及照顾法”,并于2012年起正式施行,幼儿园与托儿所全数改制整合为幼儿园,归教育部门主管,招收对象为2~6岁的幼儿。但在2013年12月“幼儿教育及照顾法”修订提案,引起广泛的讨论,此修正案主要对于第15条与第18条希望进行修正,提出“删除五岁班需有一人以上为幼儿园教师”,意即幼儿园当中,2~5岁幼儿的班级皆不需设置幼教师;与“未具教保服务人员资格者,当现场有教保服务人员时,可协同教学”,②不受未具教保服务人员资格者,不得在幼儿园从事教保服务的限制。

而整个“法案”于2015年6月通过“修法”,虽然最后“法案”的决定并没有删除5岁班需有一人以上为幼儿园教师,仍旧维持之前的“立法”决定。但此“法案”却造成幼教师与教保员的纷争,因教保员觉得自身也有能力去带领大班的幼儿从事教学工作。台湾地区也借此对教保员提出

---

① 参见孙邱香等:《幼儿教保概论》,台北,心理出版社2001年版,第22页。

② 侯孟志:《学前教育不需教师?——幼儿园老师可能不是老师!》,载天下杂志:http://opinion.cw.com.tw/blog/profile/52/article/976,最后访问日期:2018年10月22日。

进修说明,包含原本在幼托集成前已任职的教保员及代理教师,在10年内修毕幼儿园师资职前教育课程,仍可继续留任,代替幼教师在大班担任教保工作,并且学分补修还可采远距教学或写专题研究方式完成。③ 有学者乐见其“修法”结果,因“修法”保障教保员的工作权益;但也有学者不乐见其“修法”,认为这次的“修法”意味10年后幼教师资才能到位,幼教质量有可能往后退。

幼儿是我们未来的希望,幼儿教育政策的变动影响深远,因此我们在每个部分和细节都极须谨慎小心。本文主要探讨台湾地区“幼儿教育及照顾法”的问题并提出建议。将从幼儿教育基本权的观点出发,先说明幼儿教育现今面临的困境及“幼儿教育及照顾法”的起源,再从幼儿教育基本权的相关照顾法益,检讨“幼儿教育及照顾法”及其“修法”问题。

二、台湾地区幼儿教育的现况与发展

现今全球化的发展,科技信息瞬息万变,人口流动频繁,少子化的现象提早到来,并伴随着妇女就业率的提升、双薪家庭增加,幼儿的照顾与教育显得格外重要,改革学校教育,重视国民素质培养已是必然的趋势。早期教育是未来发展的基石,幼儿教育是教育的根本。在面临少子化社会问题之前,台湾地区视托育服务为补充性服务,以监督管制代替给付。④ 但面临快速变迁的时代,家长对于优质幼儿教育的需求,有着高度的期待,更希望能给予适当的补助,发挥监督与提升幼儿教育质量的责任。于是,近年来教育部陆续推动补助学前教育各类优惠措施,其中包含:幼儿教育券实施方案、扶持5岁弱势幼儿及早教育计划、中低收入家庭幼童托教补助、原住民幼儿就读公私立幼儿园学费补助、弱势家庭托婴服务补助

③ 参见游昇俯:《幼照法三读幼教师资10年后到位》,载台湾醒报:https://anntw.com/articles/20150616-nbJa,最后访问日期:2018年10月22日。

④ 参见许育典、洪嘉佑:《从宪法观点检讨幼儿教育政策的法律问题》,载《台大法学论丛》2008年第4期。

基准、公立幼儿园课后留园服务、公立幼儿园优先入园措施、友善教保服务实验计划、幼托整合政策,希望借由以上措施,能减轻家长教育负担,期盼提升逐年降低的生育率之外,也能提升幼儿入园机会,达到普及幼儿教育之成效。⑤ 在2011年6月,台湾地区通过"幼儿教育及照顾法",宣告2012年1月开始实施,幼儿园及托儿所将整合为幼儿园,招收2~6岁的学龄前幼儿,由"教育部"监督管理。⑥ 将过去幼托整合前的托育制度,包括法律位阶与主管机关单位的不同、收托年龄部分重叠、幼儿园与托儿所之设立标准、立案规格不同,从业人员及师生配置标准不同等问题,再重新规划做整合。

但此"法"却在2013年12月欲着手进行修订,修订内容包括针对"幼儿教育及照顾法"第18条,提出删除"五岁班需有一人以上为幼儿园教师",即幼儿园中2~5岁幼儿的班级皆不需置教师,此举将降低幼儿受教质量,合格幼教老师工作机会大减,甚至自然消失。以英国为例,学士后教师文凭课程(PGCE)的幼儿教师,是指教导3~7岁幼儿,其中5~7岁为国定课程的第一阶段,4岁则属基础阶段。该规定明确指称,即使是3岁幼儿在保育之外,教育的学习也是重要的一环、也需要有专业资格的教师担任,而不仅是幼小衔接的角色职责。⑦ "幼儿教育及照顾法"第15条提出:"未具教保服务人员资格者,当现场有教保服务人员时,可协同教学,不受未具教保服务人员资格者,不得在幼儿员从事教保服务的限制。"如此会使各种不了解幼儿身心发展与学习特性的人得以进入幼儿园,已经违反原来"幼儿教育及照顾法"订定服务人员资格保障教保质量的原意。

---

⑤ 参见翁丽芳:《从台湾史观点论台湾幼儿教育的发展》,载《教育资料与研究》2012年第104期。

⑥ 参见翁丽芳:《从台湾史观点论台湾幼儿教育的发展》,载《教育资料与研究》2012年第104期。

⑦ 参见段慧莹:《英国幼儿教保工作人员资格探讨》,载《儿童福利期刊》2002年第2期。

三、“幼儿教育及照顾法”起源

“幼托整合”乃指将原由“教育部”主管的幼儿园与“内政部”主管的托儿所，整合为“幼儿园”，统一由“教育部”主管，并采取一致的管理标准。此项政策的“法源”依据是“幼儿教育及照顾法”。“幼托整合”的目的在于健全学前教育体制，保障幼儿受教权益。[⑧]

长久以来，台湾地区学龄前幼儿的照顾与教育，一直是由托儿所与幼儿园分别负责。这种双轨并行的现象肇因于历史背景的不同、设立目标的相异，才会形成各为不同阶级的家庭和幼儿服务。然而，随着社会的变迁、家庭结构的改变、双薪家庭的增加，及对幼儿教育的重视，故对托育与教育的需求均有大幅成长。[⑨] 未幼托整合前，幼稚园与托儿所却分别隶属于教育及社政两个行政部门管辖，在事权分立、双头马车的制度下，由两套不同“法规”规范两类出自不同培育体系、不同资格标准的专业人员，幼稚园教师与托儿所教保人员，负责执行教保服务工作。这种不合理现象造成幼教界长期的争议与困扰，因此近年来不断有幼托制度需要整合的呼吁，也就是所谓“幼托整合”议题。[⑩]

在幼托整合前，“幼儿园法”之“法源”是依据“幼儿教育法”及“幼儿教育法施行细则”，托儿所之“法源”依据则为“儿童福利法”。托儿所主管机关为内政部门，幼儿园则分属教育行政机关主管。托儿所招收 2 岁至未满 6 岁的幼儿，而幼儿园收托 4 周岁至入小学前幼儿。但其中 4～6 岁阶段重叠易造成家长观念混淆。在师资配置上“幼儿教育法”明定每班 30 名幼儿，编制 2 名教师；托儿所则依收托人数比例配置护理、保育人员。

在幼托整合后收托年龄的整合将幼儿园与托儿所统称为幼儿园，收

⑧ 参见蔡春美等：《幼儿教育体系与运作：幼儿教保行政管理与实务》，台北，心理出版社 2012 年版，第 27 页。

⑨ 参见李骆逊：《幼托整合的现况与未来发展》，载《研习资讯》2007 年第 3 期。

⑩ 参见邱志鹏：《台湾幼托整合政策的概念、规划历程及未来展望》，载《研习资讯》2007 年第 3 期。

托年龄为2~6岁。在师资标准方面依据“幼儿教育及照顾法”规定,在幼儿园教师应依“师资培育法”规定取得幼儿园教师资格,教保员则应具备下列资格之一:(1)专科以上学校或经“教育部”认可之他国专科以上学校幼儿教育、幼儿保育相关系、所、学位学程、科毕业;(2)专科以上学校或经“教育部”认可之他国专科以上学校非幼儿教育、幼儿保育相关系、所、学位学程、科毕业并修毕幼儿教育、幼儿保育辅系或学分学程。在课程及教学方面幼托整合之后,幼儿园教保活动课程大纲及服务实施标准,由教育行政部门主管规定之。在设立要件方面,幼托整合之后,除统一立案标准之外,幼儿园需根据“幼儿教育及照顾法”第39条的规定,提供6名以上幼儿教保服务者应向直辖市、县(市)主管机关申请幼儿园许可设立,并于取得设立许可证后方可招收幼儿。⑪

四、幼儿教育现今面临的困境

“幼儿教育及照顾法”虽已实施,确实也解决尚未幼托整合前的许多问题,但其实此“法”仍在许多方面亟须改进。

(一)公共托育的数量不足

公立幼儿园因校地广阔且收费低廉,往往是家长的第一选择。从各县市政府政策来看,以台北市多年来持续增设公立幼儿园,甚至还开设“三岁专班”的班级,提早让家长可以享受公共托育的资源,而许多县市亦有依人口消长而调整公幼设立班级数,如台中市亦逐年增加,新生儿家庭最多的小区附近学校,增设公立幼儿园亦能有效维持政府公共资源,配合人口增减的有效率管理。⑫ 而“教育部”推动公立幼儿园课后留园计划,也渐渐出现成效,但现在各县市却陆续传出停设公幼的政策,对家长的经

---

⑪ 参见罗凤珍:《我国幼儿教育政策实施影响之初探——以幼儿教育券、国幼班、幼托整合政策为例》,载《教育行政论坛》2012年第1期。

⑫ 参见颜嘉辰:《“幼照法”出了什么问题?何以引发“万人护幼大游行”?》,载天下杂志:http://opinion.cw.com.tw/blog/profile/52/article/2583,最后访问日期:2018年10月22日。

济负担及幼儿的学习权益无疑是直接伤害。就幼儿的现有设施的入学请求权方面，借由台湾地区相关规定中的平等原则、教育机会均等原则和教育基本权相关内容，作为共享权的保障上，可以得知对于公共教育设施之入学申请的拒绝理由，只能由申请人本身的能力以及被许可人和被拒绝人的不同条件资格，取得正当性。[13] 故公立教保机构就扮演着极为重要的角色。台湾地区对于公立教保机构的定位，应该着重在弱势保障的基础面上，平衡教育的资源，达到教育机会均等的基本要求。[14] 历年来台湾地区对私立幼儿园的质量管控向来束手无策，“行政院”消费者保护官抽查地区幼儿园发现不合格率极高。不应该以生育津贴奢求增加台湾地区的出生率，而是提供公共化且有质量的公共托育才是鼓励家长生养子女的最佳策略。幼儿园应是具开放理念的公幼、非营利或私幼，而非受商业领导以才艺填鸭的幼儿园，且必须定期公布未通过幼儿园基础评鉴的园所名单，让家长有权利就近就读工薪家庭负担得起的优质幼儿园。

（二）幼儿园班级人数过多

台湾地区早期的“幼儿园设置办法”中明确规定，幼儿园每班以不超过40人为准，每班应配置两位成人、一位教师及一位助理教师。在1980年公布的“幼儿教育法”中则每班幼儿人数已降至30人，每班编制两名教师，1∶15师生比率的规定已近20年没有变更。由于法规中降低的师生比率，及许多幼儿园均以强调小班制和精致教学来招揽学生的状况，可见台湾地区幼教界及社会大众，多半支持幼儿班级人数不要太多及降低师生比率的理念。多数的家长、教师及专家都认为园所班级以有两位合格教师最好再加上教保员的辅助，幼儿人数以20人以下或20～30人为最佳。近年来，幼教理念的快速扩展，虽然许多幼儿园也尽量达成师生比率1∶15的标准，但仍有家长及教师认为1∶15的标准是有待商榷的。因为每个教室中幼儿的特质、家长的要求、教学的型态，以至于教师的能力与经验，都会影响到教室内师生比率的不同需求。再加上幼教从业人员多为女性，

---

⑬ 参见许育典：《法治国与教育行政：以人的自我实现为核心的教育法》，台北，元照出版有限公司2013年版，第44页。

⑭ 参见许育典：《“宪法”》，台北，元照出版有限公司2016年版，第340页以下。

怀孕、照料家务及长时间与众多幼儿接触容易生病等事实的存在,使大多数的幼儿教室中,也很难经常性地保持两位教师。园方应该用心地考虑,如何在每个班级中均随时稳定地保持合宜的师生比率,以确保质量。⑮ 有关幼儿园每班班级人数,依现今"幼儿教育及照顾法"第16条规定,幼儿园2岁以上未满3岁幼儿,每班以16人为限,且不得与其他年龄幼儿混龄;3岁以上至入小学前幼儿,每班以30人为限。在现今少子化的情况下,小学都已降到29人一班,幼儿园每班人数若仍规定30人,无法提升幼教质量。

(三)幼教师与教保员相互分化

目前幼教保育人员培育的管道相当多元复杂,每年培育的数量也相当多,但因为培育机构把关宽严不一,培育出来的教保人员良莠不齐,因此在幼托整合过程中,多元与复杂的进修管道,造成法不溯及既往与过渡条款的多方争议。⑯ 幼儿园的幼教师主要出身于大学师培体系,教保员则是出身于技职体系幼保科。幼托整合后,规定5岁大班要有一名幼教师,因为过去市场上主力的托儿所师资,并没有要求具备幼教师资格。因此,私立托儿所师资质量完全由业者自行管理,这造成私托师资质量良莠不齐,有些人员甚至非幼保科系出身,或是不具教保人员资格。在经过几年的幼托整合后,此次"幼儿教育及照顾法""修法",是希望幼儿园中的教保员也能独立带5岁大班的幼儿,不要再将幼儿园现场的教育工作者阶级化,区分成"教保员"及"幼教师"。但结果是仍旧维持5岁班级需至少有一位领有合格教师证的幼教师。不过幼教师与教保员的工作性质与在校所学习的专长领域本来就不同,不应该被拿来比较。幼教师在大学师培体系,着重于幼儿的课程发展与教材教法,而教保员则是偏重于婴幼儿的照护及生理、身体动作的发展,各有各的专业与所长。在此次"修法"上,教保员为了自身的工作权益,也一同发动要求教保员能独立带5岁大

⑮ 参见孙立葳:《幼儿园经营:质量指针之理论与实务》,台北,五南图书出版股份有限公司2000年版,第37页。

⑯ 参见段慧莹:《幼托整合政策对教保人员资格与证照影响之探讨》,载《研习资讯》2007年第3期。

班幼儿,认为他们一样大学毕业,只因为体系的不同,学校没有师培体系所以无法成为幼教师,但他们一样有教育的热忱和爱孩子的心,这样的修订方式有待商榷。但许多国外的研究都显示,结构性因素是幼教质量能否提升的关键基础,台湾地区的幼教环境要提升、产业要升级,才能为孩子构建一个“全人发展”的环境。有台湾地区家长团体联盟认为,这个年龄的孩子进入“教育”阶段,幼教整体环境必须往前走,站在家长的立场,当然会合理期待幼儿园的师资及课程标准的要求要有一定的门坎。⑰ 幼教师与教保员一样爱孩子,但我们要深思的是这样的修订,是否有助于提升整个幼儿教育的质量。每个行业都需经过专业的考试与取得证照,去证明其能力,更何况教育是这样谨慎影响一个人的重大工作,如果今天通过修订,是造成整个幼教质量往后退,不应该将幼教师和教保员分化,幼托整合不该成为幼教师与教保员的战争,应一同反对不适的“修法”,给予孩子有更多教育上的保障。

五、幼儿教育在社会国原则的实践及幼儿教育基本权的构建

(一)幼儿教育在社会国原则的实践

社会国原则概念的形成有其历史背景,在德国从自由法治国的自我克制的国家观,转变成积极从事社会任务的社会法治国,乃是对于时代和社会条件的响应。⑱ 国家在社会国原则的诫命下,扮演着分配角色,应该去形成友善的社会环境,让幼儿能够在适当的环境下成长。应借由租税、补助……去介入私人的经济领域,以形成社会制度,而非退守在治安维护的角色。另外也亟须在社会国的理论下构建基于社会形成、社会安全以

⑰ 陈佩雯、李宇欣:《“幼照法修法”焦点:幼儿园大班是否该配置幼教师?》,载亲子天下:http://www.parenting.com.tw/article/5058453,最后访问日期:2018 年 10 月 22 日。

⑱ *Ernst-Wolfgang Böckenförde*, Grundrechtstheorie und Grundrechtsinterpretation, NJW 1974, S. 1529; *Volker Neumann*, Sozialstaatsprinzip und Grundrechtsdogmatik, DVBl. 1997, S. 92.

及社会正义的各项规范。⑲ 并且为达此目标之实现,公权力负有积极作为之义务。准此,社会国原则之拘束对象是针对享有具体形成社会政策权限之立法者,应无疑义。⑳

社会国原则的内涵可以分为三者,即为社会形成、社会安全以及社会正义。幼儿教育在社会国原则的实践与具体化,也就是要以达成幼儿的自我实现为目标;提供一个公平以及合适的幼儿教育机会,可以认为是社会国原则在幼儿教育的实践。㉑ 社会形成,乃是在社会及经济领域中,现代社会国家有义务,更积极主动去介入社会。不仅仅从事维持治安的工作,而是更积极形成社会经济和社会福祉,借由租税、补助与提供基本需求设施的手段去照顾人民生活。社会安全,系指必须保护人民享有合乎人性尊严的生活条件,以减轻或避免人民面临经济困境。㉒ 社会形成在幼儿教育的实践上,最重要的就是幼儿教育的公共化。幼儿的教育和照顾不能够只单单仰赖家庭和家长的经济能力,当局更应该提供资源,来建立幼儿教育机制,让幼儿能够请求进入幼儿教保机构,而借由当局的税收,共同负担幼儿教育及照顾的费用。在社会安全部分,分担幼儿的平安保险,以及困苦失依幼儿的补助,都属于社会安全的部分。诸如,低收入户弱势儿少医疗补助,以及 3 岁以下中低收入家庭幼儿健保费补助,因幼儿尚属于需要他人照护的时期,所以为了幼儿安全,父母的照顾就极为重要。例如,台湾地区所推动的家有幼儿可以请育婴假两年,且请假期间亦有薪水可以领取,家长可借由请育婴假在家照顾婴幼儿,除了保护幼儿安

---

⑲ 参见 *Ulf Preuß-Lausitz*, Soziale Ungleichheit, Integration und Schulentwicklung, Z. f. Päd. 1997, S. 583; *Peter Wild*, Die Probleme der Bildungsfinanzierung aus Ländersicht, in: *W. Böttcher/ H. Weishaupt/ M. Weiß*, Wege zu einer neuen Bildungsökonomie, München 1997, S. 41。

⑳ 参见詹镇荣:《"宪法"基本原则:第六讲——社会国—原则责任主体、类型及界限》,载《月旦法学教室》2006 年第 42 期。

㉑ 参见许育典、林维毅:《从"宪法"上社会国原则建构教育机会均等:以新移民子女为中心》,载《当代教育研究》2006 年第 42 期。

㉒ 参见 Wolfgang Martens, Grundrechte im Leistungsstaat, VVDStRL 1972, S. 30; Peter Häberle, Grundrechte im Leistungsstaat, VVDStRL 1972, S. 139; Stefan Koslowski, Vom Sozialen Staat zum Sozialstaat, Der Staat 1995, S. 221。

全亦有助于家庭功能之健全。而社会正义则已经不仅在于提供个人的缺乏,而应该是一般性的给付,是一种着重于生存预防的社会国概念,虽然此概念仍受限于国家给付的可能性和国家资源的有限性。[23] 在社会正义部分幼儿教育面向,则有弱势家庭幼儿优先就读公立幼儿园、具有排富条款的幼儿教育券、居家托育费用补助实施计划,以及扶持5岁弱势幼儿及早教育计划,这些都可以算是在社会国原则下的社会正义措施,借以调和社会阶级的不平等现象。

(二)幼儿教育基本权构建

台湾地区幼儿教育在以往大多归属于社会福利政策,认为其属于台湾地区有关保障母性以及儿童福利范畴规定。但若将幼儿教育视为社会福利政策,并不足以真正保障幼儿的自我实现。所以本文欲从台湾地区有关基本权的规定下,找寻到一个权利,去容纳幼儿教育的基本权基础。将幼儿教育解释为幼儿的教育基本权,理应将其归纳为台湾地区有关概括基本权,概括基本权规定:“凡人民之其他自由及权利,不妨害社会秩序公共利益者,均受之保障。”而概括基本权应包括家庭权,但台湾地区要借由概括基本权所推导的家庭权,去包含幼儿教育基本权,有其本质上的困难。因为基本权的规定,本就是希望当局不加以干涉的人民自由权,而家庭权涉及的是希望当局提供给付,能促进家庭的功能,给予幼儿在家庭妥适照顾的基本权。

综上所述,本文在此以台湾地区有关规定之国民教育基本权,作为幼儿教育基本权的基础。以此条作为幼儿教育基本权的理由为,国民教育基本权规定:“人民有受国民教育之权利与义务”,为台湾地区关于教育基本权保障的依据。保障教育基本权的目的在于促进“人的自我实现”,也就是说教育的主要目的在于使学习者“开展自我、实现自我”,这不仅符合法学上基本权与人性尊严本质的探讨,更是马斯洛(Maslaw)等人本心理学家的主张。而幼儿教育的目的就在于幼儿的自我实现,强调顺应幼儿天性的自然发展,以受教者本身的行为与需求为根据,避免一致性或一般

---

[23] S. Bock-Pünder, Rechtanspruch auf Besuch eins Kindergartens: Voraussetzungen daseinsvorsorgender Verwaltung im sozialen Rechtsstaat, S. 75.

性的目标。另外,现今台湾地区陆续推动补助学前教育各类优惠措施,包含幼儿教育券实施方案、扶持5岁弱势幼儿及早教育计划、5岁幼儿免学费教育计划,台湾地区有意将幼儿教育纳入国民教育。且观察各国幼儿教育的发展,如美国、英国已将5周岁(大班)幼儿纳入义务教育范围,来借此提升幼儿教育的品质,且经由早期教育的投资,可以降低日后行为导正的成本,所以幼儿教育是一个非常值得重视和投资的阶段。㉔ 且随着现今社会变迁,单亲、双薪家庭增加,当局应有积极作为,借着国民教育来帮助幼儿成长,将社会国原则理念贯彻于幼儿教育中。所以将幼儿教育解释为幼儿教育基本权,幼儿便可以依据基本权规定,直接要求当局提供给付,就可以避免过往一些幼儿福利政策因财政收入的减少,而中断社会福利政策。虽然大法官在释字第626号解释理由书中认为,按人民受教育之权利,依其台湾地区有关规定规范基础之不同,可区分为"受国民教育之权利"及"受国民教育以外教育之权利"。前者明定于台湾地区有关规定第21条,后者则受台湾地区有关规定第22条保障。唯鉴于教育资源有限,所保障者系以学生在校接受教育之权利,不受当局恣意限制或剥夺为主要内容,并不包括赋予人民请求给予入学许可、提供特定教育给付之权利。但本文认为现今幼儿教育政策发展,未来极可能将幼儿教育纳入国民教育一环。

六、以幼儿的教育基本权检讨"幼儿教育及照顾法"

(一)共享权的保护法益:应按比例设立公立教保机构

当现有的教育设施额满之时,并不能拒绝儿童或青少年进入其适合的教育机构。应该及时采取预防措施,并且确定,如果该儿童或青少年以满足其所选择之学校的条件,并符合其资格,他即有权利进入该适合其人

㉔ 参见陈雅玲:《有师有保幼教更好》,载亲子天下:http://www.parenting.com.tw/article/5058453,最后访问日期:2018年10月22日。

格开展的学校;倘若现有的教育设施额满,当局有必要创设此等教育设施。[25] 在现今幼教环境中,私立教保机构占绝大多数,高额的私立教保机构费用造成父母的沉重负担,尤其对低收入和弱势族群更是如此。故公立教保机构就扮演着极为重要的角色。对于公立教保机构的定位,应该着重在弱势保障的基础面上,平衡教育的资源,达到教育机会均等的基本要求。[26] 公立幼儿园因有政府资金的补助,所以聘请教师或增进设备不会反映在学费上。私立幼儿园为了营利也会聘请专任教师及在设备上进行更新,创造更良好的学习环境。但学费更贵,因为公立幼儿园较少,会不利于经济属于相对弱势的家庭,在恶性循环下,只让贫者更贫,无法享受其教育资源。在此次“幼儿教育及照顾法”“修法”建议将非营利幼儿园改为公私协力幼儿园,想借由当局释出公有地办园与私人机构一同兴办幼儿园,公私协力幼儿园与非营利幼儿园,最大差别在于约束力,非营利幼儿园需将所有花费皆用在幼儿和家长身上,没有盈利,但改为公私协力后私人集团的介入,难保不会重蹈覆辙,再像过去私立幼儿园一般以营利为目的,提高学费,不利于弱势家庭,所以建议当局应努力朝向非营利幼儿园的愿景迈进,非营利幼儿园由政府及公益法人共同办理,以成本价的经营提供家长评价收费的教保服务,且保障教保服务人员的薪资,提供友善的工作场所,让幼儿、家长、教保服务人员三方皆能蒙受其利,此方式才是最好的教保机构提供方式。

(二)客观价值秩序的保护法益:以幼儿自我实现为核心的课程标准及师资培育

在借由教育基本权来形成幼儿教育的客观价值秩序面向时,应该强调的是对于每个幼儿自我实现的尊重。故对于每一个人,其特殊性都应该被同等重视。这种观点若实现在教育基本权上,即要求应该对于少数群体的选择予以尊重和宽容,当局应该形成一个空间让幼儿自我实现,而

㉕ 参见许育典:《教育宪法与教育改革》,台北,元照出版有限公司2013年版,第246页。

㉖ *Bernd Clevinghaus*, Das Recht auf Zugang zu den öffentlichen Bildungseinrichtungen als Konkretisierung eines grundgesetzlichen Bildungsrechtes, RdJB 1974, S. 321 ff.; *Gero Lenhardt*, Gleichheit und Freiheit, RdJB 1993, S. 165.

非代替幼儿去选择应该实践些什么。[27] 课程大纲的内涵应以个体与生活环境互动为基础,型塑幼儿心智能力为核心,兼顾幼儿全人发展及其所处文化环境的价值体系两层面,规划幼儿学习的领域和能力。应以幼儿的自我实现为核心,将课程分为身体动作与健康、认知、语文、社会、情绪和美感六大领域。透过统整各领域课程的规划与实践,培养幼儿拥有六大能力包括觉知辨识、表达沟通、关怀合作、推理赏析、想象创造、自主管理。强调以幼儿为主体,统整学习,孩子有个别差异,借由教师的专业能力去协助幼儿实现自我,建立一个其适合自我实现的教学环境。幼儿教育应该重视幼儿身心开展,重视健康的活动身心,而不是给予幼儿过多的知识和拘束的礼节。[28] 有学者也认为,台湾地区今日幼儿教育,应该以幼儿为本位,尊重幼儿的个别差异以及独立自主性的幼儿教育。[29] 教师的教学自由,强调教师并非仅是政府教育事项的执行机关,而是一个具有创造力、自由且具有独立的教育者人格地位,由此地位的保障,去协助并促进幼儿的人格自由开展。[30] 教师是一个专业的教育者,故教师并非仅是教育的传声筒,教师基于对于教育的专业性,提供多面向、非单一的、不具偏颇的教育环境,以帮助幼儿的自我实现权,教师在此阶段对于幼儿人格发展影响重大,应该秉持于专业来提供服务,以免造成幼儿在单一价值观下的扭曲,而妨碍幼儿的自我实现。[31]

在师资培育上学生在学校教育中人格是否能自由开展,主要取决于教师的教学内容与方式。由此可见,一个多元而开放的师资培育制度,对学生教育基本权之实践的重要性。[32] 在此次修订建议删除,5岁班需有一人以上为幼儿园教师,及教保员可独立带大班。最后结果虽未将此条文

---

[27] *Dian Schefold*, Erziehung als Wertvermittlung im wertpluralistischen Staat, RdJB 1996, S. 309.

[28] 参见卢美贵:《幼儿教育概论》,台北,五南图书出版股份有限公司2012年版,第123页。

[29] 参见魏美惠:《近代幼儿教育思潮》,台北,心理出版社2014年版,第78页以下。

[30] 参见许育典:《教育宪法与教育改革》,台北,元照出版有限公司2013年版,第24页。

[31] 参见许育典:《宪法》,台北,元照出版有限公司2016年版,第343页以下。

[32] 参见许育典:《教育法》,台北,五南图书出版股份有限公司2007年版,第56页。

删除,仍保留5岁班需有一位领有合格教师证之幼教师,但当局也研拟有关教保员进修成为幼教师的管道。2014年“师培法”第24条修正通过开设专班,让在职的教保员有机会在不用实习的状况下取得教师证,但师资培育司却加上但书,只有2014年5月20日以前在职的教保员才能就读专班,把教保员应有的常态性进修管道变成暂时性的后门。[33] 应广设教师进修管道,让教保员不因在校师培体系的不同,而失去成为幼教师的资格,鼓励教师进修进而取得教学证照资格,不以修法降低教师资格,此举只是让整个幼教质量往后退,让幼儿的学习质量更加没有保障。而此次修订第18条:“未具教保服务人员资格者,当现场有教保服务人员时,可协同教学,不受未具教保服务人员资格者,不得在幼儿员从事教保服务的限制。”假如其立意是为了如小学有特殊支持老师,协助教授其特殊课程,如在地文化、体能课程等,在法条的规范上就应具体详述,特殊支持老师应有教授时数及资格上的认定,包括修习一定学分或时数的幼教课程,具备幼儿教育基本知识,而此次“修法”的条文确实没有说明清楚,殊值检讨。

(三)组织及程序保障的保护法益:主动公开园所评鉴结果

为了使基本权在社会实际变迁的自由民主生活中履行其功能,需要组织与程序法上的实证法援助,加以保障落实。尤其在对于该领域有事实上或是法律上的独占的生活领域,最需要有开放的组织及程序,来落实基本权的保障。而该等组织及程序保障,体现在政府需要透过相当的民主程序,来使人民足以信任的组织及程序,使人民在该领域有自我实现的可能。[34] 幼儿教育的信息提供机制,目的是让家长能够妥适地选择合适的幼儿教育场域,帮助幼儿自我实现。根据台湾地区有关规定第162条的规定,其规定的意旨,在于透过这个依法监督制度,具体落实学校成为幼儿自我开展其人格的教育设施,且使幼儿在学校中学习,成为未来的自我

---

[33] 参见邱淑惠:《幼教师资培育政策的改革乱象》,载天下杂志:http://opinion.cw.com.tw/blog/profile/52/article/1665,最后访问日期:2018年10月22日。

[34] 参见许育典:《教育宪法与教育改革》,台北,元照出版有限公司2013年版,第34页。

负责公民成员。[35]

在此次修订将“不得归因于幼儿及幼儿家长的事由不得拒绝家长请领补助款”进入讨论议程,名义上虽是保障家长领取补助款的权利,事实上却使没有安全游乐器材、没有合格师资也没有足够活动空间的幼儿园也可大举招生,直接让幼儿暴露于立即性的危险中,所以此时评价机制就极为重要,教育主管机关应主动公布评鉴结果。在幼儿教育信息的提供上,一方面除了教保机构定期提供信息,包含教师学经历、教学经验、课程安排、机构的财务人事状况,来选择适合自己幼儿的幼儿园,透过公开完善的信息让家长放心;另一方面则是当局应对于教保机构监督,应定期公布通过评鉴的园所,未通过评鉴的园所也应该公布名单,并加强辅导,不可轻易放纵。在评鉴制度上幼儿园评鉴制度系依据评鉴目的之不同,分层次采取“基础评鉴”及“专业认证评鉴”两种机制,除了依法保障幼儿受教权益及教职员工基本就业权益,亦逐步引导幼儿园提升教保专业质量。“基础评鉴”之目的主要在于执行政府监督的责任,检核幼儿园持续符合法令相关规定,并就各园评鉴情形予以公开。而“专业认证评鉴”则是确认幼儿园达成专业质量,并建立自我改进之良性循环机制。透过政府监督,公平的评鉴制度让父母有完善透明的公开信息为孩子选择安全有保障的幼儿园。

七、结语

本文从了解台湾地区幼儿教育的现况与发展脉络下,说明幼儿教育及照顾法的起源,并探讨幼儿教育现今面临的困境,包括应普设公共托育,班级应降低人数,幼教师与教保员的工作权益保障。当局应提供一个公平以及合适的幼儿教育机会,以调和社会阶级的不平等现象,并透过幼儿教育基本权的检讨使幼儿权益受到保障,在面对家庭功能的欠缺,应该

㉟ Karl-Heinz Ladeur, Schulvielfalt und staatliche Schulaufsicht, RdJB 1991, SS. 263 – 278; Lutz R. Reuter, Schulaufsicht und Schulvielfalt, RdJB 1992:378.

借由社会国原则以及基本权的探寻,来更具体协助幼儿的自我实现。现今的“幼儿教育及照顾法”对于社会变迁下的幼儿自我实现保障仍有不足,有赖更完善的制定以实践社会国原则与幼儿教育基本权的规定。此次修订,唤起大众对幼儿教育的重视,本文也提出几点“幼儿教育及照顾法”的修订建议。幼儿是未来的希望,应通过各方资源的整合,帮助幼儿及其家庭,让其可以在一个无忧、安全、有保障的环境下自由开展其人格,通过各方重视幼儿教育,不但提升幼儿教育的质量,也保障每一位幼儿的未来。

Law on Children's Preschool Education and Care in Taiwan Province-From the Perspective of the Review of Children's Fundamental Rights to Education

Xu Yudian　Wang Yiqiao

Abstract: Faced with the trend of declining birthrate, the fierce competition among peers, parents pay more attention to their children's education. In Taiwan Province the trend has changed and some measures have been promoted preschool education preferential measures. This article is based on the observation that Taiwan Province has promoted the support of five-year-old children with early childhood education plans and tuition-free education programs. In many areas, five-year-old children have been included in compulsory education. Taiwan Province also intends to incorporate early childhood education into national education. Therefore, through the constitutional provisions of the "Constitution" of Taiwan Province, Article 21 of the basic right to education in the practice of early childhood education, the use of basic rights to protect the legal interests, the protection of the basic rights of early childhood education in the subjective rights and objective law-oriented protection of legal benefits. Taiwan Province passed the Law on Children's Preschool Education and Care in June 2011 and was implemented in 2012. This article first explains the origins of Law on Children's Preschool Education and Care, and then reviews the issues of law from the perspective of the relevant protection of the basic rights of early childhood education.

Key Words: Children's fundamental rights to education　Law on Children's Preschool Education and Care　policies on preschool education

国外学前教育法研究的热点领域与实践探索*

祁占勇** 杜 越*** 王艺鑫****

摘 要：利用 Citespace 软件对 Web of Science 核心论文数据库国外学前教育法研究的相关文献资料进行可视化分析。研究表明，国外学前教育法研究的热点主要集中在学前教育法中的亲子关系研究、学前教育阶段儿童学业成就研究、学前教育法律保障中的重点领域研究、学前教育法律中有关特殊群体研究、学龄前儿童的体育健康教育研究、学前教育监管体系研究等方面，为国外学前教育立法体系的建立、政府在学前教育领域中基本职责的行使、教师选拔和培训机制的健全、学前教育督导评估体系的完善、学前教育多方支持的协同等提供了理论滋养。结合国外学前教育立法的基本经验，我国学前教育

* 基金项目：全国教育科学"十三五"规划国家一般课题"教育供给侧改革的基本理论问题与制度保障研究"（项目编号：BAA170014）。

** 祁占勇，陕西师范大学教育学院教授，博士生导师。研究方向：教育政策与法律。

*** 杜越，陕西师范大学教育学院硕士研究生。研究方向：教育政策与法律。

**** 王艺鑫，陕西师范大学教育学院硕士研究生。研究方向：教育政策与法律。

的专门立法中需要就形成“政府牵头,多方共助”的多元化经费来源机制、健全学前教育师资选拔培训制度、完善学前教育监督机制、尊重家长参与权等事项给予重点关照。

关键词:国外学前教育法　研究热点　实践探索

学前教育法是保障学前教育事业稳定发展的基石,其作用不仅旨在对学前教育的经费投入、教师队伍建设、管理规范等方面予以保障,更是对各级各类政府及有关部门发展学前教育的责任进行明晰,以促进学前教育健康可持续地发展。① 部分域外国家学前教育法立法时间长,内容清晰全面,直接或间接地促进了其学前教育事业的发展。虽然近年来我国非常重视学前教育事业的发展,但囿于立法的缺失,致使学前教育事业可持续稳定发展不足,入园难、入园贵、经费短缺、师资困乏、监督失衡等问题依旧是制约学前教育发展的“瓶颈”。但较为可喜的是,学前教育立法已逐渐引起相关部门的高度重视,《教育部政策法规司2018年工作要点》中提出要“推动‘学前教育法’的起草修订”,这意味着我国的学前教育立法已经进入高速发展期。② 特别是2018年9月,十三届全国人大常委会公布了未来立法规划,明确将学前教育法列入“条件比较成熟、任期内拟提请审议的法律草案”的单项法律,标志着我国学前教育立法进入了“快车道”。本文通过对国外学前教育法研究的相关文献进行可视化分析,意在探寻近年来国外学前教育法方面的研究热点与前沿,明晰世界学前教育法研究的实践探索方向,为我国学前教育法的研究及实践探索提供有益参考。

---

① 参见胡浩、朱基钗:《从呼吁到提上立法日程!学前教育法列入全国人大常委会立法规划》,载新华网:http://www.xinhuanet.com/legal/2018-09/07/c_1123397454.htm.,最后访问日期:2018年9月20日。

② 《教育部政策法规司2018年工作要点》,载中华人民共和国教育部官网:http://www.moe.gov.cn/s78/A02/A02_ndgzyd/201804/t20180417_333383.html.,最后访问日期:2018年9月28日。

一、数据来源及研究方法

(一)数据来源

研究以"Web of Science 核心合集数据库"为基础,分别以"Preschool Education Law""Preschool Education Act""Preschool Education Regulation""Child Care Law""Child Care Act""Child Care Regulation""Kindergarten Law""Kindergarten Act""Kindergarten Regulation"为主题进行检索,期刊类型不指定,检索时间跨度为2007～2018年,共获得相关文献2083篇,为确保科学性及有效性,经过合并重复项目,剔除会议纪要、报纸评论、书籍专著、综述、人物专访等无关文献类型,最终得到有效文献资料2033篇,将文献数据以纯文本导出,数据包括标题、作者、摘要、参考文献等信息。③ 通过对所得数据进行统计分析,可获得国外学前教育法研究文献年均变化及国家地区(前十)分布图(见图1)。

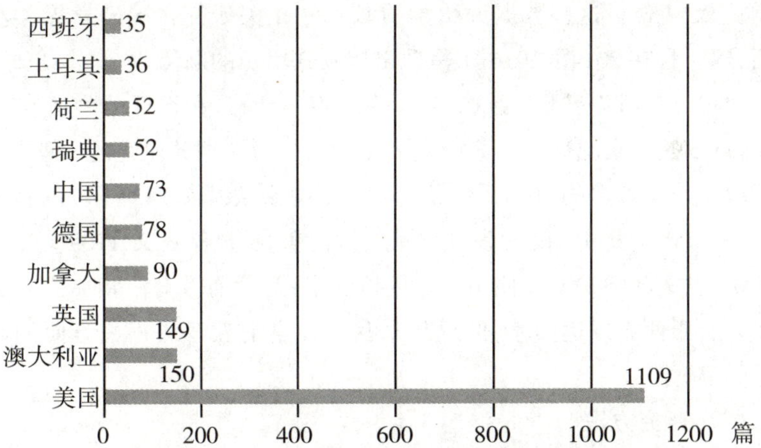

图1　年均变化及国家地区(前十)分布

③　参见祁占勇、王艺鑫:《中国高等教育政策研究的知识图谱分析:1978～2017》,载《大学教育科学》2018年第4期。

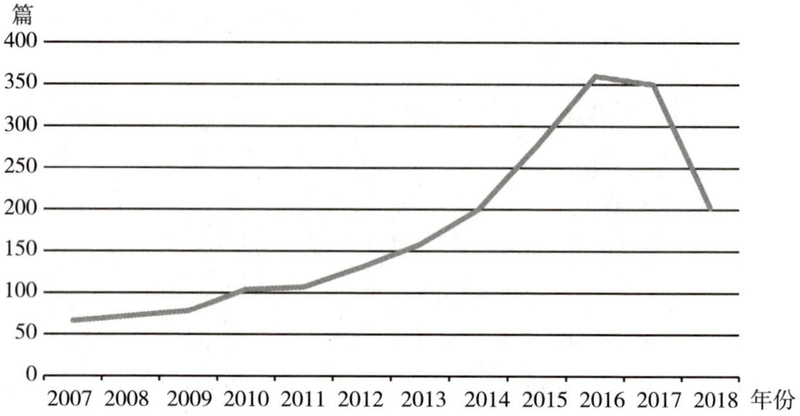

图 2　学前教育法文献关键词聚类图谱

由图 2 可知,2007 年国外学前教育法相关文章在 Web of Science 核心合集数据库中共有 66 篇,最高值出现在 2016 年为 360 篇,2017 年为 350 篇,2018 年统计至 10 月为 202 篇,12 年间最高差值超过 6 倍。其中 2007 ~ 2012 年发文总量为 558 篇,2013 ~ 2018 年发文总量为 1475 篇,同比增长 2.64 倍。这些数据说明学前教育法相关研究在国外学界关注度不断升高,且在 2014 ~ 2016 年呈现出爆发式增长的态势。

通过分析可以发现,近 12 年来共有 48 个国家和地区的学者在 Web of Science 核心来源数据合集中发表了学前教育法相关研究的文章。图 1 中截取了发文最多的 10 个国家。这 10 个国家共发文 1824 篇,占总发文量的 89.7%。其中,仅就发文数量而言,美国学者发文 1109 篇,占比 54.5%,发文数领先于其他国家。就地区来看,学前教育法相关研究文章主要来自于西方发达国家,但近年来我国在学前教育法相关方面的研究有所凸显。

(二)研究方法

本文采用美国德雷克塞尔大学陈超美团队开发的 Citespace 可视化数据处理软件进行分析。④ 该软件可以通过定量分析文献的关键词、国

④　参见陈悦等:《引文空间分析原理与应用:CiteSpace 实用指南》,科学出版社 2014 年版,第 4 ~ 6 页。

家、作者、机构、引用的参考文献等信息,挖掘研究领域主题和热点,剖析问题成因。通过该软件对获得的文献数据进行分析,结合文献内容可以洞悉国外学前教育法研究热点,跟踪国外学前教育法研究未来发展趋势,并进一步透视学前教育法研究领域的知识生产格局。

具体研究步骤如下:

(1)选择2033篇有效文献资料的全记录与引用的参考文献以纯文本格式导出,并将导出的文献资料以Download命名;

(2)利用Citespace对文献资料关键词进行分析;

(3)抽取词频≥28的50个关键词作为高频主题词来源,绘制成相应表格;

(4)根据关键词内容和特征进行归类分析,挖掘出近年来国外学前教育法主要研究热点;

(5)对高被引文献资料内容进行定性分析,梳理国外学前教育法的实践策略。

(三)数据处理

对2033条文献记录进行了基于国家、关键词、共被引的可视化分析。将数据导入软件并设置相关阈值,起止时间为2007~2018年,时间切片区间为1年。数据来源选择题目(title)、摘要(abstract)、关键词(Author Keywords,DE)和数据库附加关键词(Key-words Plus,ID),节点类型分别选择国家(country)、关键词(key word)和文献共被引(cited reference),最终采用寻径算法(pathfinder)对图谱进行布局优化与调整后,呈现知识图谱。

二、国外学前教育法研究的主要热点

通过对高频关键词进行聚类分析,探究关键词之间的关系,可以清晰地表明国外学前教育法领域的研究热点与未来的发展趋势,可以及时对研究的前沿领域进行一定的预测。当文章以“关键词”为主题词来源时,获得2083个关键词,图3为国外学前教育法研究文献的聚类网络标签,图4为国外学前教育法研究的主题发展趋势图,截取排名前50的高频关键词如表1所示。

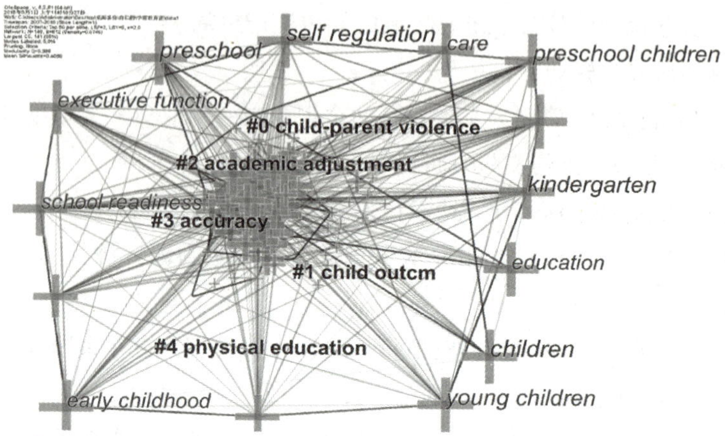

图3　学前教育法研究主体热点变化

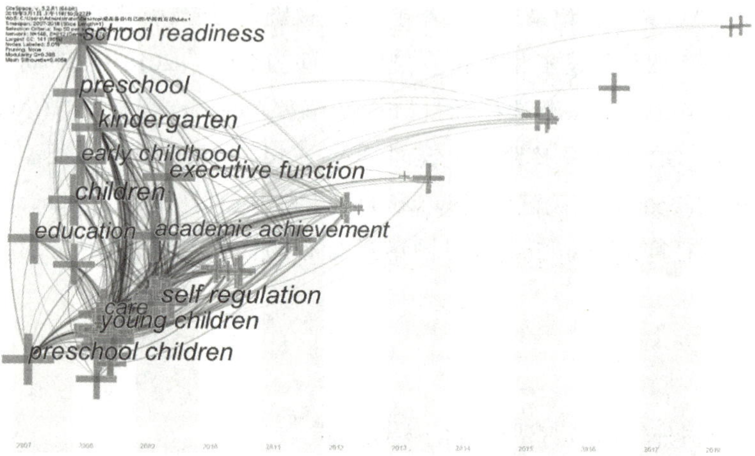

图4　2007～2018年国外学前教育法研究的共被引网络

表1　学前教育法研究文献高频主题词

排序	频率	中心性	主题词	排序	频率	中心性	主题词
1	340	0.06	儿童(children)	23	101	0.07	青少年(adolescent)
2	298	0.06	自律(self regulation)	24	101	0.05	家庭(family)
3	271	0.19	育幼院(preschool)	25	97	0.07	质量(quality)
4	266	0.09	幼儿园(kindergarten)	26	97	0.06	初级中学(elementary school)
5	259	0.08	学前儿童(preschool children)	27	92	0.04	童年时期(childhood)
6	225	0.01	年轻儿童(young children)	28	90	0.05	个体差异(individual difference)
7	201	0.09	入学准备(school readiness)	29	90	0.05	计划(program)
8	199	0.05	行政职能(executive function)	30	85	0.02	健康(health)
9	177	0.08	早教(early childhood)	31	84	0.02	情绪调节(emotion regulation)
10	174	0.02	教育(education)	32	82	0.03	工作记忆(work memory)
11	160	0.06	照料(care)	33	75	0.04	教室(classroom)
12	154	0.05	学术成就(academic achievement)	34	73	0.04	教师(teacher)
13	146	0.02	行为(behavior)	35	72	0.03	风险(risk)
14	146	0.08	干预(intervention)	36	69	0.03	儿童保育(child care)
15	144	0.15	成就(achievement)	37	67	0.01	影响(impact)
16	144	0.06	成果(outcome)	38	65	0.01	幼儿教育(early childhood education)
17	136	0.02	主动控制力(effortful control)	39	64	0.01	看护(foster care)
18	127	0.07	技术(skill)	40	62	0.03	语言(language)
19	118	0.01	学校(school)	41	57	0.01	家长(parent)
20	112	0.08	自我调节(self-regulation)	42	48	0.04	表现(performance)
21	109	0.03	政策(policy)	43	43	0.04	性格(temperament)
22	106	0.02	优势(head start)	44	43	0.01	反应控制(inhibitory control)

续表

排序	频率	中心性	主题词	排序	频率	中心性	主题词
45	40	0.02	体育活动(physical activity)	48	38	0.02	调节(adjustment)
46	39	0.03	母亲(mother)	49	37	0.03	读写能力(literacy)
47	39	0.02	肥胖(obesity)	50	36	0.02	社会经济学状况(socioeconomic status)

由图 3 和表 1 可以看出,近年来国外学前教育法研究的主要对象是学龄前儿童及机构(children、preschool children、young children、preschool、kindergarten...)。研究热点包括:学前教育法中的亲子关系研究(overweight、adolescent、care、outcm、children、prevention、family、stress...)、学前教育阶段儿童学业成就研究(school readiness、kindergarten、preschool children、self-regulation、early childhood、skill、elementary school...)、学前教育法律保障中的重点领域研究(temperament、teacher、classroom、social competence、adjustment、behavior...)、学前教育法律中有关特殊群体的研究(preschool、quality、program、language、risk、head start...)、学龄前儿童的体育健康教育研究(intervention、childhood、performance、transition、preschool education...)、学前教育监管体系研究(achievement、validity、child observation record、attitude...)。从图 4 可以发现,国外 12 年来学前教育法研究热点主题在 2007 ~ 2011 年主要涉及学前教育法中关于具体亲子关系及具体问题的界定研究、对于学前教育法使用范围及边界的研究、学前教育法立法相关问题研究。2011 年以来则主要关注学前教育法中涉及的特殊群体相关研究、监督与管理体系问题及回顾性研究。

(一)学前教育法中亲子关系研究

亲子关系是学前教育法研究中最为关注的内容,有大量的文献聚焦于学前阶段儿童与父母的关系及此阶段出现的具体问题研究。有学者以儿童幼年时情绪调节能力同母亲的帮助程度为切入点,研究儿童成年后的发育结果和技能习得能力之间的关系。⑤ 米歇尔(Knox Michele)通过

---

⑤ See Baker Jason K. et al.,"Prediction of Social Skills in 6-year-old Children with and without Developmental, Delays: Contributions of Early Regulation and Maternal Scaffolding", *American Journal on Mental Retardation*, 5, 2007, pp. 375 – 391.

对《美国儿童安全养育法案》中要求设立的社区健康中心实际育儿效果进行追踪研究,认为良好的养育行为会降低儿童的攻击性行为与动机。⑥

针对特殊儿童群体的研究一直是学前教育重点关注的领域,因此,研究如何对特殊儿童群体的亲子关系进行特殊法律关照是国外相关研究的重点。利伯曼(Lieberman Alicia F.)通过探讨家庭暴力环境对婴幼儿和学龄前儿童的影响,呼吁社会各个服务系统同家庭进行协作,保障儿童免予受到家庭暴力的侵害。⑦ 在对自闭症儿童亲子关系进行研究时,有研究发现:自闭症儿童的父母较之于普通家庭父母拥有更高的游戏行为水平,父母主导下的游戏行为也较多,这为自闭症儿童家庭进行游戏干预提供了理论支持。⑧ 一项关于早产婴儿成长风险的研究则表明,中度早产婴儿有更高的罹患多动症的可能,需要从学龄前开始进行针对性的训练。⑨

(二)学前教育阶段儿童学业成就研究

学前教育是儿童成长过程中重要的教育阶段和形式,学前教育中涉及的相关人都会从生理和心理等方面影响儿童的学业成就,因此学前教育法需要从法理层面对儿童达成学业成就的各方因素进行有效规制。有学者从儿童自我调节行为同幼儿园成绩变化关系入手进行了结构性观察研究,认为课堂调节水平的高低直接影响了幼儿园教师的教学成就水平。⑩ 卡尔森(Carlson Serpjhanie M.)研究了幼儿个体控制力同情绪调节能力的关系,她认为注意力、行动力和情绪控制能力是儿童学龄前阶段就

---

⑥ See Knox Michele et al., "Supporting Positive Parenting in Community Health Centers: The Act Raising Safe Kids Program", *Journal of Community Psychology*, 4, 2013, pp. 395 – 407.

⑦ See Lieberman Alicia F. et al., "Ghosts and Angels: Intergenerational Patterns in the Transmission and Treatment of the Traumaticsequelae of Domestic Violence", *Infant Mental Health Journal*, 4, 2007, p. 422.

⑧ See Freeman Stephanny et al., "Parent-child Interactions in Autism: Characteristics of Play", *Autism*, 2, 2013, pp. 147 – 161.

⑨ See Glovanna Perricone et al., "Neurodevelopmental Outcomes of Moderately Preterm Birth: Precursors of Attention Deficit Hyperactivitydisorder at Preschool Age", *Springerplus*, 1, 2013, p. 1.

⑩ See Ponitz Claire Cameron et al., "A Structured Observation of Behavioral Self-Regulation and Its Contribution to Kindergarten Outcomes", *Developmental Psychology*, 3, 2009, pp. 605 – 619.

已经习得的技能。[11] 有学者针对这一问题做了更为深入的研究,认为传统意义上幼儿的个体控制能力同幼儿园课堂质量紧密相关的结论存在误区,实际上幼儿入学后的自我调节同儿童的课堂适应性行为间关系并不显著,相对而言更为重要的影响因素应是课堂管理。[12] 布莱尔·克兰西(Blair Clancy)通过实验研究得出结论:幼儿园中的努力控制、错误信念理解、执行能力控制和注意力转移训练有助于提高儿童的数学能力与读写能力,可以适当增加此类课程。[13] 同时,部分研究发现学前教育阶段学生的自我调节能力测量中,女生的部分评估水平显著高于男生。[14] 因此,有学者认为一套适合幼儿发展的课程,需要以游戏为重点,增强儿童的自我调节能力训练,[15]做到兼顾促进幼儿的学习和发展,同时提高幼儿的社会和学业成就水平。

(三)学前教育法律保障中的重点领域研究

学前教育作为教育、社会、文化关注的重点研究领域,其基本理论的构建与完善直接同社会理念进步相关联,一定程度上反映了社会总体发展水平的进步。因此,学前教育政策落地过程中需要关注的重点领域即学前教育基本研究,可以说是学前教育实践、评价、回顾研究的基础。韦伯斯特·斯特拉顿(Webster Stratton)认为学前教育阶段儿童接受的教育内容可以被概括为三个部分:情感自我调节、社会能力和行为控制能力,这三者对孩子未来的人际适应和学业成就起到关键作用。然而这三者容易受到家庭贫困因素的左右从而影响儿童成长,因此需要强化对贫困儿

---

[11] See Carlson Serpjhanie M. et al., "Inhibitory Control and Emotion Regulation in Preschool Children", *Cognitive Development*, 4, 2007, pp. 489 – 510.

[12] See Rimm Kaufman et al., "The Contribution of Children's Self-Regulation and Classroom Quality to Children's Adaptive Behaviors in the Kindergarten Classroom", *Developmental Psychology*, 4, 2009, pp. 958 – 972.

[13] See Blair Clancy et al., "Relating Effortful Control, Executive Function, and False Belief Understanding to Emerging Math and Literacy Ability in Kindergarten", *Child Development*, 2, 2007, pp. 647 – 663.

[14] See Matthews J. S. et al., "Early Gender Differences in Self-Regulation and Academic Achievement", *Journal of Education Psychology*, 3, 2009, pp. 689 – 704.

[15] See Barnett W. Steven et al., "Educational Effects of the Tools of the Mind Curriculum: A randomized trial", *Early Childhood Research Quarterly*, 3, 2008, pp. 299 – 313.

童的学校保护，着力提升社会经济处于不利地位儿童的能力。⑯ 部分学者基于维果斯基理论，研究利用心智工具课程提升 3～4 岁儿童的教育有效性。研究发现，心智工具课程提升了儿童语言发展、社会行为、读写能力，事实上增强了儿童的自我调节能力。因此，保育阶段有一定可能通过调整课程内容和课程目标最终达成儿童行为矫正的目的。⑰ 学前教育阶段，良好的师生关系是影响儿童心智发育的重要因素。威廉姆斯·赛尔维（Williams Selvi B.）的研究证明当师生依赖程度较低时，学生的语言、外化行为在测试中的得分较低，学生在升入小学后的学习动机也较低。⑱ 这对于学前教育教师提出了更多要求，要求教师不再仅仅属于传统意义上的教学者，更需要成为儿童的朋友、导师和家人。儿童人身安全问题同儿童心理健康发展具有同等的重要地位，甚至某种程度上是心理健康的先决条件。一项关于美国儿童疫苗接种的研究显示，尽管不同州政府在儿童进入幼儿园时要求接种疫苗种类限定不同，但联邦政府颁布的有关疫苗接种最低限度法令对于儿童疫苗接种率的提升具有显著效果。⑲

（四）学前教育法律中有关特殊群体的研究

学前教育阶段是儿童成长的重要阶段，存在诸多精细而复杂的问题，涉及包括心理学、医学、教育学、社会学在内的多个领域。在学前教育政策制定时，需要对学前教育阶段出现的问题进行准确定位，尤其是对于特殊儿童群体关注问题进行及时、妥当的处理，方能确保学前教育高效、稳定的运行和发展。儿童抑郁是困扰学前教育发展、极大影响儿童心理健

---

⑯ See Webster Stratton et al., "Preventing Conduct Problems and Improving School Readiness: Evaluation of the Incredible Years Teacher and Child Training Programs in High-risk Schools", *Journal of Child Psychology and Psychiatry*, 5, 2008, pp. 471－488.

⑰ See Harris Paul L. and Corriveau Kathleen H., "Young Children's Selective Trust in Informants", *Philosophical Transactions of the Royal Society B-Biological Sciences*, 1567, 2011, pp. 1179－1187.

⑱ See Williams Selvi B. et al., "Screening for Child and Adolescent Depression in Primary Care Settings: A Systematic Evidence Review for the US Preventive Services Task Force", *Pediatrics*, 4, 2009, pp. E716－E735.

⑲ See Smith Philip J. et al., "Vaccine Exemptions and the Kindergarten Vaccination Coverage Gap", *Vaccine*, 40, 2017, pp. 5346－5351.

康和人类发展的重大问题。在美国儿童抑郁症具有极高的发病率,并导致大量的儿童自杀案例。因此,美国采取了在初级护理机构进行初步筛查,尽早辨识,随时监控,提早治疗的全国性精准防控策略。⑳ 课堂参与对幼儿学业和社会发展至关重要。有学者研究表明,儿童阅读能力是影响儿童早期学习和人格发展的重要影响因素,而解码能力则是阅读能力的基础。在对意大利1500名低龄儿童进行解码能力测试中,发现幼童解码能力中速度和准确度是互补的。㉑ 在医学研究领域,朱迪斯·宝拉(Jaudes Paula K.)通过调取伊利诺伊州96年的医疗记录研究发现,较之于正常儿童,智力、身体残疾及患有慢性病的儿童受到虐待和忽视的风险将提高1倍以上。㉒

(五)学龄前儿童的体育健康教育研究

洛克在《教育漫话》中开宗明义地提出健康之精神寓于健康之身体,㉓身体之康健之于人类的个体和群体而言都是至关重要的,因此在大量的学前教育政策相关文献中或潜移默化、或直接关注了儿童体育健康教育。有学者认为儿童需要从小养成体育活动的习惯,可以有效防止儿童肥胖和营养不均衡,幼儿教育应在健康、活跃的氛围中进行,所有的儿童都应该能够从定期的体育活动中受益。㉔ 儿童的体育健康教育需要教师的帮助,在利特·海伦(Little Helen)的文章中,专门调查了澳大利亚教师对于儿童运动和游戏的看法。研究认为,不同的教师对于何种运动会

---

⑳ See Williams Selvi B. et al., "Screening for Child and Adolescent Depression in Primary Care Settings: A Systematic Evidence Review for the US Preventive Services Task Force", *Pediatrics*, 4, 2009, pp. E716 – E735.

㉑ See Morlini Isabella et al., "Assessing Decoding Ability: The Role of Speed and Accuracy and a New Composite Indicator to Measure Decoding Skill in Elementary Grades", *Journal of Learning Disailities*, 2, 2015, pp. 176 – 195.

㉒ See Jaudes Paula Kienberger and Mackey Bilave Lucy, "Do chronic Conditions Increase Young Children's Risk of being Maltreated?", *Child Abuse & Neglect*, 7, 2008, pp. 671 – 681.

㉓ 参见[英]约翰·洛克:《教育漫话》,傅任敢译,教育科学出版社2014年版,第12页。

㉔ See Lu Chunlei and Montague Brandi, "Move to Learn, Learn to Move: Prioritizing Physical Activity in Early Childhood Education Programming", *Early Childhood Education Journal*, 5, 2016, pp. 409 – 417.

使儿童承担额外风险的认识上存在较大差异。在风险性问题上，教师需要根据适用规则的不同，对儿童不同的游戏和运动行为进行管理。㉕ 在具体探讨教师如何针对超重、肥胖儿童进行体育健康教育时，最重要的决定因素与行动要素是学校资源、共同的目标和教师对于学生、教学的信念。㉖ 有研究强调幼儿在体育健康教育的过程中，师生互动、生生互动能够培养幼儿的协作能力，有助于儿童健康人格的养成。㉗ 关于学前体育健康教育及其为学前教育政策发展提供借鉴经验的研究还有，潘陈宇通过对学前教育阶段儿童进行测验，发现自闭症谱系障碍儿童(ASD)较之普通儿童更需要体育活动一类的外部调节以帮助其成长。㉘

(六)学前教育监管体系研究

发达国家的学前教育普遍拥有相对完善的法律法规和行政监管体制，从宏观层面减少学前教育阶段危害儿童行为的发生。有学者以美国法律中的平等原则为出发点，从存在心理问题儿童家庭的财政负担入手，分析了学前教育监管政策对于此类家庭提供的重要经济支持。㉙ 美国作

㉕ See Little Helen, "Promoting risk-taking and physically challenging play in Australian early childhood settings in a changing regulatory environment", *Journal of Early Childhood Research*, 1, 2017, pp. 83 – 98.

㉖ See Rukavina Paul B. et al., "Middle School Teachers' Strategies for Including Overweight Students in Skill and Fitness Instruction", *Journal of Teaching in Physical Education*, 1, 2015, pp. 93 – 118.

㉗ See Konstantinova Elena A. and Konstantinov Dmirtii V., "Conceptual Permises of Preschoolers' Communicative Skills Development in the Process of Physical Edycation", Accessed October 10, 2018, http://xueshu.baidu.com/s?wd=paperuri:(3389df7060999ee7a294d5836b0c3ff1)&filter=sc_long_sign&sc_ks_para=q%3DConceptual+premises+of+preschoolers%27+communicative+skills+development+in+the+process+of+physical+education&tn=SE_baiduxueshu_c1gjeupa&ie=utf-8&sc_us=2545843227846456161.

㉘ See Pan Chien Yu et al., "Physical activity and self-determined motivation of adolescents with and without autism spectrum disorders in inclusive physical education", *Reserarch in Autism Spectrum Disorders*, 2, 2011, pp. 733 – 741.

㉙ See Kaphingst Karen M. and Story Mary, "Child Care as an Untapped Setting for Obesity Prevention: State Child Care Licensing Regulations Related to Nutrition, Physical Activity, and Media Use for Preschool-Aged Children in the United States", *Preventing Chronic Disease*, 1, 2009, p. 11.

为肥胖问题高发国,儿童肥胖问题是美国儿童面临的重要健康问题,美国各州都出台了相应的儿童保健许可条例,然而各州条例之间差异性巨大。部分学者认为应从联邦层面制定儿童保健许可条例,凸显国家政策对于儿童看护的重要性,防治儿童肥胖症的增多。㉚ 相对于儿童肥胖问题,虐童问题的防治更处于美国学前教育监管体系重点关注的领域。美国的麦克劳德·爱兰歌娜(McLeod Allegra M.)研究了美国学校性虐待的刑事监管模式,认为现存的强制社区登记和居住限制方式主导下的刑事监管框架无法很好地防止校园性虐待的发生,应将监管重点放在能够导致性暴力发生的制度、结构和社会结构变化层面上。㉛ 美国法律中规定,儿童案件中需要根据儿童的最大利益来解决争端,这也直接造成了美国儿童案件审理中需要得到社会科学方面专家证人的理论支撑,然而社会科学研究方法介入法律审判必将引起一定的价值偏向,如何确保司法决策中有保留地使用社会科学方法以保证司法的独立性是一个值得思考的问题。㉜

三、国外学前教育法的实践探索

学前教育法对学前教育事业的有序运行和发展起到了至关重要的基础性作用。学前教育法研究不仅能够为有效提升学前教育立法的质量提供理论参考,而且对学前教育法的有效实践发挥着重要的引领与支撑作用,特别是高被引文献更是研究领域中的经典文本,对学前教育立法的实践探索具有直接的推动意义。通过对图5高被引文献内容进行详细阅读与分析,可以发现国外学前教育立法的实践中,大多从学校实务制度、家

㉚ See Barry Colleen L. and Busch Susan H. ,"Do State Parity Laws Reduce the Financial Burden on Families of Children with Mental Health Care Needs?",*Health Services Research*,3, 2007,pp. 1061 – 1084.

㉛ See McLeod Allegra M. ,"Regulating Sexual Harm: Strangers, Intimates, and Social Institutional Reform",*California Law Review*, 6,2014,pp. 1553 – 1621.

㉜ See Cashmore Judith and Parkinson Patrick,"The Use and Abuse of Social Science Research Evidence in Children's Cases",*Psychology Public Policy and Law*, 3, 2014, pp. 239 – 250.

长、社会等方面规定学前教育事业的各项发展,形成了完备、科学的学前教育运行体系,取得了丰硕的实践经验。

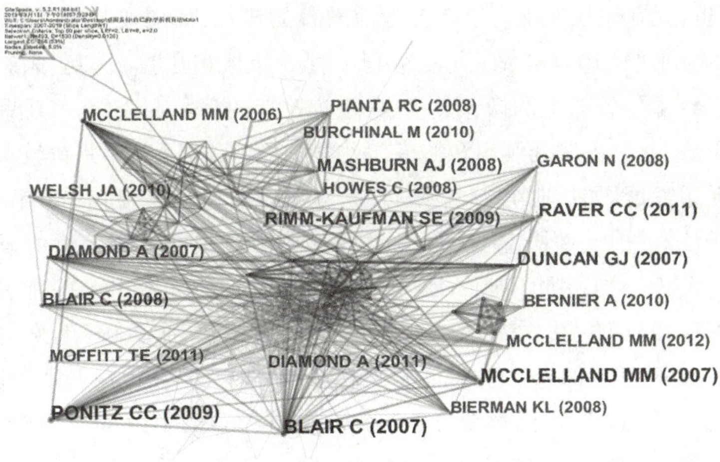

图5 高被引文献

(一)建立了完备的学前教育立法体系,为学前教育提供法律保障

学前教育是国民教育的重要组成部分,是儿童学校教育的第一阶段,对儿童未来的身心成长起到深远持久的影响。近年来,世界各国都普遍提高了对学前教育的重视程度,纷纷出台了专门的学前教育法律法规以保障学前教育事业的运行与发展。欧美国家的学前教育相关立法大都发端于社会福利保障,通过为公民提供普遍、平等的社会福利以促进社会的和谐稳定与工业发展。20 世纪末,随着科技的飞速发展,人们对教育也提出了更高的要求,欧美国家的学前教育立法开始着眼于提供高质量的幼儿教育,注重学前教育的"教育性"。1965 年美国为缓和社会矛盾,增强国家实力,启动了"开端计划",并于 1981 年出台《开端计划法》进一步明确"开端计划"的实施细则。[33] 21 世纪初,美国陆续出台学前教育相关法律,为学前教育发展注入新的教育理念与法律规范,如 2000 年的《早期学

---

[33] See Currie J and Thomas D., "Does Head Start Make a Difference?", *American Economic Review*, 3, 1995, p. 341.

习机会法》和《2000年目标:美国教育法》、2002年的《不让一个儿童掉队法》、[34] 2003年的《入学准备法》、2015年的《每个学生成功法》。[35] 北欧早在20世纪20年代便出台了有关学前教育的法律,如瑞典1924年颁布的《儿童福利法》、1934年的《儿童福利和青少年保护法》。丹麦、挪威等国家也出台了相关的福利政策来支撑学前教育的运行与发展。20世纪七八十年代,北欧各国陆续出台了专门的学前教育法,以保障儿童教育事业的高质量发展,如瑞典1975年颁布的《全国学前教育法》和1977年的《儿童照护法》。[36] 与美国、瑞典等国家相比,英国对学前教育的价值发掘较晚,20世纪末才逐渐加强了对学前教育的重视,陆续推出一些有关学前教育的法律文件,其中专门针对学前教育的法律为《2006年儿童保育法》。[37] 墨西哥为保障儿童平等的受教育权,进一步普及发展学前教育,于2002年制定了《学前教育义务法》,将义务教育的年限从6~15岁的9年延长至3~15岁的12年。[38] 这一法律的施行使墨西哥成为最完整的学前教育义务制国家之一,对其他国家学前教育义务制发展具有重要借鉴价值。日本1947年颁布的《学前教育法》是其学前教育法律体系的核心法律,对日本学前教育的目标、办学主体等作出了详细规定,明确了学前教育的现实地位及发展价值,之后在该法律的基础上也衍生出一系列的具体法令。[39] 韩国对学前教育高度重视,自1949年以来便出台了许多专

---

[34] See U.S. Department of Education, "No Child Left Behind Act", Accessed October 9, 2018. https://www2.ed.gov/policy/elsec/leg/esea02/index.html.

[35] See U.S. Department of Education, "Every Student Succeeds Act (ESSA)", Accessed October 8, 2018. https://www.ed.gov/essa? src = ed-search.

[36] See Government Offices of Sweden, "A non-exhaustive list of international preschools", Accessed October 8, 2018. https://www.government.se/government-of-sweden/ministry-for-foreign-affairs/diplomatic-portal/diplomatic-guide/18.-childcare-and-education/18.2-preschool-class-age-6/.

[37] See Legislation.gov.uk, "Childcare Act 2006", Accessed October 9, 2018. http://www.legislation.gov.uk/ukpga/2006/21/part/1.

[38] See OECD Report, "Starting Strong Ⅱ: Early Childhood Education and Care", Accessed October 20, 2018. http://www.oecd.org/education/school/startingstrongiiearlychildhoodeducationandcare.htm.

[39] 参见加藤繁美,"戦後学校体系における幼稚園の位置—学校教育法幼稚園目的規定の成立を中心に",山梨大学教育学部研究报告第39号,1989,pp.45-50。

门的学前教育政策与法律，早在2004年便颁布了《幼儿教育法》，旨在提高学前教育的地位，促进儿童、家庭和社会的和谐发展。[40] 2011年5月，菲律宾教育部出台了《2011~2012学年普及幼儿园教育的实施政策和指南》，提出在全国范围内普及5岁儿童的幼儿园教育，2012年进一步出台并施行《幼儿园教育法》，对学前教育的具体实施作出法律规定。[41]

（二）明确了政府在学前教育中的主要职责，加强学前教育的政策支持

在国外学前教育立法中，明确规定了政府在学前教育事业运行和发展中的主导责任，主张在中央政府领导管理下，各级地方政府和相关部门协同参与，促进学前教育事业的有序运行和高效发展。美国联邦政府高度重视学前教育事业的发展，制定了多项法律文件规范政府在其中的主导作用。在其《2000年目标：美国教育法》中以发展学前教育为美国八大教育目标之首，敦促政府部门应当致力于使每个孩子都做好入学学习的准备。[42] 美国在《不让一个儿童掉队》中也明确了联邦政府对学前教育的宏观调控职能，涵盖了师资配置与培训、教育资源配置、儿童教育需要的满足等，力促各州相关部门参与其中共同保障儿童的学业发展。[43] 英国主张政府统一领导下的跨部门联合，在《2004年儿童法》《2006年儿童保育法》中都明确要求教育部统筹管理学前教育各项事务，其他地方教育部门、健康与卫生部门、基础保育部门、儿童组织和警方等协同联动共促儿童全面发展，提高学前教育质量。[44] 韩国在《幼儿教育法》中厘清了国家、地方教育部门和幼儿园的职责权限关系，要求设立专门针对学前教育的

---

[40] 参见教育科学技术部（幼儿教育科），“大韩民国幼儿教育法”国家法令情报中心，2011。

[41] See Department of Education, “Policies and Guidelines on the Implementation of the Universal Kindergarten Education for SY 2011 – 2012”, *Pasig City: Department of Education*, 2011, p. 197.

[42] See U. S. Department of Education, “Goals 2000: Education America Act”, Accessed October 8, 2018. https://www2.ed.gov/legislation/GOALS2000/TheAct/sec102.html.

[43] See U. S. Department of Education, “No Child Left Behind Act”, Accesses October 9, 2018. https://www2.ed.gov/policy/elsec/leg/esea02/index.html.

[44] See Department for Education and Skills Stationery Office, “Every Child Matters: Change For Children”, Accessed October 19, 2018. http://www.everychildmatters.co.uk.

学前教育与保育委员会,并对委员会的职责、人事等细节作出规定,体现了韩国政府部门在学前教育展中的重要职责,该法案的实施将韩国的学前教育真正意义上纳入公共教育当中。[45] 法国在其《宪法》《教育法典》《教育指导法》《1996 年财政法》中明确了政府对学前教育发展负有不可规避的整体职责,并通过立法规定政府应当履行包括经费财政投入、教师队伍建设、教师福利保障、幼儿园扩建修缮等在内的学前教育发展具体职责。[46]

(三)确保了政府在学前教育经费投入中的法定责任,保证学前教育的公益性

学前教育经费投入是一项必不可少的支出,公平且高质量的学前教育能够为基础教育的发展乃至国民经济的稳步增长奠定基础。美国、英国、瑞典等发达国家均通过立法明确政府应保证并持续加大对学前教育事业的财政投入,保障全体国民都能平等、普遍地享受到免费的学前教育。美国通过立法不断加大对学前教育的财政投入,《不让一个儿童掉队》《每个学生都成功法》中均对学前教育财政投入数额、项目、拨款年限等作出明确规定,并在立法推动下形成了完善的竞争性财政资助机制。[47] 在立法基础上,美国开展了一系列学前教育计划,分别对残疾儿童、贫困家庭儿童、收养家庭儿童以及少数族裔儿童等开展了不同层次的资助。英国在《2006 年儿童保育法》中规定 0 ~ 5 岁儿童应免费接受教育,教育经费由政府负担。[48] 并在其《拨款法》的基础上开展了多种项目,其中的"确保开端项目"强调政府有义务使 3 ~ 4 周岁的儿童接受免费的教育,要

㊺ See National Law Information Center, "Enforcement Decree of the Early Childhood Education Act", Accessed Octpber 8, 2018. http://www.law.go.kr/.

㊻ See Wikipedia, "Le code de l éducation", Accessed October 7, 2018. https://fr.wikipedia.org/wiki/Code_de_l%27%C3%A9ducation.

㊼ See U. S. Department of Education, "Every Student Succeeds Act (ESSA)", Accessed October 8, 2018. https://www.ed.gov/essa? src = ed-search.

㊽ See legislation. gov. uk, "Childcare Act 2006", Accessed October 9, 2018. http://www.legislation.gov.uk/ukpga/2006/21/part/1.

求教育标准局对学前教育机构进行专项资助。[49] 1917 年,墨西哥宪法中规定:"政府为国民提供的一切教育都是免费的。"2002 年,墨西哥国会进一步修订宪法,明确了政府提供学前教育经费的法律责任。[50] 墨西哥政府在很大程度上负担了学前教育的开支,家长一般只需要负担子女教育开支的 5%,具体包括孩子的文具用品、交通费、校服费。[51] 瑞典儿童福利制度发展成熟,提倡通过各种形式的家庭经济支持,为儿童创造较好的经济生活环境,使儿童能够接受良好的学前教育,如父母补贴、儿童津贴等。[52] 瑞典幼儿教育分为家庭照顾和公共托育两种,选择家庭照顾的家长可以获得一定的津贴补助,公共托育的经费则主要由政府负担,父母只需承担 10%。[53] 2013 年时政府负担 94% 的学前教育经费,家长缴费仅占 4%。法国在其《财政法》中规定,国家应依据各省的人口规模、经济发展情况向各省拨款,经由省级委员会审核后对本省内乡镇幼儿园基础建设经费予以资助,经费资助应不少于基建开销总额的 20%,最高可资助 60%。[54]

(四)设置了科学的教师选拔和培训机制,保证学前教育师资队伍的专业性

教师是教育活动的组织者和实施者,与初高中、大学的教师相比,学前教育教师需要承担更多的责任,在幼儿的身心发展中具有重要作用,教

---

[49] See legislation. gov. uk, "Appropriation (No. 2) Act 2001", Accessed October 8 2018. http://www. legislation. gov. uk/ukpga/2001/21/contents.

[50] See Illinois State University, "1917 Constitution of Mexico", Accessed October 8 2018. https://search. illinoisstate. edu/? clientID = isuhome&q = 1917 + Constitution + of + Mexico.

[51] See Elva Yadira Ornelas and Judith Gregory, "Education in Mexico——Challenges and Opportunities", Accessed October 1, 2018. http://www. sd. polyu. edu. hk/iasdr/proceeding/papers/Evaluating% 20Design% 20Education% 20in% 20Mexico _% 20Challenges% 20and% 20Opportunities. pdf.

[52] See Council of Europe, "Achieving Balanced Participation of Women and Men in Political and Public Decision-Making", Accessed October 8 2018. https://www. coe. int/en/web/genderequality/balanced-participation#{"16805331":[0]}.

[53] See Gregg Olsen, "Toward Global Welfare State Convergence?: Family Policy and Health Care in Swedn. Canada and the United States the Free Library", *Journal of Sociology & Social Welfare*, 2, 2007, pp. 143 – 164。

[54] 参见庞丽娟主编:《国际学前教育法律研究》,北京师范大学出版社 2011 年版,第 160 页。

师的素质也决定了学前教育质量的高低。日本要求每个学前教育教师必须具备幼儿园教师资格证书,并将教师资格证书依据不同教育需求分为普通、临时和特别三种类别,具备资格证书的教师在通过幼儿园录取考试后方可成为幼儿园教师。在其2009年实施的《教育职员许可法》(修订版)中规定了教师资格证书的使用期限为10年,所有教师必须在规定期限内到教育委员会进行技能、从业情况、道德素养、身心健康情况等方面的考察,保证师资队伍的专业性。此外,日本还设立了专门的教师培养机构,鼓励教师进行研修。[55] 德国2000年出台的《关于幼儿教师培训和考试的框架协议》中也对教师应当具备的各种素质和能力作出了详细的规定,明确提出学前教育教师应该具备"健康完整的人格、良好的社会能力、科学的言行策略、注重团队合作、评价与自我评价等综合素质和能力"。[56] 美国在《开端计划法》《不让一个儿童掉队法》《2000年目标:美国教育法》中都对学前教师的学位和专业技能以及教师专业发展作出了规定。此外,美国还非常重视保障教师的基本权利,在《开端计划法》中要求政府财政投入中的一部分用于教师工资、补助、保险等。[57] 瑞典的学前教师是终身制的,因此也形成了非常严格的教师资格认证和注册制度,只有学历、专业等满足条件,才有资格认证注册教师资格。为了保障教师队伍的专业性和先进性,瑞典教师可以根据自身需要接受每年21~40课时的培训,此外,瑞典政府也投入了大量资金支持教师的终身学习和职业发展。[58]

(五)形成了完善的教育督导评估体系,保障学前教育的发展质量

教育督导评估体系的建立能有效提高学前教育的质量,并在很大程度上规范社会各类学前教育机构合理办学。英国在《2006年儿童保育

---

[55] 参见幼稚園の先生になろう~幼稚園教諭の資格取得,载日本文部科学省:http//youtienn. dorikku. com/sikaku/2syu. html,最后访问日期:2018年10月8日。

[56] 洪秀敏:《我国幼儿园教师资格制度:问题与对策》,载《教育发展研究》2011年第Z2期。

[57] See Currie J and Thomas D, "Does Head Start Make a Difference?", *American Economic Review*, 3, 1995, p. 341.

[58] See Sveriges Riksdag, "Förordning (2011:326) om behörighet och legitimation för lärare och förskollärare", Accessed October 8. http://www. riksdagen. se/sv/dokument-lagar/dokument/svensk-forfattningssamling/forordning-2011326-om-behorighet-och_sfs – 2011 – 326.

法》中明确规定了教育标准局的主要职能，强调教育标准局与英国总督学相互配合对学前教育发展进行督察，了解学前教育机构对0～5岁儿童教育需求的满足程度，评估学前教育机构的办学水平和质量。此外，该法案中也明确了私立学前教育机构的准入标准和办学程序，以法律形式对社会力量办学进行规范。[59] 美国对学前教育的监督评估工作主要依靠民间专业性组织“全美幼儿教育协会”(National Association of Education for Young Children)开展，规范学前教育课程设置、教师职业能力、教育机构设置标准等，美国联邦政府只起辅助支持作用。[60] 瑞典逐渐形成了国家、地方政府、幼儿园三位一体的学前教育监测体系。国家通过立法设置一系列的目标规范幼儿园课程、师资、基建标准，并安排专门的教育督导机构进行审查。地方政府则以国家的大政方针为依据对学前教育机构的质量进行直接的监测与评估。幼儿园应根据自身办园特色合理践行国家制定的法律法规，定期开展自我评估改进本园建设。[61] 法国在《德伯雷法》中严格规范了私立学前教育机构的准入和办园标准，对办学时间达到5年及其以上(新校区1年及其以上)、师资储备丰富、设施设备安全高效的私立学前教育机构进行“服务购买”，与符合条件的机构签订合同，要求私立学前教育机构在享受政府大量资助的同时，必须接受政府部门的督查审核工作，保证教育质量符合国家教育大纲的标准。[62]

(六)形成了家校联合共同育人的基本模式，为学前教育提供多方支持

家长是儿童的第一任老师，学前教育的发展必须吸纳家长、社区等社会外界力量，与学前教育机构相联合，共同为儿童创设健康和谐的成长环境，激发儿童的多元潜能，为国民教育事业的发展奠定重要基础。美国在《2000年目标：美国教育法》中指出国家教育发展的目标之一是家长参与

---

[59] See legislation. gov. uk, "Childcare Act 2006", Accessed October 9. http://www.legislation. gov. uk/ukpga/2006/21/part/3.

[60] 参见周小虎、赵然：《英美两国学前教育政府职责的比较及其启示——教育政策法规的视角》，载《外国教育研究》2010年第3期。

[61] See Anette E. and Ingrid Pramling S., "Documentation and Communication in Swedish Preschools", *Early Years*, 2, 2014, pp. 175 – 187.

[62] See Wiipedia, "Tagesbetreuungsausbaugesetz", Accessd October 8, 2018. https://fr.wikipedia. org/w/index. php? title = Tagesbetreuungsausbaugesetz&action = edit&redlink = 1.

学校管理,学校与家长应当建立积极的沟通模式,鼓励家长对学校的发展献言献策,共同协助儿童的学业发展与多元化发展。美国联邦政府也给予学前教育机构一些专项拨款,用以资助家长参与幼儿教育活动。同时,美国各州也可以动用一定的联邦基金举办有助于家长参与教育的竞赛活动。[63] 为了提高家长参与学前教育的质量,美国还为家长们提供专门的培训课程,安排专业人员指导家长与孩子进行有效沟通,在家庭教育中培养孩子的各项能力。日本许多私立幼儿园非常重视与家长、社区的联系,经常开展特色的校园教育服务,帮助未到入学年龄的儿童家长了解本校情况,如半日保育活动。此外,私立幼儿园也会开展临时保育服务,解决父母因工作繁忙无法照料儿童的问题。日本幼儿园还会定期组织亲子活动增进家长与孩子之间的情感,鼓励父亲参与到幼儿教育当中,并为家长开设科学育儿讲座,提供育儿咨询服务。[64] 芬兰 1973 年的《儿童日托法》强调幼儿教育中日托教员和家长的合作交流,要求幼儿教育机构尊重家长的参与权和知情权。芬兰鼓励家长在与孩子的交谈中、宗教信仰教育以及对孩子的饮食和休息的安排中渗透自身正确的价值观念和原则,与日托教员一起商讨孩子的个体成长计划,旨在促进儿童的个性化发展。同时,家长有权知晓幼儿教育机构的教育内容和教学质量,教职员工必须对家长的疑惑作出真实翔实的回应。[65]

---

[63] 参见谷小燕:《美国:鼓励家长参与孩子教育》,载《比较教育研究》2010 年第 9 期。

[64] 文部科学省:私立幼稚園の子ども・子育て支援新制度への円滑な移行,载日本文部科学省:http://www.mext.go.jp/a_menu/shotou/youchien/1361186.htm,最后访问日期:2018 年 10 月 8 日。

[65] See F. Ma and P. Lu, "A Review of Early Childhood Education and Care in Finland", *Early Childhood Education*, 33, 2011, pp. 53 – 56.

四、国外学前教育法研究与实践探索对我国的启示

(一)制定专门的“学前教育法”

立法是学前教育良性发展的有力保障,国外学前教育的迅速发展,离不开完备的学前教育法律体系的支撑,既有涵盖甚广的学前教育法、具体细化的学前教育条例,也有从旁辅助的拨款法、社会福利保障法等,这些法律法规协同作用于学前教育,为本国儿童接受高质量的教育提供了强有力的法律保障。与其他国家相比,我国学前教育立法仍较为落后,尚未形成完整系统的学前教育法律体系。自改革开放以来,我国出台了许多有关幼儿教育的政策法规,如1989年国家教委制定的《幼儿园管理条例》和《幼儿园工作规程》,2010年国务院制定的《关于当前发展学前教育的若干意见》等。可以看出,国家对学前教育的重视程度也在不断加深,以政策文本的形式对幼儿园管理体制、幼儿园课程设置、教师编制等作出了详细的规定,为制定专门的“学前教育法”奠定了基础。如今我国学前教育立法的时机已经成熟,各部门应当协力制定“学前教育法”,厘清政府等部门的职责权限、规范各类幼儿园办学、规定幼儿的入学条件、严格师资配置及培训,以法律的形式把控学前教育的各个环节。

(二)形成“政府牵头,多方共助”的多元化经费来源机制

目前,发达国家教育总经费中学前教育经费所占比例已达到8% ~ 11%,[66]美国、英国、墨西哥等学前教育发展较好的国家,已经将学前教育纳为义务教育的一部分,由政府负担全部的教育经费,为每个符合入园年龄的孩子提供免费的学前教育。我国是发展中国家,人口众多,地区之间、城乡之间的经济差异较大,教育发展程度也不同,现阶段还无法实现学前教育的义务性。目前,我国的学前教育运转主要是由家长自行缴费,政府对于学前教育的财政投入仅占全国教育财政经费投入比例的1.2% ~

---

[66] 参见陈鹏、高源:《我国学前教育立法的现实诉求与基本问题观照》,载《陕西师范大学学报》(哲学社会科学版)2017年第6期。

1.3%。[67] 单一的经费来源也衍生出一些"入园贵"的问题,高昂的教学费用将许多家庭挡在了高质量的学前教育门外。因此,我国学前立法中应明确规定"政府牵头,多方共助"的学前教育经费来源机制。一方面,政府应逐步加大对学前教育的财政投入,将学前教育经费单项划出,并组织开展专项研究明确我国近10年应当分别达到的学前教育经费占教育总经费和国民GDP的合理比例;[68]另一方面,也应出台相应政策鼓励社会各界团体和人士多方参与兴办幼儿园或资助办学经费,通过多渠道筹措的形式保障学前教育的办学经费来源。此外,对于经济困难地区、少数民族聚居地,政府应当予以财政倾斜,以专项补助、奖励等普惠性政策扶助经济薄弱地区的学前教育,均衡学前教育发展。在此基础上,我国还应当先尝试将进入小学前的一年(学前班)纳入义务教育,并逐渐过渡到3~6岁儿童接受免费的学前教育,真正将学前教育纳入国民教育体系当中,使我国的儿童能平等、普遍、免费地享受到高质量的学前教育。

(三)健全师资选拔培训制度,保障教师权益

现如今,我国学前教育师资力量较为薄弱,幼儿教师待遇和社会地位比较低,幼儿教师入职考核也没有统一的标准,这就需要在学前教育立法中明晰教师的法律地位和身份,设置幼儿教师的选拔培训机制,规定幼儿教师的薪资标准和福利待遇,为我国学前教育事业打造一支专业化的教师队伍。[69] 首先,制定统一的入园基本标准,即每个教师都必须拥有经全国统一考试认定的学前教育教师资格证书,各地幼儿园在此基础上,可以根据本园教学需求等实际情况安排进一步录取考核工作。教师资格证书应设置一定的使用期限,教师必须在使用期限内到专门的机构进行新的资格审核认定。其次,设置幼儿教师培训课程,鼓励教师进修。教育部门应当以教育机构或网络媒体为平台,为教师设置专业的幼儿教育培训,聘

---

[67] 参见庞丽娟、韩小雨:《中国学前教育立法:思考与进程》,载《北京师范大学学报》(社会科学版)2010年第5期。

[68] 参见李广海等主编:《学前教育政策与法规》,东南大学出版社2016年版,第182页。

[69] 参见管华、王君妍:《国外学前教育立法的启示》,载《陕西师范大学学报》(哲学社会科学版)2017年第6期。

请国内外资深幼儿教育专家开展线上线下的讲座、座谈会等。培训课程既要包括学前教育专业知识、技能和方法,也应重视对幼儿教师身心健康的陶冶。此外,学校和地方政府部门应鼓励教师进行深入研修,为研修教师提供专门的经费支持和奖励,促进教师职业发展。最后,应当在立法中规定学前教育教师的编制职称和待遇标准,适当提高学前教育教师的薪资水平和福利待遇,划拨专门的经费为优秀先进教师提供奖励,尊重教师的合法权益,保障学前教育教师队伍的稳步成长。

(四)完善学前教育监督机制,加强学前教育监管

学前阶段是幼儿成长的关键时期,对儿童身心发展有着深远持久的影响。因此,应通过完善学前教育监督机制,从而形成对学前教育的全方位监管,从办学标准、教学质量、师资配置、校园安全等方面加强对学前教育的把控。首先,在法律中严格规定各类学前教育机构的准入资格和办学审批程序,并在此基础上设置专门的部门对各类学前教育机构进行不定期的审查监督,规范社会力量办学,淡化民办幼儿园的逐利性。其次,设置专门的学前教育研究机构,针对我国儿童身心发展情况和国情发展实际设置科学的课程规划,并对全国各地的学前教育发展情况进行动态监测,保证儿童能够接受高质量的、科学的、先进的、多元化的学前教育。再次,完善学前教育教师评价体系,以自评、儿童评价、学校评价、家长评价等方式对教师的教学水平、言行举止、职业道德、师生互动情况进行全面考核,保证教师的从业积极性、专业性和责任感,避免出现虐童、区别对待儿童等不良事件发生。[70] 最后,严格审核幼儿园的办学设施,在立法中规定幼儿园的配套设施标准,具体包括教学设备、活动场所、校车、食堂、宿舍等,保障幼儿在学校以及上放学过程中的人身安全。[71] 公安部门也有责任净化幼儿园周边的环境,与幼儿园一起内外联动消除办学安全隐患。

(五)尊重家长的参与权,实现家园共育

随着我国国民生活水平的不断提高,人们对子女的教育问题也越来

---

⑳ 参见祁占勇、康韩笑:《学前教育阶段虐童行为治理的法律透视》,载《中国教育学刊》2018 年第 3 期。

㉑ 参见王晓菲:《我国学前教育立法的内容研究》,沈阳师范大学教育经济与管理系 2015 年硕士学位论文,第 65 页。

越重视,家长们已经开始积极地参与到子女的各阶段教育当中。在网络信息化时代,各种“家长群”层出不穷,教师、家长和学生早已打破空间界线,家校共育的模式愈发成熟,但随之而来的也有“家长代替孩子完成作业”“家长群内秀官职”等违背教育初衷的现象。因此,需要通过立法正确引导家长配合学校的教育教学工作,实现真正的家园共育。一方面,3~6 岁儿童正处于价值观的懵懂时期,家长的一言一行会在孩子意识成长中留下不可磨灭的影响,潜移默化影响着孩子的成长,为家长提供科学合理的培训对幼儿培育具有重要作用。因此,教育部门应当通过学校为幼儿家长提供专业的知识技能培训,以讲座、班会、知识手册等形式帮助家长习得全面的育儿知识和科学的育儿方法,并使家长在此基础上根据自身实际能力和子女的教育需求自由选择最切合的幼儿教育课程、教学方法、教育场所及形式。[72]

另一方面,在幼儿园中设置家长委员会,委员会由部分家长、教师以及学校管理者组成,负责幼儿园的日常管理工作。将家长纳为幼儿园管理的参与者,既有利于上级政策的有效执行,也有助于监督幼儿园的办学工作,为幼儿园的发展提供更多的信息和建议,让家长、学校联合起来为幼儿创建安全、健康、文明、平等、多样的成长环境。

Hot Topics and Practice Exploration of the Worldwide Research on Laws on Preschool Education

Qi Zhanyong Du Yue Wang Yixin

Abstract: The authors use Citespace to visually analyze the relevant

---

[72] 参见祁占勇、康韩笑:《学前教育阶段受教育权保障的国家义务研究》,载《陕西师范大学学报》(哲学社会科学版)2017 年第 6 期。

literatures of foreign preschool education research in the Web of Science. The authors' research shows that the hot topics of foreign preschool education research mainly focus on the following dimensions, such as, parent-child relationship in pre-school education law, children's academic achievements in pre-school education, key areas in the legal protection of pre-school education, and the special groups in pre-school education law, sports and health education for preschool children, preschool education supervision system, etc. These studies provide the theoretical nourishment in a series of the collaboration in such aspects as the establishment of a foreign preschool education legislative system, the government's exercise of basic duties in the field of preschool education, the improvement of teacher selection and training mechanisms, the improvement of the preschool education supervision and evaluation system, and the multi-party support of preschool education. Combining the fundamental successful experience of foreign preschool education legislation, the authors of this article suggests that the special legislation of preschool education in China needs to form a diversified establishing source mechanism of "government lead and multi-parties support" to improve the training system for pre-school education teacher selection, and to improve the pre-school education supervision mechanism. In addition, the authors also suggest that special attention should be given to matters such as respect for parental participation and give priority to the observation.

Key Words: laws on preschool education hot topics practical exploration

法学院应当传授职业责任，职业美德，抑或其他？

——评《卡内基律师培育报告》(下)

W. 布拉德利·温德尔　著　刘熊擎天　译*

摘　要：随着《卡内基报告》的发布，法律职业主义教育之话题再次引起热议。基于法律与道德的二分，法学教育的学徒制只注重传授法律推理之技巧，而缺乏对道德与伦理等议题的关照；这混淆了以合

---

* W. 布拉德利·温德尔(W. Bradly Wendel)，美国康奈尔大学法学院教授，研究方向：法律伦理的道德和政治哲学应用；刘熊擎天，中南财经政法大学法学院宪法学与行政法学专业博士研究生，研究方向：中国宪法学原理。

原文为"Should Law Schools Teach Professional Duties, Professional Virtues, or Something Else? —A Critique of the Carnegie Report on Educating Lawyers, *University of St. Thomas Law Journal*, Vol. 9, No. 2, 2011, pp. 497 – 540."同时本文获得温德尔教授以及《圣托马斯大学法学杂志》的授权，特此致谢。

文中"lawyer"一词常被直译为"律师"，但美国法中"lawyer"一词的含义绝非仅指律师一职，其不仅涵盖了法官、法官助理，甚至实质上也囊括了法学院的教授、学生等角色。换言之，即在美国，凡从法学院毕业，通过律师职业资格考试的人均可以被称为"lawyer"。因此，对美国法中"lawyer"一词最为准确的译法应为"法律人"。不过，纵观全文，"lawyer"一词指代接受当事人委托而提供法律咨询、建议等服务的非行政公职人员。故此，本文将"lawyer"一词译为"律师"。由于篇幅较长，为便于阅读与索引，译者为本文相应增写摘要与关键词。特此说明！

译事之难，有经验者亦时常喟叹。虽存纰漏与谬误，但文责不免，亦当自负。

法方式实现客户之利益以及该行为本身的道德价值,引发了有关法律伦理的争议。故此,报告呼吁法学院增加对律师职业伦理培育的投入。但这并非意味对当前法学教育进行全面改革,相反,只需在教学之中并举分析方法(抽象的理论性知识)和道德考量(具象的实践性知识)。因为规则并非中立之物,而法律推理之中也业已嵌入了对社会和道德因素的考量。所以,法学教育的当务之急在于,培养法科学生批判性认知法律教义的能力,促使其掌握法律实践之技艺,并理解该技艺所追求的品格特征之标准,进而转变为从业者。诚然,将以美国司法部法律顾问办公室律师的刑讯逼供建议为例,进而廓清法律伦理之内涵,并最终揭示法学院为培育律师而应传授之内容。

关键词:《卡内基报告》 法学教育 律师 法律伦理 道德性

一、相关术语的界定

(一)法律的道德性

通常而言,批判美国法学教育的主题是,法学院在纯粹法律方面将学生社会化以理解社会问题,而这些问题从诚实、公平或正义等道德考量之中抽象而来。卡尔·卢埃林(Karl Llewellyn)认为,法学教授在第一学年课程中讲授这些问题的用意很好,因为"当学生的思绪胡乱时……他们会用伦理问题敲醒学生暂时麻木的神经",①但重要的是思考教授所试图阐述的观点,即类似于"合理性""诚信"的术语是规则中的专业术语,在法律课程中和普遍伦理上对这些术语有着截然不同的理解。然而,法科学生和法学教育观察者所担心的是,将法律推理和道德推理进行分离分析(法律实证主义所采取的方法)容易造成与实际的脱离。《卡内基报告》列举了法科学生的例子,其将法律与道德性的关系描述为其第一学年课程中所接纳的默会知识:

① Karl N. Llewellyn, The Bramble Bush: On Our Law and Its Study 116(1930).

当他学习刑法时,他开始从技巧性方面来考虑刑法,并停止从人性方面予以关注。

大多数教师不会引入伦理问题。因为其应该从这些关注中抽离。②

罗杰·克莱姆顿(Roger Cramton)有篇关于法学教育具有明确价值体系的经典文章,但该文章也有类似的错误,法学教师鼓励学生们以一种纯粹手段性的态度看待法律推理,该态度将使用规则仅仅看作客户实现其目标的一种方法。③ 相应的是,学生会对遵从伦理采取一种天然反感的态度,④并对批判法学(Critical Legal Studies)所讽刺的法律的确定性、安定性、中立性以及稳定性嗤之以鼻。⑤ 结果将是,他们会倾向于晚近任何将价值作为"教义说教"或"教条灌输"的明确探讨。⑥

《卡内基报告》赞同将独立的道德考量融合到法学院的课程中。富勒(Fuller)与埃森博格(Eisenberg)合著的合同法案例教材的引言部分探讨了普通法的对价原则,而《卡内基报告》摘录了其中的经典案例——多尔蒂诉萨尔特案(Dougherty v. Salt),⑦并将对该案的注释评述为履行某人承诺而负担的道德义务。⑧ 其错误在于,它告知学生"他们所关注公平或其他道德关注与法律分析无关",并认为"与其让很多学生感到困惑,还不如直接告知他们"。例如,告知他们在对价原则案例中,多尔蒂的舅妈并未因食言而招致法律责任,因为其所做的承诺行为完全是无偿的。⑨ 在此,我认为,《卡内基报告》的起草者从事了一项生搬硬套的工作。虽然我并非讲授合同法的教师,但我确信的是,任何称职的一年级教授都会使用

---

② Carnegie Report, *supra* note 3, p. 141.

③ See Roger C. Cramton, *The Ordinary Religion of the Law School Classroom*, 29 J. Legal Educ. 247, 250(1978).

④ See Roger C. Cramton, *The Ordinary Religion of the Law School Classroom*, 29 J. Legal Educ. 254(1978).

⑤ See Roger C. Cramton, *The Ordinary Religion of the Law School Classroom*, 29 J. Legal Educ. 254 – 255(1978).

⑥ See Roger C. Cramton, *The Ordinary Religion of the Law School Classroom*, 29 J. Legal Educ. 256(1978).

⑦ 125 N. E. 94(N. Y. 1919).

⑧ Carnegie Report, *supra* note 3, pp. 143 – 144.

⑨ Carnegie Report, *supra* note 3, p. 144.

多尔蒂案，通过追问对某些承诺具有法律强制效力的原因，以及追问对其余的承诺实施非正式的社会制裁的原因，来阐明合同法的功能。我第一年讲授的议题是侵权行为，其中学生可以直视法律与道德性之间关系的问题——诸如缺乏一般的救助义务——以此作为其理解法律程序性考量的一种方法，并让其领会到道德的重要性。法院通常拒绝承认救助义务的理由有如下几种：一是对大量潜在旁观者对于原告求助未能施以援手而应该负有潜在的法律责任的问题予以白描；[10]二是对可能的救助者会被要求采取何种确认行为的问题予以白描；[11]三是与不妨害潜在救助者的道德自觉有关；[12]四是认为非救助者与伤害后果之间并不具有因果关系；[13]五是与救助义务的激励效应有关。[14] 而这些都是标准，也是所谓的政策论证，其中很多均涉及对何为法律道德性的考量。这也就是说，这是法律规范必须具备特殊目的的原因，诸如一般性、事先的确定性、稳定性以及可反复适用性。由于规范论证的法律地位，因而不能将其排除在第一年的课程之外；事实上，任何一名没有考虑到侵权行为所不承认救助义务原因的教师，或者没有考虑到合同行为所维持对价原则要求原因的教师，来讲授这些课程都会让人感到怪异。

与法治价值有关的考量，可能证明了违反其余的普遍道德性标准的合理性。多尔蒂案中，舅妈对其外甥的食言行为会在普遍道德层面上备

---

⑩ See Richard A. Epstein, Torts §12.3, p. 317 (1999); W. Page Keeton et al., Prosser and Keeton on Torts §56, p. 376 (5th ed. 1984); Kenneth S. Abraham, The Forms and Functions of Tort Law 234 – 235 (3d ed. 2007).

⑪ 洛德·麦考利（Lord Macaulay）所关注的救助义务的灵活性已成为经典：尽管可以完全确定的是，那名印度外科医生是唯一可以进行手术的人，而如果拒绝手术病人将会死亡，那么也不能将其拒绝从加尔各答到密拉特去进行手术的行为认定为谋杀。转引自 Jeremy Waldron, *On the Road: Good Samaritans and Compelling Duties*, 40 Santa Clara L. Rev. 1053, 1069 (2000)。

⑫ Epstein, *supra* note 82, §11.2, p. 288. （"规则的目的是将个人自觉和选择的范围最大化，而尽量将规则对旁观者无意中施加的强制程度最小化。"）

⑬ Keeton et al., *supra* note 82, §56, p. 373. （"进行区别的原因在于，当被告的'不作为'不会使其处境更坏时，但实际上，他的'行为过失'可能会对原告产生新的伤害风险。"）

⑭ Epstein, *supra* note 82, §11.2, p. 288. （"普通法规则的拥护者对在救助意愿中强加义务表示坚决反对，因为当个人恐惧于负担繁重的责任时，其将会避免实施伤害行为。"）

受指责,但其在合同法中仍然具有良好的理由来违背这样一种无偿的承诺。在诸多失于救助案件中,被告曾经的行为可能备受责难,⑮但法律程序以及法治的考量却能够证明无义务规则免除其法律责任。正如《卡内基报告》所担心的,法学院课堂中并不排除道德性,但由于道德规范约束了裁判案件的制度实践,所以对道德规范的考量不仅后置于对诉讼当事人权利的考虑,也后置于对决定作出者(视情况而认为是法官或者陪审团)适用管理标准能力的考虑。司法实践对以下三个方面施加了限制:能够予以裁判的问题类型,裁判依据何种标准,裁判是由何人作出。⑯ 作为概念上的事项,实践具有自身内在的规范标准,而这是由实践的本质和最终目的所赋予的。⑰ 就法律体系的本质而言,其是一种管理的手段,这不同于以其他方式所作出的决定,也不同于向他人指派事务。

法治的经典理念是,“国家范围内的一切人员和机构,无论是公共的还是私人的,都应当受制于公开和预先颁布并由法院公开适用的法律,且有资格享受其利益”。⑱ 合法性理念强调限制权力的滥用。⑲ 引用朗·富勒关于法律的概念的目的在于,使人类行为受制于管理规则,个人行为施加的管理规则,因为这是一种“内在道德性”。⑳ 一项规范合法与否,都不会是对专制性权力的行使。因此,相较于关注决定如何作出,法学教师和

---

⑮ 参见 Osterlind v. Hill,160 N. E. 301,302(Mass. 1928)。(该案的被告出租给两名醉酒者一艘薄壁的独木舟,而当舟倾覆时,却未能注意二人的求助)

⑯ 就此而言,我从同事吉米·亨德森(Jim Henderson)身上获益良多。See James A. Henderson, Jr. ,*Process Constraints in Tort*,67 Cornell L. Rev. 901(1982);James A. Henderson, Jr. ,*Expanding the Negligence Concept:Retreat from the Rule of Law*,51 Ind. L. J. 467(1976). 其著作深受朗·富勒(Lon Fuller)的影响,如 *The Form and Limits of Adjudication*,92 Harv. L. Rev. 353(1978)。

⑰ See Maclntyre,*supra* note 24.

⑱ Thomas Bingham,*The Rule of Law*, 66 Cambridge L. J. 67,69(2007).

⑲ See Joseph Raz,*The Rule of Law and Its Virtue*,*in* The Authority of Law 219(1979).

⑳ 参见 Lon L. Fuller,The Morality of Law 106(Rev. ed. 1964)。富勒在书中第 42 页等处使用了“法律的内在道德性”这一术语,并指出一部法律或一个法律体系所必须明确的 8 项标准。这些标准确保其具备合法性品质,而不是一种基于命令而行使的管理规则。

法科学生也一样关注决定中出现的独立的道德内容。[21] 某些决定的作出通常并非良好地依据法律体系；如同那些英勇的个人必须救他人于水火，而这就是侵权法不认可救助义务的原因。综合“多中心性”（polycentric）工程与设计的决定，需要权衡安全性、成本、实用性、易维护性以及审美追求等大量相抵触的价值，这也可以认为并非是决定所固有的，那么法律体系应该是事后的预测。[22] 当然，也会有人对此表示反对。例如，他们会提供相应的执行标准用，以判断旁观者应对危难中的他人施以援手，[23]或者考虑到设计决定的多中心性本质，而明确提出一项关于产品缺陷的测试。[24] 相反，不可否认的是，法律推理的实践立场既涉及了普遍道德的考量，也遵从了对这一手段的限制，即强调公开性、可预测性和限制权力滥用等理由。

通过讨论对价规则以及缺乏救助义务可知，遵从合法性并不能确保规则所追求的结果，即与相关类似案件中经过道德上的深思熟虑后所作出的结果相一致。一名坐在码头且可以拿到长杆的普通人，可能在道德上很容易推断出他需要使用长杆救助溺水者。但在遵从规则所倾向的要求层面，法治甚至不可能会有益于道德上的价值，因为规则不倾向于使人在理解道德性要求的前提下作出更善的行为。[25] 小刀作为工具的价值体现在其锋利程度，而虽然适用规则会达致或善或恶的结果，也需要符合功能性和手段性的标准——富勒对于规则合法性的 8 项标准，但却不会因此与道德性有必然的关联。[26] 此外，如果认可规则明确了其他同类公民所固有的尊严和平等，那么即使在完全不赞同道德性要求的情况下，法治也

㉑ 通过比较《卡内基报告》中的评述可知，案例讨论法的制度意旨是让学生内化“一种认可法律的观念”，其中包括事实的概念就是某些类似于“与案件处理相关的事实”，却异于“真实发生的事实”。Carnegie Report, *supra* note 3, pp. 52 – 53.

㉒ See James A. Henderson, Jr., *Should a "Process Defense" Be Recognized in Product Design Cases?*, 56 N. Y. U. L. Rev. 585 (1981).

㉓ See Ernest J. Weinrib, *The Case for a Duty to Rescue*, 90 Yale L. J. 247 (1980).

㉔ See John W. Wade, *On Product "Design Defects" and Their Actionability*, 33 Vand. L. Rev. 551 (1980).

㉕ Mark J. Bennett, *Hart and Raz on the Non-Instrumental Moral Value of the Rule of Law: A Reconsideration*, 30 L. & Phil. pp. 603, 634 – 635 (2011).

㉖ Mark J. Bennett, *Hart and Raz on the Non-Instrumental Moral Value of the Rule of Law: A Reconsideration*, 30 L. & Phil. p. 609 (2011).

会有某些内在的善的要求。[27] 因此,不能从法律方法所追求潜在的道德上的善入手,而应该从合法性的非手段性价值方面,将律师执业中的伦理理解为为了宽容和尊重所有公民而认定的一种共同体的美德。

在《卡内基报告》探讨职业责任课程时,出现了一种对法治观点的有趣看法。许多批评者过分地强调法学教育者应默示传授职业责任。[28]《卡内基报告》关注对管理律师的规则会采取何种解释态度。换言之,即如果法律伦理同法律教义课程一样被讲授,那么学生将会被明确鼓励对约束其行为的规则采取相同的解释方法,而当其对客户的法律义务提供建议时,也会如此为之。这种解释态度究竟为何呢?

当法律伦理课程仅关注律师执业的规则时,其所传达的观念是:律师的行为受到制裁的约束,如对不法威胁的指控;其所设定的印象是:大多数实务律师主要受自利的驱使,且仅当其所行之事符合直接的自利时,其才会克制非伦理的行径。[29]

事实上,这一引文暗含了两种不同的主张。一是关于动机或品格("大多数实务律师主要受自利的驱使"),而下一部分会予以说明。二是关于解释,或被称为"霍姆斯的坏人论"(Holmesian bad man attitude)。[30]这将法律义务的内容定义为行政官员何时对行为实施制裁的预测。

"坏人论"源自小奥利弗·温德尔·霍姆斯(Oliver Wendell Holmes Jr.)对法律的定义,其依据是法律行政官员如何裁判特殊案件的预测;显然,作出预测的视角是公民的视角,他只关注避免与其行为相关的法律惩罚。[31] "坏

---

[27] 这是我在另作中第三章的论证,如 Wendel, *supra* note 18, pp. 86 – 122,在此只是进行简单的总结。

[28] See Roger C. Cramton & Susan P. Koniak, *Rule, Story, and Commitment in the Teaching of Legal Ethics*, 38 Wm. & Mary L. Rev. 145 (1996); Carrie Menkel-Meadow, *Can a Law Teacher Avoid Teaching Legal Ethics* 7, 41 J. Legal Educ. 3 (1991); Ronald M. Pipkin, *Law School Instruction in Professional Responsibility: A Curricular Paradox*, 1979 Am. B. Found. Res. J. 247 (1979).

[29] See Carnegie Report, *supra* note 3, p. 149.

[30] Bradley Wendel, *Lawyers, Citizens, and the Internal Point of View*, 75 Fordham L. Rev. 1473, 1499 n. 2 (2006).

[31] See Oliver Wendell Holmes, Jr., *The Path of the Law*, 10 Harv. L. Rev., pp. 457, 459 – 462 (1897).

人”的标签可能具有误导性。坏的公民并不必然也在道德上是败坏的;相反,其“屈就于遵守愚昧的法律只是因为这是规则”。[32] “霍姆斯的坏人论”认为规则仅仅创造出行为的审慎理由。审慎理由只是行为人的既得利益。例如,如何将自身健康和快乐最大化。就行为人的功效而言,支付罚金在某种程度上比限制行为更加节约成本,而权衡审慎理由可能会指引行为人违反行为规则。因此,“霍姆斯的坏人论”提出了一个重要问题,即遵从规则的意义为何。一名被假设为“坏人”的公民可能认为,行为规则是无效的,除非该规则赞成对公民不情愿赔付的制裁,但这并非某人接纳行为规则的唯一观点。坏的公民只会出于自利而遵从规则,因为某些案件中的补正规则具有强烈的威慑效果。基于此,坏的公民所关注的规则并不会不同于其把钱交予抢劫者的理由。言外之意是,违反法律的成本基本并不会不同于任何因为权衡利益而作出行为所耗费的成本。

一种对待规则的非比寻常的态度是,以批判的眼光看待规则,并将其作为个人自觉(in themselves)行为的理由来源,而不仅是一种预测方式,即预测国家行政官员何时将行令人不悦之事,诸如判定入狱。哈特认为,如同奥斯丁(Austin)的命令制裁理论以及美国20世纪30年代的法律现实主义一样,法律理论接受法律中的坏人定义,但缺乏概念方法以说明法律行政官员接纳规则作为义务来源的可行性。他进一步研究并认为,需要概括法律体系的特征,以反对由自诩为法律行政官员所实施的偶然趋同(convergence)行为。他还认为,法官要从内在视角来看待法律体系的承认规则,即与社会中的部分规则一样,创制一项义务仅考虑规范的明确来源。[33] 这并不意味法官不会持有其他动机。例如,获取声誉或者避免被陪审团否决的尴尬。哈特强调“关于信念和动机的事实,对于使一个人有义务去做某事这一陈述的真实性不是必要的”。[34] 因此,无论一名法官具有任何特殊动机,区别于法律的某些动机会必然存在,并提供不同类型的

---

[32] Frederick Schauer, *Critical Notice*, 24 Can. J. Phil. 495, 500 (1994) [评论了 Roger Shiner, Norm and Nature: The Movements of Legal Thought(1992)].

[33] See H. L. A. Hart, The Concept of Law 116(2d ed. 1994).

[34] See H. L. A. Hart, The Concept of Law 83(2d ed. 1994).

行为理由的事项——否则就不会存在诸如法律体系之物,以反对由一群身居高位的穿黑长袍者所实施的偶然趋同行为。规则必须在实践层面区别于以法官裁判案件的方法。否则,就无法区分法律的特征,诸如一般性、确定性、稳定性以及与法治相关的其他美德。这种法律理论的含义之一是,特定类型的论证会因不属于法律领域而被排除。一名客户可能会犯下概念错误,他认为凭借自身的富有、魅力以及权力会使自己在强制动议的事证开示程序(motion to compel discovery)中占据优势。[35]

我曾说过,由于对客观性和体系性考量,如果以内在视角看待承认规则是法官的义务,那么这对律师而言也是同等的义务。[36] 因为律师自身的责任是在规则内忠于其代表的客户,所以律师必须将规则看作强加于其客户的义务,而规则也会同样给律师强加义务。外在视角的观点在法律实践中得到了自证,因为这种看法将律师能够且应当机械地接纳规则看作对其客户目标的阻碍,而非义务的来源。这种看法定义了达成交易所需的"创造性和积极作为",也定了"热忱"辩护,更定义了法律义务仅与客户相绑定这一极度自私的观点,但其并未包括对法院、第三方当事人的义务,或以诚信来解释法律文本的普遍义务。此外,这不符合规则需要被遵从的理由,或者说这种方法名义上是以所有受影响人的利益——以多数当事行为者(in the first person plural)的理由——作为实施行为的判断标准。可见,这将约束法律论证的内在标准与更加广泛的道德关切相勾连。规则承认无理的命令可以转化为权利主张,就此原因而言,其是一种有社会意义的结果。

采取普遍道德性之视角是一种驳斥(pushback)"霍姆斯的坏人论"的方法。《卡内基报告》成功地用关照职业健康发展的理念描绘了法学院的伦理课程,该课程将要求法科学生以"人性或者部分医疗机构的视角"来分析问题。[37] 例如,法律伦理课程通常开展的方式是,探讨服务于保密的

---

[35] 海蒂·费尔德曼(Heidi Feldman)曾为我提供过一个关于概念不连贯的绝佳例证,该例证来自彼得·雷尔顿(Peter Railton)与她争论时,她回应说"闭嘴"。我尽自身所能也未能求证于雷尔顿,因此我只是引用与海蒂谈话的内容。

[36] See Wendel, *supra* note 102, pp. 1492 – 1493.

[37] See Carnegie Report, *supra* note 3, p. 155.

法律义务与类似斯伯丁案中赞成披露保密信息的普遍道德考量之间是否存在冲突。[38] 这意味着普遍道德性视角才是法科学生在该课程中获取准确信息的唯一方法。尽管下一部分所揭示的那种批判且客观的观点可能并不充分,但专业人士也必须持有此种必要的品格特征(character traits)。以法律体系组成部分的人性立场作为理由,只有具有美德的律师才能够在实践中完全解决伦理困境。

因此,在考虑美德伦理之前,我会通过一种区分相关内、外在视角但却近似于实务律师的观点的建议,来简要地说明本文核心论断。该论断区分了诉讼者的意向以及律师基于规则对客户进行的建议。基于此论断,与律师相关的卓越品格或美德同其作为人所应具有的美德并不相关,而与解释和适用规则的卓越品格相关——也可以说,与在日常工作中从事一系列的法律推理和提供建议活动相关。为了在管理律师的规则的语境中说明这种区别,我以众所周知的美利坚合众国诉盖伦案(United States v. Gellene)[39]为例。该案中,约翰·盖伦(John Gellene)是纽约市大多数的律师事务所所认可的合伙人,当其代理了《破产法》第十一章重整情形中的占有债务人时,却因未披露自己也代表了相关的当事人,就被定为破产欺诈罪。盖伦案的重要教育意义在于,我们困惑于为何一个大多数律师事务所所认可的具有办理破产案件丰富经验的合伙人,竟然如此彻底地误解了可适用的法律,特别是破产法规则要求披露律师事务所与任一其他当事人在利益上的"任何关联"。[40] 对盖伦的失职的通常解释指向了律师事务所的违约金条款,因为他将应考虑的律师角色置于了次要位置。[41] 由于盖伦在公司重整程序中代理了债务人,因而其缺乏重复代理客户的稳定根基。(即便他在最低程度上良好地履行了其职责,其客户也

---

[38] 参见 Hazard et al., *supra* note 35, pp. 3 – 8(从法律以及普遍道德性立场来探讨斯伯丁案)。

[39] See 182 F. 3d 578(7th Cir. 1999).

[40] See Fed. R. Banker. P. 2014(a).

[41] 关于该案的最佳著作,参见 Milton C. Regan, Jr., Eat What You Kill: The Fall of A Wall Street Lawyer(2004)以及对该书的评论,参见 Steven Lubet, *Book Reviews: A Series of Reviews of Eat What You Kill by Milton C. Regan, Jr.*, 19 Geo. J. Legal Ethics 275(2006)。

不会再需要他的服务。)在律师事务所中,盖伦受惠于合伙人拉里·莱德曼(Larry Lederman),因为其在合并与收购中为盖伦提供了客户。由于莱德曼享有投资基金的代表权,他是一名“具有通天本领的名律师(rainmaker)”,[42]因而他具有比盖伦更大的政治影响力。因此,莱德曼的地位能够迫使盖伦来避免让其客户之一对破产法庭行使必要的披露,这种迫使行为虽然很狡猾,但并非是错误的。

不过,假定盖伦并不完全是骗子的话,那么肯定已经存在某些方法,供其证明可以不履行法律责任,而这些方法随后也决定着其构成了破产欺诈罪以及构成了对“徒有其表的”联邦法令的违反。[43] 其中一种可能性是,他秉持着诉讼者的意向来遵从管理规则。而在《破产法》第十一章的重整程序中,律师事务所与任一债权人之间并不同时具有一种正式的代理人与客户的关系(这只是法院所认为的一种毫无意义的例外[44]);然而,律师事务所确实同时代理了委托人以及作为破产债权人之一的相关实体。所涉及的债权人是南街基金(South Street Funds),一家有限的投资基

---

[42] 律师有时会将合伙人的范畴划分为发现者(finders)、维护者(minders)以及操作者(grinders)。发现者带来客户;维护者保证客户的利益;而操作者负责必要的法律事务。就他人称之为“提成制”(eat what you kill)的报酬体系对盖伦的律师事务所而言,发现者比操作者更有权力;而不幸的是,他就是处于操作者的位置。(用其他通俗易懂的说法来看,莱德曼是捕捉到小鸡的人,而盖伦只是捕捉小鸡的工具。)

[43] 参见 Hazard et al., *supra* note 35, pp. 74 – 75(探讨了盖伦所违反的法令)。

[44] 参见 182 F. 3d at 583 n. 6。法院援引先前发生在科罗拉多的公司破产案件,此时法院认定盖伦的律师事务所对南街基金有代理权。在里根(Regan)关于该代理权的探讨中,他引用了美国国内律师事务所的冲突识别(conflicts-checking)程序,该程序用巴斯的传播理论(Busse Broadcasting)认定了格雷克利夫合作伙伴的客户地位,并同样适用于律师事务所的律师对萨洛瓦拉客户身份的认定。Regan, *supra* note 113, pp. 146 – 147。以低级别非正式的方式执掌诸如合伙关系以及寡头公司这样实体的代理权,对律师而言始终伴随着风险。律师会发现自己疏于获取实际所暗含的对个人或实体的职业义务,即他们并没有试图以客户身份对待这些个人或实体。参见 Hazard et al., *supra* note 35, pp. 541 – 567。显而易见的是,尽管南街基金是律师事务所的客户,法院也未认定律师事务所与南街基金之间存在正式的代理人与客户关系。而是主要归咎于盖伦违反破产法规则,即需要其披露与所有利益当事人的关联,而不仅只是披露客户。但是,对于代理权的分析却一般都适用利益冲突原则,这就是 Model Rules R. 1. 7(a)(2)所要达致的结果。盖伦对债务人的代理权实质上受制于律师事务所同萨洛瓦拉以及格雷克利夫合作伙伴的关系,而不是考虑南街基金是否是律师事务所的正式客户。

金公司，其管理实体是格雷克利夫合作伙伴（Greycliff Partners），而格雷克利夫合作伙伴的两个（自然人）合伙人分别是萨洛瓦拉（Salovaara）和艾克特（Eckert）。[45] 在与艾克特处理关于合伙协议的争端时，律师事务所是萨洛瓦拉的代理人，同时在其他收购事宜中代理了格雷克利夫合作伙伴。一名律师可能会一本正经地论证出，律师事务所对于萨洛瓦拉和格雷克利夫合作伙伴的代理权，并不等同于其对南街基金也有代理权。一方面，实体代理权规则明确了对于一个诸如南街基金这样组织的律师只能代理实体本身，而不能代理该实体的任何委托人。[46] 这意味着南街基金是律师事务所的正式客户，而非萨洛瓦拉。另一方面，对一个实体的代理权通常不会创设出与其附属实体之间的律师与客户关系。[47] 因此，对作为南街基金管理者的格雷克利夫合作伙伴的代理权并不等同于对南街基金的代理权。事实上，如里根所言，盖伦认为他并不需要披露对萨洛瓦拉的代理权，因为在破产重整程序中他并非是债权人。[48] 虽然与解释破产规则无关，但这一类论证会在事后出现，被诉讼者用以设法证明律师事务所并没有违反通常可以同时适用的冲突规则。

正如所发生的论证，我认为，这与解释通常可以同时适用的冲突规则并无关联，因为律师事务所与萨洛瓦拉的关系能够创设出一种对其代理债务人能力的实质性限制。[49] 究其原因在于，律师事务所必须代理债务人，并理应考虑债务人在面临众多债权人时的公正义务；而破产规则所要求的披露旨在认可债务人为债权人提供信息的义务，进而债权人可以对

---

[45] 参见 Regan，*supra* note 113，pp. 138，144－158（为律师事务所的客户关系提供了实际的背景知识）。

[46] Model Rules R. l. 13（a）.

[47] See Model Rules R. 1. 7 cmt. 34.

[48] See Regan，*supra* note 113，p. 148.

[49] See Model Rules R. l. 7（a）（2）.

债务人履行其义务予以监督。[50] 因此,某人可以想象到盖伦承认他自身并未被要求披露对萨洛瓦拉的代理权,而这所导致的结果则是莱德曼更倾向看到的。

该案采纳了诉讼者的意向的问题在于,盖伦不能为已经完全发生过的行为进行辩护。相反,他被卷入了对律师事务所的行为举动指导之中。他所应该回答的问题,不是“某些论证是否已经超越了他为避免制裁而采取的合理性?”而是“他的律师事务所的义务到底为何?”某些人可能认为,第二个问题重合于第一个问题之中,因为确定何为某人义务等同于某些论证是否作为制裁不应被强加的理由。这就是“霍姆斯的坏人论”:基于此,借助预测制裁是否将会被强加的形式,律师事务所的法律义务会被重申,而这需要考虑盖伦的客户身份论证何以可能会被法庭接受。

需要明确的是,我认同律师可以养成作出精准预判的能力。假设律师事务所的管理合伙人询问盖伦——由于律师事务所当前对萨洛瓦拉有代理权,那么律师事务所在破产重整中可能会丧失代理债务人的资格——是否可能会发生。而对此会有一种并无差池的回答方式,即“他认为律师事务所可以论证其不会丧失代理债务人资格的原因,但这并非明确之事;因为律师事务所只会有 25% 的概率丧失这一资格”。不过,这与认可规则允许同时代理萨洛瓦拉和债务人的观点截然不同,因为失于意识到二者的区别是一个严重的法理错误。权利与义务都是裁判所应涵盖的事项,而设法证明规则内容的解释过程却不在其中。即便规则的内容存有不确定性、法律上的模糊性和不一致性,但针对规则所允许或需求为何的问题,却往往很少有唯一正解。律师时常被呼吁行使判断,而职业技能不易被塑造或不易予以相应削减的原因之一是,判断是有经验的从业者才能识别的事宜。

因此,不同的可能性并不意味着不存在过分不适的或缺乏充分考量

---

[50] 参见 Regan, *supra* note 113, pp. 139 – 140, 142 – 144[探讨了盖伦对债务人公正行使以遵从所有债权人利益的建议义务——他就是“公司对其所有债权人利益价值的守护者”,以及作为众多受保护的债权人之一的杰信人寿保险公司(Jackson National Life, JNL)对盖伦提出的重整计划的反对理由,因为在杰信人寿保险公司看来,相较于其他受保护的债权人——尤其是南街基金,这一提案的不足在于缺乏公正因素]。

的(grounded)判断。从公正行使法律建议的视角来看，盖伦对规则的理解太过有目的性，有太多律师的主张，以至于在该案中他需要理解规则真正的需求为何才能满足客户的需要。正如该案所发生的，此时的“客户”是盖伦及其律师事务所。管理律师执业的规则将律师放置在了一种不舒适、不相似的法律建议接纳者的位置。因此，盖伦通过对管理规则进行了借故生端的反对解释，而最终误解了其客户，即他自己。而该行为的结果也是灾难性的。盖伦因为同时服务于两个客户而被定为破产欺诈罪，并遭受15个月监禁。[51] 一名律师如果敏锐地意识到披露相关当事人代理权的管理规则的内容，他不会犯下同样的错误，而会在如今继续从事法律工作。

（二）美德理论的概念

因此，问题自然而然地成为了，像盖伦一样的人是否缺乏必备的品格特征，而这种品格特征又是一名善的律师所应具备的。《卡内基报告》频繁地提及律师以及法科学生的品格特征，这在某种程度上将其与职业教育课程中所获取更具技巧性的知识相区分。而许多即将入学的法科学生希望掌握大量的规则，这是司空见惯之事，但可以确信的是，在第一学年中供他们了解的教义少之又少。他们可以学习并掌握国内对不同财产的称谓，侵权行为和犯罪行为的构成要件以及计算违约损失的规则等。但是，能够回忆起这些知识并非专业律师对于法律实践活动的最佳描述。

> 在实际的职业实践中，律师或者内科医生所具备的专业知识和特殊技巧并非是最为重要的。当亟须进行判断时，当从业者被要求参与诉讼，或被要求以诚实作为职业价值来行事时，才会审视个体构成的素养。这种综合性素养即凭直觉参与的理智，即能够使从业者可信的和熟练的行为的惯常秉性(disposition)。[52]

而对《卡内基报告》所使用的“综合性素养”一词，将其理解为道德哲学中的美德或品格特征更为恰当。《卡内基报告》在某些方面主要关注律

---

[51] See Regan, *supra* note 113, pp. 287 – 288.

[52] Carnegie Report, *supra* note 3, p. 85.

师应当遵从伦理义务的动机。然而,它在另一些方面则关注那些更加近乎于美德伦理的事宜。在盖伦案中,那种以更加公正意向看待规则的秉性,可以避免其因未披露对相关当事人的代理权而使自己身败名裂(fiasco)。因此,对法律伦理教育的批判自然而然地指向了其失于强调品格特征考量。

部分哲学家坚持认为,单独掌握道德义务和规则并不能完全确保遵从道德性的要求。[53] 相反,只有当一个人具备了以正确理由来行正确之事的充分且稳定的秉性时,才会必然遵从道德性的要求。[54] 但这种秉性并不普遍,以至于其是对规则或义务要求的必要陈述。一个诚实的人克制实施撒谎或欺骗行为,不是因为这些行为本身是错误的,而是因为他是个诚实的人。[55] 一个勇敢的人甘于置自身安危于不顾是因为"他必须如此做"或"他认为如果如此做可以挽救他人性命",而不是因为此行为将会为他赢得声誉和荣耀,也不是因为他期望以此而获得嘉奖。[56] 一个具有美德的人会以正确的理由来行正确之事。

---

[53] 通常可参见 Rosalind Hursthouse, On Virtue Ethics (1999); Michael Slote, From Morality to Virtue (1992); Phillippa Foot, Virtues and Vices and Other Essays in Moral Philosophy (1978); Edmund Pincoffs, *Quandary Ethics*, *in* Revisions: Changing Perspectives in Moral Philosophy 92 (Stanley Hauerwas & Alasdair Maclntyre eds., 1983); John McDowen, *Virtue and Reason*, 62 The Monist 331 (1979); G. E. M. Anscombe, *Modern Moral Philosophy*, 33 Philosophy 1 (1958)。而涉及法律伦理的例子,参见 Dean Cocking & Justin Oakley, *Professional Interpretation and Judgment, and the Integrity of Lawyers*, *in* Professional Ethics and Personal Integrity 68 (Tim Dare & W. Bradley Wendel eds., 2010)。

[54] See Justin Oakley & Dean Cocking, Virtue Ethics and Professional Roles 12 (2001).

[55] 参见 Hursthouse, *supra* note 125, pp. 28 - 29, 123 - 131。当罗莎琳德·赫斯特豪斯(Rosalind Hursthouse)在编写《斯坦福哲学百科全书》(*Stanford Encyclopedia of Philosophy*)中的美德伦理词条时,她注意到一些(情绪上或行为上的)反应,因为这将忠诚的人同不遵从规则的人区别开来。当一个人的行为和选择都基于忠诚的考量时,他也可能是与忠诚的人一起工作,或者是身边有忠诚的朋友,或者把她的孩子教育得很忠诚。他不赞同、不喜欢,甚至谴责不忠诚;不会被明确的欺诈行径所消遣;当别人以不诚实的手段获利时,他会表露出轻视与遗憾,而不是将这些人视为聪明之人;他不会惊讶于,甚至(可以说是)乐于看到诚实的人获胜;当那些接近或亲近他的人有不诚实之举时,他会感到震惊,甚至痛苦等。参见 Rosalind Hursthouse, Virtue Ethics, Stanford Encyclopedia of Philosophy, http://plato.stanford.edu/entries/ethics-virtue/,最后访问日期:2011年10月20日。

[56] 参见 Hursthouse, *supra* note 125, pp. 127 - 128(说明了一个人为何勇敢)。

不过，美德伦理也因失于提供行为指导的标准而时常遭受诟病。[57] 美德伦理学者对此的回应是，一个伦理规则或原则失于提供行为指导是因为“大量明确的……实践智慧——在确定目标及达到目标的手段中的智慧(phronesis)——既需要解释规则，又需要确定在某个特殊案件中适用何种规则最为合适”。[58] 然而，一种对于美德伦理缺乏行为指导的缺陷的不同看法是，美德以及美德规则(例如，“行事忠诚”)只有与关注的某些领域以及促成的某些结果相关联时，才可以获取充分的内容以指导行为。[59] 许多关注普遍道德性的美德伦理主义者对此缺陷提出的回应来源于亚里士多德(Aristotle)，并呼吁个人追求美好生活；因为美德就是有助于实现美好生活的品格特征和秉性。[60] 可见，在某一特殊的社会角色或职业中，某人可能会认为美德将会有助于某种特殊语境中的从业者。[61] 而这些美德扮演着约束性理想的角色——即从业者在特殊实践或技艺中所追求的卓越品格标准。成为一名出色的爵士乐钢琴演奏家意味着，以学徒的身份聆听塞隆尼斯·孟克(Thelonious Monk)、奥斯卡·彼得森(Oscar Peterson)以及比尔·埃文斯(Bill Evans)等伟大钢琴家的作品，学习诸多爵士乐的理论知识，持之以恒地练习钢琴演奏，通过此种过程将卓越品格标准内化于己身。[62] 虽然很难将卓越品格标准编纂整理出来，也很难以理论方法予以明了，但其确实是技艺本身的财富。轻而易举地进行爵士乐

---

[57] 参见 Christine Swanton, *Can Virtue Ethics Provide Legal Ethics*, *in* Dare & Wendel, *in* Professional Ethics and Personal Integrity 201(Tim Dare & w. Bradley Wendel eds. ,2010)(在法律伦理语境中思考这种缺陷与回应)。

[58] Hursthouse, *supra* note 125, at 40。这通常被称为反驳式的(tuquoque)辩论，参见 Christine Swanton, *Can Virtue Ethics Provide Legal Ethics*, *in* Dare & Wendel, *supra* note 129, p. 201，进而被简单地理解为对“哦，你能做得更好点吗？”的回应。

[59] Christine Swanton, *Can Virtue Ethics Provide Legal Ethics*, *in* Dare & Wendel, *supra* note 129, pp. 203 – 204.

[60] See Alasdair Maclntyre, Dependent Rational Animals: Why Human Beings Need the Virtues 63 – 79(1999).

[61] 参见 Alasdair Maclntyre, Dependent Rational Animals: Why Human Beings Need the Virtues 65 – 66(1999)。麦金泰尔(Maclntyre)列举了一种适合所有人吃的食物的例子，以此区别于那种适合马拉松运动员在训练时所吃的食物。

[62] 参见 Oakley & Cocking, *supra* note 126, pp. 25 – 26(使用了爵士乐钢琴演奏家的例子)。

钢琴演奏,意味着接受内化于这项特殊活动的美德并受其指导。因此,在法律伦理的语境中,某人可以认为成为一名善的律师,是因为其被有助于实现职业目标的习惯、品格以及秉性所指导。[63] 这意味着,“一种适于指导行为的职业伦理的生成条件是,其详述了适当的目标以及特殊职业中的必要指导关注应该为何”。[64]

谈及律师执业的美德,某人可能会有疑问,美德律师所追求的最终目的为何以及其执业中的美德行为会延伸至何种领域。从法律伦理的概念来看,客户的利益就是适合于律师美德的领域,即律师应该首先被视为其客户的朋友或护卫,并将客户的权利优先于非客户的权利以及公共利益。[65] 基于此,具有美德的律师不会在斯伯丁案中披露客户的保密信息,即使他可能会对可预见的结果所造成的伤害表达明确的悔意。另外,有人认为具有美德的律师需要权衡第三方当事人的权利与客户的权利,而不需要将客户的利益优先于他人的合法利益。这种观点认为具有美德的律师会行使判断,来决定斯伯丁案中的原告所受到的伤害威胁是否严重到足以有正当的理由违反保密义务。或许,律师的美德包括了知晓在任一给定的案件中可以适用何种概念。某些客户可能有资格高声主张、热忱辩护,但对方的代理人应该冷静地看待被代理人的利益。不过,此举迫使律师的美德伦理进入满是镜子的大厅,在其中律师对任何有关美德内容问题的回答都会涉及更多的美德考量,因此,美德和判断最终变成了一个理论的黑匣子,以致所作结果的依据我们无法言之,只能认为该依据是具有美德的代理人所为之事。[66] 虽然某些事项明确了行使美德的范式,但为了避免循环论证(circularity),该标准不可能是一个善的人的所作所为。

换言之,即任何人在开始谈论法律伦理以及法律实践中的美德之前,

---

[63] 参见 Oakley & Cocking, *supra* note 126, p. 74。

[64] Oakley & Cocking, *supra* note 126, p. 75.

[65] 例如可参见 Charles Fried, *The Lawyer as Friend: The Moral Foundations of the Lawyer-Client Relation*, 85 Yale L. J. 1060(1976)。

[66] 参见 Dare, *supra* note 38, pp. 111 – 112。批判了《杀死一只知更鸟》中体现的美德伦理,因为在小说的结尾处,阿提克斯决定撒谎以保护布·拉德利(Boo Radley),但这却被解释为一项事关“判断”问题,而非为一种有道德原则的决定。

必须审视规则、法律体系以及法律职业中的“必要指导关注”。我曾说过,这是与法治相关的价值,包括所有公民的基本平等、对他人尊重的义务以及对专制性权力行使的限制。[67] 从这些必要指导关注中,某人可以推断出善的律师执业所呈现的具体原则和美德。诚然,如果某人对规则的必要指导关注持有不同见解,他将会对法律实践中的卓越品格的本质作出不同的认定。[68] 为了当前的目的,没有必要重新讨论基础的规范案例。不过,在法学教育者能够意味深长地思考美德属于法律伦理实践中的适格概念之前,重要的是记住这些问题必须予以解决。在本文的余下部分中,我将讨论在法律实践中对卓越品格的一种特殊解释。对于具有美德律师执业这一概念的指导原则是合法性价值,而我认为这是对支撑律师角色的规范性所给予的最具说服力的解释。如果盖伦是受合法性价值的适当驱使,那么他就会披露对相关当事人的代理权,而从这个意义上而言,我们才能谈论律师是否具备品格特征要件。

法律裁判与决定的作出。先前提及的教育哲学家唐纳德·舍恩曾研究过专业人士在实践中如何践行知识。当他展开职业教育研究时,其借助了对职业实践地形中从高地(highground)俯瞰低洼(swamp)精妙的隐喻。[69] 其中,高地是由需要适用技术理性的问题构成,即厘清了为达致业已确定的结果所需使用的方法。不过,尤其是与低洼的问题相比,高地的问题被证明是相当乏味的,因为对如何界定问题的厘清是必然优先适用技术理性的问题,而这种对问题的初始界定需要行使斟酌与判断。例如,一名普通的工程师在进行道路修建时,在技术理性的需求方面会予以思考,并考虑土壤条件、硬度以及排水性等因素。因而,是否修建或在哪修建的决定,暗含了“对地形、预算、成本、环境以及政策因素的综合以及欠

---

[67] 参见 Wendel, *supra* note 18。

[68] 引自爱丽丝·伍利(Alice Woolley)为此次研讨会所投稿件,参见 Alice Woolley, *Intuition and Theory in Legal Ethics Teaching*, 9 U. Sr. Thomas L. J. 285(2011)。

[69] See Donald A. Schön, Educating the Reflective Practitioner: Toward A New Design for Teaching and Learning in the Professions 3 – 4(1987).

明晰的杂糅(mélange)”。[70] 本质而言,《卡内基报告》错误地将法学院的伦理课程置于高地,而未能让学生走入低洼:“(对律师执业的规则)如此狭隘的关注忽视了伦理发展这一重大维度——当学生们被置于复杂且含混不清的情境中时,其有关注道德问题的能力和偏好(inclination),这往往也是其在法律实践中会遇到的。”[71]这暗示了法学院仅仅传授技术理性,而对其学生处理“低洼”问题的训练无所作为,这种训练包括如何识别和界定伦理问题以及如何行使实践性推理或判断的能力。[72] 因此,对《卡内基报告》所使用的“能力和偏好”这一用语进行稍加不同的表述,即法律实践中的有道德原则的决定(moraldecision)极少是深思熟虑后作出的,而更多的是通过行为或行动所表现出的。

就某种程度而言,这种批判被《卡内基报告》中对案例讨论——又称“苏格拉底式的”(Socratic)——教学法的赞赏态度所掩盖。《卡内基报告》将案例讨论法看作一种认知学徒制的方法,该法的宗旨不是传授学生知识以训练其“用特别的方式思考,用独特的态度认知世界”。[73] 独特态度的面向之一是,意识到某一情境中法律显著性(salience)这一确定的特征。[74] 正如法科学生会很快发现,“事实”并非仅仅是事实。相反,正如《卡内基报告》准确观察到的,事实来源于“基于诉讼压力而形成的解释这一综合程序”。[75] 案例讨论法试图涵盖价值与秉性,而将知识孤立在外。普遍的人类问题被转化为法律术语,而这种转化自身就是一种程序,即要求在有经验的从业者的指导下进行实践和行动。[76] 有些法科学生将这种指导视为一种约束。《卡内基报告》列举了一名纽约大学学生的例

[70] See Donald A. Schön, Educating the Reflective Practitioner: Toward a New Design for Teaching and Learning in the Professions 4(1987).

[71] See Carnegie Report, *supra* note 3, p. 149.

[72] 参见 Carnegie Report, *supra* note 3, p. 149(意识到伦理维度的重大发展,即“学生们在复杂、含混不清的情况中所意识到道德问题的能力和倾向”)。

[73] 参见 Carnegie Report, *supra* note 3, p. 51。

[74] 参见 Herman, *supra* note 61, pp. 77 – 78[探讨了“道德的显著性规则”之重要性,即能够从有益于有道德原则的决定之领域(world)中提炼出相关特征]。

[75] Carnegie Report, *supra* note 3, p. 53.

[76] See Carnegie Report, *supra* note 3, p. 4.

子，他称赞第一学年的律师执业课程的严格程度，但也表示“该课程过于条条框框。创造性过程遭受到极大限制。他渴望将法律推理置于跨学科的语境之中”。[77] 用舍恩的术语重新表述这种缺陷，即该生似乎要表达法学院哄骗他们相信自己正在处理的“低洼”问题，但法学院事实上仅仅是用另一类技术理性来取而代之。

因此，下一部分会设法证明，法律推理并不旨在跨越低洼问题，而是提供了穿过低洼问题的路径。法律实践直接处理非技术问题——道德、社会、“政策”以及其他会面临的问题——并在遵从合法性价值的基础上，使用一种类型的推理来设法解决这些问题。律师与法官并不需要直接追溯一阶道德（first-order moral）关注，而是在承认考量已经内化于法律的基础上作出论证。这些都是普通法的推理技巧。例如，类比和辨析案例——即从一系列的案例中综合分析出规则，对私有财产进行扩张性或限缩性的解释，关注隐藏于规则之中的政策原理，支持新的法律原则或废止旧的法律原则；解释法令的技巧——即使用普通语言或“文义”的分析，依托于法令句法和结构，借助立法的历史，追寻法令已实施的历史，结合其他类似法令的解读，利用像同类解释这样传统的方法等，并借助解释习惯来约束此处所举的更多的特殊解释方法。在此推理过程中，一阶道德理由并不直接被列出。对此观点稍加不同表述，即当《卡内基报告》所列举的纽约大学的学生希望将法律推理放置在跨学科的语境中时，该生似乎是设法站在法律推理之外，以一名观察者而非参与者的视角来看待法律推理。法律推理并不是与一阶道德性相分离，只是二者之间并不直接关联。在许多案件中，正确行使法律推理并不意味着整合经济方法、哲学方法以及其他原则。对某些侵权规则（过失责任或严格责任）在给定语境中将会更加有效地讨论，不同于讨论规则实际上或应该如何反映过失责任和严格责任。法律推理并不仅是适用理论以应对实践，而是适用理论以贯穿于实践或者在实践中适用理论。

《卡内基报告》将法律实践定义为，“从事专业技能”以调和理论与实

[77] See Carnegie Report, *supra* note 3, p. 41.

践,或者判断的能力,或者实践性推理。这表明,“如同经验丰富的内科医生一样,法律职业必须在具有超然立场的理论性推理与对客户、案件以及情境予以高度语境化的理解之间来回游走”。[78] 并不存在针对事实而适用法律的算法模型,因为只有在强调规则、客户的目标以及其他当事人的利益时,事实才具有意义。此外,理解如何正确地行使法律推理,需要在从业者弄清约束实践的内在标准之前,既需要淫浸于实践,也许要长期的学徒制学习。神学伦理学家斯坦利·豪尔沃斯(Stanley Hauerwas)时常提及其孩童时期,按照学徒制的方式来跟随其从事砌墙工作的父亲进行相关的学习。[79] 他写到,为了学会砌墙手艺,仅仅被告知如何操作是远远不够的。这项手艺不仅仅需要学习很多潜在的技艺,诸如搅拌砂浆以及搭建脚手架,也需要掌握相关的专业术语,诸如理解用砂浆“填槽”(“frog”the mortar)的意思,但这是可以轻而易举地完成相关工作的必备要件,即便多次尝试也可能遭受失败,而且要有更具经验的砌墙工人来指点迷津。某些工作可能需要对条件的感知,即砖块的密度(对“熔渣”这种窑洞底部的砖块就需要特别复杂的处理)或者砂浆的浓稠度,而这种感知很难清晰地表达,这是有经验的砌墙工人掌握的一种不言而喻的知识,这就是他们的工作看起来比新手更好的原因。可见,当我们尝试学习如何砌墙时,并不存在可以替代的做法。豪尔沃斯写道,“只有上帝才知道他曾修砌过了多少堵四英尺高的墙,其中多少堵坍塌倒下了,又不得不重新修砌”[80]“而这就是他掌握到的如何砌墙的方法”。[81] 从豪尔沃斯孩童时期学习砌墙的例子来看,职业不仅是通过淫浸而掌握的实践,也是通过将某人的自我判断服从于专家判断而掌握的实践,伦理通常也是如此。“通过这种学徒制,我们设法掌握成为一名富有技巧的从业者所必须具备的

---

[78] Carnegie Report, *supra* note 3, p. 115.

[79] 参见 Stanley Hauerwas, Hannah's Child: A Theologian's Memoir 28 – 33(2010)(探讨了豪尔沃斯跟随其父亲学习“砌墙工作”所消耗的时间); Stanley Hauerwas, After Christendom? How The Church is to Behave if Freedom, Justice, and a Christian Nation are Bad Ideas 101 – 107(1991)(讨论学会“如何砌墙”需要掌握的技巧)。

[80] Hauerwas, Hannah's Child, *supra* note 151, p. 30.

[81] Ibid.; 也参见 Dare, *supra* note 39, pp. 103 – 104[其中列举了休伯特(Hubert)以及斯图亚特·德莱弗斯(Stuart Dreyfus)学车的例子]。

才智与美德。”[82]

对职业美德的呼吁以及对职业技能的强调不能全盘理论化，因为技艺的非特定性考量可能会给读者留下这种尝试是迷惑非专业人士的印象，进而确立了某些职业团体基于其服务条款而获取的非法垄断。如果机器人可以像斯坦利·豪尔沃斯的父亲一样砌墙，那么砌墙工人将会失业。因此，如果类似于法律聚焦（Legal Zoom）这样的在线法律文书预制服务能够像国内律师一样，起草遗嘱、信任凭证以及公司的成立条款，那么律师们可能会尝试找到某种方法以论证法律聚焦的活动应该被限制。[83] 诚然，只有当律师们试图捍卫其垄断租金时，他们才会出面并提出异议。研究职业的社会学家时常指出，独特的职业技能主张如何被用以证明专业人士地位的提升，或者如何被用以将职业从其他工业所反对的约束中解放出来。[84] 呼吁诸如消费者保护的考量以对抗职业的“行会定义权”（guild power），[85]而这具有更加广泛的规范意义。[86] 因此，职业孤立于市场或监管压力，以换得对其在公共利益中践行其技艺的认同，而在此情况下，职业与社会之间开始了潜移默化的相互弥补。

此外，职业知识的专业性意味着，客户、受影响的非客户以及社会作

---

[82] Hauerwas, After Christendom?, *supra* note 151, p. 103.

[83] 参见 Debra Cassens Weiss, *LegalZoom Can Continue to Offer Documents in Missouri Under Proposed Settlement*, ABA Journal (Aug. 23, 2011, 6:32 a. m.), http://www.abajournal.com/news/article/legalzoom_can_continue_to_offer_documents_in_missouri_under_proposed_settle/。在 2011 年 8 月，法律聚焦在密苏里处理了一场指控其进行未授权的法律实践的集体诉讼（class-action lawsuit）。*See id.* 在该诉讼于华盛顿州司法部部长（Attorney General）办公室进行合意判决（consent decree）之前，该案控告之理由也是法律聚焦的电子文书预制服务构成了法律实践。参见 Hauerwas, After Christendom?, *supra* note 151, p. 103。

[84] See Steven Brint, In an Age of Experts: The Changing Role of Professionals in Politics and Public Life 25 – 44 (1994); Eliot Freidson, *Professionalism as Model and Ideology*, *in* Lawyer's Ideals / Lawyer's Practices: Transformations in the American Legal Profession 215 (Robert L. Nelson, David M. Trubek & Rayman L. Solomon eds., 1992); Halliday, *supra* note 16, p. 34.

[85] Elliott A. Krause, Death of the Guilds: Professions, States, and the Advance of Capitalism, 1930 to the Present 20 *passim* (1996).

[86] See Andrew Abbott, The System of Professions: An Essay on the Division of Expert Labor 184 – 186 (1988).

为一个整体,并未以一种善的立场来监督专业人士,以检查其实际上是否基于社会利益来践行其职业。[87] 在律师与客户的关系中的那些不对称的知识和专业技能,将会造成经济学家所称的代理成本,该成本源自客户难以监督律师所保有的称职和忠诚。在更广泛的语境中,社会作为一个整体在某种程度上必须无条件地接受法律职业中的代理权,不仅因为律师所作所为具有某种价值,也因为律师(大多数律师,或在大多数情况下)在实际中依照职业基本规范所作的行为符合公共利益。

文本所担负的证明责任或许有所不同,因为我仅仅针对律师和法学教育,而并不针对公众中没有接受过法律训练的群体。我在本文结论部分希望说明的是,掌握法律分析这一专业技能的人能够区分出好的法律论证以及得不到充分支持的法律论证。如果这种区分能够站得住脚,那么律师执业中的"善"将不会被直接理解为道德中的术语,而是作为一种职责(function),即当一名律师代理其客户时,如何良好地表达出对规则以及法律体系的遵从。法律伦理的概念并不意味着离间法律与道德性之间的关系,而是强调道德推理的政策和制度面向。孤立地推理出某人应为之事与基于同时采取考量——诸如某人行事之理由是否能够适用于他人相关类似之行为;约束某人行为的标准能否以一种普遍的方式表达,进而该标准能够被其他的决定作出者所理解和适用;其他的决定作出者是否应该具有相对广泛的行动自由来行使自由裁量权;或者相反而言,其决定的作出权是否应该被限制,以预防其任意决定或滥用权力——而推理出某人应为之事有所不同。这些考量与第一学年的法律课程有类似的特点,可以被理解为法律体系中独特的道德性,以强调公正、稳定性以及限制权力行使等价值。因此,随后的例子将以同读者进行相互探讨的形式呈现,我希望借助此例来展示律师如何更好或更坏地行事,而对此的衡量是基于一种适当的法律规范体系和制度规范体系的内在评价标准。

---

[87] See Dare, *supra* note 39, p. 89.

二、一个延伸案例

2010年11月,乔治·布什(George Bush)出版了自己的回忆录,该书在美国国内以及世界范围内引发了一场旷日持久的争论,争论的内容是关于刑讯逼供的道德性、功效性以及合法性。[88] 该书出版后,他在接受美国国家广播公司新闻采访时,被专门问及使用水刑的问题。美国中央情报局长官迈克尔·海登(Michael Hayden)先前已经承认,中情局在世界范围与国外情报组织合作设置了隶属的"黑监狱",并在这些秘密处所对哈立德·谢赫·穆罕默德(Khalid Sheikh Mohammed)、阿布·祖贝达(Abu Zubaida)以及其他基地组织罪犯实施了水刑,[89]而国会也在2008年2月5日对此事予以证实。(据后来披露,对哈立德·谢赫·穆罕默德实施水刑的次数高达令人震惊的183次。)[90]在海登承认此事的几天后,即2008年2月9日,联邦司法部部长迈克尔·穆凯西(Michael Mukasey)声明说,因为司法部的律师认可实施水刑的合法性,所以中情局才如此为之。布什在美国国家广播公司新闻采访中也对此予以承认。采访者马特·劳尔(Matt Lauer)提问说,"为什么实施水刑是合法的?"布什回答道:"因为法律顾问办公室的律师也如此认为。"[91]从此处所涉及的问题来看,其包含了涉及法律与道德性关系的两种相关假设。一是如果某种行为合法,那么至少存在明显的理由认定该行为应该被允许。有人可能紧接着会问——"即使某行为合法,那么该行为是否是美国应该所为的行为?"——

---

[88] 在此也没有必要浪费笔墨说清其历史的林林总总。读者们可以参阅相关的支持观点,例如 Goldsmith, *supra* note 25; Jane Mayer, The Dark Side: The Inside Story or How the War on Terror Turned into a War on American Ideals 148 (2008); Philippe Sands, Torture Team: Rumsfeld's Memo and the Betrayal of American Values (2008)。

[89] 参见 Mayer, *supra* note 160, p. 148(讨论美国中情局下属的"黑监狱")。

[90] 参见 Scott Shane, *Waterboarding Used* 266 *Times on* 2 *Suspects*, N. Y. Times, Apr. 20, 2009, p. Al, 详见 http://www.nytimes.com/2009/04/20/world/20detain.html。

[91] See Mark Colvin, *Let's Talk about Torture*, ABC News: The Drum [Australia], Nov. 11, 2010, http://www.abc.net.au/news/stories/2010/11/11/3063054.htm.

但法律所允许的某些审讯技巧却在某种程度上改变了证据的规范性负担。二是如果律师否认政府官员作为的合法性,那么此行径自然缺乏正当性。全盘考量而言,即便这种作为可能具有正当性,但也会在某些案例中被证明是违反规则的;而且,加之证据的规范性负担中存有微妙的修辞配置(rhetoricalallocation),所以审讯技巧的合法性显得尤为重要。

在布什试图说明其政府的施政方针的过程中,他提及的法律建议是由司法部的律师精英团体(也称为法律顾问办公室)所提供的。除非在联邦司法部长否决的情况下,法律顾问办公室代表联邦司法部长行使建议总统的权力并发布法律意见以制约整个行政部门。最大的问题在于,法律顾问办公室所聘请的律师往往是美国范围内最为可靠的律师,而其所提供的严肃法律建议却掺杂着政府行为的合法性。大多数情况下,法律顾问办公室的律师需要以冗长的备忘录形式,来提供诸多关于"提升审讯技巧"合法性的法律建议,而实施水刑也概莫能外。备忘录为严酷的审讯手段提供了合法性证明,这些手段在大多数律师以及非专业人员眼中无异于刑讯逼供。这一建议的功效遭受了美国国内和国际范围内的法律学者的严厉批判。[92] 相较于该建议对法律推理技艺以及(我所认为)构成伦理职业实践的判断的明示,我宁愿思考以水刑这种类似溺水体验而使犯人服罪的合法性。为了保证分析的可操作性,随后的探讨将不考虑诸如国际人道主义法(international humanitarian law)以及《军事审判统一法典》(Uniform Code of Military Justice),而只考虑美国国内禁止刑讯逼供的法令。

(一)水刑

关于实施水刑的合法性争议或许始于对审讯技巧实际所包含内容的错误假设。美国最高法院大法官安东尼·斯卡利亚(Antonin Scalia)接受英国广播公司电台采访时,曾揶揄批评布什政府刑讯逼供策略者所提出的道德缺陷:

---

[92] 参见 *infra* notes 173 – 179 以及相应的文本。

以某人当面掌掴他人来推断其实施宪法所禁止的隐藏引爆洛杉矶的炸弹之行径，是否真的轻而易举？倘若禁止你如此为之，似乎又不合情理。一旦你如此为之，我们就处于不同的行当(game)之中。[93]

类似的是，公众所争论的水刑问题时常被描述为，“把某人浸泡于水中”或是某些其他无关痛痒的处理方法。[94] 然而，实施水刑的实际过程的确令人毛骨悚然，但却被美国海军生存、躲避、抵抗、逃脱训练(Survival, Evasion, Resistance and Escape, SERE)的前任教导员堂而皇之地描述为：

在美国，实施水刑需要有由医生、心理学家、审讯者以及受过救生或脱险训练的人所组成的小组在场，以控制溺水的发生。实施水刑并不是模仿溺水，因为溺水是将肺部完全浸泡于水中。所以并没有可以模仿这种情形的方法。受害者只是有溺水的感觉。有多少受害者受刑取决于实刑者所期待的结果……以及受害者反抗的顽固程度。医护小组观测受害者吞咽下去的水量，记录其由于痛苦的精神体验而引发的窒息效果所表现出的生理反应，这一过程从可怕的窒息惩罚开始，直至受害者最终耗尽生命。水刑是一种慢动作的窒息，伴随着不可避免地注视着漆黑的环境和用口喘粗气——通常就像被救上船的人所作出的歇斯底里的反应……当实施方法正确时可以避免死亡的发生。由于不会造成肉体上的伤痕，

[93] *Law in Action*. BBC News(Feb. 12,2008),http://bbc. eo. uk/programmes/b006tgy1/broad casts/2008/02.

[94] 迪克·切尼(Dick Cheney)副总统认同水刑就是“把某人浸泡于水中”的论断。参见 Dan Eggen, *Cheney's Remarks Fuel Torture Debate*, Wash. Post, Oct. 27, 2006, at A09，详见 http://www. washingtonpost. com/wp-dyn/content/aiticle/2006/10/26/AR2006102601521. html; Mark Tran, *Cheney Endorses Simulated Drowning*, Guardian, Oct. 27, 2006, http://www. guardian. co. uk/world/2006/oct/27/usa. guantanamo。

所以受害者可以逐渐恢复,因此其可以被反复用以威胁受害者。[95]

这一描述对于揭示禁止刑讯逼供的联邦刑事法令具有重要意义,其中区分了肉体上与精神上的痛苦与折磨。

(二)刑讯逼供的法令

再次申明,为了简化此例,只对美国国内禁止刑讯逼供的刑事法律进行分析。[96] 所涉及的法令相关部分如下:

本部分所使用的是:

(A)"刑讯逼供",是指他人看似合法却又明显有意施加的严重的肉体上或精神上的痛苦与折磨(不同于合法的制裁所附加的痛苦与折磨),而在此情形下,行为人对其行为的承认;

(B)"严重的肉体上或精神上的痛苦与折磨",是指长期的精神损害的原因或来源于:

(a)有意施加的,或威胁施加的严重的肉体上的痛苦与折磨;

(b)实施与适用,或威胁实施与适用使人致幻的物质以及其他会极度妨害理智或人格的方法;

(c)濒临死亡的威胁;或

(d)他人会立即被处死的威胁,严重的肉体上的痛苦与折磨的威胁,

[95] Malcolm Nance, *Waterboarding is Torture . . . Period*, Small Wars J. (Oct. 31, 2007, 1:30 p. m.), http://smallwarsjournal.com/blog/2007/10/waterboarding-is-torture-perio/. 在众多训练项目中,救援、躲避、抵抗以及逃脱训练被用于美国的特种空军、军事飞行员以及其他军警人员(uniformed services personnel),以应对他们遭被敌军俘虏后的刑讯逼供。救援、躲避、抵抗以及逃脱训练前任教导员马尔科姆·南斯(Malcolm Nance)的原话可在网络杂志《小型战争杂志》(*Small Wars Journal*)中找到,此外还有英国《独立报》(*Independent*)以及《纽约日报》(*New York Daily News*)等诸多报刊报道此事。*Id.* 曾参与过救援、躲避、抵抗以及逃脱训练的前海军飞行团成员对此也有类似的描述,参见 Richard E. Mezo, *Why It Was Called "Water Torture"*, Wash. Post, Feb. 10, 2008, http://www.washingtonpost.com/wp-dyn/content/article/2008/02/08/AR2008020803156.html。国内进行该训练往往会要求对受训者放弃治疗,所以亲历者所产生的心理压力只能承受不能言说,这也不同于对战俘施以同样审讯技巧而引起的绝望感。

[96] 18 U. S. C. § 2340(2006).

或实施与适用使人致幻的物质以及其他会极度妨害理智或人格的威胁。

该法令对美国境外的行为也特别适用,[97]所以这种治外法权还可适用于巴格兰空军基地、中情局控制的秘密“黑监狱”以及其他需要审讯服刑人员的地区。

(三)对法令的分析

记清水刑之本质,并再次审视刑讯逼供的法令,那么实施水刑是否应该被合法地允许?法律顾问办公室的律师认为可以如此,但问题在于,该结论是否会被针对律师的管理规则所充分支持。法律顾问办公室的律师的论证聚焦于该法令中使用的“严重的肉体上或精神上的痛苦与折磨”这一术语。其中有两种胡诌乱道的观点:一是实施水刑不会造成“严重的肉体或精神上的痛苦与折磨”;二是实施水刑并非为刑讯逼供法令所禁止的行为。

1. 紧急医疗保健福利法(Emergency Health Care Benefits Statute)。纵观美国国内外,第一个观点都是广受奚落的。“严重的痛苦”这一术语的内涵含混不清,因而应该参考其他也使用过“严重的痛苦”这一术语的法令来予以理解。参考其他法令后,法律顾问办公室的律师不合情理地对刑讯逼供内涵进行了限制性的定义:“受害者所经历的极度痛苦与折磨,即严重的肉体上的创伤所造成的痛苦,而其严重程度足以致人死亡、器官衰竭、或者有显著的身体机能的永久坏损。”[98]他们支持对这种狭隘的定义源于不同寻常的理由,即冠之以联邦法令为了保障个人获取医疗保健福利而定义的“紧急条件”之名。[99] 该条例所定义的紧急条件是:“(1)急性征兆所显示出充分的严重性(包括严重的痛苦),以至于任何审慎之非专业人士……能够合理地预测缺乏直接医疗保健而造成的结果……(2)身体机能的严重损伤;(3)任何或部分身体器官的严重功能障碍。”那

---

[97] See 18 U. S. C. § 2340A(2006).

[98] OLC Memo(Aug. 1,2002), *in* The Torture Papers: The Road to Abu Ghraib, *supra* note 26, pp. 172,183.

[99] See 42 U. S. C. § 1395w-22(d)(3)(B)(2006).

么,你会作何感想?从紧急医疗保健福利法到刑讯逼供法令中所推断出的严重的痛苦,是合法的法律论证吗?需要特别强调的是,法律顾问办公室的律师将严重的痛苦限定于与器官衰竭或死亡相伴的结论又是否正确呢?

大多数时事评论家已经意识到法律顾问办公室的律师基于紧急医疗保健福利法而作出的解释论断完全忽略了严重的痛苦的标识。[100] 他们认为,紧急医疗保健福利法在器官衰竭或功能丧失方面并未提出严重的痛苦的定义,只是将严重的痛苦作为器官衰竭或功能丧失的众多征兆之一,这只能证明审慎之非专业人士能够判定某人需要直接医疗保健。从法令的句法来看,“紧急”这一术语被以紧急为特征的不同的标准所定义。其中之一即严重的痛苦,而另一则是器官衰竭或死亡的危险。以此类推,某人可能因为天气寒冷以及下雪将某个季节定义为“冬天”,但这并不意味着下雪就代表着天气寒冷。跳出法令的句法,从术语使用的语境来分析;当施加的痛苦的严重程度足以构成刑讯逼供时,紧急医疗保健福利法对于法律顾问办公室的律师对此问题进行的解答无能为力。法令的语言确实需要被用以解释类似语境中的相同术语,但认为两个法令在除了在用词以外仍具其他相同之处的观点也是难以自圆其说的。法律顾问办公室的律师的论断就如同捕鱼一样,他们在电脑数据库中寻找匹配要搜寻的术语,却不借助自身判断来审视这种行为是否有据可循。

2. 持续时间的要求以及对精神与肉体的区分。在刑讯逼供备忘录设立初衷被泄露给媒体并遭受公众严厉的批判后,法律顾问办公室起草了一份新的审讯备忘录以取代先前的那个。[101] 该备忘录的依据并非是紧急医疗保健福利法,而却依然许可实施水刑。如此为之既以示区别又相互模糊。读者所面临的问题在于,到底是什么使得随后的法律分析变得过于勉强、易于滥用,或者说是被人操纵的,进而又是不正确的?

---

[100] See Bruff, *supra* note 26, pp. 243 - 247; Goldsmith, *supra* note 25, at 144 - 150.

[101] 备忘录来源于 Daniel Levin, Acting Assistant Attorney Gen., to James B. Comey, Deputy Attorney Gen. (Dec. 30, 2004), 详见 news. findiaw. com/cnn/docs/terrorism/dojtorture123004mem. pdf。

考虑法令定义刑讯逼供时所使用的关键性用语，因而需要禁止“一种行为……会特别倾向于施加严重的肉体上或精神上的痛苦与折磨”。法律顾问办公室的律师试图在法令的第一条就区分严重的“痛苦”与严重的“折磨”：“其中的问题在于，国会是否有意将‘严重的肉体上的折磨’的范畴区别于‘严重的肉体上的痛苦’。在某些情况下，即使行为不涉及‘严重的肉体上的痛苦’，但‘严重的肉体上的折磨’依然可以构成刑讯逼供”。⑩² 这似乎只是一种让步，即相较于“严重的肉体上的痛苦”这一范畴，他们会对“严重的肉体上的折磨”的范畴予以更加宽泛的解释。事实上，其如此为之只是为了反对相关的“严重的精神上的痛苦与折磨”的范畴：“在国会特意区分‘肉体上的痛苦与折磨’与‘精神上的痛苦与折磨’的法令中，法律顾问办公室的律师会结合相关语境来予以解释。事实上，对‘肉体上的折磨’的范畴的区分必须包含其他某些不同于‘精神上痛苦与折磨’的类型。”法令对于肉体上和精神上的痛苦与折磨的区分确实很有必要。法令的第2条虽然并未定义“肉体上的痛苦与折磨”这一术语，但却对“精神上的痛苦与折磨”这一术语予以了定义，作为对四类伤害的刑罚——对致幻药品的必要管控、死亡威胁、刑讯逼供、对向他人出售药物的管控——所造成的后果，或者由严重的肉体上的痛苦与折磨所直接造成精神创伤的限制。到目前为止，虽然并无差池，但却让人听起来感觉，严重的肉体上的痛苦与折磨在范畴上更广泛于严重的精神上的痛苦与折磨，因为其并不限于由明确列举行为所造成的折磨。

而关键的分析行为则发生于此。在对肉体上的痛苦与肉体上的折磨，以及肉体上的痛苦与折磨与精神上的痛苦与折磨进行区分后，法律顾问办公室的律师却模糊了关键的区别：“在某些情况下，即使法令并未包含‘严重的肉体上的痛苦’，但如果‘肉体上的折磨’达到足够的强烈程度以及持续足够长时间的话，也会是法令所定义的刑讯逼供。”⑩³这似乎还

---

⑩² 备忘录来源于 Daniel Levin, Acting Assistant Attorney Gen., to James B. Comey, Deputy Attorney Gen. (Dec. 30, 2004)，详见 news. findiaw. com/cnn/docs/terrorism/dojtorture123004mem. pdf, p. 10.

⑩³ Ibid., p. 12.

是一种让步——即使刑罚不会造成严重的肉体上的痛苦罚,但当肉体上的折磨达到足够的强烈程度以及持续足够长时间时,也会被认定为刑讯逼供。因此,我们应该意识到一个关键性的术语已经被走私到这一分析之中。再次回到法令原文,其第一条对“严重的肉体上的痛苦与折磨”的定义并无持续时间的要求。所以,即便是那些会造成痛苦的短暂性刑罚也构成刑讯逼供。相反,其第二条对严重的精神上的痛苦与折磨的定义就具有持续时间的要素——这意味“持续性的精神伤害”是由所列举的四类行为之一产生。通过如律师般的狡猾手法,持续时间的要素如今将会进入到第一条,并被用以修饰“肉体上的痛苦与折磨”:“‘严重的肉体上的折磨’将会在持续时间或强烈程度等条件上得到拓展,并以此认定其构成刑讯逼供。”[104]对此行为该作何解释? 至今为止,没有任何人可以说明。法律顾问办公室的律师似乎设计了一个骗局,在法令所使用的术语以及区别对待肉体和精神、痛苦与折磨以及持续时间上来回兜圈,试图以此让旁人在分析中迷失自我,并认可短期的肉体上的折磨不构成刑讯逼供的观点是合理的。这也与水刑本身有关,虽然实施水刑会造成难以忍受的痛苦,但该行为也会很快地终结。[105] 大多数反抗者不出一分钟就会乞求水刑赶紧结束。如果法律顾问办公室的律师对法令的分析正确无误,那么实施水刑将不会是刑讯逼供。

如果有任何人怀疑这一分析的重要性,可以参考法律顾问办公室主任斯蒂芬·布拉德伯里(Stephen Bradbury)在 2008 年 2 月国会召开之前所提供的证据。为了回答对实施水刑的质疑,布拉德伯里提出一种审讯技巧不是刑讯逼供:

---

[104] 备忘录来源于 Daniel Levin, Acting Assistant Attorney Gen., to James B. Comey, Deputy Attorney Gen. (Dec. 30, 2004),详见 news. findiaw. com/cnn/docs/terrorism/dojtorture123004mem. pdf。

[105] 对实施水刑的持续时间以及强烈程度曾有一种讽刺性的说明。一名芝加哥电台访谈对话类节目主持人曾自己试着尝试这种审讯技巧,但他最终在坚持了六七秒后放弃了。他后来称,“水刑比他想象的更加糟糕……他不想对该行径作出任何评价,因为它完全就是刑讯逼供”。Ryan Pollyea, *Mancow Waterboarded, Admits It's Torture*, NBC Chicago(May 22, 2009, 12:11 PM), www. nbcchicago. com/news/local/Mancow-Takes-on-Waterboarding-and-Loses. html.

如果它受制于严格的保障措施，对它的限制与适用条件不包含严重的肉体上的痛苦与折磨——即在2004年12月备忘录中的观点：严重的肉体上的折磨必须同时考虑该行为包含不适或痛苦的强烈程度以及持续时间。虽然该行为让人感到十分痛苦或不适，甚至令人恐惧，但如果它不包含严重的肉体上的痛苦，而且也不会持续太久，那么该行为就不会构成严重的肉体上的折磨。[106]

除了以委婉的方式表达（反对者将水刑视为比“不适或痛苦”更糟糕的东西）之外，该分析仍是基于持续时间这一术语而作出。布拉德伯里也认为，大多数关注水刑之争议的公民，甚至律师都不会回到法令并仔细阅读原文。如果只是粗略地浏览，那么该论证似乎具有合理性。持续时间的要求虽然出现在法令之中，但问题在于，其仅适用于“精神上痛苦与折磨”。由于实施水刑所造成的肉体上的痛苦与折磨只有非常短的持续时间，所以法律顾问办公室的律师在对肉体上的折磨的定义中添加持续时间的要求是非常必要的。如果其认为短暂的肉体上的折磨不算是刑讯逼供，那么这就意味着对美国政府官员所参与实施的水刑持放任之态度。这就是法律顾问办公室的律师的所作所为，将会导致的结果是许多服刑人员再三抵制此种惩罚。

读者所面临的问题在于，该法律分析是否合理。虽然有很多人认同此种分析，但我却不以为然。我对这种证明的看法并非是与法律顾问办公室的律师争辩该案，而是借助此案说明在法律推理技艺方面背书着律师所担负的伦理责任。论证的作出需要律师在评价法律论证时进行不同类型的考量。例如，基于法令的句法来认定术语之含义，完全是一种惯常的法律解释技巧。这种技巧也是评价法律论证的日常程序的组成部分，

---

[106] Testimony of Steven G. Bradbury, *Hearing before the Subcommittee on the Constitution, Civil Rights, and Civil Liberties of the Committee on the Judiciary*, 110th Cong. 129(2008)［史蒂文·G. 布拉德伯里（Steven G. Bradbury）的陈述，其为美国司法部首席助理部长帮办（Principal Deputy Assistant Att' y Gen.）、办公室法律顾问］。

由于法令选取某一术语而又未能明确揭示其含义,所以借助该技巧律师可以意识到这一术语在法令的上下文中既有相关之样态又存差异之情形。这也就是说,此种分析并非神乎其神之技艺。当认为“某一论证差强人意”时,或者认为法院所陈述的理由不足以支撑裁判结果时,或者回应对方律师的辩护状时,所有律师都会如此。因此,律师所作即作出或评价法律论证的技艺;这并非是一种独立的技巧,而是从属于“法律伦理”的独立调查模式。作为法学院教师,每当我们对基于某一司法意见而作出的论证进行批判性审视时,或对某个学生针对假设的回应作出评论性检阅时,我们就会讲授律师执业的伦理技艺。

不过,传授技艺标准的困境在于,它似乎像一个理论的黑匣子,且又脱离于技艺本身。唐纳德·舍恩从职业教育中选取了两个案例(一个是涉及建筑学的,另一个是源于心理治疗的)进行研究,来证明有经验的专业人士如何将自身的知识应用于特殊问题。[107] 这些教师使用了“由案例、图像、理解和行为所组成的资料库(repertoire)”来解决其学生所遇到的问题,而且使得学生可以在此情境中领会业已呈现的事物。[108] 转引托马斯·库恩(Thomas Kuhn)的话,舍恩强调问题的情境与过去经验之间的相似比,“无论在逻辑上还是在心理上,它都优先于其他许多用来识别相似性的准则”。[109] 在职业判断中,虽然很难厘清准则的异同,但这并不意味着判断的滥觞。相反,由于行使判断足够复杂,以至于该行为会排斥描述其他事物;不过,判断的行使也应受制于公认的、客观的标准。基于对自身职业教书育人目的之理解,讲授建筑学或心理治疗课程的教师也可能会对案例研究法作出不尽相同的评价。因此,相似比优先的重要意义在于:“其否认调查者可以在调查程序伊始就清晰地知晓最终的结果。”[110]即使可以清晰地知晓,这也无法左右职业判断的行使。由于判断的行使不仅是凭借直觉的,也需要大量的经验和长期的训练,所以只能对作出判断的

[107] See Schön, The Reflective Practitioner, *supra* note 9, pp. 76 – 127.

[108] See Schön, The Reflective Practitioner, *supra* note 9, p. 138.

[109] See Schön, The Reflective Practitioner, *supra* note 9, p. 139。转引自 Thomas Kuhn, *Second Thoughts on Paradigm*, *in* The Tension 307(1977)。

[110] See Schön, The Reflective Practitioner, *supra* note 9, p. 140.

当时情况进行回溯解释。而对上述刑讯逼供案例的分析也正是基于舍恩案例研究之主旨而进行。恰如经验丰富的建筑专家可以发现其学徒原始设计的缺陷，那么资历深厚的律师也应该仅凭直觉就意识到法律顾问办公室律师所作论证之罅隙。诚如上述之分析，法律顾问办公室的律师理应清晰说明需要解释之事项。技艺的标准一直存在，即使富有经验之律师也对其给予了充分的默会信赖。

三、结论

《卡内基报告》完全正确之处在于，其批判了法学教育时常看待法律的超然客观立场。评价法律规则的实效性或其所创的动机并无对错之分，但从内在视角来理解法律，并非律师在法律实践中的主要工作。律师虽然从事法律实践，但并不研究法律。类似于（演奏音乐器材、设计建筑物或者砌墙等）复杂的活动，法律实践中的律师执业行为也有好坏之分。而对其执业行为评价的明确标准是法律实践之最终旨归。我曾说过，规则证明了正当行使权力和原生性权力之区别，因而基于对合作之社会框架的认同，其保证了公民各司其事。倘若此种或其他类似之目的着实可以定义法律体系之最终旨归，人们随之即可以此推理并区分合法的法律结论以及伪造的法律论证（诸如法律顾问办公室的律师对实施水刑的允许）。可见，在讲授的过程中，法律伦理与法律推理密不可分。律师执业的规则即律师所学之本分，其可以凭借复杂之技巧预测任一良性之法律，因为法律伦理并非他物，而是律师执业之行为，也是律师之良好执业。

Should Law Schools Teach Professional Duties, Professional Virtues, or Something Else? —A Critique of the Carnegie Report on Educating Lawyers

W. Bradly Wendel　Liu Xiongqingtian(translator)

Abstract: With the publication of Carnegie Report, legal professionalism, as one of the major topics of legal education, has become hot again. Based on the division of law and morality, the apprenticeship in legal education only focuses on the teaching of legal reasoning, but lacks the concern of issues such as morality and ethics, which confuses the realization of the customer' s interests in a legal way and the moral value of the act itself. Such a phenomenon raises the controversy about legal ethics. Therefore, the report calls for law schools to increase their concern and investment in the cultivation of lawyers' professional ethics. But this does not mean a comprehensive reform of the current legal education. On the contrary, it is only necessary to combine analytical methods (abstract theoretical knowledge) and ethical considerations (specific practical knowledge) in teaching. Because rules are not neutral, and the consideration of social and moral factors has been embedded in legal reasoning. Therefore, it is the urgent task of legal education to cultivate law students' ability to critically recognize legal doctrines, to promote their mastery of legal practice, and to understand the standards of character traits pursued by the art, and then to practice as practitioners. It is true and can be demonstrated the relationship between legal ethics and universal morality, and the constitution of a true practitioner by the example of the suggestions on torture in interrogation by the Office of the Legal Adviser of US Department of Justice.

Key Words: Carnegie Report　legal education　legal ethics　morality　legal practice

学说史梳理式的法理学教学方法探析*

余　涛**

摘　要:“法律是什么”的问题是法学理论专业研究生教学中的核心问题,为展示法律概念的丰富性与复杂性,文章从微观层面的教学目的出发,以法律实证主义相关理论为背景,对哈特理论中的“社会规则”概念和麦考密克理论中的“非正式规范秩序”概念进行了较为深入的对比和说明,为强化研究生对法律概念的基本认识提供基本资料,并在教学方法上做出一种尝试,最终明确法律概念的辨析对于法理学相关内容学习的重要意义。

关键词:学说史　法理学教学　社会规则　非正式规范秩序

一、引言

法理学作为法学学科体系中的重要组成部分,是

---

* 基金项目:西北政法大学青年学术创新团队“国外马克思主义法哲学与当代思潮”。本文是陕西高校青年创新团队“马克思主义法哲学与人的解放”的阶段性成果。

** 余涛,西北政法大学高等教育研究所副研究员,法学博士。研究方向:法学教育,地方法制理论。

法学专业课程体系的基础。而在法理学教学中,“法律是什么”(What is law?)的问题则是更为基础但又最为核心的问题,始终处于“法理学学科金字塔顶端”,在学说史中经久不衰且历久弥新。[①] 因为如何准确把握对法律概念的认识,不仅是不同法学流派之间进行区分的标志性内容,也是法理学教学中的重点和难点,处于法理学问题(知识)体系的顶端位置。法理学知识体系中的法概念论、法认识论以及法伦理学等问题,都是从不同层面认识“法律是什么”这一核心问题。对其进行的回答,也构成了与理论相关的对法律概念的内涵式解读。

事实上,对于法理学而言,其所谓一般理论和基础理论的地位,正是通过揭示法律的一般性原理尤其是对法律的基本认知,将其与法学其他学科尤其是部门法学区分开来。其实不仅是法理学,即便对于法学学科来说,所关注和思考的各种抽象与具体问题,都是在回答“法律是什么”这个疑问。就这一点而言,在法理学教学中如何准确理解和把握“法律是什么”这一问题,毫无疑问是非常重要的。但从何种角度进行分析?选取的素材和分析对象有何标准?如何展开具体的分析与论证?从教学方法角度来说,可能需要选取一个较为明确但又典型的例证进行展示。基于这种理由,如果能选择恰当的研究对象和切入点,比如较为典型的学术流派,从学说史发展演变的具体过程出发,从微观视角充分展示对“法律是什么”问题的不同回答和研究思路,对于法理学教学而言,可能是有一定价值的。本文所选取的是法律实证主义代表人物 H. L. A · 哈特(H. L. A. Hart)所持社会规则理论的关键概念,以及作为其理论后继者及批评者的尼尔 · 麦考密克(Neil MacCormick)所持法律制度理论的关键概念。

需要说明的是,在法理学研究领域,虽然将法律视为一种“社会——

① 雷磊:《法理学的知识体系与“法理学”的内容架构》,载《法学教育研究》2013 年第 2 期。

制度性存在”已经是一种被学界广为接受的观念，[②]但从以“制度主义”（institutionalism）[③]为特征的“后实证主义”理论视角来理解法律现象的讨论却始终未充分展开。虽然较少有人考虑法律的制度性面向，理由可能是认为这种概括过于浅显因而不值得进行深入的研究，或者认为这个问题已经被哈特的“初级规则和次级规则的统一理论”以及凯尔森（H. Kelsen）的“法律的动态理论”（legal dynamics）所充分解释。[④] 但事实并非如此，毫无疑问的是，以“制度主义”的视角来对法律进行解释是一个相当有益的视角。一方面在当代社会中，此概念有足够的广阔性和包容性，能够在一定程度上满足对法律问题讨论的需要；另一方面则在于，在制度主义的视角之下，它能够展示不同于法律实证主义理论以及法社会学理论框架内法律的“制度性”和“规范性”面向，尤其是麦考密克所提出的“非正式规范秩序”概念，进一步发展了基于法律实证主义的理论框架对法律的认识，以及沿着法律实证主义者的脚步前行所引发的新问题，而这些都是我们在法律理论的框架之内认识法律概念所必需的。

在这种认识的基础上，本文主要从三个方面展开：首先分析对比哈特的“社会规则理论”与麦考密克的法律制度理论之间的相似与不同；其次进一步分析麦考密克的法律制度理论在解决法律的效力识别方面的发展；最后一部分在评价这种努力的贡献与存在问题的基础上，明确法律概念辨析对于法理学教学的重要意义。通过这三方面的展示，最终目的是为厘清“法律是什么”的问题提供具体的教学资料和在教学方法上的基本思路。

---

② 比如舒国滢教授曾指出的“命题 17”，其实就是在强调法律的制度属性。参见舒国滢：《法哲学沉思录》，北京大学出版社 2010 年版，第 71 ~ 73 页。

③ 所谓的“制度主义”的简要表述，可参见 Neil MacCormick, Concluding for Institutionalism, in Maksymilian Del Mar and Zinon Bankowski (eds.), *Law as Institutional Normative Order*, Ashgate Publishing Limited, 2009, p. 187。

④ Neil MacCormick, Concluding for Institutionalism, in Maksymilian Del Mar and Zinon Bankowski (eds.), *Law as Institutional Normative Order*, Ashgate Publishing Limited, 2009, p. 188.

二、"社会规则"理论与"非正式规范秩序"理论的比较

一般而言,虽然哈特的理论是以对奥斯丁关于"服从习惯"理论的批评作为出发点的,但正如很多批评者所指出的,哈特或多或少为了自己的理论目的刻意曲解奥斯丁对于"命令""习惯"等词语的使用。其对法律作为规则体系的论述,并不令人十分满意。同时,在对规则内在方面的分析过程中,哈特在按照自己的理论抱负区分规则与习惯时,并未充分界定规则与原则和其他标准的不同之处。因此,如果能重新审视规则概念以及规则与习惯的关系,并在前述问题的基础上对比麦考密克的法律制度理论与哈特的"社会规则理论",或许能够为我们认识法律概念提供清晰的例证。当然,这并不是说规则就不重要,毕竟在麦考密克的法律理论中,规则仍然是居有一席之地的。⑤

(一)对习惯的批评:"社会规则理论"简析

哈特在《法律的概念》一书中把法律体系看作是一个社会规则体系,社会规则体系中的"社会"有两层含义:规则管理社会中人的行为和规则的起源与存在来自人的社会实践。法律作为社会规则的一种,和道德规则、游戏规则等同属另外一个大类。但法律规则和其他社会规则的不同主要由于其两个特征,一方面在于其作为行动的"独断性理由"(peremptory reasons for action)而存在。就这一点而言它和道德规则一样,是与"义务"或"责任"(obligation or duty)相连的,能够引起行为的"义务性"或"受约束性"。另一方面则在于法律规则具有一种"体系性"的特点,这一点就和道德规则迥然有异。在哈特的理论中,表现为广为人知的"初级规则"和"次级规则"的组合。在哈特看来,法律体系就是由初

---

⑤ 塞尔说,制度就是规则体系,麦考密克后来把规则构想为制度规范性秩序。而 Jeremy Waldron 也同意麦考密克的说法,即法哲学不能偏离和法律规则的联系,以及和理性及论证的固有联系。See Jeremy Waldron, The Concept and the Rule of Law, November 2008, *Georgia Law Review*, p. 55.

级规则和次级规则构成的体系,⑥或者说,哈特式的社会规则是一种行为模式(a pattern of conduct),有关群体以内在观点的形式参与其中。⑦ 内在观点参与的行为模式,就是把该模式作为所有群体成员都应遵从的行为标准。参与这种行为模式的特点是,成员一般都遵守这种模式,他们批评背离这种模式的成员,并把这种模式作为证成这种批评的根据和理由。⑧

在哈特的理论中,法律秩序是一种由规则构成的秩序,这些规则是社会规则的一个子类,来自社会渊源,并凭借社会实践而存在,法律规则是社会规则的一个特殊类型。麦考密克也认为哈特理论中最为独特和有价值的就是他把法律看作社会规则,并对社会规则作出了说明。⑨ 所谓的"社会规则",在《法律的概念》中有这样的表述:

……某个社会规则存在,一些人(相关社会群体中的成员)必须至少要把相关的行为看作一般的行为标准,应该被整个群体所遵循。社会规则和社会习惯一样都具有外在方面,表现在能够被观察者所记录的有规律的、一致的行为。社会规则除了外在方面,还有内在方面。⑩

也就是说,社会规则之所以不同于习惯,并成为哈特的"规则理论体系"之核心,最重要的一点就在于其内在方面与习惯有着鲜明的对比。⑪

---

⑥ Neil MacCormick, H. L. A. Hart. (2nd), Stanford University Press, 2008 (1st ed. 1981). 中文版本可参见[英]尼尔·麦考密克:《大师学述:哈特》,刘叶深译,法律出版社 2010 年版,第 47~48 页。

⑦ H. L. A. Hart, The Concept of Law. P. A. Bulloch and J. Raz. (eds.), Clarendon Press, 1994 (1st ed. 1961), pp. 54-58. 中文版本可参见[英]H. L. A·哈特:《法律的概念》(第二版),许家馨、李冠宜译,法律出版社 2006 年版,第 52~56 页。

⑧ Stefan Sciaraffa, The Underlying Value of MacCormick's Post-Positivism, *Jurisprudence*, (2010), p. 1.

⑨ Neil MacCormick, H. L. A. Hart. (2nd), Stanford University Press, 2008 (1st ed. 1981), pp. 42-44.

⑩ H. L. A. Hart, The Concept of Law. P. A. Bulloch and J. Raz. (eds.), Clarendon Press, 1994 (1st ed. 1961), p. 56.

⑪ 当然,哈特是从纯粹的行为意义上阐释"习惯"概念的,麦考密克不太认同这一点,强调习惯也有内在方面的问题。

要成为习惯,必要而充分的条件是,某个行动者或群体规律性地在一个时间段内重复某个特定的行为模式。而社会规则和习惯有“三个明显的不同”:第一,当一个群体有一项关于做某事或者其他事的规则时,违背正常模式的行为会被视为错误或者有缺陷而招致非难,然而在一个仅仅存在习惯的环境中,偏离正常的行为模式“不必然是一个问题”,也不必然遭受任何形式的非难;第二,某人对正常行为模式的偏离本身就被认为是不足或者错误,继而成为招致批评的“可靠理由”,由此这种批评被认为是正当的和具有合法性的;第三,社会规则注重“规则的内部方面”,这正是我们现在所关心的。称得上习惯的,并不要求任何人意识到那种习惯行为的存在,或者意识到该行为在群体中具有一般性;而其习惯“既不需费心传授,也不需可以保存”。但“与此不同的是,一项社会规则如果要想存续,必须要把相关行为当作一般性的标准,并要求群体中的全部人遵守。社会规则有外部方面的特点,它也是一个社会性习惯,构成一个规则的、可观察记录的单一行为,但同时它还有‘内部的’方面”。⑫

因此在哈特看来,一方面,社会规则不是纯事实描述的术语;另一方面,社会规则以一定的聚合行为(convergent behavior)为基础,具有规范性特征。如此一来社会规则被认为既包含社会实践的内容,又有规范性的要求,原因在于“社会规则理论”不仅是以解释规则的性质为目的的,同时本身又构成了规则的实践理论,因此社会规则本身的性质决定了它必须是由某种社会实践构成。哈特理论的这种实践性转向也是他极其重要的洞见,如果他能够成功地论证法律体系的终极效力标准是从社会实践中获得其约束力的,就可以借助承认规则突破规范性困局,从而为法律的规范性奠定一个坚实的社会事实基础。⑬ 但很遗憾的是,哈特在这里混淆了

---

⑫ 且在《法律的制度》出版后麦考密克接受 Manuel Atienza 访谈时也说:“哈特著作最具启示性和持续性的是,理解规则调控行为时需要用‘内在观点的视角’。这对发展清晰而具有说服性的规范理论是重要的。但是规则只是规范的一类。把法律作为初级规则和次级规则体系的分析,是有价值的直觉,但是并不完整也不令人满意。还需要有一个新的开始。” See Neil MacCormick, *Legal Reasoning and Legal Theory*, Oxford University Press, 1978, pp. 277 – 279.

⑬ 参见范立波:《论法律规范性的概念与来源》,载《法律科学》2010 年第 4 期。

规则和实践,也未能说明实践是如何转化为规则的。毕竟,不管是特殊的还是普遍、一般的"实践"本身都不能提供其自身存续的应然理由——比如,"下雨"的事实并无法引出人们必须带伞的判断。⑭

而当共同体或群体成员由于对某种行为常规性地遵守而形成一种常规性行为模式时,反映的是一种规范性要求:将该模式作为一种行为标准,对人们的行为做出评价或约束;同时大多数成员又对该行为模式持有批判反思或者说"接受"的态度,而这种多数人的接受态度之事实,又会导致人们可以依据这一点提出正当化要求。当然,社会规则不是一般的规则,原因在于社会规则的存在属于社会事实,背后有社会实践的支撑,对某一规则的遵守的事实决定了社会规则作为行为标准所具有的规范属性。

因此科尔曼(Jules Coleman)认为,社会规则理论并非针对所有的法律规则,而只是针对承认规则而言的。⑮ 承认规则既是事实又是规则,是在法官与其他官员之间形成的习惯性实践,且满足实践规则的存在条件,本身无所谓效力的问题。⑯ 但问题在于,普通的实践本身并没有足够的规范性力量,显然不足以成为行动的理由,而"承认规则理论"在处理效力问题上又面临着既要解决识别标准又要解决规范性约束力的问题,也会引发诸多困难。那么是什么让官员们接受了承认规则,在《法律的概念》中并没有给出明确的答案。最后的结论只是在强调,至少官员们(也包括法

---

⑭ 只不过这些事实是可以作为应然判断的理由而存在,保证结论获得直接的或规范性的因素。John Finnis, On Hart's Ways: Law as Reason and as Fact, in Matthew H Kramer, Claire Grant, Ben Colburn (eds.), *The Legacy of H. L. A. Hart: Legal, Political, and Moral Philosophy*, Oxford University Press, 2008, p. 19.

⑮ Jules Coleman, Rules and Social Facts, *Harvard Journal of Law and Public Policy*, 1991 (14), p. 703.

⑯ H. L. A. Hart, *The Concept of Law* 2nd, P. A. Bulloch and J. Raz (eds.), Clarendon Press, 1994, (1st 1961.) pp. 94 - 110.

官)必须接受规则,将其作为他们自身和其他人行为的共同标准。[17] 只不过,在《法律的概念》第二版后记中哈特的惯习主义转向则多多少少对此有所弥补,他说,承认规则"建立在司法部门内惯习性的共识上,至少在英国及美国的法律实务中确实如此"。[18] 这一点也被哈特之后的法律实证主义者们进一步修正。

(二)重审习惯:非正式规范秩序(informal normative orders)

麦考密克认为"规则"是在规范秩序中的一种明确表达而非内含的规范,且与某种权威主体的存在相关。[19] 而对非正式规范秩序的讨论也有助于理解麦考密克理论对"作为社会实践之习惯"的偏爱。虽然麦考密克认可规则的作用,也认为"法律规则"作为制度事实的存在是法律体系的主要特点之一,但规则概念并不能够成为其理论的核心内容,[20]对规则概念这一地位的解释与认识还必须依赖对非正式规范秩序理论框架的恰当理解。与哈特对习惯的看法恰恰相反的是,在麦考密克看来,从规范使用者的角度来说,[21]以哈特式的内在观点遵守规范的原因并不在于规则的行为模式,反而在于通过实践而逐渐形成的习惯。或者说,制度性规范秩序是通过习惯而非批判反思形成的,因此要理解法律的规范性,麦考密克认为

---

[17] 但这一结论并不准确,也饱受争议,以致哈特后来对其进行了修正,他认为官员们并不需要通过做出相应行为的方式来表示对规则的接受,而只需"以一种技术性限制的方式"这么去"说",甚至是"想",就可被视为对一般标准的接受。这一提法其实和麦考密克的"解释性观点"暗合。当然这仍然存在问题,法官的承认、委派等实践也都只是事实,本身不能提供应该如此行为的理由。See H. L. A. Hart, *Essays on Bentham*, Clarendon Press. 1982, p. 266。

[18] H. L. A. Hart, *The Concept of Law* 2nd, P. A. Bulloch and J. Raz (eds.), Clarendon Press, 1994, (1st 1961.) p. 267.

[19] Neil MacCormick, *Institutions of Law. an Essay in Legal Theory*, Oxford University Press, 2007, p. 24.

[20] 他认为虽然法律体系在规则界定的较低层次上存在,这是法律体系的主要特点,但法律规则并不是全部的事实与目标,不能假定它们能够毫无遗漏地构成法律概念。See Neil MacCormick and Ota Weinberger, *An Institutional Theory of Law: A New Approaches to Legal Positivism*, Kluwer Academic Publishers ,1986, pp. 57 – 58.

[21] 当然,从研究者的角度来说,还是一种内在观察者(observer-from-with)而非行动者的视角,规范使用者视角只是所研究问题的一个角度。

我们需要把法律理解为社会实践习惯而非抽象的一系列的规则。[22]

与哈特理论中对社会规则的强调以及社会规则在其理论中的地位相类似,在麦考密克的非正式规范秩序理论框架中,非正式规范秩序也有着类似的地位。在麦考密克这里,"规范秩序"是一种"事态",[23]是围绕共同的规范性观点组织起来的行动,这种"规范性观点"是相关人群中的一般感觉,认为人们都应该遵守的一种特殊的行为模式,如一种"按照顺序"行动的行为模式:

所谓"规范秩序",意味着可以关注人应当如何去行为这一事实来进行说明……其结果就是一种参与者相互关注的共同行动。每个人都基于理解(或者假设,并不需要非常明确的表示)其他人会源自某些共同观点而同样行动,即每个人都应该去这么做。这种关于人们应当如何行动的态度,取决于埃里克·拉格斯佩茨(Eerik Lagerspetz)所描述的"共有信念"(mutual beliefs)概念,可以发展为内在规范,并进而明确化。[24]

比如在排队时,凡是涉及类似"按照顺序"一词的行为模式,都需要两个或以上人数相互之间的协同实践,所以此种行为模式又与"协同"概念相关,发生在群体中而非个体,因此与习惯有别。麦考密克认为,对于规范秩序这一概念来说,所谓的"规范性"来自某种指引性行动的"应当",当两个或以上人数相互之间通过协同实践来确定如何正确地确定接受服务或机会的顺序时,就提醒着我们某种规范秩序的存在,以及人们在这种情形下所持观点的规范性属性,此时"按照顺序"排队就具有一种规范性。人们之所以这么做,是因为在他们看来这是他们所应该做的。而"秩序"

---

[22] Déirdre Dwyern, Beyond Kelsen and Hart? MacCormick's Institutions of Law, *The Modern Law Review*, Sep. 2008, p. 829.

[23] Neil MacCormick, Why Law Makes No Claims, in George Pavlakos (ed.), *Law, Rights and Dis-Course*, HartPublishing, 2007, p. 59.

[24] Neil MacCormick, *Institutions of Law: An Essay in Legal Theory*, Oxford University Press, 2007, p. 16; E. lagerspetz, *The Opposite Mirrors*, Kluwer Academic Publishers, 1996, pp. 30-50; D. W. Ruiter, *Legal Institutions*, Kluwer Academic Publishers, 2001, pp. 22-23.

则意味着一套复杂的对于所有人行为模式在秩序领域中的"约束",通过使其行为符合规定模式的秩序而被普遍接受。秩序之所以能够带来这种模式的可能性,很明显依靠一套可理解的理性的总体结构。因此,存在假定系统化的有关行为模式或"规范"的特性,使其成为秩序的支撑。㉕

所谓的非正式规范秩序,是规范秩序的一种,与正式规范秩序相并列。在讨论非正式规范秩序时,麦考密克最喜欢举的例子就是有关"排队"的实践,对他而言,在排队过程所形成的就是最为常见的非正式规范秩序,他略带调侃地说:

> 通常来讲英国人天生善于排队……不管是在超市结账、在公交站以及通过拥堵的马路时排成一排或者组成队列,都经常发生在我们的日常生活中。㉖

可以说,我们在日常生活中经常能够看到这种人们习惯于排成一排来等待某种商品或接受服务的现象。有时候排队这种行为完全是自发的,通常并不需要正式的干预或指导,人们仅仅是依靠一种自觉意识就能够按顺序排成一列;但有时候排队则需要采取更为有组织化或更为直接的方式,如在银行中有银行职员监管的队列,和在机场、火车站有调度员管理的出租车候车队列。

在第一种情形中,人们不需要外在干预而"按照顺序"站成一排,有序地移动来结账或上车排队是社会中形成的共同经验。虽然难以避免地总会有人加塞,但这种加塞行为并不具有足够的正当性,通常会被正常排队的人批评,而这种批评无法被加塞者反驳。这样做的结果就是,排队所形成的局面是按照大家的共识来达成的,这种共识依靠的是众人的观念,即

㉕ Neil MacCormick, *Institutions of Law: An Essay in Legal Theory*, Oxford University Press, 2007, p. 11.

㉖ Neil MacCormick, *Institutions of Law: An Essay in Legal Theory*, Oxford University Press, 2007, p. 14.

不分男女老幼、身高体型、身份等级等,而是“按照先后顺序”排队,这种共识维持秩序的形成。所以不够强壮有力者一般不会被挤出队伍或被加塞以至于只能等到最后,队伍中的多数人也都认为这样做是比较公正和有效率的,也可以对加塞者进行谴责。㉗

在这一实践中,我们初步发现在不需要正式干预或指导的情况下,人们的行为之所以能够秩序井然,是因为人们遵循着头脑中存在的一般引导规范,这种引导规范使某种秩序的存在成为可能。排队之所以是一种“秩序”,是因为每个人的位置是固定而非随机的,同时“秩序”不仅仅是可通过外部观察到的一种实际的可预测模式,也是一种德沃金意义上的“解释性实践”(interpretive practice),属于“解释性概念”(interpretive concepts)。

在麦考密克看来,这种排队活动中包含的规范性观点,并不是个体独有的,而是共享的,即大家基本都认可排成一列的特定模式应该被遵守、此种行为应当被遵从这种观点。也就是说,排队是一种规范实践,是一种社会定位的、重要的人际间行动,导向一个共同的规范性观念。人们排队候车,就形成了所谓的“规范秩序”。

规范秩序所依靠的,是队列中每个人都有相似的目标,并认为其他人也在追求同样的东西。他们相互之间也因此存在对这种情况的理解,以及一些共同的或重叠的规范性观点,比如“应当正确地去做某事”(right thing to do)。㉘ 更为重要的是,虽然麦考密克承认“存在没有明确形式的规范秩序”,他还是把规范秩序解释成一种能够起作用的隐含性规范(implicit norms)。这种现象的解释就是“实际上大部分隐含性规范能够被察觉和尊重,不需要其他监督、指示或强制因素,就可以由存在于发生互动的人群间的共同的规范性观点压力构成。”㉙

㉗ Neil MacCormick, *Institutions of Law: An Essay in Legal Theory*, Oxford University Press, 2007, p. 14.

㉘ Neil MacCormick, *Institutions of Law: An Essay in Legal Theory*, Oxford University Press, 2007, pp. 15 – 16.

㉙ Neil MacCormick, *Institutions of Law: An Essay in Legal Theory*, Oxford University Press, 2007, p. 18.

因此非常有趣的是,即便缺乏可被人们直接援引用来作为有关排队之规则的明确形式或形式化的规则,前述这种规范实践和规范性观点仍然是可以存在并切实可行的。而这就是一种非正式规范秩序,作为规范秩序的一个种类,在非正式规范秩序中,规范秩序所依赖的共享的规范性观点可能在很多方面都是模糊的。首先,没有人需要完全明确所需要行为模式的详细内容。其次,就相关群体的成员所做出的明确表达这一内容而言,可能存在很多争论。换言之,规范秩序只需要达到"规范性观点"(也即麦考密克所谓的"诠释性观点")重叠的门槛那种程度就可以了。最后,没有人被特别明确地要求提供并强调所有人需要遵守行为模式的具体内容。[30] 因此,即便从来没有一个非常准确的规范可供人们去引用,人们也知道如何排队,也能举出实际的例子去谴责加塞行为。所以,当隐含的规范在事实上被大部分人所观察到和遵守的时候,虽然没有其他因素的监督、指导或实施,也并非由那些相互反应中的共同的(非必须的,也不是普遍或相同的表达)规范性观点的压力所构成时,就存在不需要外在制定规范的这种非正式规范秩序。[31] 由此可见,非正式规范秩序背后,有着一套自发形成的机制,其形成机理是非常复杂的。在麦考密克看来,在很多时候,其实就是一种习惯的力量在发挥作用。这种习惯的力量,并非哈特所认为的那样,只是一种具有一定趋同性的行为模式。

三、规范性秩序及规范性实践之深入讨论

(一)非正式规范秩序中的潜在理念

在对非正式规范秩序概念的讨论中我们可以看到,麦考密克关于非

---

[30] 而制度性规范秩序排除了(但非全部)非正式规范秩序的模糊性。See Neil MacCormick, *Institutions of Law. An Essay in Legal Theory*, Oxford University Press, 2007, pp. 17 – 18.

[31] Neil MacCormick, *Institutions of Law: An Essay in Legal Theory*, Oxford University Press, 2007, p. 18.

正式规范秩序的观念看起来其实很像哈特的社会规则观念。这一观念一方面是解释性(interpretative)的,所谓的解释性,本质上是一种规范使用者的视角,它的意义在于对秩序中的个人而言,都能通过"解读"来得出同样情况下他人能够解读的内容,并由此形成一种看法——一种认为其他人也会同样持有的看法,也就是所谓的包含规范性内容的"共有信念"——即便这不是关于其他人观点的深思熟虑的必备看法。在这种信念下,排队秩序是可以通过某种隐含的排队规范而被说明的,对规范的清楚理解是一种承认实践为重要的共享或共同形式并坚持"公平游戏"的群体中的解释性争论,能够充分满足每个人的相互预期。而一种更为深入的潜在理念的共同体的存在,或者共同的指引性理念的存在,使这种排队实践更容易被大家所理解。

另一方面,由"非正式规范实践"所构成的秩序就是"非正式规范秩序"。这种非正式规范秩序的实践在本质上是惯习性(conventional)的,在麦考密克看来,惯习就是一种非正式的实践,[32]包含由来已久的传承,同时包含对他人行为的某种期待,而不像一般意义上的习惯(哈特所论述的)那样,只是一种简单的行为上的趋同与一致。且规范秩序总存在于特定的文化和社会环境中,而这些背景又是基于共同信念、重叠的相互理解和解释性的内在规则所产生。[33] 但非正式规范实践有时会依靠一种权威性实践的作用,要想避免决定的无限后退,最终还是要求助于一种惯习性的而非制度性的授权规范。

不过需要特别注意的是,虽然麦考密克关于非正式规范秩序的观念看起来很像哈特的社会规则观念。但是,麦考密克引入了一个哈特理论

---

[32] Neil MacCormick, *Institutions of Law: An Essay in Legal Theory*, Oxford University Press, 2007, p. 19.

[33] 麦考密克强调,"排队"实践就像我们的个人和集体生活中更为深远的部分一样,在德沃金的风格下,是一种"解释性"的实践,"排队"的概念看起来也就是他所谓的"解释性概念"。但麦考密克在语源学的背景下,更倾向于用 interpretative 而非德沃金的"interpretive"一词,除非引用德沃金的概念,他在《法律制度:法律理论论文集》一书中都是使用这一词语。See Ronald Dworkin, *Law's Empire*. Cambridge, MA: Harvard University Press, 1986, pp. 45 - 86; Neil MacCormick, *Institutions of Law: An Essay in Legal Theory*, Oxford University Press, 2007, p. 16. note10, pp. 16 - 20.

中没有的因素,即"非正式秩序中的潜在理念",使他的理论和哈特的理论区分开来。在讨论排队的非规范秩序时麦考密克说:

这样一来,即便在明确同意或治理规范易于缺失的背景下,排队的实践仍然是可行的,看起来必然存在一个相当深入的潜在理念的共同体,或者共同的指引性理念,使得排队的实践易于被理解。[34]

也就是说,麦考密克认为非正式规范实践只能在分享关于秩序的潜在理念的群体中方才可行,这种秩序也只需要达到一种相互重叠的关于秩序潜在价值的观点。事实上,非正式规范秩序是一种包含了大量行为模式的秩序,这种行为模式遵守内在观点(哈特的概念中)或者共享的"规范性观点"(麦考密克的概念)。而哈特的社会规则理论所抛弃的,其实是参与者依据潜在的关于秩序的价值感而去行为。还是以排队的实践为例,麦考密克说排队实践的参与者遵守一种特别的行为模式——"先到者先接受服务"——他们之所以这么做,从某种意义上说遵从并加强了这种模式的价值,即"必须轮流接受提供的服务或机会,应该基于普遍而非歧视性的根据社会属性或特殊人群的标准"的平等观念。[35]

这种秩序的潜在理念之所以重要,一个比较重要的原因是因为它能够依据潜在的关于秩序的价值感而解决某些特殊情形下的问题。例如,如果在排队的实践中出现了一个残疾者或者急需接受某种服务(如因急病需要某种药品)的特殊情形时,是否还要按照"先到者先接受服务"这种行为模式去做,坚持让其排队。从哈特的理论模式出发,要决定一个秩序存续的必要条件,并不在于秩序的潜在理念,而只关注参与者的行为模式,以行为模式作为应该被遵守的标准。哈特式的做法可能导致这样的结果:基于前述行为模式是秩序参与者头脑中的标准,因此要求残疾人要

---

[34] Neil MacCormick, *Institutions of Law: An Essay in Legal Theory*, Oxford University Press, 2007, p. 17.

[35] Neil MacCormick, *Institutions of Law: An Essay in Legal Theory*, Oxford University Press, 2007, p. 17.

严格遵守这个模式而继续等待,且由于该例子中的秩序并不确定,参与者头脑中的规范并不包括这个特殊的事实而无法处理。但这么做显然并不太合适,也不符合常规社会中人们普遍接受的价值观念。

因此,麦考密克的非正式规范秩序包含了关于实践潜在价值一般共享观点的观念,秩序存在的必要条件是被这种潜在价值所指引和维持。[36]但这种潜在价值并不是一成不变的,例如在出现残疾人的排队实践中,如果规定残疾人只有形式而非实际的机会来接受服务,使他必须在队伍中等候,那么我们更愿意接受包含实践的潜在价值,使残疾人被允许在此情况下不需排队。此时非规范秩序中的潜在理念可能是基于人性的一种需要,对特殊的弱势群体进行必要的优待。总之,在麦考密克看来,只关注秩序构成行为模式的共享观点可能导致不同的结论,应该同时考虑关于秩序构成行为模式的共享观点和其潜在理念。即麦考密克用以描述非正式规范秩序的"模式附加"思路不同于哈特式的社会规则的"唯模式"思路。[37]

(二)制度性规范秩序中的规则与权威性实践

麦考密克以"模式附加"的思路对哈特式的"唯模式"思路进行了补充,一个重要的意图在于克服社会规则理论将法律效力鉴别的基础定位为来源于社会事实,因此导致法律规范性力量不足的困境。毕竟,规范性只能来自某种应然规范,而不能来自事实,这已经是一种定论。

况且,在社会惯习和日常生活中,排队实践等活动本身也不总是以纯粹的非正式规范秩序的面貌出现。在很多情况下,排队的实践都是在管理或管制权威之下进行的。此时排队者所遵从的规范就不仅仅是惯习性的或内在的,不仅仅是自主的共有信念和行为预期,而表现为遵从具有某种权威的服务提供者所制定的外在化的规范。那么此时就存在两种秩序,而在非正式秩序的规范和制度性秩序的规则之间也产生了对比。

最为典型的例子还可以用"排队"来进行说明。在排队的非正式规范

㊱ 其实也就是对正义和共同善的追求。

㊲ Stefan Sciaraffa, The Underlying Value of MacCormick's Post-Positivism. *Jurisprudence*, May 2010, p. 110.

实践中,一般情况下相对模糊的问题可以自己确定。而当这种实践转换成官方的或商业性实践,某些人就获得了决定这些事情和体系的资格,比如银行中的抽号机制。负责的管理者通常有权威或被认为有权威决定如何处置这些问题。[38] 比如在抽号机制中,若被叫到号码的人暂时缺席,当他重新出现在队列中时,应该如何处理。管理者会一般会制定一条具有普遍性的书面规则或在口头上针对顾客的诉求进行解释,甚至通过张贴告示的方式来解释相关规则。比如类似这样的表达:

当叫到某个号码但此人未及时出现时,管理者应以清晰、响亮的声音再呼叫2遍,同时迅速观察等待区内是否有人明显属于聋人或有其他残疾,正试图上前来接受服务;如果此时还没有人出现,则按照顺序叫下一个号码。[39]

在这种情形下,其实就存在一个多重的规范实践的嵌套。即同时存在:排队的实践,对排队监督的授权性实践,以及训练和管理监督者的实践。当内在规范逐渐外在化,非正式规范逐渐正式化的时候,惯习就转变为了制度。而如果产生一个特殊的"排队指挥"工作的类别,很明显就出现"制度性规范秩序"的情形。[40] 故而,排队之所以是一种规范实践,就是因为这一实践中存在应然性内容以及对人们行为的强制性要求。此时,麦考密克就与哈特所做的将次级规则和其所调控的初级规则作为统一体系类似,把法律体系描述为"制度性规范秩序",这种秩序中有两种因素类似于哈特式理念中的要素,首先是规则的概念,其次则是权威性实践。[41]

---

[38] Neil MacCormick, *Institutions of Law*: *An Essay in Legal Theory*, Oxford University Press, 2007, p. 22.

[39] Neil MacCormick, *Institutions of Law*: *An Essay in Legal Theory*, Oxford University Press, 2007, p. 24.

[40] Neil MacCormick, *Institutions of Law*: *An Essay in Legal Theory*, Oxford University Press, 2007, p. 32, Déirdre Dwyern, Beyond Kelsen and Hart? MacCormick's Institutions of Law. *The Modern Law Review*, Sep 2008, p. 825.

[41] Stefan Sciaraffa, The Underlying Value of MacCormick's Post-Positivism. *Jurisprudence*, May 2010, p. 111.

规则是对规范秩序属性的界定,使我们能够避免对相对模糊的内在规范的依赖。而非正式秩序的问题也可以通过诉诸规范的明确表达来加以避免,并且对应当做何事或如何决定的预见的表达更为明确。其主要表现形式就是:

> 只要有效事实(operative facts),则有规范性结果(normative consequence)。(Whenever OF,then NC)㊷

这里的表述包含了两个重要因素:第一层是指某种可能出现的形势,第二层是无论形势何时出现,都必须做什么或发生什么结果。如果把指定的形势(specified situation)称为"有效事实"或"OF",把在这种形势下必须做什么或者发生什么就被称为"规范性结果"或"NC"。而规则是在实践中产生的,由权威根据实践中的情形来加以明确化并进行解释,他要么决定如何援引内在的或外在的第一层规范,要么通过制定明确规范来澄清或改变内在、含糊的东西。麦考密克使用"规则"一词一方面展示了规范的明确表述,另一方面则强调其重要特征是和权威相关的,同时存在不同的实践效力,而实践效力的差异取决于决定者的权威或授权下的第二层规范。㊸

其实在这里,麦考密克提供这种说明只是为了使讨论规则的表达更为顺畅。因为从某种意义上讲,这些规则并不是自上而下所施加的,而是从规范实践中所产生的。㊹ 并且这种规则在麦考密克的理论体系中并不是最重要的,它最多只是为了使规范秩序更为清晰而存在,为权威性实践发挥作用而服务,也不起决定性作用,更为重要的恰恰是权威性实践。

㊷ Neil MacCormick, *Institutions of Law: An Essay in Legal Theory*, Oxford University Press,2007,p. 24.

㊸ 麦考密克将规则分为绝对应用(absolute application)的规则、严格应用(strict application)的规则和酌情应用(discretionary application 的规则),不同规则有着不同的实践效力,其效力取决于决定者的权威或授权下的第二层规范。

㊹ Maksymilian Del Mar, Law as Institutional Normative Order, An Introduction, in Maksymilian Del Mar and Zinon Bankowski (eds.), *Law as Institutional Normative Order*, Ashgate Publishing Limited,2009,p. 4.

如前所述，在非正式社会秩序中，管理非正式社会秩序的规范并不必完全被秩序参与者所明确地表达，而只需要内含的规范的存在，参与者以共有信念就能保证该秩序的正常运作；但在规范秩序中，则依靠实践权威以更为明确的方式来表达管理群体的规则。因为麦考密克强调，一定的权威能够避免对效力回溯的无限倒退状态。[45] 在这种情况之下，如果要对这种实践进行概括性说明，其实可以将其称为是规则定义（rule-defining）的非正式规范秩序。[46]

四、结语

总的来看，麦考密克认为法律是一种制度性规范秩序（institutional normative orders），从某种程度而言，这和哈特式的理念，即法律体系是初级规则和次级规则的结合体系存在某种相似性。而在二者的理论体系中，麦考密克的“非正式规范秩序”观念和哈特式的“社会规则”观念又处于各自理论的中心。但在麦考密克看来，非正式规范秩序中的潜在理念（underlying ideas）概念以及包含这种潜在理念中的惯习性规范，有着哈特的社会规则理论所缺乏的因素，也因此构成了二者对理解“法律是什么”这一问题的主要区别。

可以看到的是，社会规则和非正式规范秩序在一个重要方面上有所不同，即在哈特式理论中，社会规则的潜在理念并不扮演终极的决定秩序必要条件的角色，因为对哈特来说，法律秩序的有效性取决于终极的承认规则，它位于每个法律体系的顶点。如果存在一种承认规则的话，它是作为一种复杂的社会事实而存在，关注于法律制度中有关高级官员之间对

---

[45] 但需要注意的是，这种可以避免无限后退的授权规范是惯习性而非是制度性的，在和现实情况结合时的制度性只是一种具体化的表现形式，并不是终极的属性。

[46] See Neil MacCormick, *Institutions of Law: An Essay in Legal Theory*, Oxford University Press, 2007, p. 31; Stefan Sciaraffa, The Underlying Value of MacCormick's Post-Positivism. *Jurisprudence*, May 2010, p. 111.

共享和互惠态度的相互承认。[47] 但是在麦考密克这里,法律体系中规则定义的非正式规范秩序的潜在理念才是法律秩序存在之必要条件的终极决定因素。[48] 麦考密克对法律体系的分析,是捍卫他的后实证主义者标志性结论“极端不正义的规范不是法律”的一个关键,他由此得出了实证主义者的中心信条是错误的最终结论。他论证说,和法律实证主义相反,在法律体系中的法律,道德考量是必须的。至于应该如何认识这个结论,则已不是本文的主题。

通过前述的分析,在对比非正式规范秩序中的规范和正式规范秩序中的规则时我们还可以发现,规则在二者理论中的地位是有所不同的,这种不同不仅仅是在复杂性上的区别,而是在定位上的根本不同。这其实也涉及麦考密克在规范使用者视角下对规则与习惯关系的再认识,[49]以及由此引发的对吸纳了习惯角色的制度性法律秩序的再思考,一定程度上推进了对“法律是什么”问题的再认识。

毋庸置疑,“社会规则理论”和“法律制度理论”在一定意义上都是对“法律是什么”这个法学元命题的较好回答,但后者能够在秉承法律实证主义理论传统的基础上再寻突破,从中我们能够看到分析法律概念对于法理学学习过程中的重要意义,这也是在学说史中探寻理论改变与演进的主要目的之一。同时,对于法理学教学而言,这种探讨法律理论演进的过程并不仅仅是书斋中的纯思、语词的考据和无尽的遐想,而更多是对实

---

[47] 这其实是一种高度盎格鲁中心化的有关法律世界的看法,这种哈特式的正当性理论可能只适用于只存在单一普通法法院的高度中央集权化的国家。一旦将其用于联邦国家或辖区重叠的法院这个理论就失败了,因为那里没有一个中央国家机构来定义什么是法律,什么不是法律。这种差异也可能也是德沃金和哈特分歧的一个现实原因。而麦考密克也是拒绝这种方法的,转而接受了非国家中心化的基本规范,在其整体之内,宪法必须被尊重,宪法大体上有效的重要条件则是大部分公职人员在大部分时间内对忠诚义务的实质履行。这是一种凯尔森式的基础规范(Grundnorm)的变种而非哈特式的承认规则。See Déirdre Dwyer, Beyond Kelsen and Hart? MacCormick's Institutions of Law, *The Modern Law Review*, Sep 2008, p. 827.

[48] Stefan Sciaraffa, The Underlying Value of MacCormick's Post-Positivism. *Jurisprudence*, May 2010, pp. 118 – 119.

[49] 麦考密克在重新审视习惯和规则概念的基础上,认为二者之间存在两种缝隙,这种缝隙正是所谓“两个世界难题”的表现。

践的总结与回应。从哈特到麦考密克,他们所思考的问题除了追求理论和论证的圆满,也包含对现实问题的深切思考,比如民族国家独立风潮影响,纳粹民选政府的倒行逆施以及欧美社会运动对传统基督教信仰的冲击等。而这对于当下的中国而言,一定程度上也是有所裨益的。其一,在自上而下"立法中心主义"的迷思下,法治国家往往被赋予过多的角色与想象,从"新政"到"伟大社会"的大政府模式,都让国家背负了过多此类角色。而将探寻规范的努力从寄托于政府回归到发现基层社会中既存制度的力量,能在对习惯与非正式秩序等渊源的思考中提升法律的活力。其二,法概念问题其实始终和合法性问题密切相关,[50]法律理论在确定提出何种合法性观念值得辩护的同时,也能为人们为何遵守法律、遵守什么样的法律等提供合法性价值,毕竟在"多中心治理"的当代复杂社会,仅凭"国家"来说服人们遵守法律的理由已经变得不够充分,此时需要的是更多的认同与承认,而基于规范使用者角度产生的法律之合法性,或许更能够满足人们对法律的想象。正是因为这个原因,我们有理由认为,采取前述的分析方法,其最根本的目的还是服务于对学生思维的训练和对法治实践的正确认知。

On the Exploration of the Pedagogy of Jurisprudence by Sorting the History of Legal Theories

Yu Tao

Abstract: The question of "what is law" is the core issue in the teaching of graduate students who major in jurisprudence. Starting from the microscopic level of pedagogical purposes, the author takes the theory of legal

[50] 张超:《法概念与合法性价值》,中国政法大学出版社 2012 年版,第 6 页。

positivism as the background, and thoroughly differentiate and explain the concepts of Hart's "social rules" and MacCormick's "informal normative orders" in order to demonstrate the richness and complexity of legal concepts. The author makes such an attempt in pedagogy of jurisprudence to provide basic information for strengthening graduate students' basic understanding of legal concepts. With the differentiation of legal concepts, the significance of studying relevant knowledge in jurisprudence can be clarified.

Key words: history of legal theories　pedagogy of jurisprudence　social rule　informal normative orders

教育法制

回顾与展望：改革开放40年我国学前教育政策法规研究的实证分析*

张利洪**　张露萍***

摘　要：改革开放40年来，我国学前教育政策法规研究经历了“萌芽期”、“形成期”和“发展期”三个阶段，实现了从无到有、从缓慢到快速发展的转变。本文通过检索获得610篇样本文献，运用SPSS22.0和Cite Space V.50.R4等软件进行统计和分析，结果发现：研究者专业背景逐渐多样化；研究机构开始从大学向社会扩散；研究内容逐渐丰富；研究方法更加多样化。其不足之处在于学前教育政策法规研究尚未形成稳定的核心作者群；研究机构集中在高校，研究平台分布不均；基础研究缺乏等。打造培养更多学科背景者加入其知识生产，形成核心作者群；充分利用教育立法研究基地，打造交叉研究平台；聚焦学前教育立法研究，推进学前教育法学学科化进程将成为今后学前教育政策法规研究的

* 基金项目：西华师范大学2017年度英才科研基金项目：“双一流”建设背景下的中国口述学前教育学史研究（17YC537）。

** 张利洪，西华师范大学学前与初等教育学院副教授，学前教育学博士。研究方向：学前教育政策法规。

*** 张露萍，西华师范大学学前与初等教育学院硕士研究生。研究方向：学前教育政策法规。

趋势。

关键词:学前教育政策法规　学前教育立法　学前教育法学　改革开放 40 年

诸多的学前教育研究进展表明,学前教育政策法规开始成为学前教育研究的"显学"。刘晶波对我国教育科学规划课题和中国学前教育研究会课题的分析发现,学前教育研究领域不断丰富,"政策与管理"成为重要组成部分。① 郭文斌等通过定量分析软件对我国学前教育研究热点知识图谱得出结论,"学前教育的现状和对策研究"和"农村学前教育研究"占据 2003 ~ 2013 年学前教育研究热点的前两名。② 在这两个研究热点中,学前教育政策法规内容占据不可或缺的地位。陈思言对 2001 ~ 2015 年关于学前教育为主题的核心文献统计分析显示,学前教育政策和学前教育公平是未来学前教育研究的主要方向。③ 其实,学前教育公平本是学前教育政策法规的应有之义。就中国学前教育学的学科发展而言,学前教育学缺乏历史厚重感,始终给人"小儿科"印象,其实"小儿科"里面有"大学问"。④ 要建设具有"大学问"的学前教育学科,离不开加强对学前教育政策法规等交叉领域的研究。要提升学前教育政策法规的研究品质,回顾其发展历程,揭示其得与失,明晰未来的发展方向是基础工作。王军辉著《2008 ~ 2012 年我国幼儿教育政策研究的状况与分析——基于代表性期刊论文的研究》、周小虎等著《中国学前教育政策研究的文献计量分析——基于 1978 ~ 2015 年 CNKI 数据库》、王佳悦等著《近年来我国学前教育政策法规研究热点透视与展望》等论文对相关时段的学前教育政策法规做了分析和总结,其具有重要

---

① 参见刘晶波:《我国学前教育研究年发展状况分析》,载《教育研究》2011 年第 8 期。

② 参见郭文斌等:《我国学前教育研究热点知识图谱》,载《学前教育研究》2014 年第 1 期。

③ 参见陈思言:《近十五年来学前教育研究的热点问题和发展趋势》,载《陕西学前师范学院学报》2017 年第 4 期。

④ 参见兰国帅等:《21 世纪以来国际学前教育研究之发展与趋势》,载《教育导刊》(下半月)2017 年第 10 期。

性,但是这些成果与国家对学前教育的法律渴求还是不够的。为了更好地完成“学前教育法”的立法工作,以 40 年为一个完整的历时段,回顾过去 40 年学前教育政策法规研究的成就与问题,展望未来的研究方向是一项基础性和迫切性的工作。

笔者根据学前教育政策法规研究内容以“学前教育政策”、“学前教育法规”、“学前教育立法”、“学前教育政府职责”、“学前教育成本分担”、“学前儿童权利”和“学前教师权利”等关键词在中国知网,通过“篇名”和“主题”采用“高级检索”进行精确检索。另将“学前”替换为“幼儿”二字,也进行同样的检索。通过对论文的题目、摘要、关键词等信息进行甄别,以内容高度相关且结构完整、形式规范作为样本选取标准,剔除会议综述、简讯、短论、教育文摘等无效文献。一些辑刊文章同时也发表在期刊的,只统计期刊文章。这种筛选机制遗失了部分属于基础理论研究的文章,可能会影响部分结论的效度。最后确定 610 篇样本文献,其中期刊文献 451 篇,硕博论文 159 篇。对所收集到的成果,运用 Excel、SPSS22.0 和 Cite Space V. 50. R4 三个软件进行统计和分析。Excel 和 SPSS 主要用于数据的统计,Cite Space 主要用于文章的可视化分析。在 Cite Space 操作界面设置时区分别为 2001 ~ 2009 年、2010 ~ 2018 年,时间切片(years per slice)为 2,Node Type 分别设置为 Author、Institution 和 keywords,得到图谱(见图 1 ~ 图 6)。

一、改革开放 40 年我国学前教育政策法规研究历程

依据教育政策背景和学前教育政策法规研究自身的发展特点,⑤笔者将改革开放 40 年来的学前教育政策法规研究历程分为三个阶段:第一阶

⑤ 参见管华:《教育法治四十年:回顾与展望》,载《法学评论》2018 年第 4 期;张利洪:《改革开放 40 年我国学前教育政策法规的历程、成就与趋势》,学前教育立法论坛论文,西安,2018 年 9 月,第 144 页;马怀德:《教育法治四十年:成就、问题与展望》,载《国家教育行政学院学报》2018 年第 10 期。

段是研究萌芽期(1978～2000 年);第二阶段是研究形成期(2001～2009 年);第三阶段是研究发展期(2010～2018 年)。表 1 是 40 年学前教育政策法规研究的年度发文量和阶段发文量统计。从表 1 中可见,在第一阶段 20 多年时间里发文量仅有 4 篇,占文献总量的 0.7%。1994 年之前发文量为零,学前教育政策法规研究处于萌发状态。在第二阶段里,每年均有相关研究成果,总量未超过 60 篇,占全部成果的 9.3%。2008 年研究成果出现大幅增长。2001～2009 年学前教育政策法规研究缓慢发展。在第三阶段里,正值《国家中长期教育改革和发展规划纲要(2010～2020 年)》出台的前后,2010 年发文量 38 篇,较上一年增长 137.5%,标志着我国学前教育政策法规研究进入一个新的发展阶段。2010 年后,学前教育政策法规研究论文数量激增,最高为 2013 年的 87 篇,2010～2018 年的发文数量占总数比为 90%,学前教育政策法规研究出现良好的发展势头。

表 1　1978～2018 年我国学前教育政策法规研究论文年度统计

	1978～2000 年	频次	2001～2009 年	频次	2010～2018 年	频次	总计
—	1994	1	2001	2	2010	38	—
—	1996	2	2002	3	2011	38	—
—	2000	1	2003	6	2012	66	—
—	—	—	2004	2	2013	87	—
—	—	—	2005	3	2014	79	—
—	—	—	2006	5	2015	78	—
—	—	—	2007	6	2016	69	—
—	—	—	2008	14	2017	63	—
—	—	—	2009	16	2018	31	—
总计	—	4	—	57	—	549	610
比例	—	0.66%	—	9.34%	—	90.00%	100.00%

注:没有相关论文成果的年份,不在表里呈现。

(一)学前教育政策法规研究的萌芽期(1978～2000 年)

1980 年我国通过《学位条例》,这是新中国第一部教育法规,我国教育法制进入新的起点，教育法学学术研究开始萌芽。1985年中共中央《关于教育体制改革的决定》指出，“要加强教育立法的工作”，这使教育立法研究成为当务之急。1986年《义务教育法》颁布后，教育学界和法律界真正开始关注教育法律问题，一系列教育法规的出台将教育法学研究向前推进，教育法学研究进一步拓展加深。[⑥] 20世纪90年代，我国学前教育发展出现幼儿园转制、幼儿教师流失、幼儿在园人数大量下滑等问题，其重要原因是缺乏法律的保护和规范。在教育法学的影响和幼儿园实践因素的共同作用下，我国学前教育政策法规研究开始萌芽。从表1可以看出，1978～2000年这一阶段我国学前教育政策法规研究成果十分稀少。就目前搜集的文献来看，最早一篇文章是1994年李辉著《关于我国民办、私立学前教育的立法问题》（载《学前教育》1994年第6期）。此后的几年时间里学前教育立法研究没有获得重视。这一阶段仅有一篇硕士论文是2000年陕西师范大学赵华民的《当代美、日、中幼儿教育法规与政策的比较研究》，该文作者的学科背景为教育史专业而非学前教育专业。总的来说，这一阶段的学前教育政策法规研究正在积蓄力量。

（二）学前教育政策法规研究的形成期（2001～2009年）

2001年，庞丽娟、韦彦发表《学前教育立法——一个重大而现实的课题》一文，该文从学前教育事业发展需要、教育立法现状和国际趋势等方面论述了学前教育立法的必要性，并提出了初步的立法框架。该文的主题切中了学前教育法律的核心，发表后获得了广泛的注意，其下载量和被引量两项指标都占据同类文献第二位。[⑦] 该文标志着学前教育政策法规开始成为学前教育研究的重要组成部分。2000年11月，全国教育政策与法律研究专业委员会在北师大成立，其后相继召开全国性年会，推动新世纪教育政策与教育法学研究。辑刊《中国教育政策评论》《中国教育法制评论》的定期出版，为教育政策与教育法学研究共同体搭建了稳定的

---

⑥ 参见余雅风、劳凯声：《改革开放30年中国教育法学研究的回顾与展望》，载《教育研究》2009年第2期。

⑦ 参见庞丽娟、韦彦：《学前教育立法——一个重大而现实的课题》，载《学前教育研究》2001年第1期。在中国知网，截至2018年10月10日，该文下载量和被引量分别为2526和115。

交流平台。教育法学研究的不断深入为该文诞生提供了理论背景。该文是庞丽娟从幼儿教育与心理研究范式转向政策研究范式的转折点，庞丽娟也开始成为我国学前教育学者研究学前教育政策法规的领衔人物。⑧

1. 作者情况分析。从图1可以看出这一阶段关注学前教育政策法规研究的学者不多，并且作者之间的连线可以看出这一阶段作者之间的合作较少。节点最大，出现频次最多的作者是庞丽娟，为11次，其次是沙莉和刘小蕊，均为6次，三人均来自北京师范大学。这一阶段硕博论文作者专业背景有90%以上均为教育学类，非教育学类仅有一篇(见表2)。

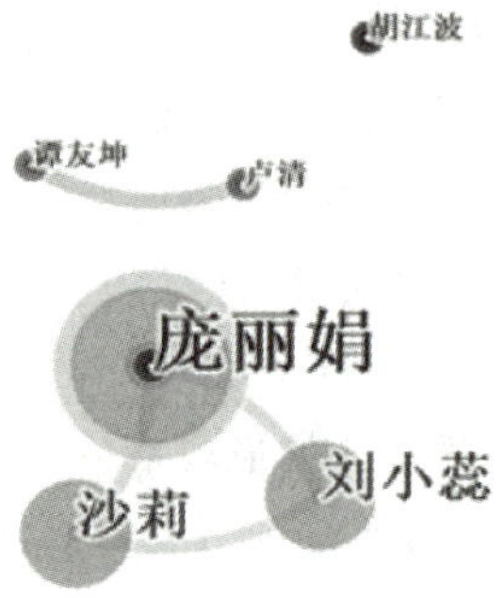

图1 2001～2009年作者合作图谱

表2 2001～2009年硕博论文作者专业情况统计

	篇数(篇)	占比
教育学类	11	91.7%
非教育学类	1	8.3%
总计	12	100.0%

---

⑧ 庞丽娟，2000年4月加入中国民主促进会，2003年当选为第十届全国人大常委，全国人大教科文卫委员会委员。现任十三届全国人大常委、教科文卫委员会委员，民进中央副主席，北京市人大常委会副主任，北京师范大学教育学部教授，中国教育政策研究院副院长等职。

2.作者机构情况分析。机构间的合作可以起到力量的整合与资源的共享，由图2看出这一阶段作者机构间的合作较弱。北京师范大学是这一阶段学前教育政策法规研究的主要机构，这与劳凯声领导的教育政策与法律研究所和主办出版《中国教育法制评论》的影响是分不开的。除高校而外，还有研究院、研究所和研究中心等其他作者机构类型，虽然占比接近20%，但绝对数量不高（见表3）。

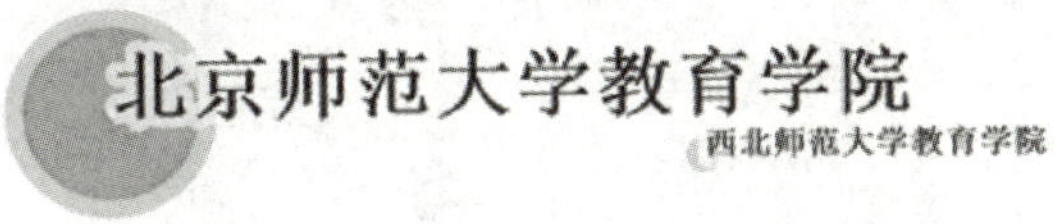

图2　2001～2009年机构合作图谱

表3　2001～2009年作者机构类型统计

机构类型	高校	研究院、所、中心	其他	不详	总计
频次	57	9	2	1	69
比例	82.61%	13.04%	2.90%	1.45%	100.00%

3.关键词共现分析。关键词共现分析可以展现学前教育政策法规研究内容间的关系网络，挖掘学前教育政策法规研究的热点，预测学前教育政策法规研究的趋势。运用Cite Space对2001～2009年学前教育政策法规研究论文成果进行关键词共现分析，得到图3和表4（根据Cite Space关键词共现分析页面左边呈现结果获得）。图3和表4中的“教育公平”、“幼儿教师”、“政府职责”、“政策价值”和“美国学前教育”等是2001～2009年学前教育政策法规研究的主要高频关键词，它们反映了这一时期学前教育政策法规研究的主题和研究热点。教育公平是学前教育立法的题中之义，也是学前教育政策的价值取向。样本文献中的教育公平研究主要关注城乡地区学前教育的差距问题。幼儿教师是学前教育法律关系的主体之一，关于幼儿教师的研究集中在探讨幼儿教师的权利和义务。政府职责是学前教育政策和法规避不开的主题，强化政府职责有利于政

策法规的落实,有助于学前教育的发展。

图 3　2001 ~ 2009 年关键词共现图谱

表 4　2001 ~ 2009 年学前教育政策法规研究关键词频次和中心性(前面部分)

频次	中心性	年份	关键词
12	0.57	2006	学前教育
8	0.00	2004	幼儿教育
6	0.29	2003	教育政策
3	0.00	2009	教育公平
2	0.00	2001	幼儿园教师
2	0.00	2009	幼儿教师
2	0.00	2008	政府职责
2	0.00	2003	政策价值
2	0.00	2008	美国学前教育法

4. 研究方法情况分析。在学术规范化运动前,期刊论文和硕博论文都不重视交代研究方法。[⑨] 在学术规范化运动后,这种状况在硕博论文里面得到了根本的扭转,并且研究方法是硕博论文的评价核心指标之一,但是当下不少的期刊论文尚缺乏研究方法规范的交代。为了避免主观臆断,在研究方法的统计分析上仅以硕博论文为统计对象,并且以作者文中关于研究方法的表述为准。对13篇硕博论文的研究方法使用频次按照质性研究方法和量化研究方法作统计如表5。质性研究方法中文献研究法和比较研究法使用频次位居前两位。2001~2009年我国学前教育政策法规发展并不完善,对比借鉴他国有益经验有利于促进本国学前教育政策法规的发展,因此比较研究方法必不可少,其使用频次位居第二。总的来说,2001~2009年学前教育政策法规研究方法使用以定性研究为主,少数为定性与定量研究的结合。

表5　2001~2009年学前教育政策法规硕博论文研究方法统计

	次数	比例
质性研究方法	22	73.33%
量化研究方法	8	26.67%
总计	30	100.00%

(三)学前教育政策法规研究的发展期(2010~2018年)

2010年,中国民主促进会中央委员会和北京师范大学共同组建中国教育政策研究院。2011年,中国教育政策研究院开展学前教育体制机制改革与政策创新研究,形成和提交了《关于加快制定〈学前教育法〉的提案》,该提案被全国政协评为2011年“两会”重点提案,得到教育部的高度

⑨　学术规范化运动肇始于20世纪90年代初,始作俑者为邓正来、陈平原和汪晖等知名学者,其后在《学人》、《中国社会科学季刊》和《中国书评》等杂志的强力介入下,我国学术界掀起了一场以“中国学术规范化”为名的运动,这场运动促进了学术引文、学术评价和研究方法等多方面的规范。其标志是教育部于2004年8月出台《高等学校哲学社会科学研究学术规范(试行)》。参见邓正来:《研究与反思——关于中国社会科学自主性的思考》(增订版),中国政法大学出版社2004年版,第183~189页。少数教育学者也参与到此次运动讨论,参见杨昌勇:《学术论著注释和索引的规范与功能》,载《中国社会科学》2002年第2期。

重视和充分肯定,促进了我国学前教育立法进程。2012 年中国教育政策研究院中后期资助和委托研究课题之一"学前教育法的立法框架及主要内容研究"。[⑩] 2010 年 12 月,教育部教育发展研究中心与首都师范大学合作成立中国教育政策评估研究中心。全国教育科学"十二五"规划 2011 年度课题指南中 10 项国家重点招标课题之一是"保障适龄儿童接受基本而有质量的学前教育政策和机制研究"。在这样的背景之下,学前教育政策法规研究获得进一步的推进,学前教育政策法规研究成果快速增加。

通过 Cite Space 软件获得 2010 ~ 2018 年作者合作图谱、机构合作图谱和关键词共现图谱,如图 4、图 5 和图 6 所示。

1. 作者情况分析。如图 4 所示,对比上一阶段可以看出,2010 年至今,作者数量出现了大幅增长,有更多的学者关注学前教育政策法规研究,但绝大部分作者仅有一篇论文。根据作者间的连线,出现频次最多的依然是庞丽娟,为 13 次,其著《中国学前教育立法:思考与进程》载《北京师范大学学报》(社会科学版)2010 年第 5 期,被引频次为 185,在所有文献中频次最高。硕博论文作者的专业背景中,非教育学类专业占比提升,接近 30% (见表 6)。在 42 篇非教育学类专业硕博论文中,作者学科背景来自 19 个不同的专业,包括公共管理、行政管理、财政学、宪法与行政法学等。

---

⑩ 参见付卫东、付义朝:《智库的转型:我国教育政策研究机构转型发展》,湖北教育出版社 2016 年版,第 79 页。

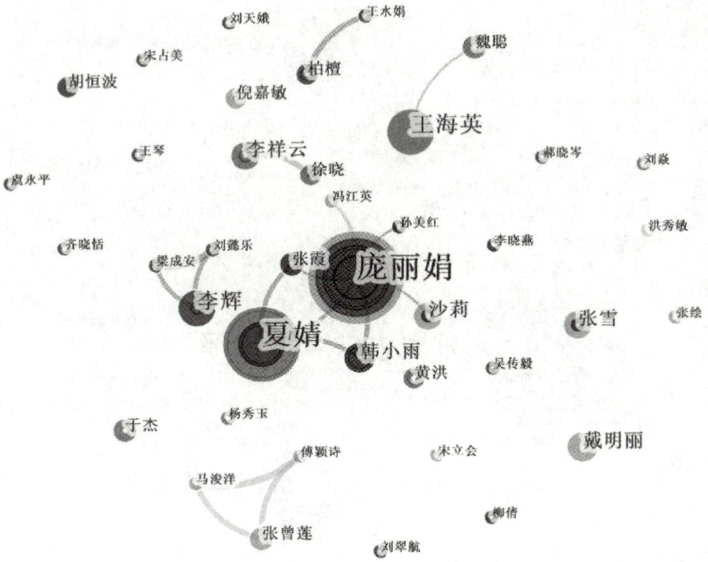

图4　2010~2018年作者合作图谱

表6　2001~2009年硕博论文作者专业情况统计

	篇数(篇)	比例
教育学类	105	71.43%
非教育学类	42	28.57%
总计	147	100.0%

2.作者机构情况分析。图5中根据原始数据资料进行分析,对“西南大学”、“西南大学教育学院”和“西南大学教育学部”分别为三个节点,这里对类似的情况做新的处理,将统计结果呈现如表7。从中可以看出北京师范大学、西南大学和南京师范大学为学前教育政策法规研究的主要阵地。发文量第一的庞丽娟来自于北京师范大学,发文量位居第二的夏婧,在2010年和2011年所发的6篇文章所属机构也为北京师范大学。2010年,中国民主促进会中央委员会和北京师范大学共同组建中国教育政策研究院,其目标是建设成为中国教育政策研究和高层决策的“智库”。北京师范大学长期积累的学术底蕴和所处政治中心之便为学前教育政策法规研究提供了学术资源、政治资源。

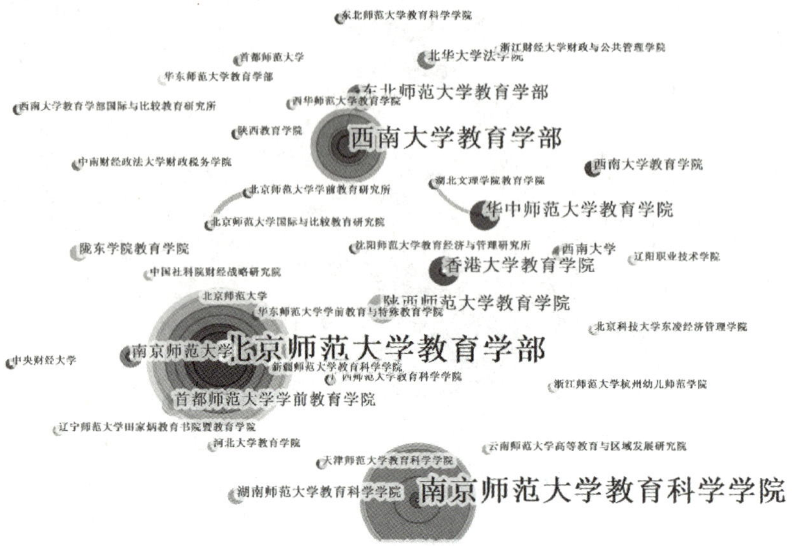

图5　2010~2018年机构合作图谱

表7　前10位研究机构频次统计

研究机构	频次
北京师范大学	30
西南大学	24
南京师范大学	23
东北师范大学	7
首都师范大学	6
华中师范大学	5
陕西师范大学	5
香港大学	5
天津师范大学	4
河北大学	4

3.关键词共现分析。图6和表8可以看出2010年以后研究的内容更加丰富,研究聚焦在以下几个方面:一是学前教育的财政投入、成本分担与政府职责,包括地区财政投入的均衡、民办园的财政投入、财政投入的有效性与公平性、财政投入机制、财政投入与成本分担的关系、财政投入与政府职责的关系、成本分担机制等研究。二是幼儿园和幼儿教师,包括幼儿园的

法律规制(尤其是民办幼儿园)、民办幼儿园的财政投入、普惠性幼儿园、幼儿园法律纠纷、幼儿教师权利和义务、幼儿教师权益保障等研究。三是学前教育立法,包括学前教育立法的必要性和可行性、学前教育立法的经验借鉴、地方学前教育立法探索、学前教育立法的建议等研究。四是对国外学前教育政策法规的借鉴研究,如美国奥巴马政府学前教育政策研究等。

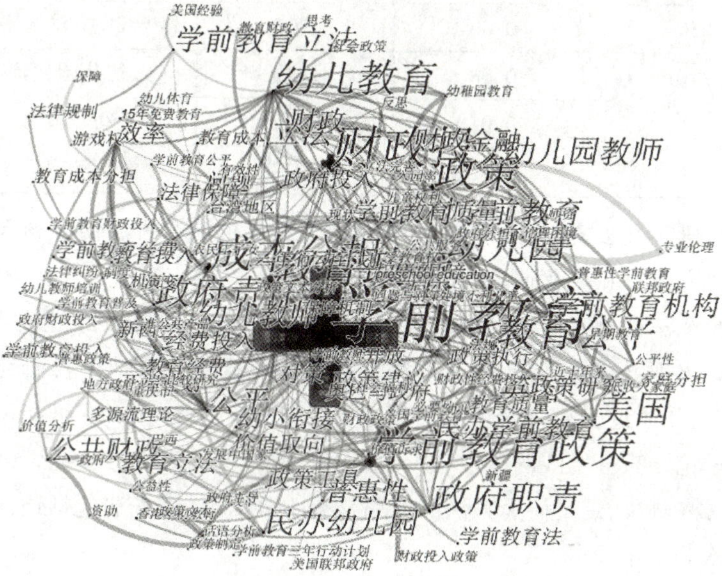

图6　2010～2018年关键词共现图谱

表8　2010～2018年学前教育政策法规研究关键词频次和中心性(前面部分)

频次	中心性	年份	关键词
287	1.32	2010	学前教育
49	0.11	2010	财政投入
37	0.07	2010	教育政策
35	0.16	2010	学前教育政策
33	0.06	2010	政策
31	0.01	2010	成本分担
24	0.13	2011	幼儿园
24	0.09	2010	幼儿教育
23	0.01	2010	教育公平

续表

频次	中心性	年份	关键词
18	0.01	2010	美国
16	0.02	2010	政府职能
16	0.03	2012	政府职责
10	0.00	2013	立法
10	0.08	2013	幼儿园教师
9	0.01	2012	幼儿教师
8	0.02	2013	学前教育立法

4.研究方法情况分析。对146篇硕博论文的研究方法使用频次根据质性研究方法和量化研究方法分类作统计,见表9。2010~2018年学前教育政策法规研究方法以定性研究方法为主,定量与定性研究相结合,定量研究出现增多的趋势,研究方法种类增多。同时有对他学科研究方法的借用,如通过引入计量经济模型进行实证分析。教育政策研究是沟通教育理论与教育实践的有效中介,教育实践问题不能通过单纯思辨的研究方法来解决,定量研究方法的使用显得十分必要,调查法包括访谈法和问卷法等运用较多。

表9　2010~2018年学前教育政策法规硕博论文研究方法统计

	次数	比例
质性研究方法	300	71.26%
量化研究方法	121	28.74%
总计	421	100.00%

二、改革开放40年我国学前教育政策法规研究的主要特点

(一)作者数量由少到多,其专业背景由单一性向多样化发展

对所收集的610篇文献进行统计,共有864位次作者,1978~2000年

5位次,占比0.58%;2001~2009年86位次,占比9.95%;2010~2018年773位次,占比89.47%,作者数量快速增长。通过对学前教育政策法规相关硕博论文成果进行统计,在所收集的159篇硕博论文中,有116篇教育学类硕博论文,占比72.96%,其中学前教育(学)专业硕博论文54篇,占教育学类硕博论文的46.55%;43篇非教育学类硕博论文,占比27.04%。总体来看,研究者主要在教育学领域。在研究的发展阶段,非教育学类领域的研究者比例上升大于20%,学前教育政策法规研究的研究者专业背景从教育领域逐渐扩展到其他领域,包括公共管理、行政管理、财政学、宪法与行政法学等19个其他专业,研究者专业背景较上一阶段呈现多样化(见表10)。

表10 硕博论文作者专业统计 单位:人

	2001~2009年	比例	2010~2018年	比例
教育学类	10	90.91%	105	71.43%
非教育学类	1	9.09%	42	28.57%
总计	11	100.00%	147	100.00%

注:1978~2000年仅有一篇学位论文,此处不单独呈现。

(二)研究机构从高校向社会扩散

学前教育政策法规研究机构集中在高校,虽然在研究的发展阶段比例有所下降,占比仍在80%以上。不同之处在于研究的发展阶段,除高校之外的其他研究机构类型增多,且绝对数量也有提升。研究机构开始从高校慢慢转变向社会扩散,幼儿园、研究院所、教育行政部门、出版社等机构也参与学前教育政策法规研究(见表11)。

表11 作者机构类型频次统计 单位:所

机构类型	2001~2009年	比例	2010~2018年	比例
高校	57	82.61%	506	80.06%
研究院、所、中心	9	13.04%	71	11.24%
幼儿园	0	0	12	1.90%
财政部门	0	0	16	2.53%

续表

机构类型	2001～2009 年	比例	2010～2018 年	比例
教育行政部门	0	0	5	0.79%
报刊书籍出版社	0	0	5	0.79%
其他	2	2.90%	17	2.69%
不详	1	1.45%	0	0
总计	69	100.00%	632	100.00%

(三)研究内容逐渐丰富

学前教育政策法规研究在我国是一个新兴的研究领域,它的产生和发展源于我国学前教育实践问题和教育法制建设。学前教育政策法规研究的内容主要包括三个层面:一是学前教育政策法规基本理论;二是学前教育政策制定主体、制定过程及方法和学前教育法律关系主体及其权利与义务;三是学前教育政策执行与评价和法律责任与法律救济。本文所指学前教育政策法规研究包括以上三个层面的研究。2001～2009 年研究的热点是学前教育公平、学前教育政策价值取向、学前教育政府职责等。2010～2018 年研究热点增加学前教育成本分担、学前教师与幼儿及幼儿园权利与义务、学前教育立法等内容。研究热点范围的扩大有利于完善学前教育政策法规研究体系。

(四)研究方法更加多样化

通过对学前教育政策法规硕博论文研究方法的统计发现,2001～2009 年硕博论文所用具体研究方法的种类为 9 种,以定性研究为主。2010～2018 年硕博论文所用具体研究方法的种类为 29 种,定量研究增多。研究方法的多样化有助于从不同的视角剖析学前教育政策法规相关问题,对其他学科研究方法的借鉴是研究方法多样化的原因之一。例如,在学前教育财政投入和成本分担相关研究中运用相关经济学理论,引入了计量经济模型,分析影响财政投入的因素,为学前教育成本分担提供理论标尺。

三、改革开放40年我国学前教育政策法规研究存在的主要问题

(一)学前教育政策法规研究未形成核心作者群

根据普莱斯定律核心作者的论文数量总和等于普通作者论文数量的总和,其计算公式为:$M = 0.749\sqrt{Nmax}$,Nmax 表示最高产作者发文量,通过计算 M 可取整为4。发文量在 4 篇及以上的作者共发文 112 篇,占全部文献的 18.36%,远不足研究领域论文量的一半。因此,学前教育政策法规研究领域未形成稳定的核心作者群。学前教育政策法规具有很强的跨学科性质,同时涉及两个学科门类教育学和法学及其相关一级学科下面的二级学科群。这种跨学科性增加了其研究难度,需要研究者同时具有多学科专业背景,不仅需要扎实的理论功底还需要掌握科学的研究方法。研究者的专业壁垒导致部分学者对学前教育政策法规研究望而却步,部分已有的学前教育政策法规研究难以做到真正的深入。

(二)研究机构集中在高校,研究资源分布不均

作者从发文量分布不均,北京师范大学、西南大学和南京师范大学占据重要地位,在作者机构类型中,高校出现频率 563 次,这三所高校出现频次分别为 40 次、24 次、23 次,共 87 次,占比达到 15.45%,其余高校出现频次最高不超过 10 次。三所大学均有地域优势,对于政策消息的接收相对较快,并且三所高校的研究实力均在全国名位前列。研究资源分布不均体现在两个方面:一方面,根据作者的机构类型统计,80% 以上的作者来自于高校。研究院所中心、教育行政部门等其他研究机构占比较低。另一方面,根据知识生产的模式,学前教育政策法规研究的跨学科性、知识处理的应用情景性、知识生产的社会问责性等与知识生产模式 Ⅱ 相契合。在模式 Ⅱ 中高校虽是知识生产的主要角色,但也只是知识生产过程中的角色之一,除此之外还有政府实验室、智囊团、研究中心和咨询机构等。⑪

---

⑪ 参见[英]迈克尔·吉本斯等:《知识生产的新模式:当代社会科学与研究的动力学》,陈洪捷等译,北京大学出版社 2011 年版,第 3 ~ 11 页。

(三)研究问题主要来自于实践的应用情境,基础研究较少

从研究的关键词共现分析中可以看出,研究的热点问题主要是学前教育的政府职责、财政投入、成本分担和学前教育立法等,而这些研究热点正契合当下学前教育事业发展中的"入园难""入园贵"等问题,研究具有很强的实践导向。然而学前教育政策法规研究不能满足学前教育立法和司法的实践需求,缺少建设性的意见。作为实践性的学科,学前教育政策法规研究回应学前教育的实践问题的决策咨询能力不足。作为一个新领域,学前教育政策法规研究理论深度不够,存在低水平的重复,更谈不上理论体系的构建。对基本问题的研究不足,如学前儿童受教育权、学前教师教育权、学前家长教育权等。总体看来,学前教育政策法规研究缺乏对问题深入解析的理论研究。

四、学前教育政策法规研究的趋势预测

(一)打造培养更多学科背景者加入其知识生产,形成核心作者群

有论者较为深刻和尖锐地指出,学前教育学研究生产的知识"往往无法达到'高深知识'生产的程度",这种高深知识的缺乏表现在"学前教育专业知识生产通常遭遇重大理论和政策问题,而本身又无法或无力解决这些问题"。[12] 更为严重的是这种状况尚未被诸多的研究者所全面深刻地意识和反省。前面已经揭示目前学前教育政策法规研究的主力军是学前教育学背景出身的学者,当这种研究处于"自娱自乐"的状态尚好,倘若一旦作为幕僚的角色进入国家立法的参谋者角色因不靠谱的知识而影响国家公共政策,这带来的后果不仅加害了相应的决策者,而且不当立法更可能延误几代人。当然,这种现状绝不意味着学前教育背景的学者在我国紧锣密鼓进行的学前教育立法活动中自暴自弃,完全将自己摆在置之度外的局外人身份,而应该利用这个千载难逢的历史机遇把自己当成局

---

[12] 杨宁:《学前教育专业知识生产的问题、困境与破解路径》,载《中国教育学刊》2018年第12期。

内人的主人公参与到这一伟大的历史进程中去。当前一个重要的举措就是加大学前教育学专业博士研究生毕业论文选题向政策法规方向倾斜,这些学子获得博士学位之后极有可能长期关注和研究此领域,知识生产规律决定了这部分年轻学子将是未来该领域的核心作者群。学前教育政策法规研究既包含有丰富的教育原理,又离不开法理的指导和立法技术的支持。吸引更多的教育法学研究者、纯法学背景的学者介入学前教育政策法规研究,提升其研究本身的学术品行,同时丰富获得更为周全可靠的知识供给,这些背景的学者将是形成学前教育政策法规研究的核心力量。

(二)充分利用教育立法研究基地,打造交叉研究平台

2017年教育部决定与北京大学、中国人民大学、北京师范大学、复旦大学、中山大学、东南大学、中南大学、西南大学、华中科技大学和西北政法大学等十余所高校设立教育立法研究基地,这标志着教育法学研究的学术创新与法治实践的相互促进迈向新阶段。在这10个研究基地中,北师大、西南大学和西北政法大学明确将学前教育立法作为主攻方向之一,这将积极服务于十三届全国人大常委会立法规划将“学前教育法”列入一类项目立法活动。2018年9月28日,西北政法大学教育立法研究基地召开“学前教育立法论坛”,教育部基础教育司姜瑾副司长称这是多年来的第一次专门就学前教育立法专题进行研讨。法学、教育学、学前教育学等各种学科背景的研究者、教育行政部门官员、律师和幼儿园代表齐聚一堂就学前教育立法进行了深度有效的跨界对话。这种模式将大大地增强学前教育政策法规研究的全面性和针对性。在这10个研究基地中,仅有中国人民大学、北师大的教育立法研究基地设在教育学院(部),其他都设在法学院里,这种设置虽有其合理性,但是在一定程度上妨碍教育法学、学前教育学研究者参与其中,不过也是学前教育研究者向其他学科学习的一个好机会。包括学前教育立法在内的学前教育政策法规研究里面更多含有教育原理,法学知识更多担负法理指导和立法技术。这是由学前教育的复杂性和学前教育学的超学科性所决定的。“学前教育学无疑是最特殊和'跨度最大'的教育学类二级学科,是典型的'小专业,多(跨)学科'。"[13]学前教育的复杂性决定了学前教育立法的特殊性,如果这一判定成立,那么学前教育立法工作就需要学前教育学、教育法学、法学,以及其他学科的研究者发挥各自的特色和专长,通力合作。这种合作平台机制符合知识生产模式Ⅱ,它必将为我国生产更多高品质兼具学术性与应用性的教育法学成果。[14]

(三)聚焦学前教育立法研究,推进学前教育法学学科化进程

众多关于教育法学研究的未来展望一致指出,重视和加强教育法基础理论研究,学前教育政策法规研究当然不能例外。[15] 更有论者指出教育法学加强对弱势群体的关注,[16]学龄前儿童当是题中应有之义。在学前教育政策法规的基础研究中,学前教育立法是其中之一。学前教育立法研究表面看是应用研究,但是实质上里面蕴藏了更多的基础研究。学前教育的内涵与属性,学前教育法的性质与定位,学前教育法的立法价值、立法原则与良法评判标准,学前教育立法的历史资源与国际比较,学龄前儿童受教育权的内容构成,国家教育权、社会教育权和家庭教育权在学前教育立法中配置,政府责任保障,学前教育立法方法论等问题都属于基础理论研究,这些问题如果没有深入细致的研究和卓有成效的成果,都将在很大程度上影响学前教育立法的效果。"如果这个立法做得不好,不仅不能很好地解决目前实践中已经发生的问题,搞不好还会产生一些新的问题。"[17]这些基础理论问题也是学前教育法学理论体系的主要组成部分,推进学前教育法学学科化进程将为学前教育立法研究提供更好的制度保

---

⑬ 杨宁:《学前教育专业知识生产的问题、困境与破解路径》,载《中国教育学刊》2018年第12期。

⑭ 参见文东茅、沈文钦:《知识生产的模式Ⅱ与教育研究——北京大学教育学院的案例分析》,载《北京大学教育评论》2010年第4期。

⑮ 参见陈亮、陈恩伦:《我国教育法学研究的困惑与展望——基于文献之思》,载《内蒙古社会科学》(汉文版)2016年第3期;另参见黄欣:《我国教育法学的研究现状和未来展望》,载《教育发展研究》2012年第19期。

⑯ 参见刘昕鹏:《我国教育法学博士的培养现状与研究关注——基于1998~2015年137篇博士学位论文的分析》,载《中国高教研究》2018年第2期。

⑰ 西北政法大学副校长王麟教授在西北政法大学"学前教育立法论坛"中的讲话。

障,也是学前教育政策法规研究进步的必然结果。学前教育法学(或学前教育法理学)的根本使命就是为评价、批判和指引包括“学前教育法”在内的中国学前教育法制发展提供作为理论判准和方向的“中国学前教育法律理想图景”。⑱

Retrospect and Prospect: Empirical Analysis of Research of Policy and the Law of Preschool Education for the Forty Years of Reform and Opening-up in China

Zhang Lihong　Zhang Luping

Abstract: There are three stages of germination, formation and development in the research of policy and the law of preschool education during the Forty Years of Reform and Opening-up in China. In this paper, 610 sample documents are retrieved. Statistical analyses which conducted by SPSS22.0 and CiteSpace V.50.R4 show the following characteristics: diverse professional backgrounds of researchers, from universities to society in research institutions, abundant research content and pluralistic research methods. There are also some demerits in the research, such as, the immature formation of the stable core author groups, the university-concentrated research institutions, the uneven distributed research platforms, the lack of the fundamental research. The trends of research of policy and the law of pre-primary education in the future are to cultivate talents with academic backgrounds to join knowledge production, which aims at forming groups of

⑱ 邓正来:《中国法学向何处去——建构“中国法律理想图景”时代的论纲》,商务印书馆2006年版,第134~135页。

core authors, make full use of educational legislation research base, which aims at building cross research platform, and focus on early childhood education research, which aims at promoting the scientific process of pre-primary education legislation.

Key Words: policy and the law of preschool education legislation of preschool education jurisprudence of preschool education Forty Years of Reform and Opening-up in China

学前教育立法研究：历程、主题与述评*

张　寰** 　吴　颖***

摘　要：为助力学前教育立法，学界围绕学前教育的性质、政府投入、弱势补偿、管理体制、师资力量、民办教育、教学内容、儿童安全及家长教育权等问题，借鉴国内外经验，进行了较为深入的对策研究。但也存在简单照搬，对“学前教育三年行动计划”实施以来取得的经验实证研究不足的问题。

关键词：学前教育立法　学前教育公平　民办学前教育

十九大报告要求：“优先发展教育事业，办好学前教育。”《2018年政府工作报告》指出：“要多渠道增加学前教育资源供给，重视对幼儿教师的关心和培养，加强托育监管。”2018年9月7日，《学前教育法》被十三届全国人大常委会确立为“条件比较成

---

* 基金项目：本文得到中国国家留学基金资助。陕西省基础教育重大招标课题“《陕西省学前教育条例》制定研究”（项目编号：ZDKT1604）。

** 张寰，马来西亚科技大学博士，西北政法大学经济学院讲师。研究方向：经济法、教育法学。

*** 吴颖，中国政法大学法学院2018级法律硕士。研究方向：教育法学。

熟、任期内拟提请审议的法律草案",学前教育立法进入快车道。制定《学前教育法》的目的是解决我国学前教育事业发展面临的一系列问题,为学前教育事业发展所需的基本原则、基本制度奠基。为了助力学前教育立法,本文梳理了学界围绕学前教育立法应解决的主要问题及其对策,并进行了简要述评。

一、我国学前教育立法研究发展历程

为探寻我国学前教育立法研究发展历程,本文以"学前教育立法"为主题词,对"中国知网"全文数据库进行了检索。研究发现,自20世纪末以来,学前教育立法研究大致可分为三个时期:1997~2006年为孕育期;2007~2012年为萌动期;2013年至今为发展期。

1989年,《幼儿园工作规程(试行)》和《幼儿园管理条例》的颁布拉开了中国学前教育法制事业的序幕,但并未引起学界的重视,研究成果基本没有。1997年以后,学前教育立法的研究成果开始出现。1997~2006年,共发表论文11篇。内容主要是对美国、日本、俄罗斯等发达国家学前教育立法的介绍。这是我国学前教育立法研究的孕育时期。

2007~2012年,学前教育立法研究成果的数量出现增长:2007~2009年,每年产出论文6篇;2010~2012年每年刊发11篇。北京师范大学庞丽娟团队,是该研究领域的中坚力量。学界积极引进英国、法国、澳大利亚、墨西哥及我国港澳台地区的学前教育立法经验,开展实地调查,开始探讨教育公平、儿童权利保护、家长教育权等问题。第一次出现了以"学前教育"为主题的博士论文。这一变化与中央政策分不开:2007年,《国家教育事业发展"十一五"规划纲要》首次提出适时开展学前教育立法活动;2010年《国家中长期教育改革和发展规划纲要(2010~2020)》和《国务院关于当前发展学前教育的若干意见》的颁布,为《学前教育法》的制定提供了政策基础和舆论氛围。这是我国学前教育立法研究的萌动时期。

2013~2018 年，研究成果的数量显著上升：期刊论文突破 100 余篇，相关博士论文 9 篇。[①] 2013 年学术发表迎来小高峰，共有期刊文献 20 篇。截至 2018 年，期刊已发表 24 篇。2013 年起，全国人大教科文卫委员会在全国多省市开展立法调研，各地陆续出台学前教育地方性法规、规章。2015 年《教育法》修订专门增加了关于学前教育的条款。此阶段学界研究开始活跃，研究视角、研究方法趋向丰富，研究队伍不断壮大，跨学科研究增多，研究成果的数量和质量不断提高。2018 年 9 月 28 日，“学前教育立法论坛”在西北政法大学召开。这是十九大、第五次全国教育大会以及《学前教育法》被确立为第一类立法项目以后举办的首次专题论坛，越来越多的法学研究者加入研究队伍，学前教育立法研究进入新阶段。

二、学前教育立法研究主题

（一）是否属于基本公共服务

新中国成立后，为加快经济建设、解放妇女，政务院颁布了《关于改革学制的决定》，由企事业单位自主开办托儿所、幼儿园等机构为职工子女提供托幼服务，这一阶段的学前教育事业具有单位福利性质。改革开放后，中国社会出现了“从身份到契约”的转变，从“单位”游离出来一批“社会人”，并逐渐形成了一个新的社会阶层。尤其是 1998 年国企改革进入深水区，出现了下岗潮，不可避免的，其子女也被从单位里抛出来。2003 年《关于幼儿教育改革与发展的指导意见》发布以后，学前教育出现了明显的社会化、市场化转向，民办园迅速增加，政府投入举办的幼儿园急剧

① 分别是：2013 年：李少梅《政府主导下的我国农村学前教育发展研究》，陕西师范大学；张利洪《学前儿童受教育权研究》，西南大学。2014 年：邬平川《学前教育投入的财政法保障研究》，安徽大学；万慧颖《学前特殊儿童教育补偿研究》，东北师范大学。2015 年：吕苹《学前教育公共服务体制的建构》，浙江大学；员春蕊《澳大利亚联邦政府学前教育质量保障发展研究（1983~2014）》，东北师范大学；罗若飞《供需均衡视角下我国学前教育供给制度发展研究》，西南交通大学。2018 年：戴士权《美国特殊儿童教育平等权立法保障研究》，东北师范大学；宋立会《清末民国时期学前教育政策研究》，河北大学。

减少,个别地方甚至出现卖幼儿园的浪潮。

办园主体扩大到公民个人、民营企业及社会单位,学前教育市场化程度显著提高,出现从"福利化办园"到"社会化办园"的过渡。[②] 由于民办学前教育机构具有明显的营利性特征,"入园难""入园贵"等民生问题开始凸显。政府的学前教育职能弱化,学前教育是否应当具备公益性的问题被提出来。[③]

我国《宪法》第19条规定,国家"发展学前教育"。这一纲领性条款规定了政府发展学前教育的义务,学前教育事业不得倒退。《国家中长期教育改革和发展规划纲要(2010~2020年)》明确了政府在学前教育事业发展过程中的主导地位和重要责任。国务院《关于当前发展学前教育的若干意见》提出大力发展公办幼儿园,统筹城乡发展,建立"广覆盖、保基础"的学前教育公共服务体系。[④] 这两份文件是我国发展学前教育事业的基本政策,体现出了公益性和普惠性的特点,明确了学前教育的公共服务性质。2015年《教育法》第18条增加了一款:"国家制定学前教育标准,加快普及学前教育,构建覆盖城乡,特别是农村的学前教育公共服务体系。"

目前,我国学前教育发展行动计划已进入第三期,在继续扩大学前教育资源的基础上,将加快完善体制机制,全面普及有质量的学前教育。[⑤] 有学者指出,政府应统筹学前教育发展,提供有质量的学前教育公共服务。以立法形式落实学前教育的公益性。[⑥] 一方面,国家应坚持多种方式创办公立幼儿园,将普惠性学前教育纳入公共服务体系;另一方面,鼓励

---

② 参见屈智勇等:《从企业/社区服务到国家公共服务体系:学前教育的政府责任》,载《北京师范大学学报》(社会科学版)2011年第6期。

③ 参见张宪冰:《论学前教育的公益性与政府责任》,载《东北师大学报》(哲学社会科学版)2012年第5期。

④ 参见吕苹:《基于统筹城乡发展的学前教育公共服务体制建构》,载《教育研究》2014年第7期。

⑤ 2017年4月17日,教育部等四部门颁布《关于实施第三期学前教育行动计划的意见》。

⑥ 参见管华、王君妍:《国外学前教育立法的基本特征及其启示》,载《陕西师范大学学报》2017年第6期。

扶持社会力量办园,引导民办幼儿园提供普惠性教育服务。[7] 部分学者建议在试点基础上全面推广学前教育1年至3年免费或直接将学前教育纳入义务教育范畴。

总的来说,学界普遍主张学前教育应当具有公益性,表达了学前教育成为公共服务乃至基础公共服务的愿望,但对学前教育为何具有公益性、为何属于公共服务或基本公共服务缺乏深入论证。由于扩大免费范围与国务院办公厅《关于进一步调整优化结构提高教育经费使用效益的意见》提出的"严禁随意扩大免费教育实施范围"的精神不符,各国对学前教育的定性又不尽相同,如何实现学前教育的公益性仍然有待进一步研究。

(二)如何加大政府投入

长期以来,我国对学前教育领域财政投入不足,经费匮乏已成为阻碍其发展的首要问题。首先,总体上看,尽管2017年学前教育经费达到了全国教育经费总额的7.6%,但由于长期欠账太多、短板太短,仍有较大提升空间。其次,学前教育经费支出主体的负担结构不合理,中央与基层承担比重较大,省级财政投入比重较小,导致乡、县级地方政府教育经费压力过重,这一现象在西部欠发达地区格外突出。[8] 再次,学前教育经费投入失衡,东西部地区及城乡间财政投入差异较大。[9] 最后,学前教育财政投入机制尚未建立,生均经费标准、生均财政拨款标准等量化指标缺乏统一规范。[10]

发达国家投入体制较为成熟,主要有"项目依托"及"家庭补偿"两种模式。美国联邦政府通过颁布"开端计划""学前教育发展拨款计划登顶竞赛"等项目,加大资金投入力度。[11] 英国采用增强家庭支付能力与税收

---

⑦ 参见胡耀岗等:《我国普惠性学前教育的发展研究》,载《教育探索》2016年第5期。

⑧ 参见郑名:《"学前教育三年行动计划"成效分析与政策建议》,载《学前教育研究》2014年第8期。

⑨ 参见吕武:《国际比较视阈下我国幼儿园生均财政拨款基准估算与实施策略》,载《外国中小学教育》2017年第11期。

⑩ 参见夏婧等:《推进我国学前教育投入体制机制改革的政策思考》,载《教育发展研究》2014年第4期。

⑪ 参见赵海利:《美国政府学前教育投入的特点、趋势与启示》,载《教育研究》(下半月)2016年第11期。

减免福利政策并行,提供双重"家庭支持"。⑫ 瑞典政府向每位符合要求的儿童每月发放 1050 克朗。⑬

为了加大投入,有学者认为应构建政府主导型、稳固增长型经费投入机制。在各级教育经费预算中设立学前教育专项经费,合理分配政府间出资比例。⑭ 尽快明确各级政府的权利与义务,将权限下放到县级,构建城乡一体动态管理系统。制定生均经费基准,重点落实贫困边远地区及弱势幼儿群体的学前教育经费,并制定配套的监督评估及奖惩问责机制。⑮

学界在加大财政投入方面观点基本一致,但对现有各级政府应承担的财政比例,实证研究不多。即便《学前教育法》规定"省级统筹、以县为主"的投入机制,仍然需要以各地实际财政负担的数据为基础,构建东、中、西部中央、省和县级财政投入责任的模型。

(三)如何保证学前教育公平

研究发现,学前教育事业发展中教育公平问题突出。在农村,一是学前教育资源总量不足,师资短缺,学前教育机构数量少,农村儿童面临"无园可入"的境地。⑯ 二是家庭收入低,子女多,难以负担学前教育开支。⑰ 三是留守学前幼儿容易陷入营养不良、心理障碍、智力开发受阻的危险。⑱ 城市学前教育发展相对较好,但也存在几类常见问题:一是户籍成为外来

---

⑫ 参见刘磊、毕钰:《英国近 20 年学前教育政策中家庭视角解析》,载《学前教育研究》2017 年第 6 期。

⑬ 参见江夏:《儿童福利视角下瑞典学前教育公共支出政策内容、特征及启示》,载《学前教育研究》2018 年第 3 期。

⑭ 参见庞丽娟等:《建立我国面向贫困地区和弱势儿童的学前教育基本免费制度的思考与建议》,载《教育研究》2016 年第 10 期。

⑮ 参见夏婧等:《推进我国学前教育投入体制机制改革的政策思考》,载《学前教育发展》2014 年第 4 期。

⑯ 参见王举:《我国学前教育免费政策的可行性及其建构路径》,载《教育研究与实验》2017 年第 5 期。

⑰ 参见陈鹏、高源:《我国学前教育立法的现实诉求与基本问题观照》,载《陕西师范大学学报》(哲学社会科学版)2017 年第 6 期。

⑱ 参见陈国维:《农村学前留守儿童发展困境及解决策略》,载《中国教育学刊》2018 年第 1 期。

人口入学的障碍。二是优质公办园数量少,入学竞争激烈,生师比居高不下。三是普通民办园教育质量堪忧,虐童事件多发;优质园学费昂贵,工薪阶层高攀不起。

学者们研究了各国保证教育公平的经验:英国政府主要在农村及落后地区选址建立儿童中心。[19] 日本政府主动承担了家庭内部幼儿学杂费用的支出,重点照顾低收入及多幼儿的家庭。[20] 印度通过实施“儿童综合发展服务计划”确保弱势群体儿童优先获得免费的早期教育。马来西亚利用“教育占先计划”强势推进全国范围内(尤其是农村弱势地区)的学前教育普及。

为解决我国学前教育公平问题,学者们总结了各地的成功做法:天津将学前教育财政经费重点投入到乡镇幼儿园及农村幼儿活动站的新建、扩建及园舍的加固改造工程中去。[21] 长沙市岳麓区政府制定了扶贫资助文件,对具有岳麓区户口的学龄前低保人员子女和孤儿实行免费入园。[22] 学者建议,在交通不便的高山偏远地区,安排教师定期送教上门或校车流动接送的教育服务,扩大覆盖范围。[23] 学界关于学前教育公平的研究成果相对丰富,但对如何进行弱势补偿实证研究较少,补偿对象、补偿标准均需要加强研究。

(四)如何完善管理体制

首先,我国学前教育事业存在“保教分离”现象,托儿所、幼儿园分属卫生部门和教育部门管理,尤其是0~3岁幼儿早期教育处于监管真空。

---

⑲ 参见刘磊、毕钰:《英国近20年学前教育政策中的家庭视角解析》,载《学前教育研究》2017年第6期。

⑳ 参见许浙川、柳海民:《OECD国家实施幼小衔接的目的、原则及启示》,载《基础教育》2018年第1期。

㉑ 参见吴遵民等:《我国学前教育立法的若干思考》,载《复旦教育论坛》2018年第1期。

㉒ 参见潘旺明等:《区域学前教育均衡发展关键:政府主导大力发展普惠园》,载《学前教育研究》2017年第2期。

㉓ 参见宋立会:《我国学前教育的法律规制》,载《河北法学》2016年第12期。

学前教育机构缺乏统一规范,割裂了学前教育管理的连续性。㉔ 其次,部分学前教育机构质量较低,国家尚未制定"学前教育标准"。示范性标准与现实形成阶段性断层。最后,教育行政部门缺乏学前教育专职管理人员,批管分离问题突出。㉕

学者们研究了世界学前教育管理体制的发展趋势,认为全球学前教育发展经历了从"保教分离""保教结合"到"保教一体化"三个阶段。法国早在 19 世纪 80 年代就出台了《费里法案》,设立"母育学校"招收 2 ~ 6 岁儿童,后逐渐实行保教整合。英国 20 世纪末,开始由"保教分离"逐渐走向"保教机构一体化整合"。㉖ 即便澳大利亚政府长期致力于公办学前教育保育事业发展,非正式学前保教机构仍一直占据着重要市场份额。㉗ 1984 年,全美幼儿教育协会颁布了旨在提高早教质量的"托幼机构认证标准",使托幼机构教育质量得到保证。㉘ 日本厚生省颁布《儿童福利法》,开创了特色学前教育机构"保育所",作为缓解家长育儿压力的福利措施。

有学者建议,构建一套符合国情的学前教育质量国家标准。建立健全学前教育机构准入机制,在园区的选址、软硬件设施、食品安全卫生等方面设立详细的分级考核标准,实行幼儿园分类管理。鼓励办学形式多样化,提倡灵活办学。㉙ 深化管理体制改革,加强外部监督职能,完善学前

㉔ 参见胡福贞等:《当代发达国家学前教育保教政策演变及启示》,载《教育科学》2016 年第 6 期。

㉕ 参见范明丽、庞丽娟:《当前我国学前教育管理体制的主要问题、挑战与改革方向》,载《学前教育研究》2013 年第 6 期。

㉖ 参见郑益乐:《英国学前教育改革的成功经验及启示》,载《教育探索》2016 年第 4 期。

㉗ 参见洪秀敏、马群:《澳大利亚学前教育保教财政资助体系改革的动因、进展与特色》,载《外国教育研究》2017 年第 1 期。

㉘ 参见张敏:《美国发展 0 ~ 3 岁早期教育的经验及启示》,载《宁波大学学报》(教育科学版)2012 年第 4 期。

㉙ 参见江夏:《儿童福利视角下瑞典学前教育公共支出政策内容、特征及启示》,载《学前教育研究》2018 年第 3 期。

教育评价体系。[30] 充分协调政府各部门权限与职责,避免部门间权限重叠。[31]

学界主张建立"保教融合"管理机制的呼声较高,提出将保育与教育两阶段统归一个政府部门管理。根据2018年《深化党和国家机构改革方案》,新设立的国家卫生健康委员会具备监管"公共卫生"的职能,"保教融合"依赖于部门间协调的可能性较大。

(五)如何建设师资队伍

研究发现,师资不足是阻碍学前教育发展的重要问题,提高学前教育质量的关键在于师资队伍的建设。[32] 幼师行业长期不景气,幼教专业学生纷纷离职转行,全国合格幼儿教师缺口达280万名左右,与巨大的需求形成矛盾。[33] "无证上岗"现象严重,专业水平低。幼师准入机制尚未确立,聘用条件宽松,转岗教师比例大,"学历达标专业不对口"现象十分突出。[34]

学界探讨了国外幼儿教师的管理制度,OECD大部分成员国在教师学历、薪酬方面都制定了最低标准。法国立法要求幼儿教师必须达到本科学历,并接受与小学教师同等的培训,享受公务员待遇。[35] 澳大利亚从吸引人才到从业培训均提供了资助,促进教师队伍专业化发展。[36] 美国学前教育发展过程中也经历了类似挑战。为了加强师资队伍建设,提高幼儿教师的数量和质量,学者们提出,在继续办好专业教育,培养实用性人

㉚ 参见虞永平、刘颖:《学前教育体制机制的主要问题与改革思路》,载《学前教育研究》2017年第12期。

㉛ 参见刘小鹏、崔怀坤:《多源流视域下我国学前教育立法的可行性思考》,载《教育探索》2016年第4期。

㉜ 参见胡耀岗等:《我国普惠性学前教育的发展研究》,载《教育探索》2016年第5期。

㉝ 参见吴遵民等:《我国学前教育立法的若干思考》,载《复旦教育论坛》2018年第1期。

㉞ 参见郑名:《"学前教育三年行动计划"成效分析与政策建议》,载《学前教育研究》2014年第8期。

㉟ 参见杨阳:《法国学前教育的目标、性质与管理及启示》,载《学前教育研究》2016年第9期。

㊱ 参见赵强:《澳大利亚政府建设幼儿教育与照看队伍的举措、挑战与启示》,载《教育探索》2016年第12期。

才的基础上,政府可通过出台奖励性政策,吸引学前教育高学历、专业对口的毕业生到农村幼儿园工作,带动农村学前教育发展。教师专业素质建设离不开持续性的培训,改命令型政策为报酬型政策,调动教师参与培训的积极性。[37] 只有立法明确幼教的身份地位、准入资格、福利待遇,才能切实保障幼儿教师的权利。

为解决师资问题,不少学者提出,应立法确认幼教身份地位,增加编制,与义务教育阶段教师同等对待。但这样的对策在民办园占半壁江山以上、幼教资质低于义务教育教师的条件下,显得过于理想化。在事业单位改革、编制只减不增的大背景下,应当研究在不增加编制的前提下,提高幼师待遇、增加补贴、平等参加职称评审的办法。

(六)如何扶持民办教育

研究发现,民办幼儿园是我国学前教育机构的重要组成部分,存在以下问题:(1)民营企业创办的幼儿园,采用集团化模式,追逐利益最大化,打造高收费的"贵族园",背离了学前教育"公益性"。[38] (2)公民个人创办的幼儿园,生存环境脆弱,"量大质不优"。(3)政府对民办学前教育机构缺乏重视,无专门的管理人员,缺管理办法,"只批不管"。[39] (4)"虐童""针扎""喂药"等事件多发生在民办园。

学者们提出了扶持民办园的对策:(1)建立资本集团进入学前教育领域及幼儿园进入资本市场的双向准入机制,预防资本逐利下的质量忽视,打破大型连锁教育机构监管困难。[40] (2)加大对民办营利性学前教育机构的扶持力度,鼓励非营利性民办幼儿园创办与发展。通过财政补贴、纳税优惠扩充资金渠道。(3)尽快建立并实施民办学前教育机构分类管理

㊲ 参见周娅、张振改:《我国学前教育政策工具选择的演变分析》,载《学前教育研究》2017年第1期。

㊳ 参见吴遵民等:《我国学前教育立法的若干思考》,载《复旦教育论坛》2018年第1期。

㊴ 参见宋立会:《我国学前教育的法律规制》,载《河北法学》2016年第12期。

㊵ 参见王海英:《分类改革背景下促进民办幼儿园良性发展的政策建议》,载《人民教育》2017年第24期。

办法,引导民办幼儿园开展日常教学活动。[41]

民办学前教育机构数量占民办教育机构的90%以上,但《民办教育促进法》专门针对民办幼儿园的规定却只有一处。[42] 理论和实务界均强调应当依照《民办教育促进法》对"营利性"及"非营利性"幼儿园实行分类管理。但该法将制定实施细则和过渡期的权力交给了地方,事实上产生了转型难题。如何分类管理,如何扶持民办教育机构尤其是营利性民办教育机构,如何协调《民办教育促进法》和《土地管理法》等之间的关系,是当前亟待研究的问题。

(七)如何避免"小学化"

学前教育"小学化"主要体现在灌输式课堂教学、片面追求教学难度、以小学制度标准管理幼儿行为等多种形式。导致小学化的原因有:(1)应试教育的推波助澜。(2)家长希望孩子提前掌握识字、算术等技能。(3)教师专业化程度不高,容易在家长和幼儿园的压力下,背离对教育理念和教学责任的坚持。[43] 学前教育"小学化"现象违反了幼儿成长发育的基本规律,对幼儿身心发展都有危害。

为了避免"小学化",学者们提出:(1)通过国家立法保障儿童的游戏权,将儿童的健康成长放在第一位,从根本上规范幼儿园的办学理念与办学行为。调整教学时段设置,做好"幼小衔接",跟进教育内容。[44] (2)应立足于学前教育制度改革,明确以儿童为中心,转变家长的教育观念,尊重幼儿的选择权。[45] 举办父母幼教课堂,形成学前教育合力共建。

在实践中,部分去"小学化"的做法过于激进,如西安某高校附属幼儿

---

[41] 参见袁秋红:《我国民办学前教育十年发展态势、存在问题及政策建议》,载《教育科学》2017年第1期。

[42] 参见吕武、刘益东:《推进民办幼儿园分类管理的现实困境与政策应对》,载《中国教育学刊》2017年第3期。

[43] 参见刘智成、边霞:《幼儿教师教学责任的内涵、冲突及其实现——兼论幼儿园教育"小学化"的规避》,载《教师教育研究》2014年第1期。

[44] 参见程秀兰:《多学科视野中幼儿园教育"小学化"现象透视》,载《教育研究》2014年第9期。

[45] 参见姚茉莉、黄晓青:《论学前教育小学化倾向的现状及对策》,载《科教文汇》2017年第22期。

园规定园区内禁止出现书籍。学界主张避免"小学化",应当做好"幼小衔接"。但在理论和实务上,如何区分"小学化"和"幼小衔接",既缺乏理论研究,也没有操作方案。

(八)如何治理虐童事件

近年来,学前教育机构虐童事件频现报端,引发社会强烈关注。2012年以来,先后曝出多起恶性虐童事件:杭州余杭一名幼教用紫外线灯照射不听话的孩子,浙江温岭幼教暴力虐待幼儿,西安市枫韵幼儿园长期给四百多名孩子服用"病毒灵"药物,北京威斯顿幼儿园教师恐吓、打骂幼儿,携程幼儿园教师殴打孩子、强喂幼儿芥末物以及北京红黄蓝幼儿园教师针扎幼儿、喂白色不明药片等。

研究发现,治理虐童存在法律困境:(1)无治理虐待儿童的专门立法,现有相关法律规定分散庞杂,条文模糊,罪名规定不合理。(2)监管不到位,事前预防、事后追责机制尚付阙如。(3)《治安管理处罚法》针对虐童事件立案标准过高,不利于未成年人受害者自我权益保护,虐童"成本"太低。

学者们研究了发达国家治理虐童的制度:日本现行《儿童虐待防止法》有效防止了儿童虐待事件的发生,切实保障儿童合法权益。美国《儿童虐待预防和处理法案》要求各州建立儿童虐待事件的强制报告制度,《儿童保护法案》明确了虐待儿童所涉及的具体罪名及相应法律责任。[46]

学者们建议,我国制定预防儿童虐待的专门法律。[47] 将虐童行为纳入《刑法》《未成年人保护法》《教育法》等法律的调整范围,完善配套法律体系。制定严格的监督机制及惩戒措施,规范教师教学行为。[48] 健全学前教育安全监督管理体系,制定虐童事件层级上报机制,完善受害儿童事后救

㊻ 参见武晓红、王箫桐:《虐童行为入罪的必要性之探析》,载《兰州大学学报》(社会科学版)2013年第3期。

㊼ 参见姚建龙:《防治儿童虐待的立法不足与完善》,载《中国青年政治学院学报》2014年第1期。

㊽ 参见刘小鹏、崔怀坤:《多源流视域下我国学前教育立法的可行性思考》,载《教育探索》2016年第4期。

济保护路径。[49]

面对虐童事件民众反应强烈，但学界现有研究并不充分，尤其是《刑法》中的“虐待罪”是否适用幼儿教师，研究成果较少，也未达成共识。关于是否应当专门规定“虐童罪”还是在原有法律基础上加以补充，存在意见分歧。对已发生的虐童案件，缺乏实证研究。例如，在西安枫韵幼儿园喂药事件中，相关幼儿园负责人事发时被刑事拘留，后期因不够追诉条件案件被撤销，家长经申请公开得知无人因此受到处理。由于问题较为专业，需要刑法专家加入研究队伍。

（九）如何保障家长教育权

有学者认为，家长教育权是国家教育权和社会教育权的基础，家长天然享有保障子女健康成长的权利。[50] 但我国现有立法对家长教育功能的规定尚且停留在父母应依法落实对子女的教育义务层面，造成家长在学校、家庭、社会“三位一体”学前教育格局中的权利缺失。[51] 家长教育权边缘化特征明显，家长在学前教育阶段受到学校教育的牵制，体现出被动服从。家长只能以个体形式了解子女在学校的情况，信息渠道闭塞，无法真正参与到学校教学管理和重大事项的决策中去。

学前阶段的幼儿年纪较小，正处于身心发展的启蒙阶段，更加依赖父母的教育和保护。依法确认并强化家长教育权，实现权利与义务并行，对建设学前教育立法具有重要意义。研究发现，20 世纪 50 年代，美国政府陆续颁布《经济机会法》《家庭教育权与隐私法》《不让一个儿童落后法》等系列法案，明确家长在幼儿园教学活动中具有参加会议、发表意见、参与项目、实施监督等权利。[52] 1983 年，澳大利亚政府通过立法规定每所学校必须组建由家长和社区代表共同构成的学校委员会，开展监督课程设

[49] 参见祁占勇、康韩笑：《学前教育阶段虐童行为治理的法律透视》，载《中国教育学刊》2018 年第 3 期。

[50] 参见管华：《儿童权利研究——义务教育阶段儿童的权利与保障》，法律出版社 2011 年版，第 82 页。

[51] 参见吴小叶：《家长教育权缺失与回归的文化哲学分析》，载《社会科学家》2015 年第 6 期。

[52] 参见吴琼、张莹莹：《家长参与幼儿园教育：美国的经验及其启示》，载《教育理论与实践》2016 年第 29 期。

置、教学评价等工作。英国通过《1944年教育法》及《1980年教育法》赋予了家长在家教育幼儿或为幼儿择校的高度自由,充分尊重家长教育权。

学者们建议,我国在学前教育立法中应明文规定家长教育权,明确家庭与学校的权利义务划分,保障家长享有对幼儿园教学活动的知情权、重大决策的制定权、执行权,保持教育信息沟通渠道畅通。[53] 同时,父母对孩子实施的家庭教育也应受到国家和社会的公开监督。

父母及其监护人对幼儿负有首要监护责任,在法律上并无异议,但在现实中常常难以落实。对于有能力履行而拒绝履行或不完全履行监护义务的家长,尚无法律敦促其履行义务。如何保障学前留守儿童的受教育权、受保护权,建立家长教育权保障机制,需要进一步研究。

三、学前教育立法研究简评

综上所述,我国学前教育立法研究具有四大基本特征:第一,研究时间短。我国学前教育立法尚在起步阶段,对该立法的研究也是近五年才繁荣起来,研究空白较多。第二,国内外研究失衡。现有研究成果对国外经验、做法介绍的比较多,立足国内进行实证性的研究较少。第三,参与学科不均衡。主流教育学对学前教育的关注刚刚开始,学前教育专业的研究虽然较多,但尚待深化。法学研究较少,权利义务、罪与非罪这类问题研究较少。第四,对策性研究较多,但对国情研究不足。“学前教育三年行动计划”实施以来,学前教育事业迅猛发展,各地学前教育事业发展的现状及举措尚未得到及时、充分总结。亟须立足实证,运用数据的方法,提出解决上述问题的“中国方案”。

---

[53] 参见朱桂梅、高静:《美国家长教育权利的行使对我国家长教育权利的启示》,载《东北师大学报》(哲学社会科学版)2011年第2期。

Research on the Legislation of Preschool Education: Processes, Themes and Reviews

Zhang Huan　Wu Ying

Abstract: In order to facilitate preschool education legislation, scholars focused on the nature of preschool education, government investment, compensation for the vulnerable groups, management system, teachers, private education, teaching content, children's safety and parents' education rights. Generally speaking, scholars referenced to domestic and foreign successful experience, and conducted in-depth research on the measures and countermeasures. But there are also problems of simple copying and the insufficient empirical research on the implementation of the "Three Years Action Plan For Pre-School Education".

Key Words: legislation of preschool education　fairness in preschool education　non-government funded preschool education

“学前教育立法论坛”会议综述*

刘　峰**　魏宝红***

摘　要：2018年9月28日，“学前教育立法论坛”在西北政法大学举行。会议就“学前教育法”的立法基础性问题和亟待解决的问题，学前教育的体制机制建设问题三个议题进行了讨论。

关键词：学前教育法　基础理论　存在问题　机制建设

2018年9月28日，由教育部政策法规司主办，西北政法大学教育立法研究基地承办的学前教育立法论坛在西北政法大学举行，出席会议的领导、专家学者以及从事学前教育一线的工作者就学前教育立法的突出性问题进行了讨论。会议议题包括“学前教育法”的立法基础性问题，“学前教育法”亟待解决的问题，以及学前教育的体制机制建设问题。

---

* 本文受西北政法大学青年学术创新团队计划资助。

** 刘峰，法学博士，西北政法大学行政法学院讲师。研究方向：行政法、行政诉讼法、监察法。

*** 魏宝红，西北政法大学教育立法研究基地学术助理。研究方向：教育法学。

一、“学前教育法”立法的基础性问题

(一)“学前教育法”的立法依据及立法条件

“学前教育法”的立法依据有两点:一是2018年9月7日全国人大常委会公布的十三届全国人大常委会立法规划中关于“学前教育法”规划;二是十九大提出的“幼有所育”的服务体系。

“学前教育法”的立法条件,首先,按照《立法法》的理论和基本认识,应具备主观条件和客观条件。客观条件要求所制定的法律、所调整的社会关系是客观存在、广泛存在、稳定存在,且能够被控制调整的;主观条件可以分为三类,即政策条件、理论条件和一些法律的文化条件。其次,应对“学前教育法”里面的基本概念、基本判断、基本规范设定、权利义务的确立问题上形成共识。

1.“学前教育法”的立法宗旨。立法有两种角度:一是从国家角度、从管理角度;二是从如何保护人的权利,使人得到更多的、充分的发展角度,“学前教育法”立法的基本价值应该有两个:一是保护学前受教育的这些儿童的基本权利,目的是要从权利保障出发;二是要体现出公平公正的社会价值导向。学前教育的立法宗旨应是促进儿童健康成长,“学前教育法”立法目的是保护学前儿童受教育权,这是“学前教育法”的核心。

2.“学前教育法”的属性。学前教育具有公共性。学前教育具有直接使个人受益、间接使社会受益的责任和功效,通过立法手段介入学前教育领域的依据是其公共性功能。学前教育具有公益性和普惠性。学前教育首先要保证公益性,基于准公共产品的定位,其次它应该是公益的、普惠的,不应该是特权的,尤其是在弱势人群的教育上。由此,“学前教育法”不仅具有权利保障的属性,还具有管理的属性。

3.“学前教育法”的立法原则。“学前教育法”的立法原则:第一,坚持健康第一,要遵循学龄前儿童身心发展的规律,遵循儿童优先共同发展的原则。第二,要维护公益性原则,学前教育涉及公众和社会利益,立法

应该保障个人和社会同时受益。第三，要坚持公平原则，既要讲有差别的公平，又要讲补偿的公平。参照联合国对受教育学提出的四类标准，学前教育立法还应具有公益性原则、普惠性原则、尊重儿童最大利益原则。

（二）"学前教育法"的体系、结构和基本内容

"学前教育法"的体系、结构和基本内容为：第一章是总则，学前教育的概念、原则，以及各个部门应该担当的责任；第二章是学前教育机构，机构的规划和建设，以及机构设立的条件和程序；第三章是学前教育机构的工作人员，主要包括工作人员的条件、资质以及他们的权利义务、职务、职责、评价体系等方面；第四章是保育和教育工作应当遵循的原则、内容以及标准以及保育和教育工作中相关机构的一些义务和责任等；第五章是保障和监督，学前教育的保障和扶持；第六章是法律责任，明确学前教育机构工作人员和学前教育机构的法律责任；第七章是附则，规定一些基本性的概念等。

学前教育的定位，首先，具有公共性；其次，"学前教育法"是教育的特别法；最后，学前教育不能纳入义务教育。

二、"学前教育法"立法要解决的问题

（一）学龄前儿童年龄的法律界定

学龄前儿童的年龄界定，学界争议点在于0～3周岁的儿童到底要不要纳入"学前教育法"的学龄前儿童。0～3周岁幼儿养育的需求多集中在民事监护法律关系，3～6岁学前教育机构已经进入到了教育的体系范围内，更多的是遵循教育法律关系。"学前教育法"定位是教育法，应从法律关系角度适应不同阶段国家和政府管理的重心，0～3岁更多提供一些支持和服务，3～6岁加强政府对学前教育机构的监管。

（二）"学前教育法"权利范围

"学前教育法"权利范围应主要来自涉及儿童权利的《宪法》《教育法》《未成年人保护法》《妇女权益保障法》当中的一些相关规定。根据国

际条约总结出的权利，如联合国《儿童权利公约》第31条规定的“游戏权”，现阶段在我国并没有得到很好的保障，可以根据邻国日本立法经验，在我国“学前教育法”立法时予以借鉴。

（三）幼师队伍的法律地位及资质待遇问题

幼师队伍法律地位和资质待遇问题的核心是人和钱的问题。可以借鉴美国学前教育的成功经验在“学前教育法”立法中明确幼教师资价值与重要性、资质要求、财政投入力度、教师专业发展，身份地位与工资待遇。学前教育机构的工作人员应该建立与中小学统一的职务和职称，同时明确民办幼儿园教职工在专业技术、职称评定、业务培训、表彰奖励等方面和公办幼儿园教职工享有同等的权利。

（四）民办园的法律地位及管理规范

“学前教育法”应明确公办园与民办园各自的地位和作用，公办园、民办普惠园主要作用是保基本、保覆盖、保质量，而非普惠性的营利民办园是作为学前教育事业的重要组成部分，主要是满足一些家长的特殊需要。对于私自举办的民办教育机构不能一律取消，应该允许教育行政部门采取如通过资助改善、提升办学条件等柔性的方式，使其体制设备整改规范，给予准入，然后实施监管，趋于正规化，一定程度上缓解当前学前教育的供需矛盾。

民办园的管理体制，一是把由政府补贴福利性的民办幼儿园的财政管理体制，变为由政府向社会购买公共服务或者是政府直接以国营国有的方式进行公共服务。二是网格化和大联动的机制，主要是针对现有的管理体制是线性的，从教育局到街镇的线性管理到网格化的管理。三是幼儿园成本用信息模板、财务公开这些方式，让消费者或者是这种公共服务购买者，实现对财务制度的明了清晰，倒逼幼儿园收费规范化。四是专门制定适用于儿童的，根据儿童的心理、年龄和身体标准，制定相应的伤害标准。五是强制报道制度，防止推诿。六是借鉴工商局和人民法院的黑名单制度，以上黑名单的方式来完善民办幼儿园的举报和个人的问责制度。

（五）虐童问题

虐童问题的预防有三方面：一是在没有发生之前如何防范它；二是如

何把发生的概率降到最低;三是预防以后还是有发生,如何应对。借鉴英国对学前教育机构虐童问题的探索,“学前教育法”一是要理顺政府管理体制,明确职责分工;二是要强化对学前教育机构虐童行为的惩戒力度,对虐童我们要采取零容忍机制,可以借鉴他们严厉的惩戒机制,建立严格的刑事机制,建立一个全国统一的黑名单体系;三是加强师资培训;四是完善师资准入、幼儿园资质审核;五是积极倡导成立防虐童社会组织,首先学校里面可以有一个防止虐童的专门机构,其次可以成立一个民间的防虐童组织,最后建立一个全社会的广泛宣传和动员机制。

三、学前教育的体制机制建设

(一)制度体制

“学前教育法”的制度体制应包括政府、社会和市场三方力量的合理配置,为了保障学前教育的公平和正义,应该建立公平的、以公办幼儿园为主导的社区幼儿教育服务网络,并由政府承担公办幼儿园的托底任务,同时大力促进非营利性民办园的发展。建立依托社区、深入家庭的综合保教服务网络,转变理念,变传统指导为真正的服务,整合社区的教育、计生、卫生等多部门的力量,发挥社区非营利社会组织的力量。

(二)管理体制

“学前教育法”管理体制上实行省级统筹,以县为主,县级人民政府建立专门的管理机构,并且明确各级政府的职责。合理地分配政府、学前教育机构和家庭在学前教育当中的职责和义务,政府应该是主导,起监督作用;机构是主体,是关键;家庭父母是一种协助配合。除了教育行政主管部门以外,民政、工商、规划、国土、公安、消防、卫生健康、食品药品、财政等的法律责任都要在“学前教育法”中体现出来。

(三)投入体制

解决政府投入的问题,要改变财政的投入,要提高投入的标准。“学前教育法”应明确政府提供公共服务责任,政府制定分担机制建立城乡统筹公民办一体的财政投入制度，包括生均经费和生均公用经费、教育经费占比等。

（四）学前教育机构治理体制

“学前教育法”应借鉴英国学前教育机构的注册体系框架和学前教育机构共同评估体系的一致性、连贯性，建立标准化学前教育机构治理体制。

Review of the 2018 Forum on the Legislation of Preschool Education

Liu Feng　*Wei Baohong*

Abstract: On September 28, 2018, the Forum on the Legislation of Preschool Education was held at Northwest University of Political Science and Law. The conference topics include the legislative basis of the *Law on Preschool Education*, the urgent problems to be solved in the *Law on Preschool Education*, and the construction of preschool education system and mechanism.

Key Words: preschool education law　basic theory　existing issues　mechanism construction

《法学教育研究》稿约

《法学教育研究》创办于2009年，是国内较早系统关注法学教育研究的专门性学术出版物，由西北政法大学主办、法律出版社定期出版。2017年起本书每年出版4卷，现已入选CSSCI收录集刊(2017～2018)目录。

宗旨：本书恪守科学性、实践性、创新性、开放性原则，集中出版法学教育教学研究成果，探索法学教育教学规律，促进法学教育事业的发展。

主要栏目有：理论探讨、教学研究、比较研究、教材体系、管理经纬、学问人生、教育法制、法务反哺、法学资讯等栏目。

《法学教育研究》致力于搭建高水平的学术探讨平台，所有来稿均以学术价值为遴选标准。敬请作者来稿时提供：(1)中英文题目及作者姓名，标题尽量确切、简洁；(2)中英文摘要(不超过200字)；(3)中英文关键词(3～5个)；(4)作者简介(含姓名、工作单位、职称、学历学位、研究方向、通信地址、邮政编码、联系电话、电子邮箱)，如果来稿系作者承担的省级以上科研基金项目，请注明项目名称和编号；(5)正文；(6)注释。

注释：是对文内某一特定内容的进一步解释或补充说明。用①、②、③……数字标注序号，采用当页脚注整篇连续编号形式。著作类包括序号,著者:《书名》,出版社出版年,起止页码。论文类包括序号,作者:《题目》,《报刊名》出版日期或期号。

声明:《法学教育研究》已许可中国学术期刊(光盘版)电子杂志社在中国知网及其系列数据库产品中以数字化方式复制、汇编、发行、信息网络传播全文。《法学教育研究》已许可北大法宝法学期刊数据库以电子形式对本书进行制作、以不脱离于数据库的形式进行传播和销售;《法学教育研究》被北京万方数据股份有限公司、万方数据电子出版社数据库收录,相关著作权使用费和稿费一并支付;《法学教育研究》已被维普网全文收录。如无特别说明,作者提交文章发表的行为即视为同意上述声明。

本书的微信公众号为 fxjyyj-xfd,定期发布相关信息,敬请关注,官方网站为 http://ler.nwupl.edu.cn/。本书的网络采编系统现已开通,网址为:http://fxjy.cbpt.cnki.net,请您通过网络采编系统投稿。

联系方式:

E-mail:fxjyyj@126.com

电话:029-88182796

地址:西安市长安区西长安街 558 号

西北政法大学长安校区 80 号信箱

邮编:710122

图书在版编目(CIP)数据

法学教育研究. 第二十四卷／杨宗科主编. -- 北京:
法律出版社, 2019
ISBN 978 - 7 - 5197 - 3300 - 1

Ⅰ. ①法… Ⅱ. ①杨… Ⅲ. ①法学教育 - 研究 - 中国
Ⅳ. ①D92 - 4

中国版本图书馆 CIP 数据核字(2019)第 054926 号

法学教育研究(第 24 卷)
FAXUE JIAOYU YANJIU(DI-24 JUAN)

杨宗科 主编

责任编辑 黄琳佳
装帧设计 李 瞻

出版 法律出版社
总发行 中国法律图书有限公司
经销 新华书店
印刷 固安华明印业有限公司
责任校对 李景美
责任印制 陶 松

编辑统筹 学术·对外出版分社
开本 710 毫米×1000 毫米 1/16
印张 25.5
字数 365 千
版本 2019 年 1 月第 1 版
印次 2019 年 1 月第 1 次印刷

法律出版社／北京市丰台区莲花池西里 7 号(100073)
网址／www.lawpress.com.cn
投稿邮箱／info@lawpress.com.cn
举报维权邮箱／jbwq@lawpress.com.cn
销售热线／010 - 83938336
咨询电话／010 - 63939796

中国法律图书有限公司／北京市丰台区莲花池西里 7 号(100073)
全国各地中法图分、子公司销售电话:
统一销售客服／400 - 660 - 6393
第一法律书店／010 - 83938334/8335 西安分公司／029 - 85330678 重庆分公司／023 - 67453036
上海分公司／021 - 62071639/1636 深圳分公司／0755 - 83072995

书号: ISBN 978 - 7 - 5197 - 3300 - 1 **定价**: 88.00 元